आदिकालीन हिन्दी साहित्य

अध्ययन की दिशाएँ

सम्पादक

अनिल राय

वाणी प्रकाशन

प्रकाशन के उत्कृष्टतम 61 वर्ष

vaniprakashan.com

सजिल्द पहला संस्करण : 2024

वाणी प्रकाशन

4695, 21-ए, दरियागंज, नयी दिल्ली-110 002

फ़ोन : +91 11 23273167, 23275710

शाखाएँ

अशोक राजपथ, पटना-800 004, बिहार

कॉफ़ी हाउस कैम्पस, महात्मा गांधी मार्ग, प्रयागराज-211 001, उत्तर प्रदेश

महात्मा गांधी अन्तरराष्ट्रीय हिन्दी विश्वविद्यालय, वर्धा-442 001, महाराष्ट्र

36/ए, शेक्सपियर सरणी, रानी बिरला गर्ल्स कॉलेज के पास, कोलकाता-700 017, प. बंगाल

sales@vaniprakashan.in

vaniprakashan@gmail.com

Adikaleen Hindi Sahitya Adhyayan kee Dishayen

Edited by Anil Ray

ISBN : 978-93-5775-484-2

मूल्य : ₹ 895

जी.एस. ऑफ़सेट, दिल्ली-110 095 में मुद्रित

वाणी प्रकाशन का लोगो मक़बूल फ़िदा हुसेन की कूची से

गुरुवर डॉ. विश्वनाथ त्रिपाठी को सादर

पुनर्निवेदन

इस पुस्तक में हिन्दी के आदिकालीन साहित्य की एक व्यापक परख प्रस्तुत की गयी है। इसमें आदिकाल के अनेक अधिकारी विद्वानों के महत्त्वपूर्ण लेख सम्मिलित किये गये हैं जिनके माध्यम से आदिकालीन साहित्य को अनेक दृष्टियों से विवेचित-विश्लेषित किया जा सकता है। पुस्तक की सामग्री को देखते हुए इसे भारत के कई विश्वविद्यालयों ने अपने पाठ्यक्रमों में सन्दर्भ ग्रन्थ के रूप में प्रमुखता से स्थान दिया है। इसका कारण यह है कि आदिकाल पर बहुत कम ऐसी पुस्तकें मिलती हैं जिनमें इस काल के साहित्यिक एवं भाषिक अन्तर्वस्तु पर यथेष्ट रूप से विचार किया गया हो। इसी आवश्यकता की पूर्ति की प्रक्रिया में यह पुस्तक अपना स्वरूप ग्रहण कर सकी। पुस्तक का पहला प्रकाशन शिवालिक से हुआ था। अब यह नयी साज-सज्जा के साथ वाणी प्रकाशन से प्रकाशित हो रही है।

श्री अरुण माहेश्वरी ने इसके पुनर्मुद्रण में रुचि दिखाई और इसे सुन्दर रूप में प्रकाशित किया, एतदर्थ उनका हार्दिक धन्यवाद। आशा है नये कलेवर में अवतरित यह पुस्तक हिन्दी समाज को प्रीतिकर लगेगी।

जनवरी, 2024

-अनिल राय
हिन्दी विभाग
दिल्ली विश्वविद्यालय

निवेदन

हिन्दी साहित्य के इतिहास में आदिकाल का महत्व कई दृष्टियों से है। अंतर्वस्तु, भाषा और काव्यरूपों के विकास की दृष्टि से जितना वैविध्यपूर्ण यह काल-खंड रहा है उतना हिन्दी साहित्य का कोई और काल नहीं रहा। रचनात्मक वैविध्य और इतिहास के अनुशासन में रचित यह साहित्य उतना ही विवाद का भी विषय बना। जिस वीरगाथात्मक प्रवृत्ति के औचित्य की भित्ति पर आचार्य शुक्ल ने इसे वीरगाथा काल के नाम से प्रस्तावित किया, वह शीघ्र ही निराधार हो गई। बहरहाल, इस पुस्तक में विवाद के इस बिन्दु से अलग हटकर अपभ्रंश एवं अवहट्ठ के ऐतिहासिक सम्बन्ध की प्रक्रिया में आदिकाल की अंतर्वस्तु और उसके रूप पर विचार करने का प्रयास किया गया है।

इस काल की रचनाएँ तीन प्रकार के आश्रय पाकर सुरक्षित रह सकीं– राज्याश्रय, धर्माश्रय और लोकाश्रय। यही कारण है कि इस काल का साहित्य इतना वैविध्यपूर्ण है और इतने विशाल फलक पर निर्मित हुआ है जिसे देखकर आश्चर्य होता है। एक तरफ रास और रासक काव्य हैं, चरित काव्य हैं, नाथों और सिद्धों की धर्मोपदेश और नीति से जुड़ी भावपूर्ण काव्यात्मक रचनाएँ हैं तो दूसरी तरफ आल्हखंड और विद्यापति की माधुर्यपूर्ण 'पदावली'। एक तरफ वहाँ सामंती समाज और संस्कृति का चित्रण है तो दूसरी तरफ सिद्धों और नाथों का साहित्य है जिसमें उन्होंने वर्ण और वर्ग से ऊपर उठकर सहज साधना पर बल दिया है जिस भावना को आगे कबीरादि निर्गुण संतों ने बढ़ाया। धर्म साधनाओं की दृष्टि से भी यह काल बहुआयामी था और परवर्ती साहित्य के लिए उसने एक व्यापक पृष्ठभूमि प्रदान की। वैश्वीकरण और बाज़ारवाद की आँधी में लोग अपनी परम्परा और प्राचीन साहित्य को भूलते चले जा रहे हैं। लेकिन यह बात ध्यान रखने की है कि कोई भी नई विचार सरणि या संस्कृति का कोई नया आयाम एकदम से नहीं पैदा हो जाता– उसके पीछे एक दीर्घ प्रक्रिया और पृष्ठभूमि होती है। आदिकालीन हिन्दी साहित्य का समस्त रचना-विधान अपभ्रंश साहित्य पर आधारित है और जब तक हम

अपभ्रंश और हिन्दी के ऐतिहासिक परिदृश्य पर विचार नहीं करते, आदिकाल का मूल्यांकन न समग्र होगा और न समीचीन।

नए विमर्शों के परिप्रेक्ष्य में भी इस साहित्य की व्याख्या की जा सकती है। आज दलित विमर्श और स्त्री विमर्श की धूम मची है। दलित विमर्श के संदर्भ में सिद्ध सरहपा के साहित्य को देखा-परखा जा सकता है। मैंने अपने लेख में 'बीसलदेव रास' की राजमती के संदर्भ में जो संकेत किया है उसे स्त्री विमर्श के परिप्रेक्ष्य में देखा जा सकता है।

विश्वविद्यालय में, एम. ए. के पाठ्यक्रम में निर्धारित आदिकालीन हिन्दी साहित्य के अध्यापन की प्रक्रिया में मुझे यह आवश्यकता महसूस हुई कि कोई ऐसी किताब हो जिसमें विद्यार्थियों को आदिकालीन साहित्य से सम्बन्धित सामग्री एकत्र मिल जाए जिससे वे आदिकालीन साहित्य को ठीक से समझ सकें। इसी आवश्यकता की पूर्ति के लिए आदिकाल के मर्मज्ञ विद्वानों से प्राप्त सामग्री जुटाई गई। इसमें बहुत से दिवंगत भी हैं और उनके वे ग्रंथ भी लुप्तप्राय हो चले हैं, जिनमें विवेच्य विषय की महत्वपूर्ण सामग्री मिलती है। इसी प्रक्रिया में मैंने अपने गुरुजनों से भी सामग्री प्रदान करने के लिए निवेदन किया और उन्होंने कृपापूर्वक अपने लेख/पुस्तकांश दिए। प्रो० जैन से भी लेख लिखने के लिए आग्रह किया तो उन्होंने कहा, 'लेख तो नहीं, इस किताब की भूमिका लिखूँगी।' अतः इस किताब की भूमिका उन्होंने लिखी।

अपने तमाम अंतर्विरोधों और 'स्वतोव्याघातों' के बावजूद हिन्दी साहित्य के इतिहास में आदिकाल का महत्व अक्षुण्ण है और इस पुस्तक में आदिकालीन हिन्दी साहित्य के बहुआयामी स्वरूप के अध्ययन की दिशाएँ प्रस्तावित की गई हैं।

मैं इस पुस्तक के सहयोगी लेखकों का हृदय से आभारी हूँ जिनके योगदान से यह अपना अस्तित्व ग्रहण कर सकी। गुरुवर डॉ० विश्वनाथ त्रिपाठी और गुरुवर डॉ० रामस्वरूप शर्मा ने इस पुस्तक के निर्माण एवं प्रकाशन में अनेकविध सहायता की, एतदर्थ उनके प्रति हार्दिक कृतज्ञता। सम्पादन की सीमाएँ हैं; फिर भी आदिकाल को समझने में यह पुस्तक सहायक सिद्ध हुई तो मैं अपना श्रम सार्थक समझूँगा।

पुस्तक के प्रकाशक श्री वीरेन्द्र तिवारी धन्यवाद के पात्र हैं जिन्होंने इसे प्रकाशित करने का दायित्व स्वीकार किया।

— अनिल राय

भूमिका

हिन्दी साहित्य का पहला वैज्ञानिक इतिहास आचार्य रामचन्द्र शुक्ल ने लिखा था। उन्होंने ही पहली बार एक हजार वर्षों के साहित्य का काल-विभाजन और नामकरण किया। इस काल-विभाजन के उनके अपने तर्क थे। जिस आरम्भिक काल को उन्होंने आदिकाल कहा, उसमें उन्होंने 'अपभ्रंश काव्य' के नाम से अलग शीर्षक के अंतर्गत सिद्धों, नाथों और जैन कवियों की रचनाओं का परिचय तो दिया, पर उन्हें 'शुद्ध-साहित्य' की कोटि में रखने से इंकार कर दिया। शुक्लजी का तर्क था कि इन रचनाओं का "जीवन की स्वाभाविक अनुभूतियों और दशाओं से कोई सम्बन्ध नहीं है।" फिर भी उनका वर्णन करने के दो कारण थे। एक तो इनकी 'भाषा' और दूसरा "साम्प्रदायिक प्रवृत्ति और उसके संस्कार की परम्परा।" पर उन्हें लगा कि वे "साम्प्रदायिक शिक्षा मात्र हैं, अतः शुद्ध साहित्य की कोटि में नहीं आ सकतीं। उन रचनाओं की परम्परा को हम काव्य या साहित्य की कोई धारा नहीं कह सकते।"

परवर्ती विद्वान आचार्य शुक्ल की इस धारणा से सहमत नहीं हुए। आचार्य हजारीप्रसाद द्विवेदी ने उनके तर्कों का प्रत्याख्यान करते हुए पुरानी हिन्दी में रचित इस साहित्य की समृद्ध परम्परा को हिन्दी साहित्य के इतिहास में शामिल ही नहीं किया, इसका विशद विवेचन भी किया। आचार्य द्विवेदी के अलावा भी समय-समय पर पुराने साहित्य के अधिकारी विद्वानों ने इस साहित्य की भाषा, शिल्प, विषय वस्तु और परवर्ती साहित्य पर इसके प्रभाव—सभी पर विचार किया है। यह सामग्री समवेत रूप में हिन्दी साहित्य के इतिहास की पहली महत्वपूर्ण कड़ी का पूरा चित्र उपस्थित करती है।

लम्बे समय से देश के शिक्षा-विभागों में वर्तमान-केन्द्रिकता की प्रवृत्ति इतनी बढ़ती जा रही है कि मध्ययुगीन काव्य के प्रति भी एक हद तक उदासीनता साफ दिखायी देने लगी है। ऐसे में अगर पुरानी हिन्दी और आदिकाल की साहित्यिक प्रवृत्तियाँ पूरी तरह उपेक्षित हो चली हैं तो आश्चर्य नहीं। स्थिति इतनी विषम हो गयी

है कि वर्तमान परिदृश्य में इस परम्परा को समझने-समझाने वाले बिरले ही बच रहे हैं। अपने अतीत के प्रति इस बेरुखी ने सांस्कृतिक दृष्टि से हमारी समझ को कितना विपन्न बनाया है, यह कहने की आवश्यकता नहीं। वर्तमान को अतीत से विच्छिन्न करके उसकी सम्पूर्णता में नहीं, छिन्नमूल रूप में ही समझा जा सकता है। ज़ाहिर है ऐसी समझ अधूरी ही होगी। इस परिदृश्य में, प्रस्तुत ग्रंथ का महत्व केवल इसलिए नहीं है कि इसमें दीर्घकाल से उपेक्षित विषय पर, सुचिंतित सामग्री को इकट्ठा किया गया है बल्कि इस दृष्टि से है कि यह सामग्री, हिन्दी साहित्य की परम्परा को उसकी निरन्तरता और अविच्छिन्नता में समझने में सहायक होगी। भूमंडलीकरण के कोलाहल में अपनी अस्मिता को बनाए रखना, उसका पुनरान्वेषण करना, सांस्कृतिक दृष्टि से कितना महत्वपूर्ण हो गया है, यह कहने की आवश्यकता नहीं है। सांस्कृतिक धरोहर को राजनीति और बाज़ार के गलियारों में नहीं, कलाओं की निरंतरता में ही खोजा और पाया जा सकता है। संगीत और साहित्य इस धरोहर के मूल स्रोत हैं।

मध्यकालीन काव्य-सृष्टि की समझ के लिए आदिकालीन साहित्य एक अनिवार्य संदर्भ है, इसे आचार्य हजारीप्रसाद द्विवेदी ने अपने आदिकाल विषयक लेखों में बड़े विस्तार से स्पष्ट किया है। हिन्दी क्षेत्र की अपभ्रंश या देश्यभाषा की रचनाओं के बारे में उनका यह मत ध्यान देने योग्य है:

"इस काल के साहित्य-रूप के अध्ययन के लिए प्रत्येक श्रेणी की पुस्तक का कुछ-न-कुछ उपयोग है। पुस्तक चाहे धर्मोपदेश की हो, वैघक की हो, माहात्म्य की हो, वह कुछ-न-कुछ साहित्य-रूप को स्पष्ट करने में अवश्य सहायता पहुँचाएगी। इस काल में साहित्यिक क्षेत्र को यथासंभव व्यापक बनाकर देखना चाहिए।"

द्विवेदीजी का यह कथन, परवर्ती साहित्य की समझ के लिए इस सामग्री की उपयोगिता के अलावा, साहित्य की एक वृहत्तर अवधारणा को भी प्रस्तावित करता है।

सदियों पहले पश्चिम की काव्यशास्त्रीय चिंतन परंपरा में आचार्य लोंगिनस ने 'उदात्त' की अवधारणा का विवेचन करते हुए साहित्य के ऐसे ही वृहत्तर बोध का प्रस्ताव किया था जिसमें इतिहास, दर्शन, धर्मग्रंथ सभी का समावेश करने का आग्रह था।

इस संकलन के निबन्धों में आदिकालीन साहित्य की भाषिक संरचना के अलावा, विविध साहित्य-रूपों, छन्द-विधान, प्रकृति-चित्रण, आख्यान परम्परा और हिन्दी पर उनके प्रभाव का अलग-अलग कोणों से आकलन किया गया है। साहित्य

रूपों की यह परम्परा हिन्दी में किस रूप में चली आयी है, देश्य भाषाओं में रचे साहित्य के कौन से सूत्र अतीत में कहाँ जुड़ते हैं और इस विरासत को आने वाली पीढ़ियों के लिए किस विधि से आगे गतिमान करते हैं, यह समझने के लिए इस संग्रह ग्रंथ की उपादेयता से इंकार नहीं किया जा सकता।

विश्वास है कि यह प्रयास कुछ पाठकों का ध्यान इस लुप्त होती सी विरासत की तरफ दिलाने की प्रक्रिया की शुरुआत करेगा। यही इसकी सबसे बड़ी उपलब्धि होगी।

निर्मला जैन
भूतपूर्व प्रोफेसर एवं अध्यक्ष
हिन्दी विभाग, दिल्ली विश्वविद्यालय

अनुक्रम

पुरानी हिंदी

– श्रीचन्द्रधर शर्मा गुलेरी

हिंदुस्तान का पुराने से पुराना साहित्य जिस भाषा में मिलता है उसे संस्कृत कहते हैं, परंतु जैसा कि उसका नाम ही दिखाता है, वह आर्यों की मूल भाषा नहीं है। वह मंजी, छँटी, सुधरी भाषा है। कितने हजार वर्ष के उपयोग से उसका यह रूप बना, किस 'कृत' से वह 'संस्कृत' हुई यह जानने का कोई साधन नहीं बच रहा है। यह मानो गंगा की नहर है, नरौने के बाँध से उसमें सारा जल खैंच लिया गया है, उसके किनारे सम हैं, किनारों पर हरियाली और वृक्ष हैं, प्रवाह नियमित है। किन टेढ़े-मेढ़े किनारों वाली, छोटी बड़ी, पथरीली, रेतीली नदियों का पानी मोड़कर यह अच्छोद नहर बनाई गई और उस समय के सनातन भाषाप्रेमियों ने पुरानी नदियों का प्रवाह 'अविच्छिन्न' रखने के लिये कैसा कुछ आंदोलन मचाया या नहीं मचाया, यह हम जान नहीं सकते। सदा इस संस्कृत नहर को देखते देखते हम असंस्कृत या स्वाभाविक, प्राकृतिक नदियों को भूल गए और फिर जब नहर का पानी आगे स्वच्छंद होकर समतल और सूत से नपे हुए किनारों को छोड़कर जल-स्वभाव से कहीं टेढ़ा कहीं सीधा, कहीं गंदला, कहीं निखरा, कहीं पथरीली, कहीं रेतीली भूमि पर और कहीं पुराने सूखे मार्गों पर प्राकृतिक रीति से बहने लगा तब हम यह कहने लगे कि नहर से नदी बनी है, नहर प्रकृति है और नदी विकृति–(हेमचंद्र ने अपने प्राकृत व्याकरण का आरंभ ही यों किया है कि संस्कृत प्रकृति है, उससे आया इसलिये प्राकृत-कहलाया) यह नहीं कि नदी अब सुधारकों के पंजे से छूटकर फिर सनातन मार्ग पर आई है।

इस रूपक को बहुत बढ़ा सकते हैं। संभव है कि हमें इसका फिर भी काम पड़े। वेद या छंदस् की भाषा का जितना सात्म्य पुरानी प्राकृत से है उतना संस्कृत से नहीं। संस्कृत में छाना हुआ पानी ही लिया गया है। प्राकृतिक प्रवाह का मार्गक्रम यह है–

१–मूल भाषा   २–छंदस् की भाषा < ३–प्राकृत–५ अपभ्रंश
४–संस्कृत

संस्कृत अजर अमर तो हो गई किंतु उसका वंश नहीं चला, वह कलमी पेड़ था। हाँ उसकी संपत्ति से प्राकृत और अपभ्रंश और पीछे हिंदी आदि भाषाएँ पुष्ट होती गईं और उसने भी समय समय पर इनकी भेंट स्वीकार की।

वैदिक (छंदस् की) भाषा का प्रवाह प्राकृत में बहता गया और संस्कृत में बँध गया। इसके कई उदाहरण हैं–(१) वेद में देवाः और देवासः दोनों हैं, संस्कृत में केवल 'देवाः' रह गया और प्राकृत आदि में 'आसस्' (दहरे 'जस्') का वंश 'आओ' आदि में चला, (२) देवैः की जगह देवेभिः (अधरेहिं) कहने की स्वतंत्रता प्राकृत को रिक्थक्रम (विरासत) में मिली, संस्कृत को नहीं, (३) संस्कृत में तो अधिकरण का 'स्मिन्' सर्वनाम में ही बँध गया, किंतु प्राकृत में 'म्मि, 'म्हि', होता हुआ हिंदी में 'में' तक पहुँचा, (४) वैदिक भाषा में षष्ठी या चतुर्थी के यथेच्छ प्रयोग की स्वतंत्रता थी वह प्राकृत में आकर चतुर्थी विभक्ति को ही उड़ा गई, किंतु संस्कृत में दोनों पानी उतर जाने पर चट्टानों पर चिपटी हुई काई की तरह, जहाँ की तहाँ रह गईं, (५) वैदिक भाषा का 'व्यत्यय' और 'बाहुलक' प्राकृत में जीवित रहा और परिणाम यह हुआ कि अपभ्रंश में एक विभक्ति 'ह' 'हँ' 'ही', बहुत से कारकों का काम देने लगी, संस्कृत की तरह लकीर ही नहीं पिटती गई, (६) संस्कृत में पूर्वकालिक का एक 'त्व.' ही रह गया और य भिंच गया इधर 'त्वान' और 'त्वाय' और 'य' स्वतंत्रता से आगे बढ़ आए (देखो, आगे)। (७) क्रियार्था क्रिया (Infinitive of purpose) के कई रूपों में से (जो धातुज शब्दों के द्वितीया, षष्ठी या चतुर्थी के रूप हैं) संस्कृत के हिस्से में 'तुम' ही आया और इधर कई, (८) कृ धातु का अनुप्रयोग संस्कृत में केवल कुछ लम्बे धातुओं के परोक्ष भूत में रहा, छंदस् की भाषा में और जगह भी था, किंतु अनुप्रयोग का सिद्धांत अपभ्रंश और हिंदी तक पहुँचा। यह विषय बहुत ही बढ़ाकर उदाहरणों के साथ लिखा जाना चाहिए, इस समय केवल प्रसंग से इसका उल्लेख ही कर दिया गया है।

अस्तु। अकृत्रिम भाषाप्रवाह में (१) छंदस् की भाषा, (२) अशोक की धर्मलिपियों की भाषा, (३) बौद्ध ग्रंथों की पाली, (४) जैन सूत्रों की मागधी, (५) ललितविस्तर की गाथा या गड़बड़ संस्कृत और (६) खरोष्ठी और प्राकृत शिलालेखों और सिक्कों की अनिर्दिष्ट प्राकृत ये ही पुराने नमूने हैं। जैन सूत्रों की भाषा मागधी या अर्द्धमागधी कही गई है। उसे आर्ष प्राकृत भी कहते हैं। पीछे से प्राकृत वैयाकरणों ने मागधी, अर्धमागधी, पैशाची, शौरसेनी, महाराष्ट्री

आदि देशभेद के अनुसार प्राकृत भाषाओं की छाँट की, किंतु मागधीवाले कहते हैं कि मागधी मूल भाषा है जिसे प्रथम कल्प के मनुष्य, देव और ब्राह्मण बोलते थे[१]। जिन पुराने नमूनों का हम उल्लेख कर चुके हैं वे देशभेद के अनुसार इस नामकरण में किसी एक में ही अंतर्भूत नहीं हो सकते। बौद्ध भाषा, संस्कृत पर अधिक सहारा लिए हुए है, सिक्कों तथा लेखों की भाषा भी वैसी है। शुद्ध प्राकृत के नमूने जैन सूत्रों में मिलते हैं। यहाँ दो बातें और देख लेनी चाहिए। एक तो जिस किसी ने प्राकृत का व्याकरण बनाया, उसने प्राकृत को भाषा समझकर व्याकरण नहीं लिखा। ऐसी साधारण बातों को छोड़कर कि प्राकृत में द्विवचन और चतुर्थी विभक्ति नहीं है, सारे प्राकृत व्याकरण केवल संस्कृत शब्दों के उच्चारण में क्या-क्या परिवर्तन होते हैं इनकी परिसंख्यासूची मात्र हैं। दूसरी यह कि संस्कृत नाटकों की प्राकृत को शुद्ध प्राकृत का नमूना नहीं मानना चाहिए। वह पंडिताऊ या नकली या गढ़ी हुई प्राकृत है, जो संस्कृत में मसविदा बनाकर, प्राकृत व्याकरण के नियमों से त की जगह य और क्ष की जगह ख, रखकर, साँचे पर जमाकर, गढ़ी गई है। वह संस्कृत मुहाविरों का नियमानुसार किया हुआ रूपांतर है, प्राकृत भाषा नहीं। हाँ, भास के नाटकों की प्राकृत शुद्ध मागधी है। पुराने काल की प्राकृत रचना, देशभेद के नियत हो जाने पर, या तो मागधी में हुई या महाराष्ट्री प्राकृत शौर सेनी, पैशाची आदि केवल भाषा में विरल देशभेद मात्र रह गईं, जैसा कि प्राकृत व्याकरणों में उन पर कितना ध्यान दिया गया है, इससे स्पष्ट है। मागधी अर्धमागधी तो आर्ष प्राकृत रहकर जैन सूत्रों में ही बंद हो गई, वह भी एक तरह की छंदस् की भाषा बन गई। प्राकृत व्याकरणों ने महाराष्ट्री का पूरी तरह विवेचन कर उसी को आधार मानकर, शौरसेनी आदि के अंतर को उसी के अपवादों की तरह लिखा है। या यों कह दो कि देशभेद से कई प्राकृत होने पर भी प्राकृतसाहित्य की प्राकृत एक ही थी। जो पद पहले मगधी का था वह महाराष्ट्री को मिला। वह परम प्राकृत और सूक्ति रत्नों का सागर कहलाई। राजाओं ने उसकी कदर की। हाल (सातवाहन) ने उसके कवियों की चुनी हुई रचना की सतसई बनाई, प्रवरसेन ने सेतुबंध से अपनी कीर्ति उसके द्वारा सागर के पार पहुँचाई, वाक्पति ने उसी में गौड़बध किया, किंतु यह

---

१. हेमचंद्र ने 'जिणिंदाण वाणी' को देशीनाममाला के आरंभ में 'असेसम सपरिणामिणी' कहकर वंदना करते हुए क्या अच्छा अवतरण दिया है–

देवा दैवीं नरा नारीं शबराश्चापि शार्बरीम।
तिर्यञ्चोऽपि हि तैरश्चीं मेनिरे भगवद्गिरम्।।

पंडिताऊ प्राकृत हुई, व्यवहार की नहीं। जैनों ने धर्मभाषा मानकर उसका स्वतंत्र अनुशीलन किया और मागधी तरह महाराष्ट्री भी जैन रचनाओं में ही शुद्ध मिलती है। और छंदों के होने पर भी जैसे संस्कृत का 'श्लोक' अनुष्टुप् छंदों का राजा है, वैसे प्राकृत की रानी 'गाथा' है, लंबे छंद प्राकृत में आए कि संस्कृत की परछाईं स्पष्ट देख पड़ी। प्राकृत कविता का आसन ऊँचा हुआ। यह कहा गया है कि देशी शब्दों से भरी प्राकृत कविता के सामने संस्कृत को कौन सुनता है[१] और राजशेखर ने, जिसकी प्राकृत उसकी संस्कृत के समान ही स्वतंत्र और उद्भट है, प्राकृत को मीठी और संस्कृत को कठोर कह डाला[२]।

शौरसेनी और पैशाची (भूतभाषा)

इन प्राकृतों के भेदों[३] में से हमें शौरसेनी और पैशाची का देशनिर्णय करना है। यद्यपि ये दोनों भाषाएँ मागधी और महाराष्ट्री से दब गई थीं और इनका विवेचन व्याकरणों में गौण या अपवाद रूप से ही किया गया है तथापि हिंदी से इनका बड़ा संबंध है। शौरसेनी तो मथुरा ब्रजमंडल आदि की भाषा है। इसमें कोई बड़ा स्वतंत्र ग्रंथ नहीं मिलता। किंतु इसका वही क्षेत्र है जो ब्रजभाषा, खड़ी बोली और रेखते की प्रकृत भूमि है। पैशाची का दूसरा नाम भूतभाषा है। यह गुणाढ्य की अद्भुतार्था वृहत्कथा से अमर हो गई है। वह 'बड्डकथा' अभी नहीं मिलती। दो कश्मीरी पंडितों (क्षेमेंद्र और सोमदेव) के किए उसके संस्कृत अनुवाद मिलते हैं (बृहत्कथामंजरी और कथासरित्सागर)। कश्मीर का उत्तरी प्रांत पिशाच (पिष्=कच्चा मांस, अष्=खाना) या पिशाश् देश कहलाता था और कश्मीर ही में बृहत्कथा का अनुवाद मिलने से पैशाची वहाँ की भाषा मानी जाती थी। किंतु वास्तव में पैशाची या भूतभाषा का स्थान राजपूताना और मध्यभारत है। मार्कंडेय ने प्राकृत व्याकरण में बृहत्कथा को केकयपैशाची में गिना है।

---

१. ललिए महुरक्खरए जुबईयणवल्लहे ससिंगारे।
सन्ते पाइयकव्वे को सक्कइ सक्क्यं पढ़िउं।। (वज्जालग्ग, २९)
[ललित, मधुराक्षर, युवतीजनबल्लभ, संश्रृंगार प्राकृत कविता के होते हुए संस्कृत कौन पढ़ सकता है?]

२. परुसा सक्कअबंधा पाउअबंधो वि होइ सुउमारो।
पुरुष महिलाणं जेतिअमिहन्तरं तेत्तियमिमाणं।। (कर्पूरमंजरी)
[संस्कृत की रचना परुष और प्राकृतरचना सुकुमार होती है, जितना पुरुष और स्त्रियों में अंतर होता है उतना इन दोनों में है।]

३. अगले लेखों में इस विषय पर कुछ और आता जायगा।

केकय तो कश्मीर का पश्चिमोत्तर प्रांत है। संभव है कि मध्यभारत की भूतभाषा की मूल बृहत्कथा का कोई रूपांतर उधर हुआ हो जिसके आधार पर कश्मीरियों के संस्कृतानुवाद हुए हैं[१]। राजशेखर ने, जो विक्रम संवत् की दसवीं शताब्दी के मध्य भाग में था, अपनी काव्यमीमांसा में एक पुराना श्लोक उद्धृत किया है जिसमें उस समय के भाषानिवेश की चर्चा है–'गौड (बंगाल) आदि संस्कृत में स्थित हैं, लाटदेशियों की रुचि प्राकृत में परिचित है, मरुभूमि, टक्क (टाँक, दक्षिणपश्चिमी पंजाब) और भादानक[२] के वासी अपभ्रंश प्रयोग करते हैं, अवंती (उज्जैन), पारियात्र (बेतवा और चंबल का निकास) और दशपुर (मंदसोर) के निवासी भूतभाषा की सेवा करते हैं, जो कवि मध्यदेश में (कन्नौज, अंतर्वेद पंचाल आदि) रहता है वह सर्वभाषाओं में स्थित है।' राजशेखर को भूगोल विद्या से बड़ी दिलचस्पी थी। काव्यमीमांसा का एक अध्याय का अध्याय भूगोलवर्णन को देकर वह कहता है कि विस्तार देखना हो तो मेरा बनाया भुवन कोश देखो। अपने आश्रयदाता की राजधानी महोदय (कन्नौज) का उसे बड़ा प्रेम था। कन्नौज और पांचाल की उसने जगह जगह पर बहुत बड़ाई की है। महोदय (कन्नौज) को मानो भूगोल का केंद्र माना है, कहा है दूरी की नाप महोदय से ही की जानी चाहिए, पुराने आचार्यों के अनुसार अंतर्वेदी से[३] नहीं। इस महोदय की केंद्रता को ध्यान में रखकर उसका बताया हुआ राजा के कवि-समाज का निवेश बड़ा चमत्कार दिखाता है। वह कहता है कि राजा कवि-समाज के मध्य में बैठे, उत्तर को संस्कृत के कवि (कश्मीर पांचाल) पूर्व को प्राकृत (मागधी की भूमि मगध), पश्चिम को अपभ्रंश (दक्षिण पंजाब और मरुदेश) और दक्षिण को भूतभाषा (उज्जैन, मालवा आदि) के कवि बैठे।[४] मानो राजा का कविसमाज भौगोलिक भाषानिवेश का मानचित्र हुआ। यों कुरुक्षेत्र से प्रयाग तक अंतर्वेद, पांचाल और शूरसेन और इधर मरु अवंती, परियात्र और दशपुर– शौरसेनी और भूतभाषा के स्थान थे।

---

१. लाकोटे, वियना ओरिएंटल सोसाइटी का जर्नल, जिल्द ६४, पृष्ठ ९५ आदि।

२. बीजोल्याँ के लेख में भी भादानक का उल्लेख है, यह प्रांत राजपूताने में ही होना चाहिए।

३. विनशनप्रयागयोर्गङ्गायमुनयोश्चान्तरमन्तर्वेदी। तदपेक्षया दिशो विभजेत इत्याचार्याः। तत्रापि महोदयं मूलमवधीकृत्य इति यायावरः।

(काव्यमीमांसा, पृ० ९४)

४. काव्यमीमांसा; पृ० ५४-५५।

अपभ्रंश

बाँध से बचे हुए पानी की धाराएँ मिलकर अब नदी का रूप धारण कर रही थीं। उनमें देशी की धाराएँ भी आकर मिलती गईं। देशी और कुछ नहीं, बाँध से बचा हुआ पानी है या वह जो नदी मार्ग पर चला आया बाँधा न गया। उसे भी कभी-कभी छानकर नहर में ले लिया जाता था। बाँध का जल भी रिसता रिसता इधर मिलता आ रहा था। पानी बढ़ने से नदी की गति वेग से निम्नाभिमुखी हुई, उसका 'अपभ्रंश' (नीचे को बिखरना) होने लगा। अब सूत से नपे किनारे और नियत गहराई नहीं रही। राजशेखर ने 'संस्कृत वाणी को सुनने योग्य' प्राकृत को स्वभावमधुर, अपभ्रंश को सुभव्य और भूतभाषा को सरस कहा है।[१] इन विशेषणों की साभिप्रायता विचारने योग्य है। वह यह भी कहता है कि कोई बात एक भाषा में कहने से अच्छी लगती है, कोई दूसरी में, कोई दो तीन में।[२] उसने काव्यपुरुष का शरीर शब्द और अर्थ का बनाया है जिसमें संस्कृत को मुख, प्राकृत को बाहु, अपभ्रंश को जघनस्थल, पैशाच को पैर और मिश्र को उरु कहा है। विक्रम की सातवीं शताब्दी से ग्यारहवीं तक अपभ्रंश की प्रधानता रही और फिर वह पुरानी हिंदी में परिणत हो गई। इसमें देशी की प्रधानता है। विभक्तियाँ घिस गई हैं, खिर गई हैं, एक ही विभक्ति हँ, या आहँ कई काम देने लगी है। एक कारक की विभक्ति से दूसरे का भी काम चलने लगा है। वैदिक भाषा की अविभक्तिक निर्देश की विरासत भी इसे मिली। विभक्तियों के खिर जाने से कई अव्यय या पद लुप्तविभक्तिक पद के आगे रखे जाने लगे, जो विभक्तियाँ नहीं है। क्रियापदों में मार्जन हुआ। हाँ, इसने केवल प्राकृत ही के तद्‌भव और तत्सम पद नहीं लिए, किंतु धनवती अपुत्रा मौसी से भी कई तत्सम पद लिए।[३] साहित्य की प्राकृत साहित्य की भाषा ही हो चली थी, वहाँ गत भी गय और गज भी गय, काच, काक, काय (= शरीर) कार्य सबके लिये काय। इसमें भाषा के प्रध ाान लक्षण– सुनने से अर्थबोध– का व्याघात होता था। अपभ्रंश में दोनों प्रकार के शब्द मिलते हैं। जैसे शौरसेनी, पैशाची, मागधी, आदि भेदों के होते हुए भी प्राकृत एक ही थी वैसे शौरसेनी अपभ्रंश, पैशाची अपभ्रंश, महाराष्ट्री अपभ्रंश

१. बालरामायण।

२. काव्यमींमांसा, पृ० ४८।

३. तद्‌भव प्रयोगों के अधिक घिस जाने पर भाषा में एक अवस्था आती है जब शुद्ध तत्समों का प्रयोग करने की टेव पड़ जाती है। हिंदी में अब कोई जस या गुनवंत नहीं लिखता यश और गुणवान् लिखते हैं। बोलें चाहे तरों परसोतम् और हर्‌किसुन, लिखेंगे तरह, पुरुषोत्तम और हरकृष्ण।

आदि होकर एक ही अपभ्रंश प्रबल हुई। हेमचंद्र ने जिस अपभ्रंश का वर्णन किया है वह शौरसेनी के आधार पर है। मार्कंडेय ने एक 'नागर' अपभ्रंश की चर्चा की है। जिसका अर्थ नगरवासी (चतुर, शिक्षित, गँवई से विपरीत) लोगों की भाषा या गुजरात के नागर ब्राह्मणों या नगर (वडनगर, वृद्धनगर) के प्रांत की भाषा हो सकती है। गुजरात की अपभ्रंश प्रधानता की चर्चा आगे है। किंतु उसके उस नगर का वडनगर या नगर नाम प्राचीन नहीं है इसलिये 'नगर की भाषा' अर्थ मानने पर मार्कंडेय के व्याकरण की प्राचीनता में शंका होती है।

राजशेखर ने काव्यमीमांसा में कई श्लोक दिए हैं जिनमें वर्णन किया है कि किस देश के मनुष्य किस तरह संस्कृत और प्राकृत पढ़ सकते हैं। यहाँ इस पाठशैली के वर्णन की चर्चा कर देनी चाहिए। यह वर्णन रोचक भी है और कई अंशों में अबतक सत्य भी। उच्चारण का ढंग भी कोई चीज है। वह कहता है कि काशी से पूर्व की ओर मगध आदि देशों के वासी हैं वे संस्कृत ठीक पढ़ते हैं किंतु प्राकृत भाषा में कुंठित है। बंगालियों की हँसी में उसने एक पुराना श्लोक उद्धृत किया है जिसमें सरस्वती ब्रह्मा से प्रार्थना करती है कि मैं बाज आई, मैं इस्तीफा पेश करती हूँ, या तो गौड़ लोग गाथा पढ़ना छोड़ दें, या कोई दूसरी ही सरस्वती बनाई जाए[१]।

गौड़ देश में ब्राह्मण न अतिस्पष्ट, न अश्लिष्ट, न रुक्ष, न अति कोमल, न मंद और न अतिसार स्वर से पढ़ते हैं। चाहे कोई रस हो, कोई रीति हो, कोई गुण हो, कर्णाट लोग घमंड से अंत में टंकारा देकर पढ़ते हैं। गद्य, पद्य, मिश्र कैसा ही काव्य हो द्रविड़ कवि गाकर ही पढ़ेगा। संस्कृत के द्वेषी लाट प्राकृत को ललित मुद्रा से सुंदर पढ़ते हैं। सुराष्ट्र[२], श्रवण[३] आदि संस्कृत में अपभ्रंश के अंश मिलाकर एक ही तरह पढ़ते हैं। शारदा के प्रसाद से कश्मीरी सुकवि होते हैं किंतु उनका पाठक्रम क्या है कान में मानों गिलोय की पिचकारी है। उत्तरापथ के कवि बहुत संस्कार होने पर भी गुन्ना (नाक में) पढ़ते हैं। पांचाल

---

१. ब्रह्मन् विज्ञापयामि त्वां स्वाधिकारजिहासया।
गौडस्त्यजुतु वा गाथामन्या वास्तु सरस्वती।।

२. सोरठ–गुजरात काठियावाड।

३. पश्चिमी राजपूताना। जोधपुर के राजा वाडक के वि०सं० ८९४ के शिलालेख में उसके चौथे पूर्वपुरुष शिलुक का त्रवणी और वल्ल देश तक अपने राज्य की सीमा नियत करना कहा गया है। वल्ल देश भाटियों का जैसलमेर है, त्रवणी उसके दक्षिण में होना चाहिए।

देशवालों का पाठ तो कानों में शहद बरसाता है उसका कहना ही क्या[१]।

पुरानी अपभ्रंश संस्कृत और प्राकृत से मिलती है और पिछली पुरानी हिंदी से। हम ऊपर दिखा चुके हैं कि शौरसेनी और भूतभाषा की भूमि ही अपभ्रंश की भूमि हुई और वही पुरानी हिंदी की भूमि है।

अंतर्वेद, ब्रज, दक्षिणी पंजाब, टक्क, भादानक, मरु, श्रवण, राजपूताना, अवंती, पारियात्र, दशपुर और सुराष्ट्र– यहीं की यह भाषा एक ही मुख्य अपभ्रंश थी जैसे पहले देशभेद होने पर भी एक ही प्राकृत थी। अभी अपभ्रंश के साहित्य के अधिक उदाहरण नहीं मिले हैं, न उस भाषा के व्याकरण आदि की ओर पूरा ध्यान दिया गया है। अपभ्रंश कहाँ समाप्त होती है और पुरानी हिंदी कहाँ आरंभ होती है इसका निर्णय करना कठिन, किंतु रोचक और बड़े महत्व का है। इन दो भाषाओं के समय और देश के विषय में कोई स्पष्ट रेखा नहीं खींची जा सकती। कुछ उदाहरण ऐसे हैं जिन्हें अपभ्रंश भी कह सकते हैं, पुरानी हिंदी भी। संस्कृत ग्रंथों में लिखे रहने के कारण अपभ्रंश और पुरानी हिंदी की लेखशैली की रक्षा हो गई जो मुखसुखार्थ लेखनशैली में बदलती बदलती ऐसी हो जाती कि उसे प्राचीन समझने का कोई उपाय नहीं रह जाता। उसी प्राचीन लेखशैली को हिंदी की उच्चारणानुसारिणी शैली पर लिख दें (जिस प्रकार कि वह अवश्य ही बोली जाती होगी) तो अपभ्रंश कविता केवल पुरानी हिंदी हो जाती है और दुर्बोध नहीं रहती। इसलिये यह नहीं कह सकते कि पुरानी हिंदी का काल कितना पीछे हटाया जाय। हिंदी उपमावाचक 'जिमि' या 'जिम' ऐसी पुरानी कविता में 'जिम्वँ' लिखा मिलता है। उसके उच्चारण में प्रथम स्वर संयुक्ताक्षर के पहले होने से गुरु नहीं हो सकता (जिम्म्व) क्योंकि जिस छंद में वह आया है उसका भंग होता है। इस लिये चाहे वह 'जम्वँ' लिखा हो उसका उच्चारण 'जिवँ' था जो जिम ही है। संस्कृत 'उत्पद्यते' का प्राकृत रूप 'उप्पज्जई' है जो छँट-खिरकर 'उप्पजइ' के रूप में है। अब यह 'उप्पजइ' अपभ्रंश माना जाय या पुरानी हिंदी? 'जइ' का उच्चारणानुसार लेख करने से 'उपजै' हो जाता है (संयुक्त पकार के कारण उ की मात्रा की गुरुता मानकर ऊपजै सही) जिसे हम हिंदी पहचानते हैं। संभव है कि जैसे आजकल हिंदी के विद्वानों में 'गये,

---

१. मार्गानुगेन निनदेन निधिर्गुणानाम्,
संपूर्णवर्णरचनो यतिभिर्विभक्तः।
पाञ्चालमण्डलभुवां सुभगः कवीनां
श्रोत्रे मधु क्षरति किञ्चन काव्यपाठः।।

गए' पर दलादली है वैसे ही 'उपज्जइ, उपजइ, उपजै, ऊपजै' पर कई शताब्दियों तक चली हो, यद्यपि उसे अरुंतुद बनाने के लिये छापाखाना न था।

इन पोथियों के लिखनेवाले संस्कृत के पंडित वा जैन साधु थे। संस्कृत शब्दों को तो उन्होंने शुद्धि से लिखा, प्राकृत को भी, किंतु इन कविताओं की लेखशैली पर ध्यान नहीं दिया। कभी पुराना रूप रहने दिया, कभी व्यवहार में परिचित नया रूप धर दिया। यह आगे के पाठांतरों से जान पड़ेगा।

ऐसी कविता के लिये 'पुरानी हिंदी' शब्द जान बूझकर काम में लिया गया है। पुरानी गुजराती, पुरानी राजस्थानी, पुरानी पश्चिमी राजस्थानी, आदि नाम कृत्रिम हैं और वर्तमान भेद को पीछे की ओर ढकेलकर बनाए गए हैं। भेदबुद्धि दृढ़ करने के अतिरिक्त इनका कोई फल भी नहीं है। कविता की भाषा प्रायः सब जगह एक ही सी थी। जैसे नानक से लेकर दक्षिण के हरिदासों तक की कविता 'ब्रजभाषा'– कहलाती थी वैसे अपभ्रंश को पुरानी हिंदी कहना अनुचित नहीं चाहे कवि के देशकाल के अनुसार उसमें कुछ रचना प्रादेशिक हो।

पिछले समय में भी हिंदी कवि संत लोग विनोद के लिये एक आध पद गुजराती या पंजाबी में लिखकर अपनी वाणियाँ भाषा में लिखते रहे जैसे कि कुछ शौरसेनी, पैशाची का छींटा देकर कविता महाराष्ट्री प्राकृत में ही होती थी। मीराबाई के पद पुरानी हिंदी कहे जायँ या गुजराती या मारवाड़ी? डिंगल कविता गुजराती है या मारवाड़ी या हिंदी? कवि की प्रादेशिकता आने पर भी साधारण भाषा 'भाखा' ही थी। जैसे अपभ्रंश में कहीं कहीं संस्कृत का पुट है वैसे तुलसीदास जी रामायण को पूरबी भाषा में लिखते-लिखते संस्कृत में चले जाते हैं[१]। यदि छापाखाना, प्रांतीय अभिमान, मुसलमानों का फारसी अक्षरों का आग्रह, और नया प्रातिक उद्बोधक न होता तो हिंदी अनायास ही देशभाषा बनो जा रही थी। अधिक छपने छापने, लिखने और झगड़ों ने भी इस गति को रोका।

आजकल लोग पृथ्वीराजरासो की भाषा की हिंदी का प्राचीनतम रूप मानते हैं, उसका विचार हम अपभ्रंश के अवतरणों के विचार के पीछे करेंगे किंतु इतना कह देते हैं कि यदि इन कविताओं को पुरानी हिंदी नहीं कहा जाय तो रासो की भाषा को राजस्थानी या 'मेवाड़ी– गुजराती– मारवाड़ी–चारणी–'भाटी' कहना चाहिए, हिंदी नहीं। ब्रजभाषा भी हिंदी नहीं और तुलसीदास जी की मधुर उक्तियाँ भी हिंदी नहीं।

---

१. जैसे– (क) कविहिं अगम जिमि ब्रह्मसुख अहमममलिनजनेषु।
(ख) रन जीति रिपुदलमध्यगत पस्यामि रामनमामयं।। इत्यादि।

यह पुरानी कविता बिखरी हुई मिलती है कोई मुक्तक शृंगार रस की कविता, कोई वीरता की प्रशंसा, कोई ऐतिहासिक बात, कोई नीति का उपदेश, कोई लोकोक्ति और वह भी व्याकरण के उदाहरणों में या कथाप्रसंग में उद्धृत। मालूम होता है कि इस भाषा का साहित्य बड़ा था। उसमें महाभारत और रामायण की पूरी, या उनके आश्रय पर बनी हुई छोटी-छोटी कथाएँ थीं। ब्रह्म और मुंज नाम के कवियों का पता चलता है। जैसे प्राकृत के पुराने रूप भी शृंगार की चटकीली मुक्तक गाथाओं में (सातवाहन की सप्तशती) या जैन धर्मग्रंथों में है, वैसे पुरानी हिंदी के नमूने भी या तो शृंगार या वीर रस के अथवा कहानियों के चुटकले हैं या जैन धार्मिक रचनाएँ। हेमचंद्र की बड़ी बड़ाई कीजिए कि उसने प्राकृत उदाहरणों में तो पद या वाक्यों के टुकड़े ही दिए, पर ऐसी कविताओं के पूरे छंद उद्धृत किए। इसका कारण यही जान पड़ता है कि जिन पंडितों के लिये उसने व्याकरण बनाया वे साधारण मनुष्यों की 'भाखा' कविता को वैसे प्रेम से नहीं कंठस्थ करते थे जैसे संस्कृत और प्राकृत को।

संस्कृत के श्लोक और प्राकृत की गाथा की तरह इस कविता का राजा दोहा है। सोरंठा, छप्पय, गीत आदि और छंद भी हैं, पर इधर दोहा और उधर गाथा ही पुरानी हिंदी और प्राकृत का भेदक है। 'दोहा' का नाम कई संस्कृताभिमानियों ने 'दोधक'[१] बनाया है किंतु शब्दिक समानता को छोड़कर इसमें कोई सार नहीं है और संस्कृत में दोधक छंद दूसरा होने से इसमें धोखे की सामग्री भी है। दोहा पद की निरुक्ति दो की संख्या से है, जैसे चौपाई और छप्पय की– दो + पद, दो + पथ, या दो + गाथा। प्रबंधचिंतामणि में एक जगह एक प्राकृत का 'दोधक' भी दिया है जो दोहा छंद में है। पूर्वार्ध सपादलक्ष (अजमेर-साँभर) के राजा ने समस्या की तरह भेजा या और उत्तरार्द्ध की पूर्ति हेमचंद्र ने की थी[२]। यह ऐसा ही विरल विनोद जान पड़ता है जैसा कि आजकल हमारे मित्र भट्ट मथुरानाथ जी के संस्कृत के मनहर दंडक और सवैये। प्रबंधचिंतामणि में ही एक जगह दो चारणों को 'दोहाविद्यया स्पर्धमानौ' अर्थात् दोहा विद्या में होड़ाहोड़ी करते हुए कहा गया है। उनकी कविताओं में एक दोहा है, एक सोरठा, किंतु रचना 'दोहा– विद्या' कही गई है यह बात ध्यान देने योग्य है। इसी प्रकार रेखता छंद से रेखते की बोली कहला गई थी (रेखते के उस्ताद तुमही नहीं हो गालिब!)।

---

१. प्रबंधचिंतामणि, पृ० ५६. १५७।

२. पइली ताव न अनुहरइ गोरीमुहकमलस्स।
अदिट्ठी पुनि उन्नमइ पडिपयली चंदस्स।। [प्र० चिं०, पृ० १५७]।

पुरानी हिंदी का गद्य बहुत कम लिखा हुआ मिलता है। पद्य दो तरह रक्षित हुआ है, मुख से और लेख से। दोनों तरह की रक्षा में लेखक के हस्तमुख और वक्ता के मुखसुख से इतने परिवर्तन हो गए हैं कि मूल शैली की विरूपता हो गई है। लिखनेवाला प्रचलित भाषा के ग्रंथों या लोकप्रिय काव्यों में 'मक्खी के लिये मक्खी' नहीं लिखता। उसके बिना जाने ही कलम नए रूपों पर चल जाती है। गुसाईं जी के 'तइसइ', 'जुगुति', कालसुभाउ' 'अउरउ' अब क्रम से 'तैसेहि' 'युक्ति', कालस्वभाव' और 'औरो' हो गए हैं। जो कविता मुख से कान, मुख से कान, चलती है उसमें तो बहुत ही परिवर्तन हो जाते हैं। हेमचंद्र के प्राकृत व्याकरण (आठवें अध्याय) के उदाहरणों में एक 'अपभ्रंश' या पुरानी हिंदी के दोहे को लीजिए। अपभ्रंश और पुरानी हिंदी में सीमारेखा बहुत ही अस्पष्ट है और जैसा कि आगे स्पष्ट हो जायगा, पुरानी हिंदी का समय बहुत ऊपर चढ़ जाता है। वह दोहा यह है–

वायसु उड्डासु उड्डावन्तिअए पिउ दिठ्ठउ सहसत्ति।
अद्धा वलया महिहि गय अद्धा फुट्ट तडत्ति।।

[वियोगिनी कौआ उड़ाने लगी कि मेरा पिया आता हो तौं उड़ जा। इतने में उसने अचानक पिया को देख लिया। कहाँ तो वह वियोग में ऐसी दुबली थी कि हाथ बढ़ाते ही आधी चूड़ियाँ जमीन पर गिर पड़ी और कहाँ हर्ष से इतनी मोटी हो गई कि बाकी चूड़ियाँ तड़क कर चटक गईं।]

चारणों के मुख से कई पीढ़ियों तक निकलते निकलते राजपूताने में इन दोहे का अब मँजा हुआ रूप प्रचलित है–

काग उड़ावण जाँवती पिय दीठी सहसत्ति।
आधी चूड़ी कागगल आधी टूट तडित्ति।।

निशाना ठीक लग गया, चूड़ियाँ जमीन पर न गिर कर कौए के गले में पहुँच गईं और चूड़ी टूटने का अशकुन भी मिट गया।

उसी व्याकरण में से एक दोहा और लीजिए–

पुत्तें जाएँ कवणु गुणु अवगुणु कवणु मुएण।
जा बप्पी की भुंहडी चम्पिज्जइ अवरेण।।

[उस बेटे के जन्म लेने से क्या लाभ और मर जाने से क्या हानि कि जिसके होते बाप की धरती पर दूसरा अधिकार कर ले।]

इस दोहे का परिवर्तन होते-होते यह रूप हो गया है–

बेटा जायाँ कवण गुण अवगुण कवण धियेण[१]।
जो ऊमाँ[२] धर[३] आपणी गंजीजै[४] अवरेण।।[५]

यह भी ध्यान देने योग्य बात है कि मूल दोहे में 'मूये पुत्र से क्या अवगुण' कहा गया है किंतु पीछे, स्त्री जाति की ओर अपमान बुद्धि बढ़ जाने और उसका उत्तराधिकार न होने से 'धी (= पुत्री, संस्कृत दुहित, पंजाबी धी) से क्या अवगुण' हो गया है। अस्तु, ऐसी दशा में जो पुरानी कविता या गद्य संस्कृत और प्राकृत के व्याकरण और छंद आदि के ग्रंथों में, बच गया है, वह पुराने वर्णविन्यास की रक्षा के साथ उस समय की भाषा का वास्तव रूप दिखाता है।

---

१. घी से, पुत्री से।

२. खड़े खड़े।

३. पृथ्वी, धरा।

४. गंजन की जाय, जीती जाय।

५. मलसीसर के ठाकुर श्री भूरसिंहजी का बिविध संग्रह, पृ० ४८।
इस संग्रह में यह दोहा तथा 'एहि ति घोड़ा एहि थल–' बाला० दोहा ठाकुर साहब ने कविवर हेमचंद्र के नाम से दिया है, किंतु ये हेमचंद्र की रचना नहीं हैं, उससे पहले के हैं, उसने अपने व्याकरण में उदाहरण की तरह और बहुत सी कविता के साथ दिए हैं। 'ऐहि ति घोड़ा' की चर्चा यथास्थान होगी।

आदिकाल : अपभ्रंश काव्य

– आचार्य रामचंद्र शुक्ल

जब प्राकृत बोलचाल की भाषा न रह गई तभी से अपभ्रंश-साहित्य का आविर्भाव समझना चाहिए। पहले जैसे 'गाथा' या 'गाहा' कहने से प्राकृत का बोध होता था वैसे ही पीछे 'दोहा' या 'दूहा' कहने से अपभ्रंश या लोक प्रचलित काव्य भाषा का बोध होने लगा। इस पुरानी प्रचलित काव्यभाषा में नीति, शृंगार, वीर आदि की कविताएँ तो चली ही आती थीं, जैन और बौद्ध धर्माचार्य अपने मतों की रक्षा और प्रचार के लिये भी इसमें उपदेश आदि की रचना करते थे। प्राकृत से बिगड़कर जो रूप बोलचाल की भाषा ने ग्रहण किया वह भी आगे चलकर कुछ पुराना पड़ गया और काव्यरचना के लिए रूढ़ हो गया। अपभ्रंश नाम उसी समय से चला। जब तक भाषा बोलचाल में थी तब तक वह भाषा या देशभाषा ही कहलाती रही, जब वह भी साहित्य की भाषा हो गई तब उसके लिये अपभ्रंश शब्द का व्यवहार होने लगा।

भरत मुनि (विक्रम तीसरी शती) ने 'अपभ्रंश' नाम न देकर लोकभाषा को 'देशभाषा' ही कहा है। वररुचि के 'प्राकृत प्रकाश' में भी अपभ्रंश का उल्लेख नहीं है। अपभ्रंश नाम पहले पहल बलभी के राजा धारसेन द्वितीय के शिलालेख में मिलता है जिसमें उसने अपने पिता गुहसेन (वि०सं० ६५० के पहले) को संस्कृत, प्राकृत और अपभ्रंश तीनों का कवि कहा है। भामह (विक्रम ७ वीं शती) ने भी तीनों भाषाओं का उल्लेख किया है। बाण ने 'हर्षचरित' में संस्कृत-कवियों के साथ भाषा-कवियों का भी उल्लेख किया है। इस प्रकार अपभ्रंश या प्राकृताभास हिंदी में रचना होने का पता हमें विक्रम की सातवीं शताब्दी में मिलता है। उस काल की रचना के नमूने बौद्धों की वज्रयान शाखा के सिद्धों की कृतियों के बीच मिले हैं।

संवत् ९९० में देवसेन नामक एक जैन ग्रंथकार हुए हैं। उन्होंने भी 'श्रावकाचार' नाम की एक पुस्तक दोहों में बनाई थी, जिसकी भाषा अपभ्रंश का अधिक प्रचलित रूप लिए हुए है, जैसे–

जो जिण सासण भापियउ सो मइ कहियउ सारु।
जो पालइ सइ भाउ करि सो तरि पावइ पारु।।

इन्हीं देवसेन ने 'दब्ब-सहाव-पयास' (द्रव्य-स्वभाव-प्रकाश) नामक एक और ग्रंथ दोहों में बनाया था जिसका पीछे से माइल्ल धवल ने 'गाथा' या साहित्य की प्राकृत में रूपांतर किया। इसके पीछे तो जैन कवियों की बहुत सी रचनाएँ मिलती हैं, जैसे श्रुतिपंचमी कथा, योगसार, जसहरचरिउ, णायकुमारचरिउ इत्यादि। ध्यान देने की बात यह है कि चरित्रकाव्य या आख्यानकाव्य के लिये अधिकतर चौपाई दोहे की पद्धति ग्रहण की गई है। पुष्पदंत (संवत् १०२९) के 'आदिपुराण' और 'उत्तरपुराण' चौपाइयों में हैं। उसी काल के आसपास का 'जसहरचरिउ' (यशधरचरित्र) भी चौपाइयों में रचा गया है, जैसे–

बिणु धवलेण सयडु किं हल्लइ। बिणु जीवेण देहु किं चल्लइ।
विणु जीवेण मोक्ख को पावइ। तुम्हारिसु किं अप्पइ आवइ।।

चौपाई-दोहे की यह परंपरा हम आगे चलकर सूफियों की प्रेम-कहानियों में तुलसी के रामचरितमानस में तथा छत्रप्रकाश, ब्रजविलास, सबलसिंह चौहान के महाभारत इत्यादि अनेक आख्यानकाव्यों में पाते हैं।

बौद्ध धर्म विकृत होकर वज्रयान संप्रदाय के रूप में देश के पूरबी भागों में बहुत दिनों से चला आ रहा था। इन बौद्ध तांत्रिकों के बीच वामाचार अपनी चरम सीमा को पहुँचा। ये बिहार से लेकर आसाम तक फैले थे और सिद्ध कहलाते थे। 'चौरासी सिद्ध' इन्हीं में हुए हैं जिनका परंपरागत स्मरण जनता को अब तक है। इन तांत्रिक योगियों को लोग अलौकिक शक्तिसंपन्न समझते थे। ये अपनी सिद्धियों और विभूतियों के लिये प्रसिद्ध थे। राजशेखर ने 'कर्पूरमंजरी' में भैरवानंद के नाम से एक ऐसे ही सिद्धयोगी का समावेश किया है। इस प्रकार जनता पर उन सिद्ध योगियों का प्रभाव विक्रम की १०वीं शती से ही पाया जाा है, जो मुसलमानों के आने पर पठानों के समय तक कुछ न कुछ बना रहा। बिहार के नालंदा और विक्रमशिला नामक प्रसिद्ध विद्यापीठ इनके अड्डे थे। बख्तियार खिलजी ने इन दोनों स्थानों को जब उजाड़ा तब से ये तितर-बितर हो गए। बहुत से भोट आदि अन्य देशों को चले गए।

चौरासी सिद्धों के नाम ये हैं– लूहिपा, लीलापा, बिरूपा, डोंभिपा, शवरीपा, सरहपा, कंकालीपा, मीनपा, गोरक्षपा, चौरंगीपा, वीणापा, शांतिपा, तंतिपा, चमरिपा, खडगपा, नागार्जुन, कण्हपा, कर्णरिपा, थगनपा, नारोपा, शीलपा, तिलोण, छत्रपा, भद्रपा, दोखंधिपा, अजोगिपा, कालपा, धोंभीपा, कंकणपा, कमरिपा, डेंगिपा, भदेपा, तंधेपा, कुक्कुरिपा, कुचिपा, धर्मपा, महीपा, अचिंतिपा, भल्लहपा, नलिनपा, भूसुकुपा,

इंद्रभूति, मेकोपा, कुठालिपा कमरिपा, जालंधरपा, राहुलपा, घर्वरिपा, धोकरिपा, मेदिनीपा, पंकजपा, घंटापा, जोगीपा, चेलुकपा, गुंडरिपा, लुचिकपा, निर्गुणपा, जयानंत, चर्पटीपा, चपंकपा, भिखनपा, भलिपा, कुमरिपा, चँवरिपा, मणिभद्रा (योगिनी) कनखलापा, (योगिनी), कलकलपा, कंतालीपा, धहुरिपा, उधरिपा, कपालपा, किलपा, सागरपा, सर्वभक्षपा, नागबोधिपा, दारिकपा, पुतलिपा, पनहपा, कोकालिपा, अनंगपा, लक्ष्मीकरा (योगिनी), समुदपा, भलिपा।

('पा' आदरार्थक 'पाद' शब्द है। इस सूची के नाम पूर्वापर कालानुक्रम से नहीं हैं। इनमें से कई एक समसामयिक थे।)

वज्रयान शाखा में जो योगी 'सिद्ध' के नाम से प्रसिद्ध हुए वे अपने मत का संस्कार जनता पर भी डालना चाहते थे। इससे वे संस्कृत रचनाओं के अतिरिक्त अपनी बानी अपभ्रंशमिश्रित देशभाषा या काव्यभाषा में भी बराबर सुनाते रहे। उनकी रचनाओं का एक संग्रह पहले म०म० हरप्रसाद शास्त्री ने बँगला अक्षरों में 'बौद्धगान ओ दोहा' के नाम से निकाला था। पीछे त्रिपिटकाचार्य राहुल सांकृत्यायनजी भोट देश में जाकर सिद्धों की और बहुत सी रचनाएँ लाए। सिद्धों में सबसे पुराने 'सरह' (सरोजवज्र भी नाम है) हैं जिनका काल डॉक्टर विनयतोष भट्टाचार्य[१] ने विक्रम संवत् ६९० निश्चित किया है। उनकी रचना के कुछ नमूने दिए जाते हैं–

अंतस्साधना पर जोर और पंडितों को फटकार–

पंडिअ सअल सत्त बक्खाणइ। देहहि बुद्ध बसंत न जाणइ।
अमणगमण ण तेन बिखंडिअ। तोवि णिलज्ज भणइ हउँ पंडिअ।।

जहि मन पवन न संचरइ, रवि ससि नाहि पवेस।
तहि बट चित्त बिसाम करु सरहे कहिय उवेस।।
घोर अँधारे चंदमणि जिमि उज्जोअ करेइ।
परम महासुह एखु कणे दुरिअ अशेष हरेइ।।
जीवंतह जो नउ जरइ सो अजरामर होइ।
गुरु उपएसें बिमलमइ सो पर धण्णा कोइ।।

दक्षिण मार्ग छोड़कर वाम मार्ग-ग्रहण का उपदेश–

नाद न बिंदु न रवि न शशि मंडल। चिअराअ सहावे मूकल।
उजु रे उजु छाड़ि मा लेहु रे बंक। निअहि बोहि मा जाहु रे लंक।।

---

१. बुद्धिष्ट एसीटेरियम।

लूहिपा या लूइपा (संवत् ८३० के आसपास) के गीतों से कुछ उदाहरण—

काआ तरुवर पंच बिड़ाल। चंचल चीए पइठो काल।
दिट करिअ महासुइ परिमाण। लूइ भणइ गुरु पुच्छिअ जाण।।

भाव न होइ, अभाव ण जाइ। अइस संबोहे को पतिआइ?
लूइ भणइ बट दुलक्ख बिणाण। तिअधाए बिलसइ, उह लागेण।

विरूपा (संवत् ९०० के लगभग) की वारुणीप्रेरित अंतर्मुख साधना की पद्धति देखिए—

सहजे थिर करि वारुणी साध। जे अजरामर होइ दिट काँध।
दशमि दुआरत चिह्न देखइया। आइल गराहक अपणे बहिआ।
चउशठि घड़िए देट पसारा। पइठल गराहक नाहि निसारा।

कण्हपा (सं०९०० के उपरांत) की बानी के कुछ खंड नीचे उद्धृत किए जाते हैं—

एक्क ण किज्जइ मंत्र ण तंत। णिअ घरणी लइ केलि करंत।
णिअ घर घरणी जाव ण मज्जइ। ताव कि पंचवर्ण बिहरिज्जइ।
जिमि लोण बिलज्जइ पाणिएहि, तिमि घरिणी लइ चित्त।
समरस जइ तक्खणे जइ पुणु ते सम नित्त।।

वज्रयानियों की योग-तंत्र-साधनाओं में मद्य तथा स्त्रियों का—विशेषतः डोमिनी, रजकी आदि का—अबाध सेवन एक आवश्यक अंग था। सिद्ध कण्हपा डोमिनी का आह्वान गीत इस प्रकार गाते हैं—

नगर बाहिरे डोंबी तोहरि कुड़िया छई।
छोइ जाइ सो बाह्म नाड़िया।

आलो डोंबि! तोए सम करिब म साँग। निघिण कण्ह कपाली जोइ लाग।।
एक सो पदमा चौषट्ठि पाखुड़ी। तहि चढ़ि नाचअ डोंबी बापुड़ी।।
हालो डोंबी! तो पुछमि सदभावे। अइससि जसि डोंबी काहरि नावे।।

गंगा जउँना माझे रे बहइ नाई।
ताहि बुड़िलि मातंगि पोइआ लीले पार करेइ।
बाहतु डोंबी, बाहलो डोंबी बाट त भइल उछारा।
सद्गुरु पाअ पए जाइब पुणु जिणउरा।।

काआ नावड़ि खँटि मन करिआल। सद्‌गुरु बअणे घर पतवाल।
चीअ थिर करि गहु रे नाई। अन्न उपाये पार ण जाई।

कापालिक जोगियों से बचे रहने का उपदेश घर में सास ननद आदि ेती ही रहती थीं पर वे आकर्षित होती ही थीं—जैसे कृष्ण की ओर गोपियाँ होती थीं—

राग देस मोह लाइअ छार। परम मोख लवए मुत्तिहार।
मारिअ सासु नणंद घरे शाली। माअ मारिया, कण्ह, भइल कबाली।।

थोड़ा घट के भीतर का बिहार देखिए—

नाड़ि शक्ति दिअ धरिअ खदे। अनह डमरू बाजइ बीर नादे।
काण्ह कपाली जोगी पइठ अचारे। देह-नअरी बिहरइ एकारे।।

इसी ढंग का कुक्कुरिपा (सं० ९०० के उपरांत) का एक गीत लीजिए—

ससुरी निंद गेल, बहुड़ी जागअ। कानेट चोर निलका गइ मागअ।
दिवसइ बहुणी काढ़इ डरे भाअ। रात भइले कामरू जाअ।

रहस्यमार्गियों की सामान्य प्रवृत्ति के अनुसार सिद्ध लोग अपनी बानी को ऐसी पहेली के रूप में भी रखते थे जिसे कोई विरला ही बूझ सकता है। सिद्ध तांतिपा की अटपटी बानी सुनिए—

बेंग संसार बाड़हिल जाअ। दुहिल दूध कि बेटे समाअ।
बलद विआएल गबिआ बाँझे। पिटा दुहिए एतिना साँझे।
जो सो बुज्झी सो धनि बुधी। जो सो चोर सोइ साधी।
निते निते षिआला षिहेषम जूझअ। ढेंढपाएर गीत बिरले बूझअ।

बौद्ध धर्म ने जब तांत्रिक रूप धारण किया तब उसमें पाँच ध्यानी बुद्धों और उनकी शक्तियों के अतिरिक्त अनेक बोधिसत्त्वों की भावना की गई जो सृष्टि का परिचालन करते हैं। वज्रयान में आकर 'महासुखवाद' का प्रवर्त्तन हुआ। प्रज्ञा और उपाय के योग से इस महासुख दशा की प्राप्ति मानी गई। इसे आनंद-स्वरूप ईश्वरत्व ही समझिए। निर्वाण के तीन अवयव ठहराए गए—शून्य, विज्ञान और महासुख। उपनिषद् में तो ब्रह्मानंद के सुख के परिणाम का अंदाजा कराने के लिए उसे सहवाससुख से सौगुना कहा था पर वज्रयान में निर्वाण के सुख का स्वरूप ही सहवाससुख के समान बताया गया। शक्तियों सहित देवताओं के 'युगनद्ध' स्वरूप की भावना चली और उनकी नग्न मूर्तियाँ सहवास की अनेक अश्लील मुद्राओं में बनने लगीं, जो कहीं-कहीं अब भी मिलती हैं। रहस्य या गुह्य की प्रवृत्ति बढ़ती गई और 'गुह्य समाज' या 'श्री समाज' स्थान स्थान

पर होने लगे। ऊँचे नीचे कई वर्णों की स्त्रियों को लेकर मद्यपान के साथ अनेक बीभत्स विधान वज्रयानियों की साधना के प्रधान अंग थे। सिद्धि प्राप्त करने के लिये किसी स्त्री का (जिसे शक्ति, योगिनी या महामुद्रा कहते थे) योग या सेवन आवश्यक था। इसमें कोई संदेह नहीं कि जिस समय मुसलमान भारत में आए उस समय देश के पूरबी भागों में (बिहार, बंगाल और उड़ीसा में) धर्म के नाम पर बहुत दुराचार फैला था।

रहस्यवादियों की सार्वभौम प्रवृत्ति के अनुसार ये सिद्ध लोग अपनी बानियों के सांकेतिक दूसरे अर्थ भी बताया करते थे, जैसे–

काआ तरुवर पंच बिड़ाल

(पंच बिड़ाल= बौद्ध शास्त्रों में निरूपित पंच प्रतिबंध--आलस्य, हिंसा, काम, विचिकित्सा और मोह। ध्यान देने की बात यह है कि विकारों की यही पाँच संख्या निर्गुण धारा के संतों और हिंदी के सूफी कवियों ने ली। हिंदूशास्त्रों में विकारों की बँधी संख्या ६ है।)

गंगा जउँना माझे बहइ रे नाई।

(=इला पिंगला के बीच सुषुम्ना नाड़ी के मार्ग से शून्य देश की ओर यात्रा) इसी से वे अपनी बानियों की भाषा को 'संध्याभाषा' कहते थे।[१]

ऊपर उद्‌धृत थोड़े से बचनों से ही इसका पता लग सकता है कि इन सिद्धों द्वारा किस प्रकार के संस्कार जनता में इधर-उधर बिखेरे गए थे। जनता की श्रद्धा शास्त्रज्ञ विद्वानों पर से हटाकर अंतर्मुख साधनावाले योगियों पर जमाने का प्रयत्न 'सरह' के इस वचन 'घट में ही बुद्ध है यह नहीं जानता, आवागमन को भी खंडित नहीं किया, तो भी निर्लज्ज कहता है कि मैं पंडित हूँ' में स्पष्ट झलकता है। यहाँ पर यह समझ रखना चाहिए कि योगमार्गी बौद्धों ने ईश्वरत्व की भावना कर ली थी–

प्रत्यात्मवेद्यो भगवान् उपमावर्जितः प्रभुः।
सर्वगः सर्वव्यापी च कर्त्ता हर्त्ता जगत्पतिः।
श्रीमान् वज्रसत्त्वोऽसौ व्यक्तभाव प्रकाशकः।

—व्यक्तभावानुगत तत्त्वसिद्धि
(दारिकपा की शिष्या सहजयोगिनी चिंता कृत)

---

१. डा० विनयतोष भट्टाचार्य, बुद्धिष्ट एसोटेरियम।

इसी प्रकार जहाँ रवि, शशि, पवन आदि की गति नहीं वहाँ चित्त को विश्राम कराने का दावा, 'ऋजु' (सीधे, दक्षिण) मार्ग छोड़कर 'बंक' (टेढ़ा, वाम) मार्ग ग्रहण करने का उपदेश भी है। सिद्ध कण्हपा कहते हैं कि 'जब तक अपनी गृहिणी का उपभोग न करेगा तब तक पंचवर्ण की स्त्रियों के साथ विहार क्या करेगा?' वज्रयान में 'महासुह' (महासुख) वह दशा बतलाई गई है जिसमें साधक शून्य में इस प्रकार विलीन हो जाता है जिस प्रकार नमक पानी में। इस दशा का प्रतीक खड़ा करने के लिये 'युगनद्ध' (स्त्री पुरुष का आलिंगनबद्ध जोड़ा) की भावना की गई। कण्हपा का यह वचन कि "जिमि लोण बिलिज्जइ पाणिएहि तिमि घरणी लइ चित्त" इसी सिद्धांत का द्योतक है। कहने की आवश्यकता नहीं कि कौल, कापालिक आदि इन्हीं वज्रयानियों से निकले। कैसा ही शुद्ध और सात्विक धर्म हो, 'गुह्य' और 'रहस्य' के प्रवेश से वह किस प्रकार विकृत और पाखंडपूर्ण हो जाता है, वज्रयान इसका प्रमाण है।

गोरखनाथ के नाथपंथ का मूल भी बौद्धों की यही वज्रयान शाखा है। चौरासी सिद्धों में गोरखनाथ (गोरक्षपा) भी गिन लिए गए हैं। पर यह स्पष्ट है कि उन्होंने अपना मार्ग अलग कर लिया। योगियों की इस हिंदूशाखा ने वज्रयानियों के अश्लील और वीभत्स विधानों से अपने को अलग रखा, यद्यपि शिव-शक्ति की भावना के कारण कुछ शृंगारमयी वाणी भी नाथपंथ के किसी ग्रंथ (जैसे, शक्तिसंगम तंत्र) में मिलती है। गोरख ने पतंजलि के उच्च लक्ष्य, ईश्वरप्राप्ति को लेकर हठयोग का प्रवर्त्तन किया। वज्रयानी सिद्धों का लीलाक्षेत्र भारत का पूरबी भाग था। गोरख ने अपने पंथ का प्रचार देश के पश्चिमी भागों में–राजपूताने और पंजाब में–किया। पंजाब में नमक के पहाड़ी के बीच बालनाथ योगी का स्थान बहुत दिनों तक प्रसिद्ध रहा! जायसी की पदमावत में 'बालनाथ का टीला' आया है।

गोरखनाथ के समय का ठीक पता नहीं। राहुल सांकृत्यायनजी ने वज्रयानी सिद्धों की परंपरा के बीच उनका जो स्थान रखा है उसके अनुसार उनका समय विक्रम की दसवीं शताब्दी आता है। उनका आधार वज्रयानी सिद्धों की एक पुस्तक 'रत्नाकर जोपम कथा' है, जिसके अनुसार मीननाथ के पुत्र मत्स्येंद्रनाथ कामरूप के मछवाहे थे और चर्पटीपा के शिष्य होकर सिद्ध हुए थे। पर सिद्धों की अपनी सूची में सांकृत्यायनजी ने ही मत्स्येंद्र को जलंधर का शिष्य लिखा है, जो परंपरा से प्रसिद्ध चला आता है। गोरखनाथ के गुरु मत्स्येंद्रनाथ (मछंदरनाथ) थे, यह तो प्रसिद्ध ही है। सांकृत्यायनजी ने मीननाथ या मीनपा को पालवंशी राजा देवपाल के समय में अर्थात् संवत् ९०० के आसपास माना है।

यह समय उन्होंने किस आधार पर स्थिर किया पता नहीं। यदि सिद्धों की उक्त पुस्तक में मीनपा के राजा देवपाल के समय में होने का उल्लेख होता तो वे उसकी ओर विशेष रूप से ध्यान आकर्षित करते। चौरासी सिद्धों के नामों में हेरफेर होना बहुत संभव है। हो सकता है कि गोरक्षपा और चौरंगीपा के नाम पीछे से जुड़ गए हों और मीनपा से मत्स्येंद्र का नाम साम्य के अतिरिक्त कोई संबंध न हो। ब्रह्मानंद ने दोनों को बिल्कुल अलग माना भी है (सरस्वती भवन स्टडीज) संदेह यह देखकर और भी होता है कि सिद्धों की नामावली में और सब सिद्धों की जाति और देश का उल्लेख है, पर गोरक्ष और चौरंगी का कोई विवरण नहीं। अतः गोरखनाथ का समय निश्चित रूप से विक्रम की १० वीं शताब्दी मानते नहीं बनता।

महाराष्ट्र संत ज्ञानदेव ने, जो अलाउद्दीन के समय (संवत् १३५८) में थे, अपने को गोरखनाथ की शिष्यपरंपरा में कहा है। उन्होंने यह परंपरा

हिं० इ० २ (७५००-६१) इस क्रम से बताई है–

आदिनाथ, मत्स्येंद्रनाथ, गोरक्षनाथ, गैनीनाथ, निवृत्तिनाथ और ज्ञानेश्वर।

इस महाराष्ट्र-परंपरा के अनुसार गोरखनाथ का समय महाराज पृथ्वीराज के पीछे आता है। नाथपरंपरा में मत्स्येंद्रनाथ के गुरु जलंधरनाथ माने जाते हैं। भोट के ग्रंथों में भी सिद्ध जलंधर आदिनाथ कहे गए हैं। सब बातों का विचार करने में हमें ऐसा प्रतीत होता है कि जलंधर ने ही सिद्धों से अपनी परंपरा अलग की और पंजाब की ओर चले गए। वहाँ काँगड़े की पहाड़ियों तथा और स्थानों में रमते रहे। पंजाब का जलंधर शहर उन्हीं का स्मारक जान पड़ता है। नाथसंप्रदाय के किसी ग्रंथ में जलंधर को बालनाथ भी कहा है। नमक के पहाड़ों के बीच 'बालनाथ का टीला' बहुत दिनों तक प्रसिद्ध रहा। मत्स्येंद्र जलंधर के शिष्य थे, नाथपंथियों की यह धारणा ठीक जान पड़ती है। मीनपा के गुरु चर्पटीनाथ हो सकते हैं, पर मत्स्येंद्रनाथ के गुरु जलंधर ही थे। सांकृत्यायनजी ने गोरख का जो समय स्थिर किया है, वह मीनपा को राजा देवपाल का समसामयिक और मत्स्येंद्र का पिता मानकर। मत्स्येंद्र का मीनपा से कोई संबंध न रहने पर उक्त समय मानने का कोई आधार नहीं रह जाता और पृथ्वीराज के समय के आसपास ही–विशेषतः कुछ पीछे–गोरखनाथ के होने का अनुमान दृढ़ होता है।

जिस प्रकार सिद्धों की संख्या चौरासी प्रसिद्ध है उसी प्रकार नाथों की संख्या नौ। अब भी लोग नवनाथ और चौरासी सिद्ध कहते सुने जाते हैं। 'गोरक्षसिद्धांतसंग्रह' में मार्ग प्रवर्तकों के ये नाम गिनाए गए हैं–

नागार्जुन, जड़भरत, हरिश्चंद्र, सत्यनाथ, भीमनाथ, गोरक्षनाथ, चर्पट, जलंधर और मलयार्जुन।

इन नामों में नागार्जुन, चर्पट और जलंधर सिद्धों की परंपरा में भी हैं। नागार्जुन (सं० ७०२) प्रसिद्ध रसायनी भी थे। नाथपंथ में रसायन की सिद्धि है। नाथपंथ सिद्धों की परंपरा से ही छँटकर निकला है, इसमें कोई संदेह नहीं।

इतिहास से इस बात का पता लगता है कि महमूद गजनवी के भी कुछ पहले सिंध और मुलतान में कुछ मुसलमान बस गए थे जिनमें कुछ सूफी भी थे। बहुत से सूफियों ने भारतीय योगियों से प्राणायाम आदि की क्रियाएँ सीखीं, इसका उल्लेख मिलता है। अतः गोरखनाथ चाहे विक्रम की १० वीं शताब्दी में हुए हों चाहे १३ वीं में, उनका मुसलमानों से परिचित होना अच्छी तरह माना जा सकता है; क्योंकि जैसा कहा जा चुका है, उन्होंने अपने पंथ का प्रचार पंजाब और राजपूताने की ओर किया।

इतिहास और जनश्रुति से इस बात का पता लगता है कि सूफी फकीरों और पीरों के द्वारा इस्लाम को जनप्रिय बनाने का उद्योग भारत में बहुत दिनों तक चलता रहा। पृथ्वीराज के पिता के समय में ख्वाजा मुईनुद्दीन के अजमेर आने और अपनी सिद्धि का प्रभाव दिखाने के गीत मुसलमानों में अब तक गाए जाते हैं। चमत्कारों पर विश्वास करने वाली भोलीभाली जनता के बीच अपना प्रभाव फैलाने में इन पीरों और फकीरों को सिद्धों और योगियों से मुकाबला करना पड़ा जिनका प्रभाव पहले से जमा चला आ रहा था। भारतीय मुसलमानों के बीच, विशेषतः सूफियों की परंपरा में, ऐसी अनेक कहानियाँ चलीं जिनमें किसी पीर ने किसी सिद्ध या योगी की करामात में पछाड़ दिया। कई योगियों के साथ ख्वाजा मुईनुद्दीन का भी ऐसा ही करामाती दंगल कहा जाता है।

ऊपर कहा जा चुका है कि गोरखनाथ की हठयोग-साधना ईश्वरवाद को लेकर चली थी अतः उसमें मुसलमानों के लिये भी आकर्षण था। ईश्वर से मिलानेवाला योग हिंदुओं और मुसलमानों दोनों के लिये एक सामान्य साधना के रूप में आगे रखा जा सकता है, यह बात गोरखनाथ को दिखाई पड़ी थी। उसमें मुसलमानों को अप्रिय मूर्तिपूजा और बहुदेवोपासना की आवश्यकता न थी। अतः उन्होंने दोनों के विद्वेष-भाव को दूर करके साधना का एक सामान्य मार्ग निकालने की संभावना समझी थी और वे उसका संस्कार अपनी शिष्यपरंपरा में छोड़ गए थे। नाथसंप्रदाय के सिद्धांतग्रंथों में ईश्वरोपासना के बाह्य विधानों के प्रति उपेक्षा प्रकट की गई है, घर के भीतर ही ईश्वर को प्राप्त करने पर जोर दिया गया है, वेदशास्त्र का अध्ययन व्यर्थ ठहराकर विद्वानों के प्रति अश्रद्धा प्रकट की गई है, तीर्थाटन आदि निष्फल कहे गए हैं।

१. योगशास्त्रं पठेन्नित्यं किमन्यैः शास्त्र-विस्तरैः।
२. न वेदो वेद इत्याहुर्वेदा वेदो निगद्यते।
परात्मा विद्यते येन स वेदो वेद उच्यते।।
न संध्या संधिरित्याहुः संध्या संधिर्निगद्यते।
सुषुम्णा संधिगः प्राणः सा संध्या संधिरुच्यते।।

अंतस्साधना के वर्णन में हृदय दर्पण कहा गया है जिसमें आत्मा के स्वरूप का प्रतिबिंब पड़ता है—

३. हृदयं दर्पणं यस्य मनस्तत्र विलोकयेत्।
दृश्यते प्रतिबिंबेन आत्मरूपं सुनिश्चितम्।

परमात्मा की अनिर्वचनीयता इस ढंग से बताई गई है—

शिवं न जानामि कथं वदामि। शिवं च जानामि कथं वदामि।।

इसके संबंध में सिद्ध लूहिपा भी कह गए हैं—

भाव न होइ, अभाव न होइ। अइस संबोहे को पतिआइ?

'नाद' और 'बिंदु' संज्ञाएँ वज्रयानी सिद्धों में बराबर चलती रहीं। गोरखसिद्धांत में उनकी व्याख्या इस प्रकार की गई है--

नाथांशो नादो, नादांशः प्राणः शक्त्यंशो बिन्दु बिन्दोरंशः शरीरम्।
—गोरक्षसिद्धांतसंग्रह (गोपीनाथ कविराज संपादित)

'नाद' और 'बिंदु' के योग से जगत् की उत्पत्ति सिद्ध और हठयोगी दोनों मानते थे।

तीर्थाटन के संबंध में जो भाव सिद्धों का था वही हठयोगियों का भी रहा। 'चित्तशोधनप्रकरण' में वज्रयानी सिद्ध आर्यदेव (कर्णरीपा) का वचन है—

प्रतरन्नपि गंगायां नैव श्वा शुद्धिमर्हति।
तस्माद्धर्मधियां पुंसां तीर्थस्नानं तु निष्फलम्।।
धर्मो यदि भवेत् स्नानात् कैवर्त्तानां कृतार्थता।
नक्तं दिवं प्रविष्टानां मत्स्यादीनां तु का कथा।।

जनता के बीच इस प्रकार के भाव क्रमशः ऐसे गीतों के रूप में निर्गुणपंथी संतों द्वारा आगे भी बराबर फैलते रहे, जैसे—

गंगा के नहाए कहो को नर तरिगे,
मछरी न तरी जाको पानी ही में घर है।।

यहाँ पर यह बात ध्यान में रखना आवश्यक है कि ८४ सिद्धों में बहुत से मछुए, चमार, धोबी, डोम, कहार, लकड़हारे, दरजी तथा और बहुत से शूद्र कहे जाने वाले लोग थे। अतः जातिपाँति के खंडन तो वे आप ही थे। नाथ संप्रदाय भी जब फैला तब उसमें भी जनता की नीची और अशिक्षित श्रेणियों के बहुत से लोग आए जो शास्त्रज्ञान-संपन्न न थे, जिनकी बुद्धि का विकास बहुत सामान्य कोटि का था[१]। पर अपने को रहस्यदर्शी प्रदर्शित करने के लिये शास्त्रज्ञ पंडितों और विद्वानों को फटकारना भी वे जरूरी समझते थे। सद्‌गुरु का माहात्म्य सिद्धों में भी और उनमें भी बहुत अधिक था।

नाथपंथ के जोगी कान की लौ में बड़े बड़े छेद करके स्फटिक के भारी भारी कुंडल पहनते हैं, इससे कनफटे कहलाते हैं जैसा पहले कहा जा चुका है। इस पंथ का प्रचार राजपूताने तथा पंजाब की ओर ही अधिक रहा। अतः जब मत के प्रचार के लिये इस पंथ में भाषा के भी ग्रंथ लिखे गए तब उधर की ही प्रचलित भाषा का व्यवहार किया गया। उन्हें मुसलमानों को भी अपनी बानी सुनानी रहती थी जिनकी बोली अधिकतर दिल्ली के आस-पास की खड़ी बोली थी। इससे उसका मेल भी उनकी बानियों के अधिकतर रहता था। इस प्रकार नाथपंथ के इन जोगियों ने परंपरागत साहित्य की भाषा या काव्यभाषा से, जिसका ढाँचा नागर अपभ्रंश या ब्रज का था, अलग एक 'सधुक्कड़ी' भाषा का सहारा लिया जिसका ढाँचा कुछ खड़ी बोली लिए राजस्थानी था। देशभाषा की इन पुस्तकों में पूजा, तीर्थाटन आदि के साथ-साथ हज, नमाज आदि का भी उल्लेख पाया जाता है। इस प्रकार की एक पुस्तक का नाम है 'काफिरबोध'।[२]

नाथपंथ के उपदेशों का प्रभाव हिंदुओं के अतिरिक्त मुसलमानों पर भी प्रारंभ में ही पड़ा। बहुत से मुसलमान, निम्न श्रेणी के ही सही, नाथपंथ में आए। अब भी इस प्रदेश में बहुत से मुसलमान जोगी गेरुआ वस्त्र पहने गुदड़ी की लंबी झोली लटकाए, सारंगी बजा बजाकर 'कलि में अमर राजा भरथरी' के गीत गाते फिरते हैं और पूछने पर गोरखनाथ को अपना आदिगुरू बताते हैं। ये राजा गोपीचंद के भी गीत गाते हैं जो बंगाल में चटिगाँव के राजा थे और जिनकी

---

१. "दि सिस्टम आव् मिस्टिक कल्चर इंट्रोडयूस्ड बाइ गोरखनाथ डज नाट सीम टु हैव स्प्रेड वाइड्ली थ्रू दि एज्युकेटेड क्लासेज।"

२. यह तथा इसी प्रकार की और कुछ पुस्तकें मेरे प्रिय शिष्य डॉक्टर पीतांबरदत्त बढ़थ्वाल के पास हैं।

माता मैनावती कहीं गोरख की शिष्या और कहीं जलंधर की शिष्या कही गई हैं।

देश भाषा में लिखी गोरखपंथ की पुस्तकें गद्य और पद्य दोनों में हैं और विक्रम संवत् १४०० के आसपास की रचनाएँ हैं। इनमें साम्प्रदायिक शिक्षा है। जो पुस्तकें पाई गई हैं उनके नाम ये हैं—गोरखगणेशगोष्ठी, महादेव-गोरख-संवाद, गोरखनाथ जी की सत्रह कला, गोरखबोध, दत्तगोरख-संवाद, योगेश्वरी साखी, नरवइ बोध, विराट् पुराण, गोरखसार, गोरखनाथ की बानी। ये सब ग्रंथ गोरख के नहीं, उनके अनुयायी शिष्यों के रचे हैं। गोरख के समय में जो भाषा लिखने-पढ़ने में व्यवहृत होती थी उसमें प्राकृत या अपभ्रंश शब्दों का थोड़ा या बहुत मेल अवश्य रहता था। उपर्युक्त पुस्तकों में 'नरवइ बोध' के नाम (नरवइ=नरपति) में ही अपभ्रंश का आभास है। इन पुस्तकों में अधिकतर संस्कृतग्रंथों के अनुवाद हैं। यह बात उनकी भाषा के ढंग से ही प्रकट होती है। 'विराट् पुराण' संस्कृत के 'वैराट पुराण' का अनुवाद है। गोरखपंथ के ये संस्कृतग्रंथ पाए जाते हैं।

सिद्ध-सिद्धांत-पद्धति, विवेक-मार्तंड, शक्तिसंगम-तंत्र, निरंजन पुराण, वैराट पुराण।

हिन्दी भाषा में लिखी पुस्तकें अधिकतर इन्हीं के अनुवाद या सार हैं। हाँ 'साखी' और 'बानी' में शायद कुछ रचना गोरख की हो। पद का एक नमूना देखिए—

स्वामी तुम्हइ गुर गोसाईं। अम्हे जो सिष सबद एक बूझिया।।
निरारंबे चेला कूण विधि रहै। सतगुरु होइ स पुछया कहै।।

अबधू रहिया हाटे बाटे रूप बिरष की छाया।
तजिबा काम क्रोध लोभ मोह संसार की माया।।

सिद्धों और योगियों का इतना वर्णन करके इस बात की ओर ध्यान दिलाना हम आवश्यक समझते हैं कि उनकी रचनाएँ तांत्रिक-विधान, योग साधना, आत्मनिग्रह, श्वासनिरोध, भीतरी चक्रों और नाड़ियों की स्थिति, अंतर्मुख साधना के महत्त्व इत्यादि की सांप्रदायिक शिक्षा मात्र हैं, जीवन की स्वाभाविक अनुभूतियों और दशाओं से उनका कोई संबंध नहीं। अतः वे शुद्ध साहित्य के अंतर्गत नहीं आती। उनको उसी रूप में ग्रहण करना चाहिए। जिस रूप में ज्योतिष, आयुर्वेद आदि के ग्रंथ। उनका वर्णन यहाँ केवल दो बातों के विचार से किया गया है—

(१) पहली बात है भाषा। सिद्धों की उद्धृत रचनाओं की भाषा देशभाषामिश्रित अपभ्रंश अर्थात् पुरानी हिंदी की काव्यभाषा है, यह तो स्पष्ट है। उन्होंने भरसक उसी सर्वमान्य व्यापक काव्यभाषा में लिखा है जो उस समय गुजरात, राजपूताने और ब्रजमंडल से लेकर बिहार तक लिखने-पढ़ने की शिष्ट भाषा थी। पर मगध में रहने के कारण सिद्धों की भाषा में कुछ पूरबी प्रयोग भी (जैसे, भइले, बूड़िलि) मिले हुए हैं। पुरानी हिंदी की व्यापक काव्यभाषा का ढाँचा शौरसेनीप्रसूत अपभ्रंश अर्थात् ब्रज और खड़ी बोली (पश्चिमी हिंदी) का था। वही ढाँचा हम उद्धृत रचनाओं के–

जो, सो, मारिआ, पइठो, जाअ, किज्जइ, करंत, जाब (जब तक), ताब (तब तक), भइअ, कोइ, इत्यादि प्रयोगों में पाते हैं। ये प्रयोग मागधीप्रसूत पुरानी बँगला के नहीं; शौरसेनीप्रसूत पुरानी पच्छिमी हिंदी के हैं। सिद्ध कण्हपा की रचनाओं को यदि हम ध्यानपूर्वक देखें तो एक बात साफ झलकती है। वह यह कि उनकी उपदेश की भाषा तो पुरानी टकसाली हिंदी (काव्य भाषा) है, पर गीतों की भाषा पुरानी बिहारी या पूरबी बोली मिली है। यही भेद हम आगे चलकर **कबीर** की 'साखी' और 'रमैनी' (गीत) की भाषा में पाते हैं। 'साखी' की भाषा तो खड़ी बोली राजस्थानीमिश्रित सामान्य 'सधुक्कड़ी' भाषा है, पर रमैनी के पदों की भाषा में काव्य की ब्रजभाषा और कहीं-कहीं पूरबी बोली भी है।

'सिद्धों' में 'सरह' सबसे पुराने अर्थात् वि०सं० ६९० के हैं। अतः हिंदी काव्यभाषा के पुराने रूप का पता हमें विक्रम की सातवीं शताब्दी के अंतिम चरण में लगता है।

(२) दूसरी बात है सांप्रदायिक प्रवृत्ति और उसके संस्कार की परंपरा। वज्रयानी सिद्धों ने निम्न श्रेणी की प्रायः अशिक्षित जनता के बीच किस प्रकार के भावों के लिये जगह निकाली, यह दिखाया जा चुका। उन्होंने बाह्यपूजा, जातिपाँति, तीर्थाटन इत्यादि के प्रति उपेक्षा बुद्धि का प्रचार किया, रहस्यदर्शी बनकर शास्त्रज्ञ विद्वानों का तिरस्कार करने और मनमाने रूपकों के द्वारा अट-पटी बानी में पहेलियाँ बुझाने का रास्ता दिखाया, घट के भीतर चक्र, नाड़ियाँ शून्य देश आदि मानकर साधना करने की बात फैलाई और 'नाद, बिंदु, सुरति, निरति' ऐसे शब्दों की उद्धरणी करना सिखाया। यही परंपरा अपने ढंग पर नाथपंथियों ने भी जारी रखी। आगे चलकर भक्तिकाल में निर्गुण संत-संप्रदाय किस प्रकार वेदांत के ज्ञानवाद, सूफियों के प्रेमवाद तथा वैष्णवों के अहिंसावाद और प्रपत्तिवाद को मिलाकर सिद्धों और योगियों द्वारा बनाए हुए इस रास्ते पर चल पड़ा, यह आगे दिखाया जायगा। कबीर आदि संतों को नाथपंथियों से जिस

प्रकार 'साखी' और 'बानी' शब्द मिले, उसी प्रकार 'साखी' और 'बानी' के लिये बहुत कुछ सामग्री और 'सधुक्कड़ी' भाषा भी।

ये ही दो बातें दिखाने के लिये इस इतिहास में सिद्धों और योगियों का विवरण दिया गया है। उनकी रचनाओं का जीवन की स्वाभाविक सरणियों, अनुभूतियों और दशाओं से कोई संबंध नहीं। वे सांप्रदायिक शिक्षा मात्र हैं, अतः शुद्ध साहित्य की कोटि में नहीं आ सकतीं। उन रचनाओं की परंपरा को हम काव्य या साहित्य की कोई धारा नहीं कह सकते। अतः धर्मसंबंधी रचनाओं की चर्चा छोड़, अब हम सामान्य साहित्य की जो कुछ सामग्री मिलती है, उसका उल्लेख उनके संग्रहकर्त्ताओं और रचयिताओं के क्रम से करते हैं।

(१) हेमचंद्र– गुजरात के सोलंकी राजा सिद्धराज जयसिंह (संवत् ११५०–११९९) और उनके भतीजे कुमापाल (सं०११९९–१२३०) के यहाँ उनका बड़ा मान था। ये अपने समय के सबसे प्रसिद्ध जैन आचार्य थे। इन्होंने एक बड़ा भारी व्याकरणग्रंथ 'सिद्ध हेमचंद्र शब्दानुशासन' सिद्धराज के समय में बनाया, जिसमें संस्कृत, प्राकृत और अपभ्रंश तीनों का समावेश किया। अपभ्रंश के उदाहरणों में इन्होंने पूरे दोहे या पद्य उद्धृत किए हैं, जिनमें से अधिकांश इनके समय से पहले के है। कुछ दोहे देखिए–

भल्ला हुआ जु मारिया बहिणि महारा कंतु।
लज्जेजं तु वयंसिअहु जइ भग्गा घरु एंतु।।

(भला हुआ जो मारा गया, हे बहिन! हमारा कांत। यदि वह भागा हुआ घर आता तो मैं अपनी समवयस्काओं से लज्जित होती।)

जइ सो न आवइ, दूइ ! घरु, काइँ अहोमुहु तुज्झु।
वयणु ज खंडइ तउ, सहि ए ! सो पिउ होइ न मुज्झु।।

(हे दूती ! यदि वह नहीं आता तो तेरा क्यों अधोमुख है ? हे सखी ! जो तेरा वचन खंडित करता है–श्लेष से दूसरा अर्थ; जो तेरे मुख पर चुंबन द्वारा क्षत करता है–वह मेरा प्रिय नहीं।)

जे महु दिण्णा दिअहड़ा दइएँ पवसंतेण।
ताण गणंतिए अँगुलिउँ जज्जरियाउ नहेण।।

(जो दिन या अवधि दबित अर्थात् प्रिय ने प्रवास जाते हुए मुझे दिए थे उन्हें नख से गिनते गिनते मेरी उँगलियाँ जर्जरित हो गईं।)

पिय संगमि कउ दिद्दड़ी ? पियहो परक्खहो केंव।
मइँ विन्निवि विन्नासिया, निद्द न एँव न तेंव।।

(प्रिय के संगम में नींद कहाँ और प्रिय के परोक्ष में भी क्यों कर आवे ? मैं दोनों प्रकार से विनाशिता हुई अर्थात् गई—न यों नींद न त्यों।)

अपने व्याकरण के उदाहरणों के लिये हेमचंद्र ने भट्टी के समान एक 'द्व्याश्रय काव्य' की भी रचना की है जिसके अंतर्गत 'कुमारपालचरित' नामक एक प्राकृत काव्य भी है। इस काव्य में भी अपभ्रंश के पद्य रखे गए हैं।

(२) सोमप्रभ सूरि— ये भी **एक जैन पंडित** थे। इन्होंने संवत् १२४१ में **'कुमारपालप्रतिबोध'** नामक एक गद्यपद्यमय संस्कृत-प्राकृत-काव्य लिखा जिसमें समय समय पर हेमचंद्र द्वारा कुमारपाल को अनेक प्रकार के उपदेश दिए जाने की कथाएँ लिखी हैं। यह ग्रंथ अधिकांश प्राकृत में ही है—बीच बीच में संस्कृत श्लोक और अपभ्रंश के दोहे आए हैं। अपभ्रंश के पद्यों में कुछ तो प्राचीन हैं और कुछ सोमप्रभ और सिद्धिपाल कवि के बनाए हैं। प्राचीन में से कुछ दोहे दिए जाते हैं—

रावण जायउ जहि दिअहि दह मुह एक सरीरु।
चिंताविय तइयहि जणाणि कबणु पियावउँ खीरु।।

(जिस दिन दस मुँह एक शरीरवाला रावण उत्पन्न हुआ तभी माता चिंतित हुई कि किसमें दूध पिलाऊँ।)

पिय हउँ थक्किय सयलु दिणु तुह विरहग्गि किलंत।
थोडइ जल जिम मच्छलिय तल्लोविल्लि करंत।।

(हे प्रिय ! मैं सारे दिन तेरी विरहाग्नि में वैसे ही कड़कड़ाती रही जैसे थोड़े जल में मछली तलवेली करती है।)

(३) जैनाचार्य मेरुतुंग— इन्होंने संवत् १३६१ में **'प्रबंधचिंतामणि'** नामक एक संस्कृतग्रंथ **'भोज-प्रबंध'** के ढंग का बनाया जिसमें बहुत से पुराने राजाओं के आख्यान संगृहीत किए। इन्हीं आख्यानों के अंतर्गत बीच में अपभ्रंश के पद्य भी उद्धृत हैं जो बहुत पहले से चले आते थे। कुछ दोहे तो राजा भोज के चाचा मुंज के कहे हुए हैं। मुंज के दोहे अपभ्रंश या पुरानी हिंदी के बहुत ही पुराने नमूने कहे जा सकते हैं। मुंज ने जब तैलंग देश पर चढ़ाई की थी तब वहाँ के राजा तैलप ने उसे बंदी कर लिया था और रस्सियों से बाँधकर अपने यहाँ ले गया था। वहाँ उसके साथ तैलप की बहिन मृणालवती से प्रेम हो गया। इस प्रसंग के दोहे देखिए—

झाली तुट्टी किं न मुउ, किं न हुएउ छरपुंज।
हिंदइ दोरी बँधीयउ जिम मंकड़ तिम मुंज।।

(टूट पड़ी हुई आग से क्यों न मरा? क्षारपुंज क्यों न हो गया? जैसे डोरी में बँधा बंदर वैसे घूमता है मुंज।)

मुंज भणइ, मुणालवइ ? जुब्बण गयुं न झूरि।
जइ सक्कर सय खंड थिय तो इस मीठी चूरि।।

(मुंज कहता है, हे मृणालवति ! गए हुए यौवन को न पछता। यदि शर्करा सौ खंड हो जाय तो भी वह चूरी हुई ऐसी ही मीठी रहेगी।)

जा मति पच्छइ संपजइ सा मति पहिली होइ।
मुंज भणइ मुणालवइ ! बिघन न बेढ़इ कोइ।।

(जो मति या बुद्धि पीछे प्राप्त होती है यदि पहले हो तो मुंज कहता है, हे मृणालवति ! विघ्न किसी को न घेरे।)

बाह बिछोड़वि जाहि तुहुँ, हउँ तेवइँ का दोसु।
हिअयट्ठिय जइ नीसरहि, जाणउँ मुंज सरोसु।।

(बाँह छुड़ाकर तू जाता है, मैं भी वैसे ही जाती हूँ--क्या हर्ज है? हृदयस्थित अर्थात् हृदय से यदि निकले तो मैं जानूँ कि मुंज रूठा है।)

एउ जम्मु नग्गुहं गिउ भड़सिरि खग्गु न भग्गु।
तिक्खाँ तुरियाँ न माणियाँ, गोरी गलि न लग्गु।।

(यह जन्म व्यर्थ गया। न सुभटों के सिर पर खड्ग टूटा, न तेज घोड़े सजाए, न गोरी वा सुंदरी के गले लगा।)

फुटकल रचनाओं के अतिरिक्त वीरगाथाओं की परंपरा के प्रमाण भी अपभ्रंश-मिली भाषा में मिलते हैं।

(४) विद्याधर– इस नाम के एक कवि ने कन्नौज के किसी राठौर सम्राट् (शायद जयचंद) के प्रताप और पराक्रम का वर्णन किसी ग्रंथ में किया था। ग्रंथ का पता नहीं, पर कुछ पद्य **'प्राकृत पिंगल सूत्र'** में मिलते हैं; जैसे–

भअ भज्जिअ बंगा भंगु कलिंगा तेलंगा रण मुत्ति चले।
मरहट्ठ धिट्ठा लग्गिअ कट्ठ सोरट्ठा भअ पाअ पले।।
चंपारण कंपा पब्बअ झंपा उत्थी उत्थी जीव हरे।
कासीसर राणा किअउ पआणा बिज्जाहर भण मंतिवरे।।

यदि विद्याधर को समसामयिक कवि माना जाय तो उसका समय विक्रम की १३ वीं शताब्दी समझा जा सकता है।

(५) शार्ङ्गधर– इनका आयुर्वेद का ग्रंथ तो प्रसिद्ध ही है। ये अच्छे कवि

और सूत्रकार भी थे। इन्होंने 'शार्ङ्गधर पद्धति' के नाम से एक सुभाषित संग्रह भी बनाया है और अपना परिचय भी दिया है। रणथंभौर के प्रसिद्ध वीर महाराज हम्मीरदेव के प्रधान सभासदों में राघवदेव थे। उनके भोपाल, दामोदर और देवदास ये तीन पुत्र हुए। दामोदर के तीन पुत्र हुए– शार्ङ्गधर, लक्ष्मीधर और कृष्ण। हम्मीरदेव संवत् १३५७ में उलाउद्दीन की चढ़ाई में मारे गये थे। अतः शार्ङ्गधर के ग्रंथों का समय उक्त संवत् के कुछ पीछे अर्थात् विक्रम की १४वीं शताब्दी के अंतिम चरण में मानना चाहिए।

'शार्ङ्गधर पद्धति' में बहुत से शावर मंत्र और भाषाचित्र-काव्य दिए हैं जिनमें बीच-बीच में देशभाषा के वाक्य आए हैं। उदाहरण के लिये श्रीमल्लदेव राजा की प्रशंसा में कहा हुआ यह श्लोक देखिए–

नूनं बादल छाइ खेह पसरी निःश्राण शब्दः खरः।
शत्रु पाड़ि लुटालि तोड़ि हनिसौ एवं भणन्त्युद्‌भटाः।।
झूठे गर्वभरा मघालि सहसा रे कंत मेरे कहे।
कंठे पाग निवेश जाह शरणं श्रीमल्लदेवं विभुम्।।

परंपरा से प्रसिद्ध है कि शार्ङ्गधर ने हम्मीररासो नामक एक वीरगाथा-काव्य की भी भाषा में रचना की थी। यह काव्य आजकल नहीं मिलता–उसके अनुकरण पर बहुत पीछे का लिखा हुआ एक ग्रंथ 'हम्मीररासो' नाम का मिलता है। 'प्राकृत पिंगल सूत्र' उलटते-पलटते मुझे हम्मीर की चढ़ाई, वीरता आदि के कई पद्य छंदों के उदाहरण में मिले। मुझे पूरा निश्चय है कि ये पद्य असली 'हम्मीररासो' के ही हैं। अतः ऐसे कुछ पद्य नीचे दिए जाते हैं।

ढोला मारिय ढिल्लि महँ मुच्छिउ मेच्छ सरीर।
पुर जज्जल्ला मंतिवर चलिअ वीर हम्मीर।।
चलिअ वीर हम्मीर पाअभर मेइणि कंपइ।
दिगमग णह अंधार धूलि सुररह आच्छाइहि।।
दिगमग रण अंधार आण खुरसाणुक उल्ला।
दरमरि दमसि विपक्ख मारु ढिल्ली मह ढोल्ला।।

(दिल्ली में ढोल बजाया गया, म्लेच्छों के शरीर मूर्च्छित हुए। आगे मंत्रिवर जज्ल को करके वीर हम्मीर चले। चरणों के भार से पृथ्वी काँपती है। दिशाओं के मार्गों और आकश में अँधेरा हो गया है; धूल सूर्य के रथ को आच्छादित करती है। ओल में खुरासनी ले आए। विपक्षियों को दलमल कर दबाया, दिल्ली में ढोल बजाया।)

पिंधउ दिढ़ सन्नाह, बाह उप्परि पक्खर दइ।
बंधु समदि रण धँसेउ साहि हम्मीर बअण लइ।।
उड्डुउणहपह भमउँ, खग्ग रिपु सीसहि झल्लउँ।
पक्खर पक्खर ठेल्लि पेल्लि पब्बअ अप्फालउँ।।

हम्मीर कज्ज जज्जल भणइ कोहाणल मह मइ जलउँ।
सुलितान-सीस करवाल दइ तज्जि कलेवर दिअ चलउँ।।

(दृढ सन्नाह पहने, वाहनों के ऊपर पक्खरें डालीं। बंधुबांधवों से विदा लेकर रण में धँसा हम्मीर साहि का वचन लेकर। तारों को नभपथ में फिराऊँ, तलवार शत्रु के सिर पर जड़ूँ, पाखर से पाखर ठेल पेल कर पर्वतों को हिला डालूँ। जज्जल कहता है कि हम्मीर के कार्य के लिये मैं क्रोध से जल रहा हूँ। सुलतान के सिर पर खड्ग देकर शरीर छोड़ मैं स्वर्ग को जाऊँ।)

पअभर दरमरु धरणि तरणि-रह धुल्लिअ झंपिअ।
कमठ-पिट्ठ टरपरिअ, मेरु मंदर सिर कंपिअ।।
कोहे चलिअ हम्मीर वीर गअजुह संजुत्ते।
किअउ कट्ठ, हा कंद ! मुच्छि मेच्छिअ के पुत्ते।।

(चरणों के भार से पृथ्वी दलमल उठी। सूर्य का रथ धूल से ढक गया। कमठ की पीठ तड़फड़ा उठी, मेरु मंदर की चोटियाँ कंपित हुई। गजयूथ के साथ वीर हम्मीर क्रुद्ध होकर चले। म्लेच्छों के पुत्र हा कष्ट ! करके रो उठे और मूर्च्छित हो गए।)

अपभ्रंश की रचनाओं की परंपरा यहीं समाप्त होती है। यद्यपि पचास साठ वर्ष पीछे विद्यापति (संवत् १४६० में वर्तमान) ने बीच-बीच में देश-भाषा के भी कुछ पद्य रखकर अपभ्रंश में दो छोटी छोटी पुस्तकें लिखीं, पर उस समय तक अपभ्रंश का स्थान देशभाषा ले चुकी थी। प्रसिद्ध भाषा तत्वविद् सर जार्ज ग्रियर्सन जब विद्यापति के पदों का संग्रह कर रहे थे उस समय उन्हें पता लगा था कि **'कीर्त्तिलता'** और **'कीर्त्तिपताका'** नाम की प्रशस्ति-संबंधी दो पुस्तकें भी उनकी लिखी हैं। पर उस समय इनमें से किसी का पता न चला। थोड़े दिन हुए, महामहोपाध्याय पं० हरप्रसाद शास्त्री नैपाल गए थे। वहाँ राजकीय पुस्तकालय में **'कीर्त्तिलता'** की एक प्रति मिली जिसकी नकल उन्होंने ली।

इस पुस्तक में तिरहुत के राजा कीर्त्तिसिंह की वीरता, उदारता, गुणग्राहकता आदि का वर्णन, बीच में कुछ देशभाषा के भी पद्य रखते हुए, अपभ्रंश भाषा के दोहा, चौपाई, छप्पय, छंद, गाथा आदि छंदों में किया गया है। इस अपभ्रंश की विशेषता यह है कि यह पूरबी अपभ्रंश है। इसमें क्रियाओं आदि के बहुत से रूप पूरबी हैं। नमूने के लिये एक उदाहरण लीजिए—

रज्ज-लुद्ध असलान बुद्धि बिक्कम बले हारल।
पास बइसि बिसवासि राय गयनेसर मारल।।
मारंत राय रणरोल पडु, मेइनि हा हा सद्द हुअ।
सुरराय नयर नाअर-रमनि बाम नयन पप्फुरिअ धुअ।।

दूसरी विशेषता विद्यापति के अपभ्रंश की यह है कि वह प्रायः देशभाषा कुछ अधिक लिए हुए है और उसमें तत्सम संस्कृत-शब्दों का वैसा बहिष्कार नहीं है। तात्पर्य यह कि वह प्राकृत की रूढ़ियों से उतनी अधिक बँधी नहीं है। उसमें जैसे इस प्रकार का टकसाली अपभ्रंश है–

पुरिसत्तेण पुरिसओ, नहिं पुरसओ जम्ममत्तेन।
जलदानेन हु जलओ, न हु जलओ पुंजिओ धूमो।।

वैसे ही इस प्रकार की देशभाषा या बोली भी है–

कतहुँ तुरुक बरकरर। बार जाए ते बेगार घर।
धरि आनय बाभन बरुआ। मथा चढ़ावइ गायक चुरुआ।
हिंदू बोले दूरहि निकार। छोटउ तुरुका भमकी मार।।

अपभ्रंश की कविताओं के जो नए पुराने नमूने अब तक दिए जा चुके हैं उनमें इस बात का ठीक अनुमान हो सकता है कि काव्यभाषा प्राकृत की रूढ़ियों से कितनी बँधी हुई चलती रही। बोलचाल तक के तत्सम संस्कृत शब्दों का पूरा बहिष्कार उसमें पाया जाता है। 'उपकार', 'नगर', 'विद्या', 'वचन' ऐसे प्रचलित शब्द भी 'उअआर', 'नअर' 'बिज्जा', 'बअण' बनाकर ही रखे जाते थे। 'जासु' 'तासु', ऐसे रूप बोलचाल से उठ जाने पर भी पोथियों में बराबर चलते रहे। विशेषण विशेष्य के बीच विभक्तियों का समानाधिकरण अपभ्रंश काल में कृदंत विशेषणों से बहुत कुछ उठ चुका था, पर प्राकृत की परंपरा के अनुसार अपभ्रंश की कविताओं में कृदंत विशेषणों में मिलता है–जैसे 'जुब्बण गयुं न झूरि'-गए यौवन को न झूर=गए यौवन को न पछता। जब ऐसे उदाहरणों के साथ हम ऐसे उदाहरण भी पाते हैं जिनमें विभक्तियों का ऐसा समानाधिकरण नहीं है तब यह निश्चय हो जाता है कि उसका सन्निवेश पुरानी परंपरा का पालन मात्र है। इस परंपरा-पालन का निश्चय शब्दों की परीक्षा से अच्छी तरह हो जाता है। जब हम अपभ्रंश के शब्दों में मिट्ठ और 'मीठी' दोनों रूपों का प्रयोग पाते हैं तब उस काल में 'मीठी' शब्द के प्रचलित होने में क्या संदेह हो सकता है?

ध्यान देने पर यह बात भी लक्षित होगी कि ज्यों ज्यों काव्यभाषा देशभाषा की ओर अधिक प्रवृत्त होती गई त्यों त्यों तत्सम संस्कृत शब्द रखने में संकोच भी घटता गया। शार्ङ्गधर के पद्यों और कीर्तिलता में इसका प्रमाण मिलता है।

आदिकाल (सिद्ध-सामन्त-युग): साहित्यिक अवस्था

– म.पं. राहुल सांकृत्यायन

हमारा यह साहित्य-युग उस वक्त आरंभ होता है, जब कि बाण और हर्ष-वर्धन को रंगमंच छोड़े बहुत देर नहीं हुई थी। कवियों में अश्वघोष, भास, कालिदास, दण्डी भवभूति, और बाण की कृतियाँ बहुत चाव से पढ़ी जाती हैं। स्वयंभू ने इन पुराने कवियों के प्रति अपनी कृतज्ञता साफ प्रकट की है। सिद्धों में से भी सरहपा, तिलोपा, शान्तिपा जैसे कितने ही संस्कृत के बड़े-बड़े पंडित थे; हाँ, जब वे भाषा-कविता लिखने बैठते, तो अपने संस्कृत-भाषा ज्ञान को भूल जाते थे। तभी वह इतनी सरल भाषा में लिखने में सफल हुए।

कविता और कवि को सदा आश्रय की जरूरत होती है। वह युग सामन्तों का था। जिस काव्य और कवि को सामन्त-वर्ग का आश्रय प्राप्त था, वह आर्थिक लाभ के तौर पर ही सफल नहीं होता, बल्कि वह चिरस्थायी होने का अधिकार रखता था। हर युग की तरह उस समय भी साधारण जनता की रुचि को पूर्ण करने के लिए कविताएँ बनती थीं। मगर उनके चिरस्थायी होने के मार्ग में बहुत सी बाधाएँ थीं। यद्यपि स्वयंभू और पुष्पदन्त जैसे कवि अत्यन्त असाधारण कवि थे, मगर उनके लिए सामन्ती दर्बारों में वह भी सुभीता नहीं था, जो कि किसी थर्ड-क्लास संस्कृत के विद्वान का होता था। पुष्पदन्त ने तो इसीलिए बल्कि झुँझलाकर कह भी दिया कि जिस वक्त प्रभुवर्ग की यह हालत है, उस वक्त हमारे जैसों के लिए जंगल में गुमनाम मारे-मारे फिरते रहना ही अच्छा है। इसीलिए पुष्पदन्तने सामन्तों के चमर और अभिषेक जल को सज्जनता को धो-बहानेवाला ठहराया। उत्तर-कुरु वैसे भी एक वर्गहीन सुजल, सुफल, सुखी देश के तौर पर प्रसिद्ध था, मगर पुष्पदन्त के पहिले हीसे कवि लोग उसे भूल गए थे। पुष्पदन्त ने "न दास न कोउ राज" "मानव दिव्य", "अगर्व सुभव्य, समानहिं सर्व" कहकर " अहो कुरु-भूमि निशंसय स्वर्ग" कहा, इससे भी जान पड़ता है कि देशभाषा के प्रतिभाशाली कवियों को कितनी प्रतिकूल स्थिति में रहना पड़ता था। स्वयंभू जैसे महान् कवि को भी किसी बड़े दरबार में स्थान न पा एक गुमनाम से अधिकारी धनंजय, रयडाके आश्रय में रहकर जिन्दगी गुजार देना भी

उसी बात को पुष्ट करता है। अभी चक्रवर्ती लोग संस्कृत और थोड़ा बहुत प्राकृत– जो कि अब मृत-भाषा बन चुकी थी– पर ही ज़्यादा निगाह रखते थे। शायद वह समझते थे, कि देशी-भाषामें गुंथी उनकी कीर्तिमाला चन्द ही दिनों में कुम्हला जाएगी, अमर कीर्ति तो संस्कृत काव्यों द्वारा ही मिल सकती है, इसीलिए उन्हें अपभ्रंश कवियों की ओर ज्यादा ध्यान देने की जरूरत नहीं थी।

सिद्धों के लिए इस बारे में कोई दिक्कत नहीं थी। उन्हें किसी दरबार के आश्रय की उतनी जरूरत नहीं थी, जितनी कि दरबार को। जल्द सुला देने वाली उनकी मीठी गोलियों का जनता पर बहुत प्रभाव था– विचित्र जीवन के कारण दिव्य चमत्कार के कारण, अथवा ज्ञान-विज्ञान के कारण कह लीजिए; राजा सिद्धों की पूजा-अर्चा में सबसे आगे रहना चाहते थे। शान्तिपा या रत्नाकर शान्ति को गौड़ नरेश उसी तरह आँखों पर रखने के लिए तैयार थे, जैसे मालव दरबार या सिंहलेश्वर।

(१) सिद्धों की कविता– शायद कविता के रूढ़ि-बद्ध संकीर्ण लक्षण को लेने पर कबीर की तरह सिद्धों की कविता भी कविता न गिनी जाए या कम से कम अच्छी कविता न समझी जाए; लेकिन लाखों नर-नारियों को उनमें रस, एक तरह की आत्म-तृप्ति मिलती थी और आज भी उस तरह की मनोवृत्ति रखनेवाले कितने ही पाठकों को वह उतनी ही रुचिकर मालूम होती है; इसलिए उन्हें कविता मानना ही पड़ेगा। यह ठीक है, उनकी भाषा सीधी-सादी है समझने में बहुत सुगम है, लेकिन यह कविता का कोई दोष नहीं। साथ ही यह भी याद रखना चाहिए, कि सिद्धों की सीधी-सादी भाषा को भी लोगों ने खींचातानी करके दृष्टकूट बना उनकी भाषा को "सन्ध्या-भाषा" बना डाला, और फिर तो वह उतनी ही दुर्बोध और क्लिष्ट हो गयी, जितना कि श्रीहर्ष का "नैषध" या माघ का "शिशुपाल-वध"।

हम बतला चुके हैं, आदिम सिद्ध किस तरह कृत्रिम बहु-निर्बन्ध-पूर्ण जीवन को सहज-जीवन का रूप देना चाहते थे और इसके लिए समाज के चौधरियों की कितनी ही रूढ़ियों को वह तोड़ फेंकना चाहते थे। उनका उद्देश्य कभी नहीं था कि लोग सहज-जीवन बिताने के लिए अँधेरी कोठरियों और "गुह्य-समाजों" का आश्रय लें। वह इस बात में सफल नहीं हुए और उनका सहज-यान भी सामन्त-समाज का एक दूसरा कोढ़ बनकर रह गया। उनके आशावाद को भी आगे बढ़ने का अवसर नहीं मिला। हाँ, अलख-निरंजन का जो राग उन्होंने गाया, वह चिरकाल के लिए अपना असर छोड़ गया। यद्यपि सिद्धों के अलख-निरंजन से राम-रहीम या ईश्वर परमेश्वर से कोई संबंध नहीं

था। वह तो पंडितों और रूढ़िवादियों के शास्त्र वेद, पोथी-पत्रे से न होने जा सकने वाले– अलख, विशुद्ध सत्य– को बतलाता था, जो कि वस्तुतः बौद्धों के निर्वाणका ही विशेषण है। लेकिन पीछे के चेलों– कबीर नानक से लेकर राधास्वामी दयाल तक– ने उनका और ही अर्थ लगाकर लोगों को मुक्ति की ओर नहीं दिमागी गुलामी की ओर ढकेला।

सिद्ध पुरानी रुढ़ियों, पुराने पाखण्डों के बहुत विरोधी थे। आदिम सिद्धों ने तो सरह की तरह अपने बड़े सम्मान और सुखी जीवन की भी पर्वाह नहीं की। सरह किसी वक्त नालन्दा के एक बड़े प्रतिष्ठित पंडित थे। मगर जब उन्हें वहाँ का जीवन दमघोंटू लगने लगा, तो उन्होंने सब कुछ को लात मारा, भिक्षुओं का बाना छोड़ा, अपनी (ब्राह्मण) नहीं किसी दूसरी छोटी जाति की तरुणी को लेकर खुल्लमखुल्ला सहजयान का रास्ता पकड़ा। सरह ने सिर्फ़ दूसरे ही पन्थों के पाखण्डों का खण्डन नहीं किया, बल्कि बौद्धों को भी नहीं छोड़ा। इस बात का अनुकरण पीछे के सन्तों में भी पाया जाता है, लेकिन अपने पन्थ और मत को बचाकर। यद्यपि ये पुराने सिद्ध किसी पाखण्ड को फैलाना नहीं चाहते थे, लेकिन पीछे उन्हीं के नाम पर कितने ही मंत्र-तंत्र और पाखण्ड चल पड़े। सिद्धों ने सुख-दुख और दुनिया की सभी समस्याओं को केवल व्यक्ति के रूप में देखा। उन्हें ख्याल में भी नहीं आया, कि समाज की बुराइयों को सामाजिक रूप से ही दूर करने पर सफलता मिल सकती है। लेकिन जैसा कि हमने पहिले लिखा है, सिद्धों को निराशावाद छू नहीं गया था। वह निराशावाद, योग-वैराग्य से लोगों का पिण्ड छुड़ाना चाहते थे और उन्होंने मरने के पीछे मिलनेवाले निर्वाण के पीछे भागने वाले लोगों के लिए इसी संसार में स्वाभाविक भोगमय जीवन बिताने का आदर्श उपस्थित किया। सिद्धों ने आत्मावलंबन को यद्यपि पसन्द किया, मगर साथ ही गुरु की महिमा को उन्होंने इतना बढ़ाया, कि पीछे वही अन्धेरगरदी का एक भारी साधन बन गया। सिद्धों के बाद जैन रहस्यवादी कवि, कबीर', दादू, राधास्वामी, सबने गुरु की अनन्य भक्ति का राग अलापा।

सिद्धों की कविता में अधिकतर सहजयान और रहस्यवाद ही मिलता है। जिनकी सामन्त-समाज को कभी-कभी ज़रूरत पड़ती थी, उनको आवश्यकता ऐसे काव्यों की थी, जिनमें शृंगार और वीररस का जोर हो।

(२) शृंगार और वीररस– उस समय के सामन्त-जीवन का उद्देश्य था चाहे जैसे भी हो दुनिया का आनन्द खूब डट करके लेना। ऐसा कहने से आचार के नियमों के विरुद्ध जाने की ज़रूरत नहीं है; क्योंकि पुरोहित और महन्त अपने मालिकों की रुचि के अनुसार हर वक्त नये धर्मशास्त्र और नये आचार-नियम

बनाने के लिए तैयार थे। हाँ, भोग निष्कंटक नहीं हो सकता था। हर वक्त एक सामन्त को दूसरे सामन्त से ही खतरा नहीं था, बल्कि खुद अपने भाई बहिनों से भय लगा रहता था। यदि ज़रा भी चूके, कि भोग और जान दोनों से हाथ धोना पड़ा। इसीलिए सामन्तों को भोग के लिए पूरी कीमत अदा करने को तैयार रहना पड़ता था। स्वयंभू और पुष्पदन्त ने सामन्त जीवन के इन दोनों पहलुओं– भोग भोगना और मृत्यु को तृणवत् समझना– का सुन्दर चित्रण किया है, इतना सुन्दर चित्रण पीछे के काव्यों में हमें नहीं मिलता। सामन्त को मृत्यु की कोई पर्वाह नहीं थी, न मृत्यु के बाद की। विजय हुई तो उसके चरणों में सारे भोग पड़े हैं। हाँ, यदि कभी पराजय का मुँह देखना पड़ा, तब या तो सरहपा के पास जाना पड़ता या किसी अपने कवि से निराशावाद की बात सुन सन्तोष करना पड़ता। स्वयंभू और पुष्पदन्त ने पराजित सामन्तों के लिए काफ़ी सन्देश छोड़े हैं।

हेमचन्द्र के संगृहीत एक पद में "बाप की भूमड़ी" (पितृ-भूमि) के लिए सर्वस्व उत्सर्ग करने की जो भावना दर्शायी गई है, उसे देखकर हमारे कितने ही पाठक शायद उछल पड़ें। लेकिन यह बाप की भूमड़ी साधारण जन्ता के ख्याल से नहीं कही गई। यह सामन्तों की अपने हाथ से निकल गई बाप की भूमड़ी– निरंकुश राज– को फिर से लौटाने के लिए आदेश है। अस्सी फ़ीसदी जन्ता और भविष्य की सारी पीढ़ियों के सुख और स्वार्थ का वहाँ कोई ख़्याल नहीं था।

तब और पीछे के भी कवि सन्देश देते हैं– काया नरक, संसार तुच्छ, कोई किसी का नहीं। यह कोई उच्च भावना का परिचायक नहीं है। चूँकि उनके जीवन के कुछ महीने या कुछ बरस दुख में कटे और जिस दुख का कारण भी बहुत कुछ समाज की विषमनीति है, जिसे कि हटाने से बहुत से दुखों के कारण खतम हो सकते हैं। लेकिन कवि ने अपने उस थोड़े समय के दुख को इतना बड़ा करके देखा कि उसे आनेवाली हज़ारों पीढ़ी के सुख-दुख का कुछ भी ख्याल नहीं आया। एक जीवन के सुख-दुख से आनेवाली अगनित पीढ़ियों का सुख-दुख परिमाण में कहीं अधिक है, लेकिन जो उसका न ख्यालकर सिर्फ़ अपने ही को सब कुछ समझ लेता है, क्या यह उसकी अत्यन्त निम्न कोटि की स्वार्थान्धता नहीं है? हमारे कवियों ने व्यक्ति के सामाजिक कर्त्तव्य की ओर ध्यान नहीं दिया। उसका कारण था, वही सामंत-समाज, जिसके हाथ में सारे समाज की नकेल थी और जो व्यक्तिगत आनन्द को ही सर्वोपरि चीज़ समझता था। हमारे आज के भी कवि जब ऐसी गलती कर बैठते हैं, तो पुराने कवियों

को दोष देने की क्या जरूरत। वस्तुतः कवियों ने अत्यन्त संदिग्ध परलोकवाद और वैयक्तिक निराशावाद पर जितना जोर दिया, उससे ज्यादा उन्हें चाहिए था, अपनी आगेवाली पीढ़ियों के मुँह की ओर देखना– जो पीढ़ियाँ संदिग्ध और काल्पनिक नहीं बिल्कुल वास्तविक हैं, यह बात खुद उन्हें अपना अस्तित्व बतला देता। केवल अपने लिए अनन्त जीवन की मिथ्या आशा की वेदी पर उन्होंने आनेवाली पीढ़ियों के वास्तविक अनन्त-जीवन की बलि चढ़ा देने में ज़रा भी आनाकानी नहीं की।

(३) कुछ कवियों का मूल्यांकन (क) स्वयंभू– हमारे इसी युग में नहीं हिन्दी-कविता के पाँचों युगों (१. सिद्ध सामन्त-युग, २. सूफ़ी-युग, ३. भक्त-युग, ४. दर्बारी-युग, ५. नवजागरण-युग) में यह निःसंकोच कहा जा सकता है, कि स्वयंभू सबसे बड़ा कवि था। वस्तुतः वह भारत के एक दर्जन अमर कवियों में से एक था। आश्चर्य और क्रोध दोनों होता है कि लोगों ने कैस ऐसे महान् कवि को भुला देना चाहा। स्वयंभू के रामायण और महाभारत (या कृष्ण-चरित्र) दोनों ही विशाल-काव्य हैं। उनके विशाल आकार को देखकर सन्देह हो सकता है कि कवि ने कितनी जगह काव्य-शरीर को जैसे-कैसे भी फुलाने की कोशिश की होगी, मगर ऐसा प्रयत्न सिर्फ़ वहीं देखने में आता है, जहाँ अपने सहधर्मियों की जबर्दस्ती के कारण वह जैन-धर्म की कितनी ही नीरस रूढ़ियों को बखानने के लिए मजबूर होता है– ठीक वैसे ही जैसे कुशल चित्रकार और मूर्तिकार तीर्थंकरों की मूर्ति बनाने में बेगार टालने लगते। हम समझते हैं कि ऐसे बेगारवाले अंश कवि के कविता-कलेवर के अभिन्न अंग नहीं हैं। उनके हटा देने से न कथानक की श्रृंखला ही टूटती है और न रसधारा ही।

यद्यपि स्वयंभू बाणसे "घनघनऊ" या समास उधार लेने की बात कहता है, लेकिन हर्षचरित और कादंबरी के विकट समासों का स्वयंभू में पता नहीं लगता। स्वयंभू की भाषा का प्रवाह बिल्कुल स्वाभाविक है। उसने खामख्वाह दुरूहता लाने की कहीं कोशिश नहीं की। पद्य-स्वर बड़े ही कर्णप्रिय हैं। शब्द बिल्कुल नपे-तुले हैं, और रस-परिपाक तो बराबर ऊपर और ऊपर उठता जाता है। उसका कवि-कौशल कितना श्रेष्ठ है, यह इसी से मालूम होगा कि मैंने रामायण से श्रृंगार, वीर, वीभत्स, आदि के उदाहरणों को जब जमा किया, तो ग्रन्थ के कलेवर के बढ़ जाने के भय से उनमें से एक ही एक को देना चाहा, मगर फिर से पढ़ने पर मालूम हुआ, कि स्वयंभू के वर्णन में हर जगह नवीनता है, इसलिए एकसे अधिक उद्धरण देने के लिए मजबूर होना पड़ा।

स्वयंभूने प्रकृति का बहुत गहरा अध्ययन किया है, यह हमारे दिये हुए उद्धरणों से मालूम होगा। समुद्र और कितने ही अन्य स्थलों, प्राकृतिक दृश्यों का वर्णन करने में वह अद्वितीय है। और सामन्त समाज के वर्णन में उसकी किसी से तुलना नहीं की जा सकती। किसी एक सुन्दरी के सौन्दर्य को जितना अच्छी तरह उसने चित्रित किया है, वह तो किया ही है, लेकिन सुन्दरियों के सामूहिक सौंदर्य का वर्णन करने में उसने कमाल कर दिया है। चित्रकार की भाँति कवि के सामने भी कोई साकार नमूना रहना चाहिए। स्वयंभू ने राष्ट्रकूटों के रनिवास और उनके आमोद-प्रमोद को नजदीक से देखा था। वहाँ परदा बिल्कुल नहीं था, इसलिए और सुविधा थी। उसी सौन्दर्य को उसने रावण और अयोध्या के रनिवासों के सौन्दर्य के रूप में चित्रित किया है।

विलाप-चित्रण में भी उसने बड़ी सफलता प्राप्त की है। रावण के मरने पर मन्दोदरी और विभीषण के विलाप सिर्फ़ पाठक के नेत्रों को ही सिक्त नहीं कर देते, बल्कि उसका मन मन्दोदरी और विभीषण तथा मृत रावण के गम्भीर और उदात्त भावों की दाद देता है।

सामन्ती युग में स्त्रियों का अधिकार ही क्या हो सकता है? तो भी सिद्ध युग, तथा बाद की शताब्दियों की अपेक्षा उनकी अवस्था कुछ बेहतर जरूर थी। स्वयंभू ने सीता का जो रूप रावण को जवाब देते और अग्नि-परीक्षा के समय चित्रित किया है, पीछे उसका कहीं पता नहीं लगता।

मालूम होता है, तुलसी बाबा ने स्वयंभू-रामायण को जरूर देखा होगा, फिर आश्चर्य है कि उन्होंने स्वयंभू की सीता की एकाध किरण भी अपनी सीता में क्यों नहीं डाल दिया। तुलसी बाबा ने स्वयंभू-रामायण को देखा था, मेरी इस बात पर आपत्ति हो सकती है, लेकिन मैं समझता हूँ कि तुलसी बाबा ने "क्वचिदन्यतोपि" से स्वयंभू- रामायण की ओर ही संकेत किया है। आखिर नाना पुराण निगम आगम और रामायण के बाद ब्राह्मणों का कौन सा ग्रन्थ बाकी रह जाता है, जिसमें राम की कथा आई है। "क्वचिदन्यतोपि" से तुलसी बाबा का मतलब है, ब्राह्मणों के साहित्य से बाहर "कहीं अन्यत्र से भी" और अन्यत्र इस जैन ग्रन्थ में रामकथा बड़े सुन्दर रूप में मौजूद है। जिस सोरों या शूकरक्षेत्र में गोस्वामीजी ने राम की कथा सुनी, उसी सोरों में जैन-घरों में स्वयंभू रामायण पढ़ा जाता था। राम-भक्त रामानन्दी साधु राम के पीछे जिस प्रकार पड़े थे, उससे यह बिल्कुल सम्भव है कि उन्हें जैनों के यहाँ इस रामायण का पता लग गया हो। यह यद्यपि गोस्वामी जी से आठ सौ बरस पहले बना था किन्तु तद्भव शब्दों के प्राचुर्य तथा लेखकों-वाचकों के जब-तब के शब्द सुधार के कारण अभी

आसानी से समझ में आ सकता था। जो उद्धरण हमने यहां, दिये हैं, उनमें से कितनों का प्रभाव रामचरितमानस के कई स्थलों पर दिखलाई पड़ेगा। इसका यह हरगिज मतलब नहीं, कि गोसाईं जी ने भाव वहाँ से चुराया, या उनकी प्रतिभा सिर्फ़ नकल करने की थी; गोस्वामीजी की काव्य-प्रतिभा स्वतः महान् है उसे पहले की प्रतिभाओं का वैसे ही सहारा मिला होगा, जैसे हरेक बालक को अपने पूर्वजों की कृतियों की सहायता से अपने ज्ञान का विस्तार करना पड़ता है।

(ख) पुष्पदन्त–पुष्पदन्त का नम्बर स्वयंभू बाद आता है, किन्तु इस युग के बाकी कवियों में उसका स्थान बहुत ऊँचा है। पुष्पदन्त की उपाधियों में अभिमान-मेरु बिल्कुल यथार्थ मालूम होता है। मंत्री भरत को इस फक्कड़ कवि की बहुत नाज़बरदारी करनी पड़ी होगी। अमीरों के लिए तो उसने पहले ही कह दिया था "चमरानिलही उड़ेउ गुणाइँ"। "अभिषेक धोयउ-सुजनतननाय।" कृष्णराज के दरबार में पुष्पदन्त कभी अपने मन से गया होगा, इसमें सन्देह ही मालूम होता है। पुष्पदन्त ने विरह का वर्णन बड़ा सुन्दर किया है और गरीबी का भी। अमीरों के विलास को छोड़कर तो वह महाकाव्य को लिख ही नहीं सकता था, इसलिए वह तो जरूरी ही था; मगर सामन्तों की संक्षिप्त किन्तु अति कठोर आलोचना की है। कुछ ही शताब्दियों पहले अपनी प्रजातंत्रीय स्वतंत्रता से वंचित मगर अब भी जब-तब लड़ती रहनेवाली यौधेय की भूमि का इतना आकर्षक वर्णन और अन्त में उत्तर कुरु की, धनी-गरीब रहित दास-राजा शून्य दिव्य मानव वाली भूमि की भारी तारीफ़ बतलाती है कि पुष्पदन्त का व्यक्तित्व किसी दूसरी ही तरह का था, जिसके लिए उस काल की परिस्थिति अनुकूल नहीं थी।

(ग) दो कलिकाल-सर्वज्ञ– हमारे इस युग में दो "कलिकाल-सर्वज्ञ" भी हैं। **सिद्ध शान्तिपा या रत्नाकरशान्ति** (१००० ई०) भारत के शायद सर्व-प्रथम "कलिकाल-सर्वज्ञ" थे। गौड़ नृपति के राजगुरु और विक्रमशिला के प्रधान होने से भी मालूम हो सकता है, कि वह अपने समय के असाधारण पण्डित थे। शान्तिपा के कुछ दर्शन और एक छन्दः शास्त्र "छन्दो-रत्नाकर" ग्रन्थ अब भी बच रहे हैं। दूसरे कलिकाल-सर्वज्ञ हैं **आचार्य हेमचन्द्रसूरि** (१०८८-११७९) इनके संस्कृत प्राकृत ग्रन्थ बहुत प्रसिद्ध हैं। अपनी मातृभाषा में उन्होंने कोई स्वतंत्र काव्य रचा था इसकी कम सम्भावना है। लेकिन अपने व्याकरण 'छन्दोनुशासन' और "देशी-नाममाला" (कोष) द्वारा जो सेवा उन्होंने हमारी भाषा की की है, वह स्मरणीय है। अपने व्याकरण और छन्दोनुशासन में उदाहरण के तौर पर उन्होंने अपभ्रंश के बड़े सुन्दर-सुन्दर सैकड़ों पद्य उद्धृत किये हैं, जिससे

मालूम होता है कि वह इस भाषा को लम्बी नाकवाले पंडितों की तरह उपेक्षणीय नहीं समझते थे।

(घ) कवि अब्दुर्रहमान– अब्दुर्रहमान हिन्दी का प्रथम मुस्लिम कवि है। (उसकी) भाषा और कला से मालूम होता है कि कवि की वाणी खूब मँजी हुई है। मधुर शब्दों के चुनाव तथा सरल और प्रवाहयुक्त भाषा लिखने में अब्दुर्रहमान ने बड़ी सफलता प्राप्त की है। अफ़सोस है कि इतने सुन्दर कवि की इतनी कम कविता हमें प्राप्त है। वह भी लुप्त हो गई होती, अगर किसी जैन-पुस्तक भंडार ने रक्षा न की होती। मंगलाचरण की कुछ पंक्तियों को छोड़ कर इसकी कविता में धर्म कहीं छू नहीं गया। कवि के वास्तविक काल के बारे में हमें कुछ नहीं मालूम, लेकिन जान पड़ता है कवि की जन्म-भूमि मुलतान के महमूद के हाथ में जाने से पहले अब्दुर्रहमान मौजूद थे।

हिन्दी-क्षेत्र में अपभ्रंश या देश्यभाषा की रचनाएँ

– आचार्य हजारीप्रसाद द्विवेदी

साधारणतः दसवीं से चौदहवीं शताब्दी के काल को हिन्दी-साहित्य का आदिकाल माना जाता है। स्वगीय आचार्य पं० रामचन्द्र शुक्ल ने संवत् १०५० से १३७५ तक के काल को इस काल की सीमा मानी थी। जब तक इस विशाल उपलब्ध साहित्य को सामने रखकर इस काल के काव्य की परीक्षा नहीं की जाती, तब तब हम इस साहित्य का ठीक-ठीक मर्म उपलब्ध नहीं कर सकते। केवल संयोगवश इधर-उधर से उपलब्ध प्रमाणों के बल पर किसी बात को अमुक का प्रभाव और किसी को अमुक ऐतिहासिक घटना की प्रतिक्रिया कहकर व्याख्या कर देना न तो बहुत उचित है और न बहुत हितकर।

हमने बताया है कि इस बात का निर्णय करना कठिन है कि अवधी और ब्रजभाषा क्षेत्र में उत्पन्न और वहीं की भाषा बोलनेवाले लोगों ने किस प्रकार के साहित्य की रचना की थी, जिसका परवर्त्ती विकास अवधी और ब्रजभाषा के साहित्यिक ग्रन्थ हैं; क्योंकि १० वीं से १४ वीं शताब्दी के भीतर इन क्षेत्रों में कोई रचना हुई भी हो तो उसका प्रमाणिक रूप हमें प्राप्त नहीं। हमें पार्श्ववर्त्ती प्रदेशों से प्राप्त साहित्यिक सामग्री के आधार पर तथा पूर्ववर्त्ती और परवर्त्ती रचनाओं के काव्य-रूपों को देखकर अनुमान द्वारा उस साहित्य-रूप का अन्दाजा लगाना पड़ता है। हमें इस बात का ध्यान रखना होगा कि यह अन्दाजा यथासम्भव ठीक हो। यह नहीं समझना चाहिए कि केवल हिन्दी का साहित्य ही इस काल में इस प्रकार के दुर्भाग्य का शिकार बना। केवल गुजराती और राजस्थानी इस विषय में कुछ अधिक सौभाग्यशालिनी हैं; नहीं तो लगभग सभी प्रान्तीय साहित्यों की यही कहानी है। जब तक प्रत्येक प्रदेश से प्राप्त सामग्री का व्यापक अध्ययन नहीं किया जाता तब तक सभी प्रान्तीय भाषाओं के साहित्यिक रूप अस्पष्ट ही बने रहेंगे। इसीलिए इस काल के साहित्य-रूप के अध्ययन के लिये प्रत्येक श्रेणी की पुस्तक का कुछ-न-कुछ उपयोग है। पुस्तक चाहे धर्मोपदेश की हो, वैद्यक की हो, महात्म्य की हो, वह कुछ-न-कुछ साहित्य-रूप को स्पष्ट करने में अवश्य सहायता पहुँचाएगी। इस काल में

साहित्यिक क्षेत्र को यथासम्भव व्यापक बनाकर देखना चाहिए। यहाँ तक कि इस काल में उत्पन्न महात्माओं और कवियों के नाम पर चलनेवाली और परवर्त्ती काल में निरन्तर प्रक्षेप से स्फीत होती रहनेवाली पुस्तकों का भी यदि धैर्यपूर्वक परीक्षण किया जाय तो कुछ-न-कुछ उपयोगी बात अवश्य हाथ लगेगी। न तो हमें परम्परा से प्रचलित बातों को सहज ही अस्वीकार कर देना चाहिए और न उनकी परीक्षा किये बिना उन्हें ग्रहण ही कर लेना चाहिए। इस अन्धकार- युग को प्रकाशित करने योग्य जो भी चिनगारी मिल जाय, उसे सावधानी से जिलाये रखना कर्त्तव्य है; क्योंकि वह बहुत बड़े आलोक की सम्भावना लेकर आई होती है, उसके पेट में केवल उस युग के रसिक हृदय की धड़कन का ही नहीं, केवल सुशिक्षित चित्त के संयत और सुचिन्तित वाक्पाटव का ही नहीं, बल्कि उस युग के सम्पूर्ण मनुष्य को उद्भासित करने की क्षमता छिपी होती है। इस काल की कोई भी रचना अवज्ञा और उपेक्षा का पात्र नहीं हो सकती। साहित्य की दृष्टि से, भाषा की दृष्टि से या सामाजिक गति की दृष्टि से उसमें किसी-न-किसी महत्त्वपूर्ण तथ्य के मिल जाने की सम्भावना होती ही है।

परन्तु, प्रश्न यह है कि इस काल में आज के हिन्दीभाषी कहे जानेवाले क्षेत्र की देशी भाषा में लिखित कोई पुस्तक अपने मूल रूप में क्यों नहीं प्राप्त होती? इसका कोई-न-कोई ऐतिहासिक कारण होना चाहिए।

इस काल की पुस्तकें तीन प्रकार से रक्षित हुई हैं– (१) राज्याश्रय पाकर और राजकीय पुस्तकालयों में सुरक्षित रहकर (२) सुसंगठित धर्म-सम्प्रदाय का आश्रय पाकर और मठों, विहारों आदि के पुस्तकालयों में शरण पाकर और (३) जनता का प्रेम और प्रोत्साहन पाकर। राज्याश्रय सबसे प्रबल और प्रमुख साधन था। धर्म-सम्प्रदाय का संरक्षण उसके बाद ही आता है। तीसरे प्रकार से जो पुस्तकें उपलब्ध हुई हैं, ये बदलती रही हैं। जनता को उनके शुद्ध रूप' से कोई मतलब नहीं था, आवश्यकतानुसार उसमें काट-छांट भी होती रही है, परिवर्तन-परिवर्द्धन भी होता रहा है और इस प्रकार लोकरुचि के साँचे में ढलते हुए उन्हें जीवित रहना पड़ा है। आल्हा काव्य इसी प्रकार लोकचित्त की चंचल सवारी पर चलता आया है। यह बता सकना कठिन है कि उसका मूल रूप कैसा था, परन्तु यह जनता की प्रीति पा सका और जीवित रह गया। उसके समवयस्क काव्य वह प्रीति नहीं पा सके और अपना शुद्ध रूप लिये अस्त हो गये।

देशी भाषा की कुछ दूसरी पुस्तकें जैन सम्प्रदाय का आश्रय पाकर साम्प्रदायिक भाण्डारों से सुरक्षित रह गई हैं। उनका शुद्ध रूप भी सुरक्षित रह

गया है। कुछ पुस्तकें बौद्धधर्म का आश्रय पाकर और बौद्ध नरपतियों की कृपा से बच गई थीं, जो आगे चलकर हिन्दुस्तान के बाहर से पाई जा सकी हैं। परन्तु, जो पुस्तकें हिन्दू-धर्म और हिन्दू-नरेशों के संरक्षण से बची हैं, वे अधिकांश संस्कृत में हैं। इस श्रेणी की रचनाएँ मिलती अवश्य हैं पर हमारे आलोच्य काल के देशी भाषा के साहित्य के सम्बन्ध में उनसे कोई विशेष सूचना नहीं मिलती। इस उपेक्षा का कारण क्या है? यह कहानी सुनने योग्य है।

श्रीहर्षदेव के शक्तिशाली साम्राज्य के टूट जाने के बाद भी कान्यकुब्ज का गौरव बना रहा। उनके सेनापति भण्डि और उनके वंशजों ने कान्यकुब्ज पर कुछ दिनों तक शासन किया। नवीं शताब्दी के आरम्भ में उनकी शक्ति क्षीण हो गई; परन्तु राजलक्ष्मी फिर भी कान्यकुब्ज को छोड़ने को तैयार नहीं थी। पूर्व के पाल, दक्षिण के राष्ट्रकूट और पश्चिम के प्रतीहार इस राजलक्ष्मी को अपनी गृहलक्ष्मी बनाने का प्रयत्न करते रहे। पर नवीं शताब्दी के आरम्भ में प्रतीहारों को ही कान्यकुब्ज पर अधिकार करने का गौरव प्राप्त हुआ। इसके बाद लगभग दो सौ वर्षों तक कान्कुब्ज के प्रतीहार बड़े शक्तिशाली शासक रहे। भारतवर्ष की केन्द्रीय शक्ति उन्हीं के हाथों रही।

सन् १०१८ ई० में राजा पाल महमूद से पराजित हुआ और उसने महमूद की अधीनता स्वीकार कर ली। ऐसा विश्वास किया जाता है कि राजपूत राजाओं को उसका यह आचरण अच्छा नहीं लगा और कई राजाओं ने मिलकर उसे मार डाला तथा उसके पुत्र को गद्दी पद बैठा दिया। परन्तु, प्रतीहारों का प्रताप-सूर्य अस्त हो गया। इसी समय कालिंजर के प्रतापी चन्देल, त्रिपुरी के कलचुरि और साम्भर के चौहान स्वतन्त्र हो गये। ये परस्पर भी जूझते रहे और उत्तर-पश्चिम की ओर से होनेवाले आक्रमणों से भी टक्कर लेते रहे। त्रिपुरी (तेवार) के कुलचरियों में कर्ण नामक प्रबल प्रतापी राजा हुआ, जो सम्भवतः सन् १०३८ से १०८० ई० तक राज्य करता रहा। इसने दक्षिण में चोल-पाण्ड्यों तक को जीत लिया और उत्तर में काशी, चम्पारन (चम्पारण) और अवध तक को अपने में मिला लिया। अनुमान किया जाता है कि सरयू पार के प्रसिद्ध तिवारी ब्राह्मण इस राजा के साथ ही इधर आये थे। कर्ण का राज्य बहुत दिनों तक स्थायी नहीं रह सका। उसने काशी को अपनी राजधानी बनाने का संकल्प किया था; पर उसका संकल्प मन ही में रह गया; क्योंकि सन् १०८० ई० में मध्यदेश में एक नई शक्ति का उदय हुआ। काशी और कान्यकुब्ज में गाहड़वार-वंशीय राजा चन्द्र का प्रताप प्रतिष्ठित हुआ। इस काल में केन्द्रीय शक्ति के शिथिल होने के कारण उत्तर भारत में घोर अराजकता फैल गई थी। चन्द्रदेव ने समस्त उपद्रवों

को शान्त करके राज्य में सुव्यवस्था कायम की। गाहड़वार-वंश के लेखों में बड़े गर्व के साथ चन्द्रदेव के इस महान् कार्य को स्मरण किया गया है— 'येनोदारतरप्रताप शमिताशेषप्रजोपद्रवम्!' प्रजा ने भी इस वंश के राजाओं को सिर-माथे लिया। इस प्रकार लगभग दो सौ वर्षों तक कन्नौज, काशी, अवध तथा पश्चिमी और उत्तरी बिहार— लगभग समूचा मध्यदेश या हिन्दीभाषी प्रदेश— गाहड़वार-राजाओं के हाथ रहा। इस वंश के सबसे प्रतापशाली राजा गोविन्दचन्द्र थे, जिन्हें एक तरफ बंगाल के प्रबल शासक पालों से लोहा लेना पड़ता था और दूसरी तरफ पश्चिम की ओर से निरन्तर हमला करनेवाले मुसलमानों से टक्कर लेना पड़ता था।

जिस काल के साहित्य की चर्चा हम कर रहे हैं, उस काल का मध्यदेश बहुत अधिक विक्षुब्ध था। यदि उस समय का कोई साहित्य नहीं मिलता तो बहुत आश्चर्य की बात नहीं है। हमने पहले ही विचार किया है कि साहित्य के रक्षित रहने के तीन साधनों में से सबसे प्रबल और प्रमुख साधन है— राज्याश्रय। गाहड़वार-राजाओं के विषय में कई प्रकार के विश्वास विद्वानों में प्रचलित हैं। कुछ लोग उन्हें दक्षिण से आया हुआ बताते हैं और कुछ लोग पश्चिम से। इतना प्रायः निश्चित है कि ये लोग बाहर से आये थे और बाहर से आने वाले अन्य लोगों की भाँति वे भी स्थानीय जनता से अपने को भिन्न समझते रहे और अपनी श्रेष्ठता सिद्ध करने का प्रयास भी करते रहे। बहुत दिनों तक इस दरबार में देशी भाषा के साहित्य को कोई प्रश्रय नहीं मिला। वे लोग वैदिक संस्कृति के उपासक थे और बाहर से बुला-बुलाकर अनेक ब्राह्मण-वंशों को दान देकर काशी में बसा रहे थे। संस्कृत को इन्होंने बहुत प्रोत्साहन दिया। जिस प्रकार गौड़ (बंगाल) देश के पाल, गुजरात के सोलंकी और मालवा के परमार देशभाषा को प्रोत्साहन दे रहे थे, वैसा इस दरबार से नहीं हुआ। इस उपेक्षा का एक कारण तो यही जान पड़ता है कि ये लोग बाहर से आये हुए थे और देशीय जनता के साथ दीर्घकाल तक एक नहीं हो पाये थे। दूसरा कारण यह भी हो सकता है कि मध्यदेश में जिस संरक्षणशील धार्मिक विचारधारा की प्रतिष्ठा थी, उसमें संस्कृत-भाषा और वर्जनशील ब्राह्मण-व्यवस्था से अधिकाधिक चिपटे रहना ही स्थानीय जनता की दृष्टि से ऊँचा उठने का साधन था।

बहुत दिनों तक काशी और कान्यकुब्ज के इन गाहड़वाल या गाहड़वार-राजाओं को राठौर समझा जाता रहा; क्योंकि जोधपुर के राठौर अपने को जयचन्द्र (अन्तिम गाहड़वाल राजा) के वंशज बताते हैं। राठौर शब्द का संस्कृत रूप 'राष्ट्रकूट' है और इसी नाम का एक क्षत्रिय-वंश दक्षिण में बहुत

दिनों तक शासन कर चुका है। इसीलिये, कुछ लोगों की धारणा थी कि दक्षिण के राष्ट्रकूट उत्तर के गाहड़वाल और जोधपुर के राठौर एक ही वंश के हैं। पर यह बात शायद ठीक नहीं है। दक्षिण के चन्द्रवंशी राष्ट्रकूटों के साथ जोधपुर के सूर्यवंशी राठौरों का सम्बन्ध नहीं जोड़ा जा सकता और यह भी नहीं कहा जा सकता कि काशी-कन्नौज के गाहड़वाल दक्षिण से ही आये थे। दो बातें इनके दक्षिण से आने के प्रमाण-रूप में उद्धृत की जाती हैं, जिनमें एक तो विशेष वजनदार नहीं है; पर दूसरी थोड़ी वजन रखती है। यह कहा जाता है कि जिन ब्राह्मणों को गोविन्दचन्द्र ने दान दिया था, वे उन गोत्रों और शाखाओं के हैं, जो आजकल उत्तर में नहीं मिलते, बल्कि दक्षिण में मिलते हैं, इसलिये ये ब्राह्मण दक्षिण से बुलाये गये थे और यह बात सिद्ध करती है कि गाहड़वाल दक्षिण से आए थे। लेकिन यह बात जँचती नहीं। उन दिनों गोविन्दचन्द्र के इलाके से ब्राह्मण दूर-दूर के प्रदेशों में बुलाये गये थे, गोविन्दचन्द्र को दक्षिण से ब्राह्मण बुलाने की कोई आवश्यकता नहीं थी और हुई भी तो यह सूचित नहीं करता कि वे दक्षिण से आये थे। सेनों ने कान्यकुब्ज ब्राह्मणों को बुलाया था; पर वे स्वयं कर्णाट देश से आये थे। ब्राह्मणों को विद्या और कर्मकाण्ड की कुशलता के कारण बुलाया गया होगा, यही ज्यादा सम्भव है। उड़ीसा के केसरी राजाओं ने भी अपने देश में कान्यकुब्ज ब्राह्मणों को बुलवाया था। इसी प्रकार, गुजरात के राजा मूलराज और दक्षिण के चोल राजाओं के बारे भी प्रसिद्ध है कि उन्होंने कान्यकुब्ज से ब्राह्मणों को बुलाकर अपने राज्य में बसाया था। फिर, यह काल उत्तर के शास्त्रपरायण ब्राह्मणों के भागने का समय है। हो सकता है कि आज जो ब्राह्मण दक्षिण में मिल रहें हैं, वे इसी समय इधर से उधर चले गये हों।

परन्तु दूसरी बात कुछ ज्यादा वजनदार दिखाई देती है। चौदहवीं शताब्दी के जैन कवि नयचन्द्र सूरि ने जयचन्द्र से लगभग दो सौ वर्ष बाद एक नाटिका लिखी थी— रम्भामंजरी। यद्यपि यह पूरी नाटिका महाराष्ट्री-प्राकृत में है, फिर भी प्रथम अंक में वैतालिकों ने जयचन्द्र की स्तुति में इस प्रकार गाया है—

जरि पेखिला मस्तकावरि केश कलापु।
तरि परिक्खता मयराचे पिच्छ प्रतापु।।
जरी नयन विदायु केला वेणी दण्डु।
तरी साक्षाज्जाला भ्रमर श्रेणी दण्डु।।
जरी दृग्गोचरी आला विशाल भालु।
तरी अर्द्धचन्द्र मण्डल भइल उर्णायु जालु।।

भ्रूजुगलु जाणूं द्वैधीकृत कन्दर्प चापु।
नयन निर्जित सुजना खंजन निःप्रतापु।।
मुखमण्डलु जाणूं शशांक देवताचे मण्डलु।
सर्वाङ्ग सुन्दर मूर्तिमन्त कामु।
कल्पद्रुम जैसे सुन्दर सर्वलोक आशा विश्रामु।।

बताया गया है कि ये पद्य मराठी-भाषा में है और इनका 'रम्भामंजरी' नाटिका में होना इस बात का सबूत है कि जयचन्द्र के दरबार के वैतालिक मराठी-भाषा में गान करते थे और इसका सीधा अर्थ यह हुआ कि जयचन्द्र के पूर्वपुरुष दक्षिण से –किसी मराठी-भाषी क्षेत्र से – आये थे। लेकिन, यह युक्ति भी केवल ऊपर-ऊपर से ही वजनदार मालूम होती है। प्रथम तो यह नाटिका जयचन्द्र से दो सौ वर्ष बाद लिखी गई थी और इसमें कवि की कल्पना का अधिक हाथ है, ऐतिहासिक तथ्य का कम। हो सकता है कि जयचन्द्र स्वयं मराठी-भाषी हों और देशी भाषा में कुछ लिखने की इच्छा होते ही उन्हें अपनी मातृभाषा सूझी हो। दूसरे, यह भाषा शुद्ध मराठी नही है, बल्कि तत्काल प्रचलित काशी की भोजपुरी का मराठी-कवि द्वारा सुना हुआ रूप है। 'पेखिला', 'महल', 'जाणू', 'जैसे' आदि प्रयोग भोजपुरी भाषा के है। मैंने मूल हस्तलिखित प्रति नहीं देखी, इसलिये इस पाठ के बारे में कुछ निश्चय के साथ नहीं कह सकता; परन्तु मुझे लगता है कि लेखकों और पाठकों की असावधानी से यह कुछ विकृत रूप में लिखा गया है। 'मयूरा चे' और 'देवता चे' जैसे पद इसमें मराठी की गवाही देते हैं। वस्तुतः, यह पद किसी मराठी-भाषी कवि का भोजपुरी में लिखने का प्रयास है।[१] इससे अधिक कुछ भी सूचित नहीं होता।

---

१. सन् १९५६ ई० की मई मास की मराठी-पत्रिका 'सह्याद्रि' में श्री ग०ह० खेर ने 'रम्भामंजरी तीन एक उतारा' शीर्षक एक लेख लिखा है। उसमें उन्होंने लिखा है कि मैंने रम्भामंजरी को अप्रकाशित नाटिका कहा है। मैंने ठीक ऐसा ही तो नहीं कहा; परन्तु यह सत्य है कि मुझे मालूम नहीं था कि सन् १८८१ ई० में बम्बई से श्रीरंगनाथ दीनानाथ शास्त्री और श्रीकेवलदास ने इस पुस्तक को प्रकाशित कराया था। मैं इस सूचना के लिये श्रीखेर का कृतज्ञ हूँ। श्रीखेर का मत है कि इस पद्य की भाषा मराठी ही है, भोजपुरी नहीं और जैत्रचन्द्र जयचन्द्र नहीं है। दूसरी बात के बारे में पुरातन प्रबन्ध-संग्रह के 'जैत्रचन्द्र-प्रबन्ध' के आधार पर कहा जा सकता है कि जैत्रचन्द्र ही जयचन्द्र है। जहाँ तक भाषा का प्रश्न है, मैं भी मानता हूँ कि यह पक्ष मराठी-भाषी कवि की रचना है। परन्तु उस कवि ने भोजपुरी का कुछ मिश्रण किया है। ऐसी मेरी धारणा है।

दामोदर भट्ट के 'उक्तिव्यक्तिप्रकरण' की चर्चा प्रथम व्याख्यान में की जा चुकी है। ये प्रसिद्ध गाहड़वार-राज गोविन्दचन्द्र के सभापंडित थे। ऐसा अनुमान किया गया है कि पुस्तक राजकुमारों को काशी-कान्यकुब्ज की भाषा सिखाने के उद्देश्य से लिखी गई थी। यदि यह अनुमान सत्य हो, तो मानना पड़ेगा कि इन राजकुमारों को घर में किसी और भाषा के बोलने की आदत थी। अर्थात्, गाहड़वाल बाहर से आये थे। परन्तु, यहाँ से इस वंश में देशी भाषा की ओर झुकने की प्रवृत्ति आई थी, यह भी पर्याप्त स्पष्ट है। काशी कान्यकुब्ज-दरबार में एक बहुत ही प्रवीण और विद्यावन्त मन्त्री थे, जिनका नाम विद्याधर था। उन्हें 'प्रबन्धचिन्तामणि' में जयचन्द्र का मन्त्री तथा 'सर्वाधिकार-भारधुरन्धर' और 'चतुर्दश विद्याधर' कहा गया है। इस कवि की कुछ कविताएँ 'प्राकृतपैंगल' में मिल जाती है, जो बताती है कि जयचन्द्र के दरबार में विदान् मन्त्रिगण भी देशभाषा में रचना करते थे। यह रचना राजस्तुतिपरक है, इसलिए यह मानने में भी कोई आपत्ति नहीं होनी चाहिए कि जयचन्द्र इन रचनाओं का मान करते थे। एक कविता इस प्रकार है–

भअ भंजिअ बङ्गा भग्गु कलिंगा
तेलंगा रण मुक्कि चले।
मरहट्ठा ढिट्ठा लग्गिअ कट्ठा
सोरट्ठा भअ पाअ पले।।
चंपारण कंपा पव्वय झंपा
ओत्या ओत्थी जीव हरे।
काशीसर राणा किअउ पआणा
विज्जाहर भण मंतिवरे।।

–प्राकृतपैंगल, २४४।

यह विद्याधर जयचन्द्र के बहुत अधिक विश्वासपात्र थे और केवल कवि ही नहीं, कविता के बड़े सुन्दर मर्मज्ञ भी थे। **'पुरातनप्रबन्ध-संग्रह'** में इनकी उदारता और चतुरता की अनेक कहानियाँ मिलती हैं। कहते हैं, एक बार राजा जयचन्द्र को यह मालूम हुआ कि परमर्दी 'कोपकालाग्निरुद्र', 'अबन्ध्यकोपप्रसाद' और 'रायद्रहबोल' (?) आदि विरुद धारण कर रहा है, तो उसने कटक साजकर उसकी राजधानी (कल्याणकटक) को घेर लिया और साल भर तक घेरा डाले पड़ा रहा। परमर्दी ने अपने मन्त्री उमापतिधर को बुलाकर कहा कि कुछ ऐसा करो, जिससे जयचन्द्र अपनी सेना हटा ले। उमापतिधन ने 'जो आज्ञा' कहकर प्रस्थान किया। वह सायंकाल सीधे मन्त्री 'विद्याधर' के पास पहुँचा और एक सुभाषित लिखकर मन्त्री के पास भिजवा दिया–

उपकारसमर्थस्य तिष्ठन् कार्यातुरः पुरः।
मूर्त्या यामार्त्तिमाचष्टे न तां कृपणया गिरा।।

[कार्यार्थी उपकार करने में समर्थ व्यक्ति के सामने पहुँचकर जितना अपनी सूरत से कह जाता है, उतना वह कृपण वाणी से नहीं कह सकता।]

यह श्लोक विद्याधर के मन में चुभ गया। उस समय राजा जयचन्द्र सो रहा था। पलंग-समेत उसे उसी समय उठवाकर मन्त्री ने किले से पाँच कोस दूर पहुँचवा दिया। सवेरे उठकर राजा देखता है तो वह किले से बाहर पड़ा हुआ है, सेना भी नहीं है। केवल विद्याधर मन्त्री सामने खड़ा है। विद्याधर से पूछा और उसने सब ठीक-ठीक कह दिया। राजा बहुत क्रुद्ध हुआ। विद्याधर ने कहा, 'महाराज, क्रोध क्यों कर रहे हैं? मैं ब्राह्मण हूँ, मेरी कण-वृत्ति तो बनी हुई है। चलता हूँ।' राजा घबराया। बोला, 'मैं तुमपर इसलिए नाराज नहीं हूँ कि तुमने इतना सब क्यों किया; बल्कि इसलिये नाराज हूँ कि तुमने मेरी लीला को बिगाड़ दिया। इस सुभाषित पर तुमने मेरा सारा राज्य क्यों नहीं दे दिया!' परमर्दी को जब यह बात मालूम हुई तो उसने उन विरुदों को त्याग दिया। राजा ने उसका सब-कुछ लौटा दिया और घर लौट आया। राजशेखर सूरि-कृत 'प्रबन्धकोष' में थोड़े परिवर्तन के साथ यही कहानी लक्ष्मणावतीपुरी के राजा लक्ष्मणसेन और उनके मन्त्री कुमारदेव के पराभव के रूपमें कही गई है। उक्त पुस्तक के अनुसार जयन्तचन्द्र (जयचन्द्र) ने कालिंजर गढ़ का नहीं, बल्कि लक्ष्मणावतीपुरी का घेरा डाला था। ये कहानियाँ विद्याधर के निर्भीक चरित्र, उदार हृदय और जयचन्द्र की विश्वासपात्रता की सूचक है। इतना उदार और प्रभावशाली मन्त्री देशी भाषा में कविता लिखता था, यही इस बात का सबूत है कि आखिरी दिनों में गाहड़वाल दरबार में और दरबारों की ही भाँति भाषा-कविता का सम्मान होने लगा था। परन्तु, ठीक उसी समय दुर्भाग्य का आक्रमण हुआ और गाहड़वाल-साम्राज्य छिन्न-भिन्न हो गया।

पं० रामचन्द्र शुक्ल ने लिखा है कि जयचन्द्र के दरबार में भट्ट केदार थे, जिन्होंने 'जयचन्द्रप्रकाश' नामक एक ग्रन्थ लिखा था, जो अब नहीं मिलता। शुक्लजी ने एक 'भट्ट भणन्त' की चर्चा की है[१] जिसमें केदार को शहाबुद्दीन गोरी

---

१. प्रथम विधाता ते प्रगट भए बन्दीजन
पुनि पृथुजज्ञ तें प्रकास सरसान है।
माने सूत सौनकन वाँचक पुरान रहे,
जस को बखानै महासुख सरसान है।।
चंद चौहान के केदार, गोरी साह जू के,
जंग अकबर के बखाने गुणगान है।
काव्य कैसे मांस अजनास धनभांटन को
लूटि धरै ताको खुरा खोज मिटि जान है।।

का दरबारी कवि बताया गया है; पर वे इस 'भट्ट भणन्त' को विश्वास- योग्य नहीं मानते। परन्तु, रासो के अट्ठावनवें समय में सचमुच ही एक दुर्गा केदारभट्ट की विस्तृत चर्चा है, जो शहाबुद्दीन के दरबार से आया था और कवि चन्द के साथ उसका केवल वाग्युद्ध ही नहीं हुआ था, बल्कि तन्त्र मन्त्र के जोर की आजमाइश भी हुई थी। इस प्रकार, यह बात केवल भट्ट भणन्त नहीं है, किसी पुरानी अनुश्रुति की स्मारक है। इसी प्रकार, रासो के उन्नीसवें समय में माधो भाट को शहाबुद्दीन का राजकवि बताया गया है। यह व्यक्ति शहाबुद्दीन का विश्वासपात्र था और वह पृथ्वीराज के दरबार की गुप्त खबरें संग्रह कर रहा था। वह कई भाषाएँ बोल सकता था। हिन्दुओं से तो हिन्दुओं की भाषा बोलता था और मुसलमानों से मुसलमानों की। जो जैसे समझ सकता था, उसे माधो भाट उसी प्रकार समझा देता था–

हिन्दू हिन्दुअ वचने रचने मेच्छाय मेच्छयं वचनं।
जं जं जेम समज्झै तं तं समुझाय माधवं भट्ट।।

धर्मायन (ध्रमाइन) कायस्थ ने इस कवि को दरबार के भेद बता दिये थे। इन बातों से जान पड़ता है कि परम्परया यह बात विदित थी कि शहाबुद्दीन के दरबार में हिन्दू भाट सम्मान पाते थे। सम्भवतः, पण्डित रामचन्द्र शुक्ल जिसे मधुकर भट्ट कहते हैं, वे माधो ही हों। यह बात सम्भव जान पड़ती है। क्योंकि, महमूद ने बहुत थोड़ा पहले ही गजनी के ब्राह्मण राजाओं से राज्य छीना था और वहाँ तब भी बहुत से हिन्दू थे और कुछ पुराने बन्दी जन भी उसके आश्रय में रह गये हों तो आश्चर्य करने की बात नहीं है। जो हो, इससे केवल इतना ही सिद्ध होता है कि सुदूर गजनी में भी कुछ भाषा कवि वर्त्तमान थे; परन्तु उनकी कविता कैसी होती थी, भाषा कैसी थी, यह जानने का कोई उपाय नहीं है। एक बात और भी विचारणीय है–

'शिवसिंहसरोज' (पृ० ३६०) में बताया गया है कि केदार कवि उलाउद्दीन गोरी के दरबार में रहता था। 'गोर' गजनी के उत्तर-पश्चिम में एक पहाड़ी इलाका है। यहाँ पहले हिन्दुओं की बस्ती भी थी और राज्य भी था। सुलतान महमूद के काल में ये लोग मुसलमान होने लगे। महमूद के बाद भी गजनी के अधिकार में ही गोर का इलाका था। सुलतान बहराम ने गोर के सरदार कुतुबुद्दीन और उसके भाई सईफुद्दीन को क्रूरतापूर्वक मरवा डाला। इनका एक और भाई अलाउद्दीन गोरी था। उसने जब इस क्रूरतापूर्वक हत्या की बात सुनी तब बदला लेने का निश्चय किया। बहराम बहुत बड़ी गजसेना के साथ गोर पर चढ़ आया। अलाउद्दीन ने उसे हरा दिया और फिर गजनी पर क्रोधपूर्वक आक्रमण करके उसे जलाकर छार-छार कर दिया। इस क्रूर अग्निकाण्ड के कारण उसे 'जहाँ सोज' कहकर स्मरण किया गया है। 'जहाँ सोज' अर्थात् 'जगद्दाहक'। इसी का

भतीजा मुहम्मद गोरी था जो अपने भाई गयासुद्दीन की ओर से राज्य करता था। यह बहुत महत्त्वाकांक्षी था और इसने केवल गजनी जीतकर ही सन्तोष नहीं किया; बल्कि भारतवर्ष में धावे-पर धावे बोल दिये। इसी का दूसरा नाम शहाबुद्दीन (धर्म का ज्वलन्त नक्षत्र) था। अलाउद्दीन के थोड़ा पहले हिन्दुओं का राज्य था और उसका वंश भी सम्भवतः एकाध पुश्त पहले ही मुसलमान हुआ था। तुर्कों की तरह वे पुस्तैनी मुसलमान नहीं थे। इसलिए, यह सम्भव जान पड़ता है कि माधव और केदार भट्ट अलाउद्दीन के दरबार में रहे हों और शहाबुद्दीन ने भी उन्हें अपना विश्वासपात्र समझा हो। बाद में जयचन्द्र के पतन के बाद लोगों में यह धारणा बन गई हो कि ये लोग जयचन्द्र के कवि होंगे; क्योंकि राजपुताने में इस प्रकार का विश्वास किया जाने लगा था कि जयचन्द्र मुहम्मद गोरी का मित्र था। रासो में तो जयचन्द्र की मुसलमानी सेना का भी उल्लेख है।

भट्ट केदार और भट्ट मधुकर गोरी-दरबार के कवि हों या जयचन्द्र के दरबार के, उनकी रचनाओं का कुछ पता नहीं चलता और इसलिए उनके सम्बन्ध में कुछ कहना सम्भव नहीं है। इतना अवश्य है कि काशी-कन्नौज के दरबार में अन्तिम दिनों में भाषा-कविता का मान होने लगा था। प्राकृतपैंगल में किसी या किन्हीं अज्ञात कवियों की रचनाएँ उदाहरण-रूप में उद्धृत हैं जो स्पष्ट ही काशीश्वर (सम्भवतः जयचन्द्र) की महिमा बखानने के लिये लिखी गई थीं। कविताओं में बड़ी ही प्रौढ़ भाषा का नमूना मिलता है। दो-एक उदाहरण दिये जा रहे हैं–

रे गोड थक्कन्ति ते हत्थि जूहाइं। पल्लट्टि जुज्झन्ति पाईक्क बूहाइं।
कासीसु राआ सरासार अग्गेण। की हत्थि की पत्ति की वीरवग्गेण।।

[अरे गौड़ (देश के राजा) ! तेरे हाथियों के यूथ थक गये हैं, पदातिक सेना के व्यूह पलटकर जूझ रहे हैं। जब काशी के राजा के बाणों की वर्षा होने लगती है तब कोई भी, क्या हाथी क्या पैदल सेना और वीरवर्ग –सामने नहीं डट सकता।]

राअह भग्गंता दिग लग्गंता, परिहर हअ गअ घर घरिणी।
लोरहि भर सरवरु पअ अरु परिकरु लट्टोइ पिट्टई तणु धरनी।।
पुणु उट्ठइ संभलि करु दंतंगुलि बाल तनअ कर जमल करे।
कासीसरु राआ राहलु काआ, करु माआ पुण थप्पि घरे।।

[शत्रु राजा अपने हाथी, घोड़े, घर और घरनी को छोड़कर दिगन्तरों में भाग गये। उनके पदातिक और परिकर लोग तथा परिवार की स्त्रियाँ छाती पीटकर रोने लगीं और धरती पर लोटने लगीं। उनके आँसुओं से तालाब भर गये । फिर वे सँभलकर उठीं, दाँतों तले अंगुली दबाकर बालक पुत्रों को गोद

में लिए हुए हाथ जोड़कर उपस्थित हुईं। स्नेहिल कायावाले काशीश्वर ने उनपर दया की और फिर से उन्हें अपने-अपने षदों पर प्रतिष्ठित किया।]

इसी प्रकार की और भी कई रचनाएँ मिलती हैं। राहुलजी का अनुमान है कि ये सब रचरनाएँ विद्याधर की होंगी। ऐसा जान पड़ता है कि दो सौ वर्षों तक काशी में और कान्यकुब्ज में राज्य करने के कारण गाहड़वाल-नरेश काशी और कान्यकुब्ज की भाषा को अपनी भाषा समझने लगे थे और शुरू-शुरू के गाहड़वालों में अपने को स्थानीय जनता से विशेष और भिन्न समझने की जो प्रवृत्ति थी, वह कम होने लगी थी। गोविन्दचन्द्र के सभापण्डित दामोदरभट्ट ने राजकुमारों को काशी की भाषा में संस्कृत सिखाने का प्रयत्न किया था और उसका परिणाम यह हुआ कि राजकुमार अब अपने को इसी प्रदेश के लोगों में से समझने लगे थे और धीरे-धीरे देशी भाषा को भी इस दरबार में प्रोत्साहन मिलने लगा था। दुर्भाग्यवश जयचन्द्र के साथ ही प्रोत्साहन और प्रवृत्ति दोनों का अन्त हो गया।

परन्तु, इतना सत्य है कि ये गाहड़वाल कहीं बाहर से आये थे। कहाँ से आये थे, यह विवादास्पद है। जोधपुर के राठौड़ अपने को जयचन्द्र का वंशज मानते हैं और बदायूँ में भी महमूद के आक्रमण के समय कोई राठौड़वंशीय राजा चन्द्र राज्य करता था। यह नहीं बताया गया कि वह बदायूँ में कहाँ से आया था; परन्तु अनुमान कर लिया जा सकता है कि गजनी के अमीरों के दबाव से जो राजपूत पंजाब या गान्धार छोड़कर पूरब की ओर आये, उन्हीं में यह राजवंश भी था। चन्द्र की छठी पुश्त में मदनपाल हुआ था जिसकी प्रशंसा में कहा गया है कि उसी की शक्ति के कारण हम्मीर गंगा की ओर नहीं आ सका। हम्मीर अर्थात् अमीर जो हो, यह अनुमान किया गया है कि इसी वंश के प्रथम राजा चन्द्र ने और भी आगे बढ़कर कान्यकुब्ज पर अधिकार कर लिया था। यह सम्भव जान पड़ता है। यह अनुमान यदि ठीक हो तो गाहड़वाल दक्षिण से नहीं, पश्चिम से आये थे। काशीकान्यकुब्ज में उस समय तक भी दक्षिण के राष्ट्रकूटों की स्मृति बनी थी। वे जैन थे। सम्भवतः, उनसे अपने को भिन्न घोषित करने के लिए ही इन राजाओं ने अपनी प्रशस्तियों में 'राष्ट्रकूट' शब्द का व्यवहार नहीं किया; पर उनके घर में यह परम्परा बराबर बनी रही कि वे 'राठौड़' हैं। मुझे लगता है कि काशी के आस-पास के गाहरवार इन्हीं गाहड़वालों के उत्तराधिकारी हैं। गोत्र और कुल का विवाद खड़ा करके इनको जोधपुर के राठौड़ों से या काशी के गाहड़वाल-राजाओं से भिन्न बताने वाले इस देश में राजपूत गोत्रों की परम्परा से एकदम अपरिचित हैं।

परन्तु यह थोड़ी अवान्तर बात आ गई। प्रकृत प्रसंग यह है कि गाहड़वाल-राजा शुरू-शुरू में अपने को इस प्रदेश की जनता से भिन्न और विशिष्ट बने रहने की प्रवृत्ति के कारण देशी भाषा और उसके साहित्य को

आश्रय नहीं दे सके और यही कारण है कि जहाँ तक उनका राज्य था वहाँ तक का कोई देशी भाषा का साहित्य सुरक्षित नहीं रह सका। अन्तिम पीढ़ियों में ये लोग देशी भाषा के साहित्य को प्रोत्साहन देने लगे थे; किन्तु तब तक दुर्भाग्य का प्रहार हुआ और सम्पूर्ण उत्तरी भारत विदेशी शासन से आक्रान्त हो गया। इन नये शासकों को देशी जनता के साथ एक होने में और भी अधिक समय लगा।

उधर अजमेर के चौहान उस प्रदेश के पुराने वाशिन्दे थे। सन्-ईसवी की आठवीं शताब्दी के मध्यभाग में ही सपादलक्ष (सवा लाख लगान का देश) या शाकम्भरी क्षेत्र (साँभर) में सामन्तसिंह ने चौहानवंश का राज्य स्थापित किया था। उसने उसी समय सिन्ध की ओर से बढ़ते हुए अरबों से कस के लोहा लिया था और इस प्रकार चौहानों की वह वीर-परम्परा स्थापित की थी जो तृतीय पृथ्वीराज के समय तक मुस्लिम-वाहिनी से निरन्तर टक्कर लेने में प्रख्यात हो चुकी है। महमूद ने साँभर को नहीं छोड़ा था। इसलिए यह राज्य बचा रह गया था। प्रथम पृथ्वीराज के पुत्र अजयपाल ने साँभर से अपनी राजधानी अजमेर में हटा ली थी। अजमेर का नाम अजयसिंह के नाम पर ही है। इस वंश में अर्णोराज और चतुर्थ बीसलदेव (विग्रहराज) बहुत ही प्रतापी और कविकल्पवृक्ष राजा हुए। बीसलदेव स्वयं अच्छे कवि थे। उनका लिखा एक प्रस्तरखण्ड पर क्षोदित 'हरकेलि नाटक' आंशिक रूप में प्राप्त हुआ है।[१] इसका आधार किरातार्जुनीय काव्य है, इसमें राजा स्वयं अर्जुन का स्थानापन्न है। महादेवजी उसे दर्शन भी देते हैं। इनके राजकवि सोमदेव ने 'ललित विग्रहराज' नाम का एक नाटक लिखा था। यह भी एक प्रस्तरखण्ड पर आंशिक रूप में क्षोदित मिला है। इसमें इन्द्रपुर के राजा वसन्तपाल की पुत्री देसलदेवी के साथ बीसलदेव के प्रेम का वर्णन है। राजा और राजपुत्री कल्पित जान पड़ते हैं और उन दिनों के ऐतिहासिक समझे जानेवाले काव्यों की प्रकृति का सुन्दर परिचय देते हैं। इसी बीसलदेव के काल्पनिक प्रेम-कथानक को परवर्त्ती काव्य बीसलदेवरासो में वर्णन किया गया है। यहाँ प्रेमपात्री मालवा के परमाल राजा भोज की कल्पित पुत्री राजमती है। इस काव्य में बीसलदेव रूठकर उड़ीसा की ओर जाता है; परन्तु 'ललितविग्रहराज' में वह प्रिया के पास यह सन्देश भिजवाता है कि पहले हम्मीर (=अमीर) का मानमर्दन कर लूँ तब उसके पास आऊँगा। दोनों ही कवियों ने ऐतिहासिक तथ्यों की परवा न करके उन दिनों की प्रचलित प्रथा के अनुसार सम्भावना पर जोर दिया है। बीसलदेव कवियों का आश्रयदाता था और उसके दरबार में भाषा-काव्य की थोड़ी प्रतिष्ठा भी थी। नरपति नाल्ह के बारे में तो, जैसा कि हम आगे चलकर देखेंगे, यह सन्देह ही है कि वह कब का कवि है; पर अनुश्रुतियाँ सिद्ध

---

१. इं० ए० जिल्द २०,१८९१; पृ०२०१–२२२ में रोमन अक्षरों में पाठ छपा है।

करती हैं कि बीसलदेव के भाषा-कवियों का मान था। वह स्वयं बड़ा प्रतापी राजा था। काशी-कान्यकुब्ज के राजाओं की भाँति यह वंश बाहर से नहीं आया था और साधारण जनता की भाषा की उपेक्षा नहीं करता था। दिल्ली के लौहस्तम्भ पर उसने गर्वपूर्वक घोषणा की थी कि मैंने विन्ध्याचल से हिमालय तक की सभी भूमि को म्लेच्छ-विहीन करके यथार्थ आर्यावर्त्त बना दिया है। अपने वंशजों को पुकारकर वह कहता है कि मैंने तो हिमालय और विन्ध्याचल के मध्यवर्त्ती देश को करद बना लिया है, परन्तु बाकी पृथ्वी को जीतने में तुम लोगों का मन उद्योग-शून्य न हो, इस बात का ध्यान रहे।[१] बीसलदेव नाम ही अपभ्रंश नाम है। 'प्रबन्धचिन्तामणि' में एक मजेदार कहानी है, जिसमें बताया गया है कि बीसलदेव ने अपना नाम बदलकर विग्रहराज क्यों रखा? बीसलदेव का एक सान्धिविग्रहिक 'कुमारपाल' की सभा में आया। उसने 'बीसल' को संस्कृत 'विश्वल' विश्व को (जीत) लेनेवाला, से व्युत्पन्न बताया। कुमारपाल के मन्त्री कपर्दी ने 'विश्वल' (वि=पक्षी, श्वल=भागनेवाला) का अर्थ किया–चिड़ियों की तरह भागनेवाला। यह सुनकर बीसलदेव ने अपना नाम बदल कर विग्रहराज रखा। पर कपर्दी ने इसका भी बेढंगा अर्थ सिद्ध कर दिया। उसने बताया कि इस शब्द का अर्थ हुआ शिव और ब्रह्मा की नाक काटनेवाला (वि+ग्र+हर+अज)! तब बीसलदेव ने अपना नाम 'कविबान्धव' रखा। यह कहानी तो परवर्त्ती काल का विनोद है; किन्तु एक बात सिद्ध होती है कि बीसलदेव अपने को 'कविबान्धव' कहता था और उसका यह कहना ठीक था। 'पुरातनप्रबन्ध-संग्रह' में उसकी रानी नागल देवी को संगीतकला में अत्यन्त निपुण बताया गया है। राजा बीसलदेव स्वयं संगीत से एकदम अनभिज्ञ था। रानी ने उसे संगीत-विद्या सिखाई थी। जैन-प्रबन्धों से बीसलदेव के समय की कुछ देशी भाषा की रचनाओं का भी परिचय मिल जाता था।

बीसलदेव के राज्य में जगडू साहू (वसाह जगडुक) बड़े प्रसिद्ध दानी थे। इन्होंने अकाल के समय जनता की बड़ी सेवा की थी और तत्कालीन कवियों ने इनके दान की बड़ी प्रशंसा की है–

---

१. आविन्ध्यादाहिमाद्रेर्विरचितविजयस्तीर्थयात्राप्रसङ्गा-
दुद्ग्रीवेषु प्रहर्त्ता नृपतिषु विनमत्कन्धरेषु प्रसन्नः।
आर्यावर्त्तं यथार्थं पुनरपि कृतवान् म्लेच्छविच्छेदनाभि-
र्देवः शाकम्भरीन्द्रो जगति विजयते बीसलः क्षोणिपालः।।
ब्रूते सम्प्रति चाहमानतिलको शाकम्भरीभूपतिः
श्रीमद्विग्रहराज एष विजयी सन्तानजानात्मजान्।
अस्माभिः करदं व्यधायि हिमवद्विन्ध्यान्तरालं भुवः
शेषस्वीकरणाय मास्तु भवतामुद्योगशून्यं मनः।।

–इं० ए० जि० १९, पृ २१८

नियतिदानदाता हरिकान्ताहृदयशृङ्गारः।
दुर्भिक्षसन्निपाते त्रिजगडु जगडू चिरं जीयात्।

—पु० प्र०, टि० ८०।

[नियति अर्थात् संरक्षित निधि को भी दे देनेवाले, लक्ष्मी के हृदय का हार रूपी शृंगार, दुर्भिक्ष रूप सन्निपात-रोग के लिये त्रिजगडु (ओषधि) जगडू साह चिरजीवी हों।]

देशी भाषा में इनकी दानशाला की प्रशंसा में कुछ पद्य प्रचलित हैं। एक दोहा मिलता है, जिसमें बताया गया है कि कलियुग में जगडू साह की दानशाला के समान कितनी दानशालाएँ हैं ! इन दोहे की प्रथम पंक्ति कुछ अस्पष्ट है—

नव करवाली मणिअडा तिहिं अग्गला चियारि।
दानसान जगड तणी कित्ती कलिहि मझारि।।

—पु० प्र०, टि० ८०।

इसका पाठ 'उपदेशतरंगिणी' (पृ० ४१) में इस प्रकार है—

नउ करवाली मणियडा ते अग्गीला च्यारि।
दानसाल जगडूतणी दीसइ पुहवि मंझार।।

जगडू बड़े सीधे-सादे थे। उस समय के सभी राजाओं को उन्होंने अकाल में सहायता देने के लिये अशर्फियों से सहायता की थी। बीसलदेव को आठ हजार स्वर्णमुद्राएँ दी थीं, लाहौर के तुर्क अमीरों को १६ हजार और सुलतान को २१ हजार स्वर्णमुद्राएँ दी थीं !—

अट्ठय मूड सहसा बीसल देवस्य सोल हम्मीरा।
एकबीसा सुलताना पयदिन्ना जगडु दुक्काले।।

'मूड' का अर्थ मैंने 'मुद्रा' कर लिया है। पाठकों को जानकारी के लिये यह बता देना आवश्यक है कि जिस प्रसंग में इन श्लोकों को किसी ने 'पुरातनप्रबन्ध-संग्रह' के हाशिए पर लिखा है, वहाँ १८,००० मूढक चना बीसलदेव को देना कहा गया है जो माप-विशेष का वाचक है। यदि यहाँ 'मूड' शब्द 'मूढक' के अर्थ में प्रयुक्त समझा जाय तो अर्थ माप का ही होगा। परन्तु यह श्लोक उक्त प्रसंग का अंग नहीं है और अन्य ग्रन्थों में भी मिल जाता है। इसलिये मैंने 'मुद्रा' अर्थ ही ठीक समझा है।

इस प्रकार के उदार दानी धनकुबेर के बारे में प्रसिद्ध है कि वे इतने सीधे-सादे वेश में रहते थे कि एक बार राजा बीसलदेव उन्हें पहचान ही नहीं

सके, और जब परिचय कराया गया तब आश्चर्य के साथ पूछ बैठे कि ऐसा वेश क्यों बनाया है? जगडू ने नम्रता के साथ उत्तर दिया कि महाराज, कपड़े और गहनों से शोभा नहीं बढ़ती; मनुष्य गुण से शोभा पाता है। गहना पहनकर छोटी अँगुलियाँ सुशोभित होती हैं, मध्यमा तो अपनी बड़ाई से ही बड़ी लगती है!—

तन्वन्ति डम्बरभरैर्महिमा न मन्ये श्लाघ्यो जनस्तु गुणगौरवसम्पदेव।
शोभा विभूषणगुणैरितराङ्गुलीनां ज्येष्ठत्वमेव रुचिरं खल मध्यमायाः।।

ऐसे उदार और सरल दानवीर की महिमा बखानने के लिये कवियों की भाषा यदि मुखर हो उठी तो इसमें आश्चर्य करने की बात नहीं है। बीसलदेव का विरुद जगडू के दान पर अवलम्बित था—

बीसल दे विरुअं करइ जगड कहावइ जी।
तुउ परीलइ फालिसउ एउ परीसइ घी।।

[किसी कवि या याचक की उक्ति है कि बीसलदेव तो केवल विरुद धारण करता है या यश कमाता है और जगडू से 'जी' कहवाता है। किन्तु, हे बीसलदेव, तुम तो रूखी (फालिस=परुष) परसते हो और वह घी परसता है!]

इस प्रकार के अजमेर में आगे चलकर चन्द वरदाई-जैसे महाकवि का होना उचित ही है। समुद्र में ही कौस्तुभमणि के उत्पन्न होने की सम्भावना सोची जा सकती है।

इसी प्रकार, कालिंजर के चन्देलों का वंश बहुत काल से बुन्देलखण्ड में राज्य कर रहा था। इन चन्देल्लों ने अपनी प्रशस्तियों में अपने को चन्द्रात्रेय गोत्र का कहा है। पण्डितों में इस गोत्र को लेकर भी थोड़ा चखचख है। कुछ लोग कहते हैं कि चन्द्रात्रेय शब्द 'चन्देल्ल' शब्द के आधार पर बना ली गई परवर्त्ती कल्पना है। मुझे ऐसा लगता है कि यह शब्द वस्तुतः पुरोहित के गोत्र नाम का अपभ्रंश रूप है। अनुमान किया जा सकता है कि इन क्षत्रियों के पुरोहित वही शाण्डिल्यगोत्री ब्राह्मण थे, जिन्हें कभी कर्ण के साथ सरयू पार आना पड़ा था और इस शाण्डिल्य का ही अपभ्रंश रूप 'चन्देल्ल' है। बाद में इसका मूल अर्थ भुला दिया गया और चन्देल का संस्कृत रूप उसी प्रकार 'चन्द्रात्रेय' बना लिया गया, जिस प्रकार 'त्रिपुर' या 'तेवार' के रहनेवाले तिवारी ब्राह्मणों ने 'तिवारी' शब्द को त्रिपाठी के रूप में संस्कृत बनाया। इन राजाओं के दरबार में भी भाषाकवि का मान था। इनका सबसे अन्तिम प्रतापी राजा परमर्दी या परमाल था जिसने ११६५ से १२०३ ई० तक राज्य किया। इसी के दरबार में

वणाफर-कुल के प्रसिद्ध वीर आल्हा और ऊदल थे। पृथ्वीराज से परमर्दी का युद्ध हुआ था जिसका वर्णन जगनिक के महोबाखण्ड में हुआ है। इसमें परमर्दी हार गया और आल्हा-ऊदल काम आये। पृथ्वीराज ने महोबे में अपने प्रसिद्ध सरदार पज्जून को रखा। पृथ्वीराज का लेख मदनपुर में प्राप्त हुआ है, जिससे इस घटना की ऐतिहासिकता प्रमाणित होती है। लेकिन, इस युद्ध में हारने के बाद भी परमर्दी जीवित था और शक्तिशाली भी बना रहा। सन् १२०३ ई० में वह कुतुबुद्दीन से लड़ा था। पृथ्वीराज से उसकी लड़ाई सन् ११८२ ई० में हुई थी। उस समय इस महाप्रतापी राजा का बल टूट गया होगा और वह आसानी से आगे चलकर मुसलमानों के हाथ पराजित हो सका होगा। इन बीस वर्षों के भीतर ही कभी जगनिक का वह ओजपूर्ण काव्य लिखा गया होगा, जो बहुत दिनों तक आल्हा और ऊदल की स्मृति में लोककण्ठ में जीता रहा और बहुत दिनों तक अपने क्षेत्र में ही सीमित बना रहा। फिर कई सौ वर्ष बाद अत्यन्त परिवर्त्तित रूप में लिखवाया गया। यह स्वाभाविक भी था, क्योंकि, जब काव्य के आश्रयदाता राजा उच्छिन्न हो गये तब उसका एकमात्र सहारा जनचित्त ही रह गया। किसी धर्म-सम्प्रदाय का तो उसे सहारा मिलना नहीं था, इसलिए वह काव्य बहुत परिवर्तित रूप में प्राप्त हुआ है; परन्तु चन्देल्ल-दरबार में भाषा-काव्य के सम्मानित होने का सबूत अवश्य देता है।

दूसरी ओर गुजरात और मालवा के राजवंश थे। गुजरात के राजा कुमारपाल तो बाद में जैनाचार्य हेमचन्द्र के प्रभाव से जैन हो गये थे। यद्यपि कुछ लोग उनके जैनधर्मग्रहण के बारे में सन्देह ही करते हैं; परन्तु इसमें कोई सन्देह नहीं करता कि वे जैन-प्रभाव में आये थे और जैनधर्म को उन्होंने बहुत प्रोत्साहन भी दिया। मालवा के परमार वैदिक धर्मानुयायी थे; परन्तु उन्होंने देश्यभाषा की उपेक्षा नहीं की। गुजरात के राजाओं का आश्रय पाने के कारण वहाँ अपभ्रंश देश्यभाषा खूब फली-फूली। मान्यखेट के राष्ट्रकूटों ने भी अपभ्रंश का मान किया। उत्तर भारत के स्वयम्भू और पुष्पदन्त जैसे प्रतिभाशाली कवियों की कृतियाँ वहीं सुरक्षित हुईं। उधर पूर्व में, पश्चिमी बंगाल में, गौड़ों का दुर्दान्त राज्य था। ये लोग बौद्ध थे और उन्होंने तत्कालीन सहजयानी बौद्धधर्म को प्रोत्साहन और संरक्षण दिया। इन पालवंशी गौड़ राजाओं की कृपा से ही बौद्ध सिद्धों के कुछ देशीभाषा के गान लिखित हुए, जो बाद में नेपाल-दरबार का राज्याश्रय पाकर किसी प्रकार सुरक्षित रह गये हैं। पर इन बौद्ध राजाओं की देशी भाषा और बौद्धधर्म को प्रश्रय देने की प्रतिक्रिया भी हुई और पूर्वी बंगाल में कर्णाट देश से आये हुए सेन राजाओं का अभ्युदय हुआ, जिन्होंने संस्कृत-भाषा और

ब्राह्मणधर्म को बंगाल में फिर से सहारा दिया। सेन राजा गाहड़वारों की भाँति पक्के वैदिक मतानुयायी थे और स्थानीय लोगों से अपने को भिन्न और श्रेष्ठ समझते थे। कुलीनता के अभिमान को इन राजाओं ने बंगाल में बद्धमूल कर दिया। यही कारण है कि इस काल में पूर्वी बंगाल में देशी भाषा का साहित्य नहीं मिलता। पाल राजाओं की कृपा से सुरक्षित साहित्य वर्त्तमान बिहार के पूर्वी और पश्चिम बंगाल के पश्चिमी इलाकों में लिखित साहित्य है। निस्सन्देह, उनमें मध्यदेश की भाषा और साहित्य के भी कुछ चिह्न हैं; क्योंकि पाल राजाओं का सम्बन्ध बराबर काशी और कान्यकुब्ज से बना रहा। यह सम्बन्ध तीन प्रकार से रक्षित रहा—युद्ध से, विवाह से, तीर्थयात्रा से। इस प्रकार इस साहित्य के आधार पर हम मध्यदेश की साहित्य-साधना का आभास पा सकते हैं। सुप्रसिद्ध महाराज गोविन्दचन्द्र की रानी कुमारदेवी गौड़ के राजा रामपाल के मामा महत की दौहित्री थीं और उन्हीं के सामन्त देवरक्षित की पत्नी। उन्होंने सारनाथ में बौद्ध बिहार बनवाया था। उनका एक दानपत्र प्राप्त हुआ है। इस सम्बन्ध से यह सूचित होता है कि युद्ध-विग्रह होते रहते थे और विवाह-सम्बन्ध भी चलते ही रहते थे। तीर्थयात्रा तो थी ही। अस्तु।

गाहड़वालों के शासनकाल में समूचा हिन्दी-भाषी क्षेत्र स्मार्तमतानुयायी था। उनका प्रभाव जब क्षीण हो गया और अजमेर, कालिंजर आदि अधीनस्थ प्रान्तों में स्वतन्त्र राज्य स्थापित हुए तब भी स्मार्तमत ही प्रबल रहा। इस समय शैवमत का भी बड़ा प्रभाव था। सिद्धियों की महिमा प्रतिष्ठित हो गई थी। शैवमतानुयायी नाथयोगियों, रसेश्वरमत के माननेवाले रस-सिद्धों और मन्त्र-तन्त्र में विश्वास करने वाले शाक्त-साधकों का इन क्षेत्रों में बड़ा जोर था। उन दिनों के साहित्य में इनकी बड़ी चर्चा आती है, परन्तु जैनों की भाँति इन शैव-साधकों के संगठित मत नहीं थे और देशी भाषा पर विशेष अनुराग भी नहीं था। फिर इनके उपदेश में साधारण जनता के सम्बन्ध में बड़ी अवज्ञा का भाव है। वे इन अधम जीवों को भय ही दिखाते थे। चौरासी लाख योनियों में निरन्तर भरमते रहने वाले, काम-क्रोध के कीड़े, मायापंक में आपाद-मस्तक डूबे हुए, अज्ञानी जीव केवल घृणा करने और तरस खाने के पात्र माने जाते थे। गृहस्थ इन योगियों से डरता था। इब्नबतूता ने ग्वालियर-कालिंजर में इन योगियों को देखा था। उन दिनों लोग इनसे भयभीत थे; क्योंकि उनका विश्वास था कि ये आदमियों को खा जाते हैं! इस प्रकार, जनता के प्रति अवज्ञा और घृणा का भाव रखने वाले लोग लोकभाषा में कुछ लिखते भी हों तो वह लोक-मनोहर हो नहीं सकता। कुछ थोड़ी-सी रचनाएँ इन योगियों की मिल जाती हैं; पर एक तो उन्हें जैन

पुस्तकों के समान संगठित भण्डारों का आश्रय नहीं मिला, दूसरे वे आल्हा आदि की भाँति लोक-मनोहर भी नहीं हो सकीं। इनकी रक्षा का भार सम्प्रदाय के कुछ अशिक्षित साधुओं के हाथों रहा। उन्होंने इन रचनाओं को प्रमाणित रूप में सुरक्षित रखने का प्रयत्न नहीं किया। जो कुछ भी साहित्य बचा है, वह केवल इस बात की सूचना दे सकता है कि वह किस श्रेणी का रहा होगा और उसकी प्राणवस्तु कैसी थी। परवर्त्ती साहित्य में इन योगियों का उल्लेख दो प्रकार से आया है—(१) सूफी कवियों की कथा में नाना प्रकार की सिद्धियों के आकार के रूप में और (२) सगुण या निर्गुण भक्त कवियों की पुस्तकों में खण्डनों और प्रत्याख्यानों के विषय के रूप में। दोनों ही बातें इनके प्रभाव की सूचना देती हैं। कभी-कभी दादू-पन्थी या निरंजनी जैसे सम्प्रदायों के सन्त-वचन-संग्रहों में इन सिद्धों की कुछ रचनाएँ संगृहीत मिल जाती हैं। हाल ही में मैंने इस प्रकार की बानियों का एक संग्रह सम्पादित किया है, जो नागरी-प्रचारणी सभा की बिड़ला-ग्रन्थमाला में प्रकाशित हो रहा है।

ग्यारहवीं शताब्दी के आरम्भ में कलचुरिवंश के राजा लोग भी परम शैव थे। युवराज देव के राज्य में पाशुपतों के कालामुख-सम्प्रदाय का बड़ा मान था। युवराज देव ने रीवाँ के पास स्थित गोरगी (गोलगिरि, गोलकी) नामक स्थान पर एक विशाल शैवमठ की स्थापना कराई थी जिसकी शाखा सुदूर दक्षिण तक फैली हुई थी। मद्रासप्रान्त के मलकापुरम ग्राम के एक शिलालेख से पता चलता है कि गंगा और नर्मदा के अन्तराल के डाहल देश (वर्तमान बुन्देलखण्ड) है। उसमें सद्भावशम्भु नाम के शैव साधु थे, जिन्हें कलचुरि राजा युवराजदेव ने तीन लाख गाँवों का एक प्रदेश भिक्षा में दिया था। उसी में गोलकी या गोलगिरि मठ की स्थापना हुई थी। इस मठ के माध्यम से दक्षिण और उत्तर के शैवमतों में सम्बन्ध स्थापित हुआ था। कहते हैं, त्रिपुरी के पास जो चौंसठ योगिनियों का मन्दिर है, वह भी किसी समय इसी मठ की शाखा रहा होगा (दे० : ना० प्र० पत्रिका, भाग ६, अंक ४ में रायबहादुर हीरालाल का लेख)। कलचुरियों का सबसे प्रतापी राजा कर्ण परम शैव था। उसने काशी में बारहमंजिला शिवमन्दिर बनवाया था, जिसका नाम कर्णमेरु रखा था। उसने काशी को अपनी राजधानी भी बनाना चाहा था, परन्तु किसी कारणवश उसकी मनःकामना पूर्ण नहीं हुई और वह काशी छोड़ने को बाध्य हुआ। उसके साथ आये हुए ब्राह्मण अब भी काशी और सरयू पार में प्रतिष्ठित हैं। गाहड़वाल-राजाओं की सत्ता स्थापित होने के बाद इस मत को कोई क्षति नहीं पहुँची, सहायता ही मिली। सिद्धियों के प्रति लोगों का विश्वास दृढ़ ही हुआ। उत्तर और दक्षिण में शैव-साधना की लहरें आती रहीं

और एक दूसरे को बल देती रहीं।

कर्ण के दरबार में (ग्यारहवीं शती का उत्तरार्द्ध) अपभ्रंश-कवियों का सम्मान था। जैन भण्डारों में सुरक्षित पुस्तकों में भाषा परिनिष्ठित अपभ्रंश के निकट की है; किन्तु प्राकृत पैंगलम् की कई कविताएँ उदाहरण रूप में उद्धृत हैं जिनमें कर्ण की प्रशंसा है। ये कविताएँ अग्रसरीभूत अपभ्रंश या अवहट्ठ की हैं और हिन्दी के चारण कवियों की भाषा का पूर्वरूप हैं। किसी-किसी कविता में कर्ण के दरबारी कवि बब्बर का नाम भी आ गया है। यह कहना कठिन है कि राजस्तुतिपरक सभी कविताएँ बब्बर की हैं या नहीं; पर जिनमें बब्बर का नाम आया है, वे निश्चित रूप से बब्बर की कही जा सकती हैं। इन कविताओं में भाषा बहुत सुथरी है और कलचुरि कर्ण के गुर्जर, महाराष्ट्र, ओड्र, मालवा आदि के जीतने का उल्लेख है–

हण उज्जर गुज्जर राअ कुलं।
दल दलिअ चलिअ मरहट्ट बलं।।
बल मोडिअ मालव राअ कुला।
कुल उज्जल कलचुलि कहाण फुला।।

[उज्ज्वल गुर्जर राजकुल को नष्ट कर दिया, मरहट्ठों की सेना के दलों को भगाकर कुचल दिया और मालवराज-कुल को मोड़ दिया। इस प्रकार राजा कर्ण उज्ज्वल कलचुरिकुल का कर्णफूल बन गया!] इसी प्रकार–

जुज्झ भट भूमि पड़, उट्ठि पुण लग्गिआ।
सग्ग मण खग्ग हण कोइ णहिं भग्गिआ।।
बीस सर तिक्ख कर कराण गुण अप्पिया।
पत्थ तह जोलि दह चाउ सह कप्पिया।।

[भट जूझते हैं, भूमि पर गिरते हैं और फिर उठकर भिड़ जाते हैं। स्वर्ग की ओर मन लगा है। खड्ग की मार से कोई भाग नहीं रहा है। इसी समय कर्ण ने अपने धनुष पर बीस बाण चढ़ाये और पार्थ की भाँति चाव के साथ दस धनुष और उन पर चढ़े बाणों को काट दिया!]

बब्बर को वैराग्य बता कर कीर्ति का महत्त्व बताने वाली यह रचना परवर्ती हिन्दी साहित्य की कविताओं से भाषा और भाव दोनों में पूर्ण रूप से साम्य रखती है–

ए अत्थीरा देक्खु सरीरा घर जाया।
वित्ता पित्ता सो अर मित्ता सबु माया।।

काहे लागो बब्बर बेलावसि मुज्झै।
एक्का कित्ती किज्जा हि जुत्ती जइ सुज्झै।।

[यह अस्थिर है, देख शरीर। घर, जाया, वित्त, पिता, सहोदर, मित्र सब माया है! काहे वास्ते 'बब्बर' तू चहराता है (भरमाता है) मुझे; एक ही उपाय है, –कीर्ति-अर्जन! यदि सूझे तो कर।]

बारहवीं शताब्दी में लगभग समूचे भारत में शैवमत का प्राबल्य था। उत्तर में उसका एक प्रधान और महत्त्वपूर्ण रूप नाथमत था, जो दक्षिण के शैवमत से बहुत सम्बद्ध नहीं जान पड़ता। जैनधर्म से प्रभावित होने के कारण, आंशिक रूप से बौद्ध साधना को आत्मसात् करने के कारण, स्मार्त धर्म का आश्रय पाने के कारण और मुस्लिम आक्रमण के रूप में विजातीय संस्कृति की उपस्थिति के कारण वह निर्गुणपन्थी, सहनशील और उदासीन बना रहा। उसका आक्रामक रूप केवल जाति-व्यवस्था के प्रति, मायाजाल में फँसे हुए दयनीय जीवों के प्रति और हिंसामूलक और दुर्नीतिमूलक आचरणों के प्रति जीता रहा। नहीं तो गोरक्षनाथ-जैसे अक्खड़ साधक भी अपने शिष्यों को यही उपदेश दे गये हैं–

कोई वादी कोई विवादी जोगी कौं बाद न करनां।
अड़सठि तीरथ समंद समानैं यूं जोगी को गुरूमषि जरनां।।

और–

हबकि न बोलिबा, ठबकि न चलिबा, धीरैं धरिबा पांव।
गरब न करिबा, सहजैं रहिबा, भणँत गोरष रांव।।

अहिंसा में इन लोगों का उतना ही दृढ़ विश्वास था जितना जैनों या वैष्णवों का। गोरक्षनाथ ने मांसभक्षण और नशा-सेवन दोनों का घोर विरोध किया था–

जोगी होइ पर निंदा झखै। मद मांस अरु भांगि जो भखै।
इकोतर सैं पुरिषा नरकहिं जाई। सति-सति भाषंत श्री गोरख राई।।

और–

अवधू मांस भषन्त दयाधरम का नास
मद पीवत वहां प्राण, नीरास
भांगि भषंत ग्यांन ध्यांन षोवत
जम दरबारी ने प्राणी रोवंत।

इसी प्रकार, ब्रह्मचर्य और इन्द्रिय संयम पर भी इन्होंने बहुत जोर दिया है–

यंद्री का लड़बड़ा जिभ्या का फूहड़ा
गोरख कहें ए परतषि चूहड़ा।

पूर्वी भारत में बौद्धधर्म के तन्त्र-मन्त्रवाले अन्तिम वज्रयानी रूप का प्राबल्य था। सेन राजाओं के समय उड़ीसा होते हुए दक्षिणी वैष्णवधर्म का प्रवेश बंगाल में हुआ। उत्तर में वैष्णवधर्म उतना ऐकान्तिक नहीं था जितना दक्षिण में। ऐकान्तिक भक्ति के साथ वज्रयानी भावनाओं के मिश्रण से वैष्णवधर्म ने उड़ीसा में एक नया रूप ग्रहण किया। शुरू-शुरू में सेन राजा शैव थे। विजयसेन स्वयं अपने को परम शैव मानते थे; परन्तु उन्होंने प्रद्युम्नेश्वर का मन्दिर बनवाया था जिसकी मूर्ति में शिव और विष्णु का मिश्रण था। उस मन्दिर के एक लेख में इस मिश्रमूर्ति का बड़ा सुन्दर कवित्वमय वर्णन दिया गया है।[१]

विद्यापति के पदों में शिव और विष्णु के इसी मिश्ररूप का वर्णन इस प्रकार है–

धन हरि धन हर धन तव कला।
खन पीत वसन खनहिं बघछला।। इत्यादि।

जो लोग विद्यापति के बारे में कहा करते हैं कि वे शैव थे, अतएव वैष्णव भक्त नहीं हो सकते; वे उस काल की इस मनःस्थिति को नहीं जानते। **समूचा** उत्तर भारत प्रधान रूप से स्मार्त था, शिव के प्रति उसकी अखण्ड भक्ति बनी हुई थी; परन्तु उसमें अपूर्व सहनशीलता का विकास हुआ था और विष्णु को भी वह उतना ही महत्त्वपूर्ण देवता मानता था। शिव सिद्धिदाता थे, विष्णु भक्ति के आश्रय। गाहड़वाल-नरेश अपने को माहेश्वर भी कहते थे और अपनी प्रशस्तियों में लक्ष्मीनारायण की स्तुति भी किया करते थे। इसी सहनशील, उदार और अनाक्रामक धार्मिक मनोभाव की पृष्ठभूमि में हिन्दी का आदिकालीन साहित्य लिखा गया। भक्ति के बीज के अंकुरित और पल्लवित होने की यह उपयुक्त भूमि थी।

---

१. लक्ष्मीवल्लभशैलजादयितयोरद्वैतलीलागृहं
प्रद्युम्नेश्वरशब्दलाञ्छनमधिष्ठानं नमस्कुर्महे।
यत्रालिङ्गनभङ्गकातरतया स्थित्वान्तरे कान्तयोः
देवीभ्यां कथमप्यभिन्नतनुतां शिल्पेऽन्तरायः कृतः।।
चित्रक्षौमेभचर्मो हृदयविनिहितस्थूलहारोरगेन्द्रः
श्रीखण्डक्षोदभस्मा करनिहितभहानीलरत्नाक्षमालः।
वेधस्तेनास्य तेने गरुडमणिलतागोनसः कान्तमुक्ता
नेपथ्यन्यस्तमाला समुचितरचने कल्पकापालिकस्य।।

बहुत-सी परवर्त्ती स्मृतियाँ और उपपुराणजातीय पुस्तकें, बहुत-सी वैष्णव और शैव संहिताएँ इसी काल में लिखी गईं जिनमें भावी भक्ति-साहित्य के प्रेरणा-बीज वर्तमान थे।

इस काल में जो दो श्रेणी की अपभ्रंश और देश्यमिश्रित रचनाएँ मिलती हैं, वे इस युग की सामाजिक, राजनीतिक और धार्मिक अवस्था के अनुरूप ही हैं। इस काल में केन्द्रीय शासन टूट चुका था। पश्चिम की ओर से विजातीय संस्कृति के पोषक दुर्दान्त शत्रुओं का निरन्तर आक्रमण हो रहा था। भारतवर्ष के वीर राजपूत उनसे जमकर लोहा भी लेते थे और केन्द्रीय सत्ता के हथियाने की फिक्र में भी रहते थे। उन्हें युद्ध करना पड़ता था वे अपनी स्तुति भी सुनना चाहते थे। युद्ध उन दिनों के राजपूत राजाओं के लिये आवश्यक कर्त्तव्य हो गया था। उन्हें अन्य राजकीय गुणों के विकास करने और लोकनिष्ठ करने का अवसर नहीं मिलता था। लड़ने वालों की संख्या कम थी; क्योंकि लड़ाई भी जातिविशेष का पेशा मान ली गई थी। देशरक्षा के लिये या धर्मरक्षा के लिये समूची जनता के सन्नद्ध हो जाने का विचार ही नहीं उठता था। लोग क्रमशः जातियों और उपजातियों में तथा सम्प्रदायों और उपसम्प्रदायों में विभक्त होते जा रहे थे। लड़नेवाली जाति के लिये सचमुच ही चैन से रहना असम्भव हो गया था। क्योंकि उत्तर, पूरब, दक्षिण, पश्चिम सब ओर से आक्रमण की सम्भावना थी। निरन्तर युद्ध के लिये प्रोत्साहित करने को भी एक वर्ग आवश्यक हो गया था। चारण इसी श्रेणी के लोग हैं। उनका कार्य ही था—हर प्रसंग में आश्रयदाता के युद्धोन्माद को उत्पन्न कर देने वाली घटना योजना का आविष्कार। उस काल के साहित्य में ऐसी छोटी-छोटी बातों पर लड़ाई हो जाने की बात मिलती है कि आज का सहृदय विस्मय से देखता रह जाता है! पृथ्वीराज के चाचा कन्ह ने किसी को मूँछों पर हाथ फेरते देखा, सिर उतार लिया। वे विचारे शरणागत थे। पछतावा उन्हें भी हुआ। प्रायश्चित्त रूप में उन्होंने आँखों पर पट्टी बाँध ली। यह वीरता का आदर्श था! इन कवियों ने राजस्तुति के नाम पर असम्भव घटनाओं और अपतथ्यों की योजना की। विवाह भी इस वीरता का एक बहाना बनाया गया। आजकल के ऐतिहासिक विद्वान् बेकार ही इन घटनाओं और अपतथ्यों से इतिहास खोज निकालने का प्रयास करते हैं। इन काव्यों में व्यापक रूढ़ियों के आधार पर अपने राजा को या काव्यनायक को उत्साह का आश्रय और रति का आलम्बन बनाना चाहा है। इनमें इतिहास को समझने का कम और तत्काल प्रचलित काव्यरूढ़ियों को समझने का अधिक साधन है।

दूसरी ओर हिमाचल के पाददेश में कामरूप से लेकर हिंगलाज तक एक

प्रकार की यक्षपूजा दीर्घकाल से प्रचलित थी, जो बौद्धधर्म के पिछले दिनों में बौद्धधर्म को प्रभावित करने में समर्थ हुई और वज्रयान नाम से अभिहित हुई। 'उपासकदशासूत्र' में मणिभद्रचैत्य का उल्लेख है और संयुक्तनिकाय में मणिभद्र यक्ष की चर्चा है। आगे चलकर यही मणिभद्र बुद्ध के प्रधान शिष्यों में गिने जाने लगे। फिर, आगे चलकर बौद्धधर्म में वज्रपाणि यक्ष तो बोधिसत्त्व का पद पा गये और 'कृष्णयमारितन्त्र' में इन्हें सर्वतथागताधिपति कहा गया है। यक्षों और गुह्यकों का भोगपरक तान्त्रिक धर्म क्रमशः शक्तिशाली होता गया और आगे चलकर 'तथागतगुह्य' जैसे तान्त्रिक शास्त्रों की रचना हुई। यह यक्षकुल, जिसमें अप्सराएँ, कामदेव और गन्धर्वगण हैं, वज्रपाणि बोधिसत्त्व का उत्पत्तिस्थल बताया गया है। इन लोगों का प्राधान्य हिमालय के पाददेश में दीर्घकाल से था। बौद्धधर्म की उँगली पकड़कर यह साधना मैदान में आई और सातवीं-आठवीं शताब्दी में काफी शक्तिशाली हुई। नवीं-दसवीं शताब्दी में इस साधना को प्रतिकूल सामाजिक परिस्थितियों का सामना करना पड़ा। ऐतिहासिक कारणों के दबाव से जातिशुद्धि गृहस्थ की प्रधान चिन्ता की बात बन गई थी, परिणामस्वरूप मैदान में जातियों और उपजातियों बोलबाला बढ़ता गया। विदेशी और विजातीय संस्कृति के दबाव से हिन्दुओं में एक तरफ जिस प्रकार जातिशुद्धि पर ज्यादा ध्यान दिया जाने लगा था, उसी प्रकार आपस के धार्मिक खिंचाव को कम किया जाने लगा और उदार आचार-प्रधान स्मार्त धर्म की प्रतिष्ठा हुई। इस प्रकार जाति-पाँति की ओर से कठोर, आचारपालन में दृढ़ और पूजा-उपासना में सहिष्णु तथा उदार हिन्दूधर्म का आविर्भाव हुआ। फिर नवागत और नवोत्कर्ष प्राप्त जातियाँ अपने उच्च कुल को, साधारण जनता से अपनी विशिष्टता को और अत्यन्त पुरानी परम्परा के कल्पित दावों का जितने की दृढ़कण्ठ से उद्घोषित करती गई, उतनी ही कठोरता से साधारण जनता ने अपनी पुरानी परम्परा की स्मृति बचा रखने का प्रयास किया। आर्थिक और राजनीतिक कारणों से उन्हें सर्वत्र सफलता नहीं मिली; पर प्रवृत्ति अधिकाधिक वंश शुद्धि की रक्षा और आचारपालन की कठोरता की ओर बढ़ती गई। इस प्रकार के समाज में यौनभावापन्न साधना के लिये अनुकूल वातावरण नहीं मिल सकता। इसका फल यह हुआ कि इस प्रकार के सन्तों की अभिव्यक्ति संकोचपूर्ण, द्विविधाग्रस्त, रहस्यनिर्मापक और उलटबाँसी-जैसी रचनाओं के माध्यम से होने लगी। नाथपन्थियों ने ब्रह्मचर्य को तो कसके अपनाया; परन्तु उक्त साधनाओं से उनका पुराना सम्बन्ध होने के कारण वे भी इसका इस प्रकार की अभिव्यक्ति करने लगे कि शिव-शक्ति का खेल पिण्ड में ही चल रहा है। यह बात विरासत में निर्गुणिया सन्तों ने भी पाई; परन्तु जब

धर्ममत और सामाजिक व्यवस्था परस्पर विरोधी नहीं रही तो भक्तिकाल में इस प्रकार की रहस्यात्मकता की आवश्यकता नहीं रह गई। पूर्वी प्रदेशों में जहाँ भक्तिमार्ग सहजिया भावापन्न था, वहाँ कुछ रहस्यात्मकता बाद में भी बनी रही; पर धार्मिक मत के सामाजिक नियमों के अनुकूल होते ही मध्यदेश से वह रहस्यात्मकता लुप्त हो गई।

दुर्भाग्यवश जिन सम्प्रदायों ने इस रहस्यात्मक साहित्य की सृष्टि की थी, उनकी परम्परा उनके सम्प्रदाय के रूप में नहीं जी सकी और उनके साहित्य का लोप हो गया। पूर्वी प्रदेशों में थोड़ा बहुत वह इसलिए रक्षित रह गया कि बारहवीं-तेरहवीं शताब्दी तक वहाँ उक्त धर्म-मत संगठित सम्प्रदाय के रूप में जीता रहा। नेपाल आदि प्रदेशों से ही कुछ अल्पमात्रा में इन रहस्यात्मक गीतों का उद्धार किया जा सका है। उत्तर भारत का धर्ममत नवीन सम्पर्क और नवीन प्रतिक्रिया के फलस्वरूप बराबर अपनी पुरानी परम्परा पर—कुछ अधिक दृढ़ता के साथ डटा रहा। हिमालय के पाददेश की साधना उसे अभिभूत नहीं कर सकी। यहाँ संस्कृत की और ब्राह्मणधर्म की प्रतिष्ठा बहुत बाद तक बनी रही। इस प्रकार न तो हमें इस प्रदेश के ऐसे साहित्य का ही पता लगता है, जो राजरक्षित हों और न ऐसे ही साहित्य का, जो संघटित सम्प्रदाय द्वारा सुरक्षित हों। केवल जनता की जिह्वा पर जो कुछ बचा रहा, वही अनेक परिवर्तनों के बाद घट-बढ़कर क्वचित्-कदाचित् मिल जाता है।

आदिकालीन हिन्दी-साहित्य के अरक्षित रह जाने की यही कहानी है। जिन पुस्तकों के आधार पर इस काल की भाषा-प्रवृत्ति का कुछ आभास पाया जा सकता है, उनकी संख्या बहुत थोड़ी है। कुछ पुस्तकों की भाषा इतनी परिवर्तित हुई कि उसके विषय में कुछ भी विचार करना अनुचित मालूम पड़ता है। कुछ तो ठीक से सुरक्षित हुई हैं, उनके आधार पर कुछ अनुमान किये जा सकते हैं। परन्तु, इन पुस्तकों से काव्यरूपों का अध्ययन अधिक विश्वास के साथ किया जा सकता है।

इस काल में अपभ्रंश-काव्यों में उन सभी प्रवृत्तियों का आरम्भ हो गया दिखता है जो आगे आने वाली भाषा के प्रधान लक्षण माने जाते हैं। हमने पहले ही बताया है कि ठीक मध्यदेश में बना कोई अपभ्रंश-काव्य नहीं मिलता। अधिकांश पुस्तकें किनारे पर स्थित प्रान्तों से ही प्राप्त हुई हैं। फिर भी ये पुस्तकें बहुत सहायक हैं। हेमचन्द्र ने काव्यानुशासन में दो प्रकार के अपभ्रंशों की चर्चा की है। एक तो शिष्ट जन की अपभ्रंश-भाषा जिसका व्याकरण स्वयं हेमचन्द्राचार्य ने लिखा था और जो प्रधान रूप से जैन पण्डितों के हाथों सँवरती रही। यह

बहुत-कुछ प्राकृत और संस्कृत की भाँति ही शिष्टभाषा बन गई थी। दूसरी ग्राम्य अपभ्रंश-भाषा, जो सम्भवतः चलती जबान थी, भाषाशास्त्र की दृष्टि से यह अधिक अग्रसर हुई भाषा है। सन्देशरासक इसी प्रकार की अपभ्रंश में बारहवीं-तेरहवीं शताब्दी में—अर्थात् लगभग उसी समय जब पृथ्वीराजरासो लिखा जा रहा था—रचित हुआ था। इसकी भाषा बोलचाल के अधिक नजदीक थी। यद्यपि इसके कवि अद्दहमाण या 'अब्दुल रहमान' प्राकृत-अपभ्रंश की परम्परा के अच्छे जानकार थे और बीच-बीच में उन्होंने जो प्राकृत-गाथाएँ लिखी हैं, वे उनकी प्राकृत-पटुता की सूचना देती हैं। फिर भी, उन्होंने नम्रता प्रकट करते हुए कहा है कि जो लोग पण्डित हैं, वे तो मेरे इस कुकाव्य पर कान देंगे ही नहीं और जो मूर्ख हैं—अरसिक हैं—उनका प्रवेश मूर्खता के कारण इस ग्रन्थ में हो ही नहीं सकेगा, इसलिए जो न पण्डित हैं, न मूर्ख हैं; बल्कि मध्यम श्रेणी के हैं, उन्हीं के सामने सदा हमारी कविता पढ़ी जानी चाहिए—

णहु रहइ बुहा कुकवित्त रेसि
अबुहत्तणि अबुहह णहु पवेसि।
जिण मक्ख ण पंडिय मज्झयार
तिह पुरउ पढिब्बउ सब्बवार।।

सो, यह काव्य बहुत पढ़े-लिखे लोगों के लिए न होकर ऐसे रसिकों के लिए है जो मूर्ख तो नहीं है; पर बहुत अधिक अध्ययन भी नहीं कर सके हैं। रासो कुछ इसी ढंग की भाषा में लिखा गया होगा। यद्यपि कवि ने उस ग्रन्थ में भी थोड़ी नम्रता दिखाई है; पर वह प्रथापालन-मात्र के लिए, नहीं तो रासोकार को अपने भाषाज्ञान पर गर्व है। उसकी भाषा में थोड़ी प्राचीनता की छौंक दी गई हो तो कोई आश्चर्य नहीं। सौभाग्यवश रासो के चार छन्द अपभ्रंश रूप में प्राप्त हो गये हैं, जिनसे मूल रासो की भाषा का कुछ अन्दाजा लग जाता है। तत्कालीन साहित्यिक भाषा के जो भी उदाहरण मिल जाते हैं, उन्हें देखते हुए अनुमान किया जा सकता है कि पुरातनप्रबन्ध-संग्रह में सुरक्षित छप्पयों की भाषा के आसपास की मूल रासो की भाषा रही होगी।

पुरानी हिन्दी का जो भी रूप उपलब्ध होता है, वह पद्यबद्ध है। पद्य के लिए इस भाषा में कवियों को कुछ रियायती अधिकार प्राप्त हुए थे। शुरू-शुरू में यह अधिकार ठीक मात्रा में प्रयुक्त हुए थे, बाद में कई कवियों ने इस अधिकार का दुरुपयोग किया। मूल रासो की भाषा में इस अधिकार का उपयोग तो था; पर दुरुपयोग नहीं था। पद्य में मात्रा ठीक रखने के लिए कवियों ने आवश्यकतानुसार चार मुख्य पद्धतियों से काम लिया है (ह० भा०, पै० १६ और पै० १७)।

सन्देशरासक में इस प्रवृत्ति का पूर्ण परिचय मिलता है। अन्य अपभ्रंश-ग्रन्थों में भी इसकी भरमार है। ये पद्धतियाँ निम्नलिखित हैं—

१. स्वार्थक प्रत्यय अ, ड़, अल, इल्ल, उल्ल आदि के योग से—

अलंकृत का अपभ्रंश रूप 'अलंकिय' है; पर छन्दोनुरोध से इसमें स्वार्थक 'अ' ('य') प्रत्यय जोड़कर 'अलंकियउ' रूप बना लिया जाता है, इसी प्रकार 'पंकित' होगा, उसे 'पंकियउ' बना लिया जा सकता है; मुक्त 'मुक्क' होगा, उसे 'मुक्कओ' बना लिया जा सकता है। स्थूलाक्षर पदों पर ध्यान दीजिये—

मयणवट्टु मिअणाहिण कस्स व पंकियउ
अन्नह भालु तुरक्कि तिहइ अलंकियउ (सं०रा०४८)
इक्कु बाणु पुहमीसजु पइं कइमासह मुक्कओं (पु० प्र० में चन्द का छन्द)

इसी प्रकार 'गयउ', 'चलियउ' आदि प्रयोग हैं जो परवर्त्ती ब्रजभाषा कविता में खूब मिलते हैं। यह विशेषण और संज्ञापदों में युक्त होता है—

सो जग जणमउ सो गुणमन्तउ
जे कर पर उवआर हसन्तउ (प्रा०सू०, पृ०१६०)

'इल्ल', 'उल्ल', 'ड़' आदि स्वार्थक प्रत्यय अपभ्रंश में बहुत पहले आ गये थे, कभी-कभी एक, दो और तीन प्रत्ययों का योग भी (बलुल्लड़ा—हेम०) मिलता है और यह बात परवर्त्ती हिन्दी रचनाओं में भी पाई जाती है—'मुखड़ा' 'जियरा', 'हियरा', 'गहेलड़ी' (रहु रहु मुगुध गहेलड़ी—कबीर) आदि में ऐसे ही स्वार्थक प्रत्यय हैं, जो अधिक प्रयोग के कारण मूल शब्दों से थोड़ा विशिष्ट अर्थ ध्वनित करते हैं। शुरू-शुरू में अपभ्रंश में इनका अधिक प्रयोग पद्यगत रियायत प्राप्त करने के उद्देश्य से हुआ होगा, फिर धीरे-धीरे इन शब्दों ने काव्य के सुकुमार अर्थों को वहन करने वाले कुछ विशिष्ट अर्थ धारण किये होंगे। हेमचन्द्र द्वारा उद्धृत इस दोहे में 'उल्ल' और 'ड़' दो स्वार्थक प्रत्यय बल शब्द के साथ युक्त होकर कोई विशिष्ट अर्थ नहीं बताते—

सामि सरोसु सलज्ज पिउ, सीमा संधिहि बासु।
पेक्खिवि बाहुबलुल्लड़ा, धण मेल्लइ निसासु।।

[मालिक सरोष है, अदना-सी बातों पर लड़ पड़ने को प्रस्तुत है, मेरा प्रिय सलज्ज है और निवास देश की सीमा-सन्धि पर है (जहाँ कभी भी तलवार बज जा सकती है)। वह सब सोचकर और अपने पति के बाहुबल को देखकर वह धन्या (दुलहिन) (चिन्तावश) दीर्घ निःश्वास छोड़ा करती है।]

परन्तु, कबीर के दोहे में इस 'ड़ा' के घिसे रूप 'रा' ने कुछ अधिक

सुकुमारता ला दी है–

'जियरा योंही लेहुगे विरह तपाइ तपाइ।'

२. लघुस्वर को गुरु बनाकर छन्दःपूर्ति की योजना– (क) दो तीन प्रकार से यह कार्य किया जाता था। प्रथम ह्रस्व स्वर को दीर्घ करके। हेमचन्द्र ने तो यह साधारण नियम ही बना दिया था कि अपभ्रंश में ह्रस्व और दीर्घ का व्यत्यय हो सकता है। पर यह नियम पदान्त में ही होता है। 'भल्ला हुआ जो मारिआ' में दोनों ही स्थानों पर पदान्त दीर्घ है। यह बात जायसी, तुलसी और कबीर में भी मिलती है। इन कवियों ने पदान्त ह्रस्व को तो कम, किन्तु आवश्यकता पड़ने पर छन्द के अन्त में आने वाले पद के अन्तिम स्वर को दीर्घ बनाकर काम चला लिया है। खोजने पर साधारण पदान्त दीर्घ के उदाहरण भी मिल जाएँगे, पर प्रवृत्ति पादान्त में आये पद के अन्तिम ह्रस्व स्वर को दीर्घ करने की ही रही है। इसे 'पादान्त' दीर्घ की प्रथा कहा जा सकता है। 'हसब ठठाइ फुलाउब गालू' (तुलसी) में 'गालू' का अन्तिम उकार इसी नियम से दीर्घ हुआ है। इसी प्रकार 'सहि नहिं सकहु हिये पर हारूँ' और 'ससिमुख जबहिं कहै किछु बाता' (जायसी) में पादान्त दीर्घ इसी प्रथा के चिह्न हैं। किन्तु अपभ्रंश में पद्य के मध्य में भी दीर्घ करने के उदाहरण मिल जाते हैं (ह०भा०, पै० १६)। 'प्रसाधन' का नियमित अपभ्रंश रूप 'पसाहन' होना चाहिए; पर सन्देशरासक में इसे 'पासाहण' किया गया है–'रहसच्छलि कीरइ पासाहण' (पद १७९)। प्राकृतपिंगलसूत्र की कविताओं में छन्द के चरण के अन्तवाले (पादान्त) ह्रस्व को दीर्घ करने की प्रथा बहुत अधिक रूढ हो गई थी। जैसे, 'जहाँ भूत वेताल णचन्त गायन्त खाए कबन्धा' (पृ० १९४)। इसमें 'कबन्धा' में पादान्त दीर्घ है। पादमध्य में आने वाले पदान्त ह्रस्व को दीर्घ करने के उदाहरण भी मिलते हैं। इसी पद्य में आगे इस प्रकार हैं–

कआ दुट्ठ फुट्टेइ मन्था कबन्धा णचन्ता सन्ता।
तहाँ वीर हम्मीर संगाम मज्झे तुलन्ता जुलन्ता।।

आवश्यकता पड़ने पर शब्द के मध्य (पदमध्य) स्वर को भी दीर्घ कर लेने की प्रथा दिख जाती है, जैसे निम्नलिखित पद्यों में पूरिस में 'पू' और 'गुरु' में 'रू'–

कहि पूरिस गेह मण्डणि एह सुन्दरि पेक्खआ। (पृ० १९५)
गुरू सद्द किज्जे अ एक्का तआरेण।। (पृ० १५८)

सम्भवतः इस प्रथा का पुराना अवशेष संस्कृत के 'पद्मावती' जैसे शब्दों

में खोजा जा सकता है जिसके तौल पर 'कनकावती', 'मुग्धावती'-जैसे शब्द हिन्दी में चल पड़े। 'ललित विस्तर' और अन्य महायानी ग्रन्थों की संस्कृत-गाथा में इस नियम के अनेक चिह्न मिल सकते हैं।

पदान्त दीर्घ पर विचार करने से ऐसा मालूम होता है कि मूलतः यह बात स्वार्थक 'अ' ('क' का घिसा रूप) प्रत्यय के साथ बने हुए रूप का संक्षेपित रूप है। 'तंडुल' 'अ'–'तंडुला'। ऑल्सडोर्फ का कहना है कि अपभ्रंश की स्वाभाविक प्रवृत्ति ह्रस्वान्त की है; दीर्घ तो केवल स्वार्थक प्रत्ययों के साथ बने रूप का संक्षेपित रूप है। उदाहरणार्थ, 'मंजरी' अपभ्रंश में 'मंजरि' बन जाती है फिर स्वार्थक 'अ' प्रत्यय से युक्त होकर 'मंजरिअ' या 'मंजरिय' बनती है जो संक्षेपित होकर फिर 'मंजरी' बन जाती है। इसलिए अपभ्रंश के दीर्घान्त रूप वस्तुतः ह्रस्वान्त ही हैं।

(ख) एक दूसरा कौशल है परवर्त्ती वर्ण को द्वित्व करके पूर्ववर्त्ती लघुस्वर को संयोगपरक बनाकर गुरु बना देना। प्राकृत में ही यह प्रवृत्ति शुरू हो गई थी। जैसे,–'लज्जा गरुई' 'परव्वसो अप्पा' (रत्नावली) में 'परव्वसो' 'वरवशः' का प्राकृत रूप है। वकार के द्वित्व का कोई कारण नहीं है। केवल छन्दःसौकर्य के लिये ही यह किया गया है। 'सन्देशरासक' में, 'चिरग्गय' (चिरगतः), 'सब्भय' (सभयः) जैसे प्रयोग बहुत हैं। प्राकृत-पिंगलसूत्रों के उदाहरण में 'हयग्गय' (हयगज), 'परव्वस' (परवश)-जैसे प्रयोग पर्याप्त मात्रा में मिल जाते हैं और हेमचन्द्र का 'भमर' तो यहाँ अनायास 'भम्मर' बन जाता है, केवल छन्दोयोजना की आवश्यकतापूर्त्ति का अवसर मिलना चाहिए–

गज्जउ मेह कि अम्बर सम्मर।
फुल्लउ णीव कि बुल्लउ भम्मर।।

इसी प्रकार–

फुल्ला णीवा वोल्ले भम्मरु
दक्खा मारुअ बीअन्ताए (पृ० १९३)

'गर्वगत' का 'गव्वगअ' होना स्वाभाविक है; पर प्राकृत-पिंगलसूत्र के उदाहरण में 'गव्वगत' मिल जाता है–'रोसरत्त गव्वगत्त हक्क दिण्ण भीषणा।' (पृ०१७१) इसी प्रकार 'पदातिक' से अपभ्रंश में 'पाइक' या 'पायक' बनता है। पुरातनप्रबन्ध-संग्रह के रासोवाले छप्पयों में से एक में इसे 'पायक्क' किया गया है और फलक को 'फारक्क'–

'बीस लक्ख पायक्क सफर फारक्क धनुद्धर'। (पृ०५३)

इन दिनों जो रासो मिलता है, उसमें तो इस नियम का अत्यधिक प्रयोग है जो दुरुपयोग की सीमा को भी पार कर गया है। उदाहरणार्थ–'फरक्कि', 'झड़प्पि', 'चल्लि', 'लिक्खि' आदि में इसी परम्परा को दुरुपयोग की सीमा तक घसीटा गया है। मूल रासों में यह प्रवृत्ति बहुत स्वस्थ और संयत रूप में रही होगी। सम्भवतः, सन्देशरासक की मात्रा के आपपास ही।

(ग) रासो में अनुस्वार देकर छन्दोनिर्वाह की योजना बहुत अधिक मात्रा में है। 'रजंत भूषनं तनं। अलक्क् छुट्टयं मनं'। (पृ० २११२)-जैसे छन्दों में अकारण अनुस्वार ठूँसे गये हैं। एक कारण तो अनुस्वार देने का यह हो सकता है कि भाषा में संस्कृत की गमक आ जाये। परन्तु, यह प्रवृत्ति सिर्फ इतने ही उद्देश्य से होती तो इतना विशाल रूप न धारण करती। वस्तुतः, अपभ्रंश-काल में दो प्रकार से अनुस्वार जोड़ने के उदाहरण मिल जाते हैं–(१) मूल संस्कृत में उस पद में अनुस्वार रहा हो और छन्द की पादपूर्त्ति के लिए उसकी आवश्यकता अनुभव की गई हो। परवर्त्ती हिन्दी में 'परब्रह्म' जैसे शब्दों में यही प्रवृत्ति है। प्राकृत-पिंगलसूत्र के उदाहरणों में यह प्रवृत्ति पाई जाती है–ठवि सल्ल पहिल्लौ चमर हिहिल्लौ सल्लजुअं पुणु बहू ठिआ। (पृ०२१५) में 'सल्लजुअं' का अनुस्वार 'सत्ययुगं' में आये हुए संस्कृत-अनुस्वार का अवशेष है। (२) छन्द में एकाध मात्रा की कमी रह गई हो और उसके लिए द्वित्ववाला विधान बहुत अच्छा नहीं दिख रहा हो जैसे 'णायं' (समान)–'णायं तुम्बरी सज्जिउ' (सं०रा०५३); परन्तु यह बात अपभ्रंश-कवियों में बहुत अधिक प्रिय नहीं थी। सन्देशरासक में 'अमियं झरणो' (३३)-जैसे प्रयोगों को बहुत दूर तक नहीं घसीटा जा सकता। ये संस्कृत के ख-प्रत्यय-परक शब्दों (शुभंकर, प्रियंकर) के अनुकरण पर गढ़े गये जान पड़ते हैं। पु०प्र० के रासो-छप्पयों में एक जगह 'खयंकरुं' [अगहू म गहि दाहिमओ (देव) रिपुराय खयंकरु] प्रयोग है जो इसी प्रवृत्ति का द्योतक है; परन्तु 'भिंतरि' (उर भिंतरि खडहडिउ तीर कक्खंतरि चुक्कउ) का अनुस्वार कुछ उसी प्रकार की भरती का मालूम होता है जिस प्रकार की परवर्त्ती रासो में है। प्राकृत-पिंगलसूत्रों के उदाहरणों में भरती के अनुस्वार नहीं मिलते और इसीलिए, यह मान लिया जा सकता है कि मूल रासो के छन्दों में यह प्रवृत्ति बहुत अधिक मात्रा में नहीं होगी। कुछ थोड़ी रही होगी, इसमें सन्देह नहीं। थोड़ी मात्रा में यह प्रवृत्ति बाद में भी बनी रही। 'ढोला मारू रा दोहा' (राति जु बादल सघणघण बीज चमंकउ होइ) में थोड़ी बहुत यह प्रवृत्ति मिल जाती है।

३. गुरु स्वर को लघु बनाकर छन्द का निर्वाह– अपभ्रंश की रचनाओं में इसका बहुत (ह० भा० ७१७) प्रयोग मिलता है। साधारणतः, तीन

कौशलों से कवि इस प्रकार का प्रयास करता है–

(क) दीर्घ को ह्रस्व करके– ज्वाला का 'झाला' या 'जाला' होना चाहिए। अपभ्रंश की सामान्य प्रवृत्ति के अनुसार अन्तिम स्वर ह्रस्व हो जाय तो 'जाल' या 'झाल' बनेगा; किन्तु अपभ्रंश-कवि आवश्यकता पड़ने पर इसे 'झल' या 'जल' कर देगा। हेमचन्द्र के उदाहृत दोहों में 'ज्वाला' का 'जाल' रूप मिलता है। ('सासानल जाल झलक्कियउ') और 'ढोला मारू रा दोहा' में ज्वाला के अर्थ में 'झालि' शब्द का प्रयोग है–

झाविन पइवी झालि सुंदर काइं न सलसलइ (दो० ६०३)

लेकिन यही शब्द ह्रस्व होकर सन्देशरासक में 'झल' ('उल्हवइ ण केणइ विरहज्झल', १३७) बना है। इसी प्रकार, 'नारायणः' अपभ्रंश में 'नारायणु' या 'णारायणु' होगा। परन्तु, प्राकृत-पिंगलसूत्र के उदाहरण में उसे 'णरायणु' किया गया है–

कुल खत्तिअ कम्पे दहमुहु कट्ठे कंस अ केसि-विणाशकरा
करुणे पअले मेच्छह विअले सो देउ 'णरायणु' तुम्ह बला (पृ०२१६)

[क्षत्रिय-कुल को कँपाया, दशमुख को काटा, कंस और केशी का नाश किया, करुणा को प्रकट किया, म्लेच्छों को विकल किया, वह नाराणण तुम्हें बल दे।]

इस बात को भाषाविज्ञान के साधारण नियमों से समझाया जा सकता है। 'नारायण' में 'रा' के आकार पर स्वराघात पड़ने से 'ना' का आकार ह्रस्व हो जायगा। परन्तु, यदि यह बात होती तो और कहीं भी अपभ्रंश में 'नारायण' रूप न मिलता। इसलिए, यहाँ मैंने इसे उदाहरणरूप में उद्धृत किया है। सन्देशरासक में 'सीतल', 'सीयल', का 'सियलु' रूप मिलता है (मरु-सियलुवाइ महि सीयलंतु') और पदान्त 'ओ' और 'ए' का ह्रस्व कर देने की प्रथा तो बहुत पुरानी है। हेमचन्द्र के उद्धृत दोहों में ही यह बात बहुत अधिक मिल जायगी।

तहे मुद्धहे मुह पंकइ आवासिउ सिसिरु। (३५७)
निरुपम रसु पिएँ पिंआवे जणु सेसहो दिण्णी मुद्द। (४०१) इत्यादि।

कभी-कभी पदमध्य में भी आ जाता है। अवश्य ही, ऐसे स्थलों पर पदान्त की स्मृति खोजी जा सकती है। जैसे, 'भमरा एत्थुवि लिंबडह केवि दियहडा विलंबु।' के 'केवि' में 'के अपि' की स्मृति खोजी जा सकती है। पु० प्र० के रासो-छप्पयों में पदान्त 'ओकार' के ह्रस्व के अनेक उदाहरण हैं–'अगहु म गहि दाहिमओ' में 'दाहिमओ' का ओकार ह्रस्व है। 'मच्छिबंधि बद्धओ मरिसि' में 'बद्धओ' का ओकार भी ऐसा ही है। परवर्त्ती हिन्दी कविता में यह प्रवृत्ति

पर्याप्त मात्रा में मिल जाती है।

(ख) संयुक्त वर्णों में से एक को ही रखकर पूर्ववर्त्ती स्वर को लघु बनाना–

अपभ्रंश में 'थक्कइ' (रहता है) प्रयोग मिलता है। इसी से बँगला थाक् धातु आया है। प्राकृत-पिंगलसूत्र में एक सरस उदाहरण इस प्रकार है–

फुल्लिअ केसु कम्प तहं पअलिअ मंजरि तेजिअ चूआ
दक्खिण वाउ सीअ भई पवहइ कम्प विओइणि हीआ।
केअइ धूलि सब्ब दिस पसरिअ पीअरु सब्बउ भासे
आउ बसन्त काह सहि करिहउ कन्त ण थक्कइ पासे। (पृ०२१२)

[केसू फूलने लगे, पल्लव काँपने लगे, आमों में मंजरी निकल आई, दक्षिण वायु शीतल होकर प्रवाहित होने लगी, वियोगिनियों का हृदय काँपने लगा। केवड़े की धूलि चारों ओर फैल गई, सब जगह बसन्ती रंग लहक उठा–इस प्रकार हे सखी, बसन्त तो आ गया, पर प्रिय पास में नहीं है!]

किन्तु आवश्यकता पड़ने पर इस 'थक्कइ' को 'थकइ' कर लिया जा सकता था। इसी प्राकृत-पिंगलसूत्र के उदाहरण में इस प्रकार है–

जो पुण पर उवआर विरुज्झइ
तासु जणणि किं ण थकइ बज्झइ।। (पृ०१६०)

[जो पुनः परोपकार का विरोध करता है; उसकी माता बाँझ क्यों नहीं रह जाती?]

हेमचन्द्र में भी इस प्रकार के प्रयोग मिलने लगते हैं। 'विषमस्तन' का 'विषमंत्थन' होना उचित था; किन्तु हेमचन्द्र के उदाहृत दोहे में 'विसम-थन' (३५०) मिलता है। अन्यत्र ऐसे ही स्थल पर 'गण्डथले' न कहकर 'गंण्डत्थले' कहा है– 'एक्कहि एक्खहिं सावणु अन्नहि भद्दवउ; माहउ महियलसत्थरि गण्डत्थले सरउ।' (३५७)

इसी तरह 'उन्मुक्त' से अपभ्रंश रूप 'उम्मुक्क' बनेगा; पर आवश्यकता पड़ने पर अपभ्रंश का कवि 'उमुक्क' लिख सकता था। ('धंम्मिल उमुक्कमुह', सं० रा०९७)। परन्तु वही कवि मौका पड़ने पर 'उसास' लिखने में भी संकोच नहीं करेगा। हिन्दी में 'उछाह', 'भगतबछल' आदि प्रयोग इसी प्रवृत्ति के परिणाम हैं। छन्द का अनुरोध न होता तो ये शब्द 'उच्छाह' से आगे बढ़कर 'ऊछाह' और 'बच्छल' से आगे बढ़कर 'बाछाह' बन गये होते। सन्देशरासक में और प्राकृत-पिंगलसूत्र के उदाहरणों में यह प्रवृत्ति काफी अधिक है। परवर्ती

हिन्दी-साहित्य में तो है ही। समुद्र का 'समुद्द' होना चाहिए। जायसी ने 'समुद' बना दिया है–'जेउ एहि खीर समुद महँ परे' (पृ० ६०) और 'दीठि न आव समुद औ गंगा' (पृ०६०) इत्यादि।

(ग) एक दूसरा कौशल है अनुस्वार को ह्रस्व करने के लिए सानुनासिक-मात्र रहने देना और लिखने में चन्द्रबिन्दु देकर काम चला लेना। यह भी पुरानी प्रवृत्ति है। हेमचन्द्र ने एक दोहा इस प्रकार दिया है–

विप्पियआरउ जइवि पिउ तोवि तँ आणहि अज्जु।
अग्गिण दट्ठा जइवि घरु तोवि तेँ अग्गि कज्जु।

[यद्यपि प्रिय अप्रिय काम करने वाला है तो भी (ए सखी,) तू उसे ले आ। यद्यपि घर आग से जल गया है तो भी आग से काम तो पड़ता ही है!]

यहाँ 'तं' के अनुस्वार को चन्द्रबिन्दु में बदल दिया गया है। सन्देशरासक में 'संपूर्ण' से 'सउन्न' बनाया गया है। इसमें 'स' का अनुस्वार एकदम उड़ा दिया गया है। सम्भवतः यह लिपिकार का प्रमाद है। मूल में वह चन्द्रबिन्दु के रूप में रहा होगा। हिन्दी में इस प्रकार अनुस्वार से चन्द्रबिन्दु और फिर चन्द्रबिन्दु का एकदम लुप्त हो जाना बहुत हुआ है: पर्यँकिका–पल्लंकिआ-पांलकि-पालँकी -पालकी। परवर्त्ती हिन्दी-काव्यों में इस कौशल से बहुत काम लिया गया है ('चँदनक चौकि बइस तहँ राजा'.....इत्यादि)। पु० प्र० के रासो छप्पयों में भी यह प्रवृत्ति है। 'शाकंभरी से 'सायंभरी' और 'साइंभरि' फिर 'सइंभरि' बना है। किन्तु, 'पहु पहुविराय सइंभरि धणी सयं भरि उणइ संभरिसि' में दो स्थानों पर इस अनुस्वार को हल्का करने का प्रयत्न किया गया है। प्राकृत-पिंगलसूत्र के उदाहरणों में भी इस कौशल के चिह्न मिल जाते हैं; 'पंचमी, को 'पँचमी' किया गया है–

'पँचमी चउठी तिअहि मिलाउ।'

४. एक और कौशल है शब्दों को सिकोड़ना या लम्बा खींचना। दोनों ही कौशलों का आविर्भाव अपभ्रंश-रचनाओं में मिलता है और दोनों ही परवर्त्ती हिन्दी-कविता में प्रयुक्त हुए हैं। इन दोनों कौशलों का नाम संकोचन और सम्प्रसारण दिया जा सकता है।

(क) संकोचन का कौशल–'सहकार' अपभ्रंश में 'सहआर' होगा। सुविधा के लिए इसे 'साहार' और फिर 'सहार' बनाया जा सकता है। दोनों ही प्रयोग हिन्दी में मिल जाते हैं–

१. हउ किय णिस्साहार पहिय साहार वणि (१३४)

२. सहारह णाउ ण सा अंगिरह।

इसी प्रकार मयूर से 'मऊर' और उससे 'मोर'। सं०रा० में भी यह प्रयोग मिलता है और 'ढोला मारू' में भी–'महि मोराँ मंडव करह मनमथ अंगिन माइ।' इसी तरह 'द्विगुण' 'दिउण' होगा; किन्तु प्राकृत-पिंगलसूत्र में उसे 'दुण्ण' करके संकोच किया गया है– 'कण्णो दुण्णे हार एक्को विसज्जे। सल्ला कण्णा गंध कण्णा सुणिज्जे।' 'अर्द्धतृतीय' 'अड्ढीय' बन जाता है जो आगे चलकर 'अढ़ाई' से और भी संकुचित होता हुआ 'ढाई' बन गया है। 'अढ़ाई' में का 'अकार' जिस प्रकार लोप हुआ है वह प्रक्रिया भी अपभ्रंश काल में परिचित थी। 'अरण्य' से 'अरण्ण' और फिर 'रण्ण' हेमचन्द्र के व्याकरण में पाया जाता है।

उपस्कर से 'उवक्खर' और उवक्खर का 'वक्खर' सन्देशरासक में मिल जाता है (मह साइय वक्खरू हरि गउ तक्खरु जाउ सरणि कसु पहिय भणे, ९५) और 'रन्न' तो मिल ही जाता है। (मच्छर भय संचडिउ रन्नि गोपंगणहि, १४६)। इसी प्रकार और भी प्रयोग खोजे जा सकते हैं। ब्रजभाषा में 'अरु' का 'रु', 'अहै' का 'है', 'अही' का 'ही' इसी के रूप हैं। जायसी ने 'अहा' (था) का प्रयोग किया है (जब लगि गुरु हौं अहा न चीन्हा')। इसी का स्त्रीलिंग 'अही होता है और इसी 'अही' का संक्षिप्त रूप (संकोच रूप) 'ही' है।

अपभ्रंश में संकोच की प्रवृत्ति और भी कई रूपों में रही। 'उपदेश' का अपभ्रंश रूप 'उवएस' होगा, इसी का संक्षिप्त रूप 'उवेस' बन गया है (सरहे कहिय उवेस)–यह संकोचन का एक उदाहरण है। स्वर्णकार का 'सुण्णआर' अपभ्रंश रूप है जिससे सन्देशरासक का 'सुन्नार' रूप बना है–

सुन्नारह जिह मम हियउ, पि य उक्किंखख करेइ।
विरह हुयासि दहेवि करि, आसाजलि सिंचेइ।। (१०८)

[प्यारे सुनार की तरह मेरा हृदय प्रिय की उत्कण्ठा कर रहा है जो विरह-रूपी अग्नि में जलाकर फिर आशा के जल से सींचा करता है।]

परवर्त्ती हिन्दी-कविता में यह प्रवृत्ति और भी बढ़ी। 'सुन्नार' आगे चलकर 'सुनार' बन गया। अपभ्रंश में 'अइ' या 'अय' जहाँ था वहाँ हिन्दी में 'ऐ' बन गया। 'अउ' या 'अव' जहाँ था, वहाँ 'औ' बन गया। इसी क्रम में मैन (मदन-मयन-मैन), पौन (पवन-पौन), नैन (नयन-नैन) आदि द्रष्टव्य हैं। इसी प्रकार, तुम का वाचक 'पइं' था जो घिसते-घिसते 'पै' रह गया है। जायसी ने इसका प्रयोग बहुत किया है। ('माँगु माँगु पै कहहु पिय, कबहुँ न लेहु न देहु)। विद्वानों ने इसे 'अपि' वाले 'पै' के साथ जोड़ देने का प्रयत्न किया है।

(ख) दूसरा कौशल सम्प्रसारण का है।

ह्रस्व को दीर्घ करने के उदाहरण पहले ही दिये गये हैं और यह भी दिखाया गया है कि किस प्रकार कई स्वार्थक प्रत्ययों के योग से शब्दों को लम्बा बनाया गया है। इनके अतिरिक्त भी कई कौशल हैं।

इस प्रकार, प्रायः उन सभी प्रवृत्तियों का बीजारोपण इस काल की प्रामाणिक रचनाओं में मिल जाता है, जो आगे चलकर भाषा काव्य में व्यापक रूप से मिलने लगती हैं।

अपभ्रंश तथा पुरानी हिन्दी

डॉ० रामविलास शर्मा

अपभ्रंश आधुनिक आर्य भाषाओं का पुराना रूप है, यह बात अप्रत्यक्ष रूप से भाषा विज्ञानी मानते हैं। आधुनिक आर्य भाषाओं का जन्म अपभ्रंश से हुआ, इस मान्यता से यह निष्कर्ष निकालना कठिन नहीं था कि अपभ्रंश इनका पुराना रूप है। किन्तु किस आर्य भाषा से अपभ्रंश का विशेष सम्बन्ध है, इस बात को लेकर विद्वानों में मतभेद रहा।

चन्द्रधर शर्मा गुलेरी ने पुरानी हिन्दी नाम के प्रसिद्ध निबन्ध में लिखाः "पुरानी अपभ्रंश संस्कृत और प्राकृत से मिलती है और पिछली पुरानी हिन्दी से...अपभ्रंश कहाँ समाप्त होती है और पुरानी हिन्दी कहाँ आरम्भ होती है, इसका निर्णय करना कठिन, किन्तु रोचक और बड़े महत्त्व का है। इन दो भाषाओं के समय और देश के विषय में कोई स्पष्ट रेखा नहीं खींची जा सकती। कुछ उदाहरण ऐसे हैं, जिन्हें अपभ्रंश भी कह सकते हैं, पुरानी हिन्दी भी। (पुरानी हिन्दी, काशी, पृष्ठ ११)।" हेमचन्द्र द्वारा उद्धृत अपभ्रंश-पद्यों की भाषा के बारे में उन्होंने लिखाः "ये उदाहरण अपभ्रंश कहे जायँ किन्तु उस समय की पुरानी हिन्दी ही हैं, वर्तमान हिन्दी साहित्य से उनका परम्परागत सम्बन्ध वाक्य और अर्थ से स्थान-स्थान पर स्पष्ट होगा। स्मरण रहे कि ये उदाहरण हेमचन्द्र के अपने बनाये हुए नहीं हैं, कुछ वाक्यों को छोड़कर सब उससे प्राचीन साहित्य के हैं। इनसे उस समय के पुराने हिन्दी साहित्य के विस्तार का पता लगता है।" (उप०, पृष्ठ १३०)। गुलेरी जी की इस मान्यता को हजारीप्रसाद द्विवेदी ने अंशतः स्वीकार किया है। हिन्दी साहित्य का आदिकाल वही है जो अपभ्रंश साहित्य का रचनाकाल है। उनका मत हैः "इस प्रकार दसवीं से चौदहवीं का काल, जिसे हिन्दी का आदिकाल कहते हैं, भाषा की दृष्टि से अपभ्रंश का ही बढ़ाव है। इसी अपभ्रंश के बढ़ाव को कुछ लोग उत्तरकालीन अपभ्रंश कहते हैं और कुछ लोग पुरानी हिन्दी। इस पुरानी हिन्दी के कुछ पुराने नमूने शिलालेखों में मिल जाते हैं। बारहवीं शताब्दी तक निश्चित रूप से अपभ्रंश भाषा ही पुरानी हिन्दी के रूप में चलती थी यद्यपि उसमें नये तत्सम शब्दों का आगमन शुरू हो गया

था।" (हिन्दी साहित्य का आदिकाल, पटना, १९५२ ई०; पृष्ठ २१)।

तत्सम या तद्भव रूपों के न्यूनाधिक प्रयोग से भाषा की संरचना नहीं बदल जाती। देखना यह चाहिए कि जिसे हम पुरानी हिन्दी कहते हैं, उसकी संरचना कितनी प्राकृत से मिलती है, कितना हिन्दी अथवा अन्य किसी देशी भाषा से। माताप्रसाद गुप्त ने राउलवेल काव्य को ग्यारहवीं सदी की रचना बताया है और इसमें उन्होंने अवधी का प्राचीनतम रूप देखा है उनका दावा यह भी है कि इस काव्य में मराठी, बँगला, ब्रज, खड़ीबोली, पश्चिमी राजस्थानी और मालवी के प्राचीनतम प्रामाणिक रूप उपलब्ध हैं।

राउलवेल की भाषा अपभ्रंश है जिसमें अनेक देशी भाषाओं का मिश्रण है। माताप्रसाद गुप्त ने बोलचाल की भाषा तथा अपभ्रंश में भेद किया है जो उचित है साथ ही उन्होंने प्रादेशिक भाषाओं में तत्त्व पहचानने के लिए, पूर्णतः नहीं पर अंशतः, अपभ्रंशों का ही सहारा लिया है। उन्होंने रूपतंत्र के विश्लेषण को मुख्य आधार मानकर राउलवेल में आये हुए कुल रूप गिने। इनकी संख्या ३७४ निकली। इनमें सबसे अधिक संख्या, २४३, पश्चिमी अपभ्रंश रूपों की है। इसी से सिद्ध है कि राउलवेल की भाषा अपभ्रंश है। अपभ्रंश होने में उसमें देशी भाषाओं का मिश्रण होना ही चाहिए। अपने आँकड़ों से निष्कर्ष निकालते हुए उन्होंने लिखा है: "इस विवरण से भी इस तथ्य की पुष्टि होती है कि प० (पश्चिमी) तथा मपू० (मध्य-पूर्वीय औक्तिम भाषा) के रूपों का अनुपात रचना में समस्त रूप से परस्पर समान किन्तु अन्यों की अपेक्षा अधिक है। प० के रूपों का बाहुल्य इसलिए भी हो सकता था कि वह एक सर्वमान्य माध्यम बन गई थी। मपू० की वह स्थिति नहीं थी। वह एक औक्तिक भाषा मात्र थी। इसलिए उसके रूपों के आधिक्य का एकमात्र कारण यही ज्ञात होता है कि रचना मपू० के किसी क्षेत्र में की गई और वहीं की भाषा को रचना की सामान्य भाषा के रूप में ग्रहण किया गया; केवल विभिन्न नखशिखों में रोचकता लाने के लिए नायिकाओं की प्रादेशिकता के अनुसार तत्तत् प्रदेशों की औक्तिक भाषाओं के तत्त्व भी रख दिय गये।" (राउलवेल और उसकी भाषा, सम्पादक, माताप्रसाद गुप्त, इलाहाबाद, पृष्ट ८१)।

इस विश्लेषण से भी यह विदित होता है कि राउलवेल के रचनाकार ने बोलचाल की भाषाओं में रचना नहीं की, उसने रोचकता लाने के लिए अपभ्रंश में इन भाषाओं के तत्त्व भी रख दिये थे। यदि वह कोसल का था तो अपने यहाँ के अधिक शब्द वह रखता ही। पर इस कारण यह नहीं कहा जा सकता कि रचना की सामान्य भाषा "पुरानी दक्षिण कोसली" है। (उप०, पृष्ठ

१९)। अधिक से अधिक यह कहा जा सकता है कि इसमें अवधी के शब्द अधिक हैं। पर ऐसी कौन सी अपभ्रंश है जिसमें अवधी के तत्त्व न हों?

एक रोचक तथ्य यह है कि तथाकथित दक्षिणी अपभ्रंश में तो मराठी के विशिष्ट रूप नहीं हैं पर इस राउलवेल में हैं। माताप्रसाद गुप्त ने इस संदर्भ में लिखा हैः "इनमें आये हुए प्रत्यय-चा और उसके विभिन्न रूपों से तथा प्रश्नवाचक वि० (विशेषण) एक० पुं० चा से यह प्रकट है कि नखशिख की भाषा मराठी का ही कोई पुराना रूप है। अपने दक्षिणी अपभ्रंश के निरूपण का आधार डा० तगारे ने ऐसी अपभ्रंश रचनाओं को बनाया है जो महाराष्ट्र प्रदेश में रची गई थीं, और ये रूप उन रचनाओं में नहीं आते हैं, इसलिए यह प्रकट है कि तृतीय नखशिख की रचना में कवि ने तत्कालीन औक्तिक मराठी की सहायता ली है।" (उप०, पृष्ठ ८२)। इससे सिद्ध हुआ कि जिस प्रदेश में अपभ्रंश का कोई लेख या लेखक मिले, उसकी भाषा को उस प्रदेश की भाषा न मान लेना चाहिए। अपभ्रंश में यदि किसी भाषा के रूप प्रवेश न कर पाये हों, तो इससे उसका अभाव सिद्ध नहीं होता। रोचकता लाने के लिए राउलवेल की अपभ्रंश में यदि कुछ मराठी रूप मिला दिये गये हैं, तो इस कारण उस भाषा को पुरानी मराठी नहीं कहा जा सकता। इसी न्याय से राउलवेल की भाषा को पुरानी अवधी या दक्षिण कोसली नहीं कहा जा सकता, भले ही उसमें अवधी के रूपों की संख्या अपेक्षाकृत अधिक हो। 'कुतुब शतक और उसकी हिन्दुई' की प्रस्तावना में उसके सम्पादक माताप्रसाद गुप्त ने दावा किया है कि राउलवेल में "खड़ी बोली का प्राचीनतम रूप" हमें मिलता है। इसके अलावा इसमें "हमें पहली बार राउली (वर्तमान पश्चिमी राजस्थानी), मालवी, मराठी, गौड़ी (बँगला), ब्रज तथा अवधी के प्राचीनतम प्रामाणिक रूप उपलब्ध होते हैं।" यदि बात कुछ शब्द-रूपों की है, तो अंशतः स्वीकार की जा सकती है। पर गुप्तजी का आशय यह है कि जैसे खड़ी बोली का प्राचीनतम रूप यहाँ है, वैसे ही मराठी, बँगला आदि का प्राचीनतम रूप भी यहाँ मिलता है। यह बात सही नहीं है। 'राउलवेल और उसकी भाषा' में उन्होंने गौड़ी नायिका की भाषा के बारे में लिखा हैः "इस नखशिख में यह दर्शनीय है कि पू० के रूपों का योग सबसे कम है, और सबसे अधिक योग मपू० के रूपों का है।" (पृष्ठ ८३)। गौड़ी नायिका की भाषा को पूर्वी अपभ्रंश भी नहीं कहा जा सकता; वह प्राचीन बँगला का प्रामाणिक रूप कैसे हो गई?

जहाँ तक गोरखनाथ की रचनाओं का सम्बन्ध है, उन्हें पुरानी हिन्दी के अलावा पुरानी बँगला, पुरानी मराठी भी कहा गया है।

१९१६ ई० में बंगाल के विद्वान् हरप्रसाद शास्त्री ने बौद्ध गान ओ दोहा प्रकाशित किया और इसकी भाषा को पुरानी बँगला कहा। १९३८ में प्रबोधचन्द्र बागची ने दोहाकोश प्रकाशित किया और इसकी भूमिका में उन्होंने बताया कि हरप्रसाद शास्त्री बौद्ध दोहों की भाषा ठीक-ठीक पहचान न पाये थे कि वह अपभ्रंश थी। इससे पहले शहीदुल्ला ने १९२८ में पैरिस से दोहाकोश और चर्यागीत प्रकाशित किये थे। इनमें उन्होंने दोहाकोश को अपभ्रंश में रचा हुआ और चर्यागीतों को पुरानी बँगला में रचा हुआ कहा था। बंगाल के विद्वान् साधारणतः यह भेद स्वीकार करते हैं। चर्यागीतों की भाषा को वह आधुनिक आर्य भाषाओं का प्राचीनतम नमूना मानते हैं। बँगला साहित्य के इतिहास में सुकुमार सेन ने इस बारे में लिखा हैः "नवीन भारतीय आर्यभाषा की प्राचीनतम साहित्यिक रचनाओं के जो एकमात्र सम्बद्ध और भरे-पूरे नमूने मिलते हैं, वे पुरानी बँगला में लिखे हुए चर्यागीत अथवा रहस्यवादी आचरण गीत हैं। ये उस समय लिखे गये थे जब भाषा लौकिक (अथवा अवहट्ठ) से, अपभ्रंश की आदि आधुनिक भाषा वाली मंज़िल से, निकल रही थी। इन गीतों की भाषा में स्पष्ट ही कुछ लक्षण लौकिक के हैं, अन्य लक्षण ऐसे हैं जो पूर्वी और पश्चिमी नवीन भारतीय आर्यभाषाओं में उनकी सबसे पुरानी अवस्था के लिए सामान्य हैं किन्तु इस बारे में कोई सन्देह नहीं कि इनकी भाषा के व्याकरण, मुहावरों और वाक्यतंत्र पर मूलतः बँगला की छाप है इसके अतिरिक्त गीतों की विषय-वस्तु से विदित होता है कि ये कवि बंगाली जीवन और परिवेश से पूरी तरह परिचित थे। इन गीतों का निश्चित समय नहीं बताया जा सकता। ऊपर वाली सीमा १०५० हो सकती है और नीचे वाली सीमा १२००।" (हिस्ट्री आफ बंगाली लिटरेचर, पृष्ठ २७)।

जिस सामग्री को सुकुमार सेन तथा अन्य विद्वान् पुरानी बँगला कह रहे थे, उसे राहुल सांकृत्यायन ने पुरानी हिन्दी अथवा मगही कहा। उन्होंने 'हिन्दी के प्राचीनतम कवि और उनकी कविताएँः सिद्ध युग (८००–१२०० ई०)' शीर्षक लेख लिखा। इसमें उन्होंने सिद्धों द्वारा साहित्य में लोकभाषा की प्रतिष्ठा पर बल दिया और लिखाः "सिद्ध लोगों ने उस समय लोकभाषा में कविता शुरू की, जिस समय शताब्दियों से भारत के सभी धर्म वाले किसी न किसी मुर्दा भाषा द्वारा अपने धर्म का प्रचार कर रहे थे, और इसी कारण उनके धर्म के जानने वाले बहुत थोड़े हुआ करते थे।....अपने बज्रयान की जनता पर विजय पाने के लिए उन्होंने भाषा की कविता का सहारा लिया। आदि सिद्ध सरहपाद से ही हम देखते हैं कि, सिद्ध बनने के लिए भाषा का कवि होना, मानो एक आवश्यक बात

थी—जिन कवियों की कविताओं को मैं यहाँ हिन्दी की प्राचीनतम कविता कहकर उद्धृत करने जा रहा हूँ, उन्हें बंगाल के दिग्गज ऐतिहासिक बँगला की कविता कहते हैं—सर्वपुरातन सिद्ध सरहपाद नालन्दा से सम्बन्ध रखते थे; इसलिए उनकी भाषा का मगही होना स्वाभाविक ठहरा। अन्य सिद्धों ने भी इसकी भाषा को कविता की भाषा बनाया। चौरासी सिद्ध नालन्दा और विक्रमशिला से सम्बन्ध रखते थे। जब तक नालन्दा, विक्रमशिला को बंगाल में नहीं ले जाया जाता, तब तक सिद्धों की भाषा भी बँगला नहीं हो सकती। रही भाषा की समानता की बात, वह तो मगही और मैथिली से और अधिक है। वस्तुतः अतीत काल के भीतर हम जितना ही अधिक घुसते जायँगे समानता उतनी ही अधिक बढ़ती जायेगी; क्योंकि, मगही, उड़िया, बँगला, असमी, मैथिली—सभी मागधी की सन्तानें हैं।" (पुरातत्व निबन्धावली, इलाहाबाद, १९३७, पृष्ठ १६७)। इस विवेचन के साथ पाद- टिप्पणी में राहुल जी ने डा० बी० भट्टाचार्य के लेख का एक वाक्य उद्धृत किया है जिसमें सिद्ध कवियों की भाषा को बँगला बताया गया है: "इस प्रकार बँगला में प्राचीनतम दोहा का रचनाकाल सातवीं सदी के मध्य में ठहरता है जब सरह काव्य रचना कर रहे थे। बंगाल का अपने साहित्य की प्राचीनता पर गर्व करना उचित ही है।"

दोहा कोश की भूमिका में राहुल जी ने अपनी मान्यताओं में थोड़ा परिवर्तन किया। अब अपभ्रंश को उन्होंने प्राकृत की पुत्री कहा और प्राकृत-संस्कृत से उसमें यह भेद देखा कि ये दोनों विश्लिष्ट भाषाएँ थीं पर अपभ्रंश अश्लिष्ट थी। उन्होंने भाषा के इस परिवर्तन को बड़ी क्रान्ति की संज्ञा दी। अपभ्रंश के छन्दों की चर्चा करते हुए उन्होंने हिन्दी से उसके सम्बन्ध के बारे में कहा: "अपभ्रंश वैसे केवल हिन्दी की अपनी चीज़ नहीं है, उस पर उत्तर भारतीय या भारत की हिन्दू-आर्य सभी भाषाओं का एक समान अधिकार है। वह मराठी, गुजराती, पंजाबी, हिन्दी क्षेत्र की भाषाओं, राजस्थानी, मालवी, बुन्देली, हरियानी, कौरवी (मूल हिन्दी), पहाड़ी, ब्रज, अवधी, भोजपुरी, मैथिली, मगही, असमिया, उड़िया की अपनी निधि है। इन सभी भाषाओं के क्षेत्र में अपभ्रंश साहित्य की रचना हुई, उसको अपना समझा गया, और वह सभी को अपने साहित्य दाय भाग के रूप में मिली। आज दोहा चौपाई का कुछ भाषाओं से उठ जाना एक खटकने वाली बात है—अपभ्रंश का सारा शब्दकोश और उच्चारण-क्रम प्राकृत का था, पर व्याकरण की अन्य विशेषताएँ आधुनिक अवधी ब्रज-भोजपुरी-जैसी।" (पृष्ठ ८-९)। राहुल जी की भाषा-सूची में कश्मीरी को भी जोड़ लेना चाहिए। अपभ्रंश की रचना कश्मीरी में हुई और कुछ विद्वान् कश्मीरी भाषा का उद्भव

अपभ्रंश से वैसे ही मानते हैं जैसे वे उससे ब्रज, अवधी आदि भाषाओं का जन्म मानते हैं। अधिकतर विद्वान् पूर्वी और पश्चिमी अपभ्रंश की बातें करते हैं किन्तु उत्तरी अपभ्रंश के बारे में मौन रहते हैं। यदि उत्तर में पैशाची प्राकृत का चलन किसी समय था तो पैशाची अपभ्रंश भी उसके बाद प्रचलित रही होगी।

कश्मीरी भाषा की कवयित्री लल्लेश्वरी के बारे में रामसिंह तोमर ने लिखा है कि उनका समय चौदहवीं सदी है पर इनके गीतों को लिखित रूप बहुत पीछे दिया गया, "अतः उसमें भाषा की प्राचीनता ज्यों की त्यों नहीं मिलती।" (प्राकृत और अपभ्रंश साहित्य, पृष्ठ १८७)। आशय यह कि उन गीतों का मूल रूप मिलता तो वह कश्मीरी अपभ्रंश का नमूना होता। आगे अन्य लेखक के बारे में उन्होंने सीधे कश्मीरी अपभ्रंश का नाम लिया है: "कश्मीरी अपभ्रंश में शितिकण्ठाचार्य ने अपनी कृति 'महानय प्रकाश' लिखी है।" (उप०, पृष्ठ १८७)।

'द स्ट्रगल फार एम्पायर' ग्रन्थ में गुजराती भाषा और साहित्य पर डा० भायाणी का लेख है। इसमें उन्होंने बताया है कि आठवीं से लेकर ग्यारहवीं-सदी तक पश्चिमी राजस्थान और उत्तरी गुजरात के भाग गुज्जरत्ता अथवा गुर्जरत्रा कहलाते थे। इसलिए वहाँ की भाषा को पुरानी गुजराती कहना उचित है। तेसीतोरी ने उसे पश्चिमी राजस्थानी का नाम दिया था। गुजराती भाषा और साहित्य से उन्होंने अपभ्रंश का सम्बन्ध जोड़ा है। हेमचन्द्र ने अपने व्याकरण में जो अपभ्रंश पद्य दिये हैं, उसमें उन्होंने आधुनिक गुजराती के चिह्न देखे हैं। उनके अनुसार उसका स्वरूप संक्रमणकालीन है। और वह अपभ्रंश पुरानी गुजराती तथा पुरानी हिन्दी में विकसित होती है। इस भाषा के अनेक शब्द थोड़े परिवर्तन से कई सदियों बाद की पुरानी गुजराती में प्रयुक्त होते हैं। उनका विचार है कि हेमचन्द्र ने अपभ्रंश के जो उदाहरण दिये हैं, वे वास्तविक लोकसाहित्य के नमूने हैं। गुजराती भाषा और साहित्य पर अपनी पुस्तक में एन०बी० दिवेतिया ने माना है कि ११वीं सदी के पूर्वार्द्ध में अपभ्रंश मृतभाषा हो चुकी थी। इससे पहले वह बोलचाल की भाषा थी किन्तु हेमचन्द्र के समय में वह लोकभाषा न रह गई थी। जो भाषा लोकभाषा न हो, उसमें लोक साहित्य भी नहीं रचा जा सकता।

कन्हैयालाल माणिक लाल मुंशी ने गुजरात और उसके साहित्य पर अपने ग्रन्थ में लिखा है कि अपभ्रंश गुजरात की साहित्यिक भाषा थी। देशभाषाओं से अपभ्रंश की भिन्नता पर विचार करते हुए उन्होंने लिखा है: "यह स्पष्ट है कि वह कभी भी बोलचाल की भाषा नहीं थी (it was never a spoken language) और उसके इतिहास की किसी भी मंज़िल में देशभाषाओं से उसका तादात्म्य नहीं था। ये देश भाषाएँ उस युग की बोलियाँ थी। वह मुख्यतः काव्य की भाषा थी क्योंकि अभी तक अपभ्रंश में किसी गद्य रचना का पता नहीं लगा। उसका ध्वनितंत्र साहित्यिक प्राकृतों से लिया गया था; उसकी व्याकरण-व्यवस्था और मुहावरे देशभाषाओं से लिए गये थे। अपभ्रंश पद्य में जो शब्द प्रयुक्त होते हैं, उनमें ९० फीसदी वही है जो प्राकृत पद्य में प्रयुक्त होते हैं। किन्तु दस फीसदी शब्द देशी हैं और बहुत सम्भव है कि वे तत्कालीन देशभाषाओं से लिये गये हों। दूसरी ओर प्राकृतों की अपेक्षा इसकी व्याकरण-व्यवस्था अधिक विकसित है और वह प्रारम्भिक अवस्था की गुजराती और हिन्दी जैसी आधुनिक भारतीय भाषाओं की व्याकरण व्यवस्था की जननी है। इस भाषा की आत्मा प्राकृतों की अपेक्षा आधुनिक भारतीय भाषाओं के अधिक निकट है। यथा अपभ्रंश के अपने मुहावरे आधुनिक भारतीय भाषाओं के मुहावरों से ज्यादा मिलते-जुलते हैं जबकि साहित्यिक प्राकृतों के मुहावरे संस्कृत के मुहावरों के अधिक निकट हैं। इसलिए ऐसा प्रतीत होता है कि उस समय की देशभाषाएँ केवल अपभ्रंश रूप में साहित्य में प्रवेश कर सकती थीं, किसी मिलावट के बिना अपने विशुद्ध रूप में नहीं। बुनियादी ढाँचा प्राकृत का था; अपभ्रंश में कहाँ तक देशी तत्त्वों का प्रवेश हो, इसकी कोई निश्चित सीमा न थी। इसलिए यह स्वाभाविक था कि जैसे-जैसे समय बीतता गया, देशी तत्त्व प्रमुख होते गये। आखिर वह मंज़िल आई जो १४वीं सदी के आसपास संकलित प्राकृत पैङ्गल की भाषा में दिखाई देती है। ऐसे ग्रन्थों में अपभ्रंश के अवशेषमात्र प्राप्त होते हैं।" (गुजरात ऐन्ड इट्स लिटरेचर, बम्बई, १९५४, पृष्ठ ९०-९१) अधिकांश भाषाविज्ञानियों के विरोध में मुंशी जी की स्थापना है कि अपभ्रंश कभी भी बोलचाल की भाषा नहीं थी। अपनी मान्यता को इतने स्पष्ट रूप में व्यक्त करने के लिए वे साधुवाद के पात्र हैं। जब तक भाषाविज्ञानी अपभ्रंश को आधुनिक आर्य भाषाओं की जननी मानते रहेंगे, तब तक वे कभी इनका ऐतिहासिक विकास न समझ पायेंगे। जब तक वे अपभ्रंश साहित्य को लोकसाहित्य मानते रहेंगें, तब तक वे साहित्य का माध्यम बनने के लिए देशी भाषाओं के संघर्ष का महत्त्व भी न समझेंगे। मुंशी जी ने अपभ्रंश की व्याकरण-व्यवस्था को आधुनिक आर्य भाषाओं की व्याकरण व्यवस्था की जननी कहा है। ऐसा होता तो अपभ्रंश और देशभाषाएँ व्याकरण की दृष्टि से अभिन्न होतीं, केवल ध्वनितंत्र में भिन्नता होती। दुर्भाग्य से यह स्थिति नहीं है। व्याकरण व्यवस्था में अनेक तत्त्वों का मिश्रण है जैसे कि शब्द-भंडार में मिश्रण है। पर मुंशी जी की यह स्थापना बहुत ही महत्वपूर्ण है कि किसी मिलावट के बिना

देशी भाषाएँ साहित्य का माध्यम बन ही न सकती थीं। वे अपभ्रंश में घुसपैठ करके ही साहित्य में प्रवेश पा सकती थीं। मुंशी जी ने इस स्थिति के कारणों का विवेचन नहीं किया। यदि करते तो गुजरात के सामन्तवाद को लेकर उन्होंने जो भव्य कल्पनाएँ की थीं, वे नष्ट हो जातीं।

भारतीय विद्या भवन से इतिहास सम्बन्धी जो प्रसिद्ध ग्रन्थ प्रकाशित हुए हैं, उनमें 'द स्ट्रगल फार एम्पायर' में केवल तीन आधुनिक आर्यभाषाओं का उल्लेख है, मराठी, बँगला और गुजराती का। इनमें बँगला वाला लेख डॉ० चाटुर्ज्या ने लिखा है। इसमें उन्होंने बताया है कि मौर्यकाल से बाद तक आर्य भाषाएँ बोलने वाले बिहार से उत्तरी और पश्चिमी बंगाल में पहुँचे और वहाँ से असम तथा उड़ीसा में फैल गये। ये सब मागधी प्राकृत बोलने वाले थे, बाद में वे मागधी अपभ्रंश से उत्पन्न हैं और उनका यह उद्भव प्रथम सहस्राब्दी के अन्त की ओर होता है। मैथिली, मगही और भोजपुरी मध्य और पश्चिमी मागधी से उत्पन्न हुई थीं; जिसे अर्धमागधी कहते हैं, वह और भी पश्चिम में थी। डॉ० चाटुर्ज्या का कहना है कि १००० ई० तक बँगला भाषा के लक्षण स्पष्ट प्रकट हो गये थे और उड़िया के भी कुछ लक्षण व्यक्त हुए थे पर असमिया अभी पुरानी बंगला के बहुत निकट थी।

इन सब स्थापनाओं का आधार अपभ्रंश साहित्य है जिसे डॉ० चाटुर्ज्या पुरानी बँगला का साहित्य मानते हैं। वही साहित्य पुरानी असमिया का साहित्य भी माना जाता है, इसलिए उन्होंने लिखा कि पुरानी असमिया भाषा बँगला के बहुत समीप थी। वे आधुनिक आर्य भाषाओं का उद्भव १००० ई. के आस-पास मानते हैं। १००० ई. को उद्भव काल मानने का कारण यह है कि इस समय अपभ्रंश के संरक्षक और पुरोहित विघटित हो रहे थे। यदि ये संरक्षक अपना प्रभुत्व कुछ दिन और बनाये रखते तो अनेक विद्यापति अवहट्ट में ही रचना करते रहते और भाषाविज्ञानियों के लिए देशी भाषाओं का उद्भव और भी विलम्ब से होता। हरप्रसाद शास्त्री द्वारा प्रकाशित 'बौद्ध गान ओ दोहा' में डॉ० चाटुर्ज्या के अनुसार केवल चर्यापद पुरानी बँगला में है, शेष पद्य पश्चिमी अपभ्रंश में हैं। चर्यापदों की भाषा को वह पूर्वी अपभ्रंश नहीं कहते, न दोहाकोश की भाषा को हिंदी कहते हैं। दोहाकोश की भाषा पश्चिमी अपभ्रंश है, चर्यापदों की भाषा पुरानी बँगला है।

चर्यापदों में चौबीस कवियों की रचनाएँ हैं। डॉ० चाटुर्ज्या ने इनके छन्द के बारे में लिखा है कि ये साधरणतः पादाकुलक छन्द में लिखी गई हैं जिससे एक ओर आधुनिक हिन्दी के चौपाई छन्द और दूसरी ओर बँगला के पयार छन्द

का विकास हुआ है। मात्रिक छन्द (पादाकुलक) से उसी कोटि के मात्रिक छन्द (चौपाई) का विकास निरर्थक कल्पना है, मात्रिक छन्द से वर्णिक छन्द (पयार) का उद्भव भाषाविज्ञानी चमत्कार है। यदि चर्यापद पुरानी बँगला के नमूने हैं और उनमें मात्रिक छन्द पादाकुलक का व्यवहार किया गया है, तो मानना होगा कि अवधी का चौपाई छन्द पुरानी बँगला की देन है।

डॉ० चाटुर्ज्या ने कल्पना की है कि प्राकृत पैङ्गल के कुछ पद्य पुरानी बँगला का परिशोधित रूप हैं। १२वीं सदी का संस्कृत ग्रन्थ मनासोल्लास पश्चिमी भारत में संकलित हुआ था। उसमें डॉ० चाटुर्ज्या ने कुछ बँगला पद और पंक्तियाँ पहचानी थीं। इससे सिद्ध होना चाहिए कि पुरानी बँगला का व्यवहार किसी न किसी स्तर पर पश्चिमी भारत में भी होता था। जयदेव बँगाल के ही थे, इसलिए यह कल्पना करना सहज है कि गीतगोविन्द के पद पुरानी बँगला में रचे हुए पदों का अनुवाद हैं। लासेन नाम के विद्वान् ने कल्पना की थी कि गीतगोविन्द के २४ पद अपभ्रंश (या पुरानी बँगला जैसी किसी भाषा) में रचे गये थे। लासेन ने केवल अपभ्रंश की बात कही थी क्योंकि इन पदों का छन्द संस्कृत से भिन्न है। कोष्ठकों में अपभ्रंश के समानान्तर पुरानी बँगला का उल्लेख डॉ० चाटुर्ज्या की कल्पना है।

डॉ० चाटुर्ज्या यह मानते हैं कि १३०० ई. से पहले बंगाल के कवि बँगला के अलावा संस्कृत तथा पश्चिमी अपभ्रंश में भी रचना करते थे। उन्होंने लिखा है: "१००० साल पहले पश्चिमी अपभ्रंश खड़ीबोली हिन्दी की जगह पर थी, और उसका व्यवहार सारे भारत में होता था। विभिन्न क्षेत्रों के लोग अपभ्रंश तथा अपनी स्थानीय भाषाएँ, दोनों का प्रयोग करते थे।" (द स्ट्रगल फार एम्पायर, पृष्ठ ३६१)। यह स्थापना ज्यादा सही है। अपभ्रंश के साथ स्थानीय भाषाएँ विद्यमान थीं। लोक-व्यवहार में ये भाषाएँ ही आती थीं। अपभ्रंश शिष्टजनों के साहित्य का माध्यम थी। यह पश्चिमी अपभ्रंश बँगाल को भी आच्छादित किये हुए थी, यह सत्य है। खड़ी बोली हिन्दी भारत के विशाल जन-समुदाय की बोलचाल की भाषा है। इसके विपरीत पश्चिमी अपभ्रंश बोलचाल की भाषा नहीं थी, साहित्य में भी उसका व्यवहार सीमित था। इसलिए खड़ीबोली हिन्दी से अपभ्रंश की तुलना भ्रामक है। अपभ्रंश का व्यवहार हिन्दी और बँगला दोनों के विकास के लिए बाधक था, यह न मानकर डॉ० चाटुर्ज्या यही प्रतिपादित करेंगे कि बँगला, हिन्दी आदि भाषाओं का जन्म किसी अपभ्रंश से हुआ है। पुरानी बँगला की खोज करते हुए वह सिद्धों की भूमि से गोरखनाथ और उनके शिष्यों के पास पहुँचते हैं। उक्त निबन्ध में उन्होंने लिखा है कि 'गोरखबोध' जैसे ग्रन्थ

बीकानेर तथा अन्य स्थानों में मिले हैं और उन्हें गोरखनाथ तथा उनके शिष्यों की रचना माना जाता है। इनमें ऐसे पद्य हैं "जिनकी भाषा निस्सन्देह पुरानी बँगला है पर जो 'पुरानी हिन्दी' का छद्म वेश धारण किये है। जो भी पुरानी बँगला से परिचित होगा, वह ऐसे पद्य उन ग्रन्थों में प्रचुरता से पायेगा जो मध्य युग के प्रारम्भिक वर्षों में रचे गये थे, जिन्हें गोरखनाथ की रचना कहा जाता है और जिन्हें स्वर्गीय प्रो. बड़थ्वाल ने प्रकाशित किया था, और वह परम्परा आज के समय तक चली आई है।" (पृ. ३६१)

जहाँ तक गोरखनाथ का सम्बन्ध है, इन पर अपना हक भारत के दूसरे छोर पर महाराष्ट्र के लेखकों ने भी जाहिर किया है। उक्त ग्रन्थ में मराठी भाषा और साहित्य के बारे में डॉ० हर्षे ने लिखा है कि नाथ सम्प्रदाय का उद्भव आदि नाथ शंकर से बताया जाता है; उसे दसवीं सदी के आरम्भ में मत्स्येन्द्रनाथ ने नया जीवन दिया। उनके मुख्य शिष्य गोरखनाथ थे और उन्होंने सारे भारत में इस मत का प्रचार किया; "कुछ मराठी गीत हैं जो गोरखनाथ की रचना हैं और गोरक्षअमरनाथ संवाद का जो अंश बच रहा है, उसमें मराठी गद्य का एक प्राचीनतम नमूना है। उनके शिष्य गहिनीनाथ महाराष्ट्र में नाथ पन्थ के प्रमुख प्रचारक थे। मराठी भाषा में इस पन्थ की सर्वोत्तम कृति 'ज्ञानेश्वरी' है। इसके प्रसिद्ध कर्ता ज्ञानदेव के बड़े भाई निवृत्तिनाथ को गहिनीनाथ ने दीक्षित किया था।" (पृष्ठ ३५३)। जब बंगाल और महाराष्ट्र जैसे दूर-दूर के दो प्रदेशों के लेखक गोरखनाथ पर अपना हक जाहिर करें, तब समझ लेना चाहिए कि उनका स्थान इन दोनों के बीच में कहीं पर है और उन्होंने दोनों प्रदेशों को प्रभावित किया है।

डॉ० चाटुर्ज्या ने मानसोल्लास का हवाला दिया था और उसमें पुरानी बँगला के पद और पंक्तियाँ प्राप्त की थीं। डॉ० हर्षे ने भी इस ग्रन्थ का हवाला दिया है और बताया है कि मराठी साहित्य का सर्वप्रथम उल्लेख इसी में है। उसमें एक मराठी गीत का अंश उद्धृत है। उसमें यह भी बताया गया है कि महाराष्ट्र की स्त्रियाँ धान कूटते समय ओवी गीत गाती थीं।

बँगला के समान मराठी भाषा में भी ऐसे, कैसे, जैसे, तैसे आदि रूप मिलते हैं। ये रूप न आधुनिक बँगला में हैं, न आधुनिक मराठी में। उनका रूपान्तरण हो गया है और वे पहचान में नहीं आते। किन्तु किसी समय एक ओर बंगाल में और दूसरी ओर महाराष्ट्र में इनका व्यवहार होता था, यह तथ्य ऐतिहासिक भाषा विज्ञान और साहित्य के इतिहास दोनों के लिए महत्वपूर्ण है। गोरखनाथ की तरह, ऐसा, तैसा, जैसा के बारे में विवाद नहीं है। ये रूप हिन्दी

के हैं और किसी समय बँगला और मराठी में इनका व्यवहार होता था। सन्त ज्ञानेश्वर कहते हैं:

जैसा आपलाचि बोल किरीटी...

तैसा समस्तां यां भजना। (ज्ञानेश्वरी, सम्पादक अ. मो. कुंटे, मुम्बई; पृष्ठ ८८)। सन्त नामदेव कहते हैं :

ऐसे भक्त जेबुनि धाले...

ऐसे सांगतां हरीसी। (श्री सकल संतगाथा, खंड पहिला, सम्पादक का. अ. जोशी, पुणें; पृष्ठ १६६)।

जैसा वृक्ष नेणे मान अपमान।
तैसे ते सज्जन वर्तताती।
कैसा पाण्डुरंगा करावा विचार। (उप., पृष्ठ २४९)

एकनाथ महाराज भागवत में कहते हैं:

गरुड्याचें वानर जैसें।
स्त्रियासंगे नाचे तैसें।

(श्री एकनाथी भागवत्, सम्पादक रा० कृ० कामत, चन्द गडकर, मुम्बई; पृष्ठ ३०३)।

भारतीय भाषाओं का यह आपसी सम्बन्ध तब समझ में आयेगा जब अपभ्रंश से भिन्न हम देशी भाषाओं का अस्तित्व स्वीकार करेंगे और आधुनिक आर्य भाषाओं को अपभ्रंश की सन्तान न मानकर पुरानी देशी भाषाओं का आधुनिक रूप मानेंगे। डॉ० हर्षे ने लिखा है कि मराठी का सबसे पुराना अभिलेख ९८३ ई० का है। निस्सन्देह मराठी भाषा इससे बहुत पुरानी है और उसकी प्राचीनता सिद्ध करने के लिए उसे महाराष्ट्री प्राकृत का विकास मानना आवश्यक नहीं है। जिस समस्या पर विचार करना चाहिए, वह यह है कि दसवीं सदी में जब मराठी का अस्तित्व निर्विवाद है तब दो सौ साल तक इसमें साहित्य रचना क्यों रुकी रहती है। डॉ० हर्षे के अनुसार मराठी के प्रथम महान् लेखक मुकुन्दराज ने अपने दार्शनिक ग्रन्थ विवेकसिन्धु की रचना ११९० ई० में की। इतने दिन तक मराठी में उत्कृष्ठ साहित्य-रचना का कार्य रुका रहा, इसके समाजिक-सांस्कृतिक कारण हैं। मराठी-भाषी जनता को संस्कृत और प्राकृत के आधिपत्य से मुक्ति पाने के लिए दीर्घकाल तक संघर्ष करना पड़ा। इसमें उन्हें अन्य पड़ोसी प्रदेशों की जनता की अपेक्षा कुछ पहले सफलता मिली, इसका कारण यह है कि महाराष्ट्र में उस वर्ग के सामन्त नहीं थे जिस वर्ग के सामन्त

गुजरात, राजस्थान, ब्रज, बाँगरू आदि क्षेत्रों में थे। महाराष्ट्र में सामन्तवाद का रूप दूसरा था। वहाँ किसानों के ऊपर बड़े-बड़े जागीरदारों का आधिपत्य न था। इसलिए जिस वर्ग के सामन्त अन्यत्र अपभ्रंश का पोषण कर रहे थे, उस वर्ग का अभाव होने से मराठी का साहित्य का माध्यम बनाने में महाराष्ट्र के सन्तों को जल्दी सफलता मिली। पर साहित्य के माध्यम में प्रतिष्ठित होने का मतलब यह नहीं है कि इससे पहले कोई भाषा लोकव्यवहार का माध्यम न बनी थी। १२वीं सदी में अन्तिम दशकों में सन्त नामदेव मराठी में काव्य सृजन करने लगते हैं। उन्होंने हिन्दी में भी बहुत से पद लिखे हैं। यह हिन्दी कहीं ब्रजभाषा है, कहीं खड़ी बोली। इन्हीं दिनों हिन्दी प्रदेश के कवि अपभ्रंश में रचनाएँ कर रहे थे। इसका कारण यह है कि हिन्दी प्रदेश उक्त सामन्त वर्ग का गढ़ था। यह वर्ग अपभ्रंश का पोषक था और इस अपभ्रंश के दबाव से हिन्दी-भाषी जनता को मुक्ति पाने में देर लगी। इसीलिए हिन्दी भाषा में प्राथमिक रचनाएँ हिन्दी प्रदेश से बाहर महाराष्ट्र और दकन में होती दिखाई देती हैं।

अपभ्रंश तथा देशी भाषाएँ

हेमचन्द्र द्वारा उद्धृत अपभ्रंश पद्यों का महत्व यह है कि इनमें देशी भाषाओं की विविधता झलकती है।

जब हेमचन्द्र एक संस्कृत शब्द के अनेक अपभ्रंश प्रतिरूप देते हैं, तब यह विविधता स्पष्ट हो जाती है। कथम् के प्रतिरूप केम, किध, किवँ और काइं हैं, यावत् के प्रतिरूप जाम, जाउँ, जवड़, जेत्तुल्लो, तावत् के ताम, ताउँ, तेवड़, तेत्तुल्लों हैं। स्पष्ट ही ये रूप अनेक जनपदीय भाषाओं के हैं। अपभ्रंश के प्राकृत वाले ढाँचे में किसी एक जनपद के शब्द नहीं मिलाये जाते, वे अनेक जनपदों के हैं। प्रतिरूप देने का तरीका यह है कि संस्कृत का रूप देकर हेमचन्द्र कहते हैं, अपभ्रंश में इसका अमुक आदेश हुआ। युष्मदीय सर्वनाम रूप का अपभ्रंश में तुहार आदेश हुआ। अवश्य ही कुछ जनपदों में तुम्हार रूप भी प्रयुक्त होता होगा और यह तुहार रूप पूरब का है, पछाँह का नहीं। इसी तरह चूडला रूप पछाँह का है, पूरब का नहीं। संस्कृत के आधार पर अपभ्रंश का व्याकरण लिखने का परिणाम यह है कि उन्हें अनेक संस्कृत शब्दों के देशी प्रतिरूप देते हुए आदेश सम्बन्धी सूत्र रचने पड़ते हैं। मूल शब्द कंकण, इसका आदेश हुआ चूडला; मूल शब्द ताप, इसका आदेश हुआ झलक। इस प्रकार जितने शब्द संस्कृत में न मिले, संस्कृत धातुओं से सिद्ध न हों, उन्हें आदेश-सूत्रों से सिद्ध किया गया। पर ऐसे शब्दों की संख्या बहुत थी; जितने शब्द थे, उतने ही सूत्र रचने पड़ते। इसलिए अलग से देशी शब्दों की सूची बना दी, नाम रखा देशी

नाममाला। इस समय फ़ारसी आदि विदेशी भाषाओं के अनेक शब्द यहाँ प्रचलित हो गये थे और उनका व्यवहार अपभ्रंश में भी होने लगा था। इनमें एक फ़ारसी का शब्द था जुदा। निस्सन्देह इसके दूसरे वर्ण में द व्यंजन का लोप न हुआ होगा। जुदा से लेकर खुदा तक पचीसों इस तरह के फ़ारसी शब्द यहाँ प्रचलित हुए। अवश्य ही किसी विद्वान् ने इसे प्राकृत रूप में जुआ किया होगा। और हेमचन्द्र को सूत्र बनाना पड़ाः पृथक्-पृथक् को जुअं जुअ आदेश होता है!

हेमचन्द्र ने अपने व्याकरण में अपभ्रंश के जो पद्य दिये हैं, उनमें प्राकृत रूपों के अलावा अनेक रूप अवधी के हैं। कुछ उदाहरणों से यह तथ्य स्पष्ट होगा। अपभ्रंश रूपों के साथ यहाँ तुलना के लिए रामचरितमानस से उसी कोटि के उदाहरण देते हैं। वर्तमानकालीन अन्य पुरुष एकवचन क्रियारूपः दडवड होइ विहाणु; मानसः जो सुमिरत सिधि होइ। वर्तमानकालीन अन्य पुरुष बहुवचन क्रियारूपः जिवँ जिवँ वडत्तण लहहिं तिवँ तिवँ नवहिं सिरेण; मानसः जथा नवहिं बुध बिद्या पाएँ। वर्तमानकालीन उत्तम पुरुष एकवचन क्रियारूपः तो हउँ जाणउँ एहो हरि; मानसः जानउँ मैं तुम्हारि प्रभुताई। अतीतकालीन अन्य पुरुष एकवचन क्रियारूप : गथउ सुकेसरि पिअहु जलु; मानस : राउ गयउ सुरधाम् क्रिया के आज्ञार्थी रूप : करहु मअप्पहो हाउ; अरिखल मेह म गज्जु; मानस : सुनहु राम जेहिं सिव धनुतोरा; मागु मागु पै कहहु पिय। क्रिया का संभावना द्योतक रूप : जं भावइ त होउ; मानस : न त कन्या बरु रहउ कुआरी। पूर्वकालिक रूप : मारइ हियइ पइट्ठि; मानसः निज तन प्रगटि प्रीति उर छाई। कर्ता और कर्म कारकों में उकारान्त रूप : अग्गिएँ उठहउ होइ जगु; मानस : नामु सकल कलि कलुष निकन्दन। कर्मकारक में इसी प्रकारः माकुरु दीहा माणु; मानसः नामु सप्रेम जपत अनयासा। करणकारक में एँ चिह्न का प्रयोग : अहरें अहरु न पत्तु; मानसः इच्छित फल बिनु सिंव अवराधें। लहिअ न कोटि जोग जप साधे। अथवा केवल अनुस्वार का प्रयोगः जो पुणु अग्गि सीअला; मानसः सुरतरु सरिस सु भाएँ सुहाए। सम्बन्ध कारक में सु चिह्न का प्रयोग :

कन्तु महारउ हलि सहिए निच्छहँ रूसइ जासु।
अत्थिहिं सत्थिहिं हत्थिहिं वि ठाउ वि फेडइ तासु।।

मानसः जासु हृदय आगार बसहिं राम सर चाप धर।

अधिकरण कारक के लिए हिं चिह्न का प्रयोगः हउँ कि न जुत्तउ दुहं दिसिहिं; मानसः बिसरी देह तपहिं मनु लागा।

व्याकरण की इन समानताओं के अलावा हेमचन्द्र के अपभ्रंश पद्यों में शब्द भंडार की काफी सामग्री अवधी तथा अन्य जनपदीय भाषाओं की शब्द-सम्पदा

से मिलती-जुलती है। हउँ (ब्रजभाषा का हौं), मइ (हिन्दी मैं), तुम्ह (तुम्हारा का तुम्ह), एह (यह), ओइ (वह), तुहुँ (ब्रजबुलि का प्रिय सर्वनाम), कवण (अवगुन कवन नाथ मोहिं मारा), नाईं, विहाण (विहान), दहाड़े (दिन दहाड़े) विसुरइ (विसूरना) इत्यादि।

चर्यागीति कोश की भाषा को पुरानी बँगला कहा गया है। डॉ० सुकुमार सेन ने चर्यागीतों के लिए कहा है कि ये लौकिक अथवा नव्य भारतीय आर्य भाषा के सबसे प्राचीन और सबसे समृद्ध नमूने प्रस्तुत करते हैं तथा पुराने बँगला गीति साहित्य के अनुपम अवशेष हैं। (इन्डियन लिंग्विस्टिक्स, खंड १०, १९४८ए पृष्ठ १२२)। इन चर्यागीतों की भाषा पर यहाँ संक्षेप में विचार करना चाहिए।

इन चर्यागीतों की भाषा अपभ्रंश है। अपभ्रंश का एक लक्षण, उसमें देशी भाषाओं के तत्त्वों का मिश्रण। वह मिश्रण यहाँ भी है और किसी एक ही भाषा का नहीं है। हेमचन्द्र के·उदाहरणों में जो रूप मिलते हैं, उनमें अनेक यहाँ विद्यमान हैं। अपभ्रंश में प्राकृत रूप ही नहीं, संस्कृत के रूप भी स्वीकार किये जाते थे। नाचन्ति बाजिल गाअन्ति देवी (चर्यागीति कोश, सम्पादक प्रबोधचन्द्र बागची तथा शान्तिभिक्षु शास्त्री, शान्तिनिकेतन, १९५६, पृष्ठ ५८)। यहाँ वर्तमानकालीन अन्य पुरुष बहुवचन रूप नाचन्ति, गाअन्ति सीधे संस्कृत के अनुकरण पर बने हैं। इनका सम्बन्ध किसी भी देशी भाषा से नहीं है। इसी प्रकार अन्य पुरुष एकवचन रूप भणाति–सरह भणाति अचिन्त सोधान (पृष्ठ ७५)–संस्कृत के अनुकरण पर है। किन्तु भणइ लुइ आम्हे झाणे दिठा (पृष्ठ १)–हेमचन्द्र की अपभ्रंश के समान है। इसी प्रकार वर्तमानकालीन उत्तम पुरुष एकवचन रूप जीवमि, पीवमि (पृष्ठ १२) संस्कृत का अनुकरण करते हैं। क्रिया के मध्यमपुरुष आज्ञारूप यथा लेहु (उा०, पृष्ठ १), होहु (उप०, पृष्ठ १९) इसी प्रकार के अपभ्रंश-रूपों का अनुसरण करते हैं। अपभ्रंश के समान करण कारक में आलिएँ (उप०, पृष्ठ ८९) हैं; इनसे तुलनीय हैं हेमचन्द्र के अपभ्रंश दोहों में बाएँ (वायु द्वारा)।

चर्यापदों की भाषा में अनेक रूप पश्चिमी भाषाओं के हैं रत्तो, उन्मत्तो (पृष्ठ ६४), सवरो–उमत सवरों पाग्गल (पृष्ठ ९२)। ये रूप ब्रज, राजस्थानी आदि के अनुकरण पर ओकारान्त हैं। अवधी के रूपों को कहीं-कहीं इसी तरह आकारान्त बनाया गया है : जइसों, तइसों–गंध परस रस जइसों तइसों (पृष्ठ ४४)। कुछ रूप ऐसे हैं जो बँगला तथा भोजपुरी आदि पूर्वी बोलियों के सामान्य रूप माने जा सकते हैं। जैसे लकारान्त भूतकातीन रूप। किन्तु राति पोहाइली, सेजि छाइली, डाली लागेली (पृष्ठ ९२) आदि प्रयोगों में क्रिया-रूप लिंग-भेद

व्यक्त करते हैं। यह बँगला की विशेषता नहीं है, पश्चिमी हिन्दी का प्रभाव है। सर्वनामों के हाँउ (पृष्ठ ६७), मइ (पृष्ठ ८९) उत्तम पुरुष एकवचन ब्रज, अवधी आदि के सर्वनाम हैं। चर्यागीतों में दो की संख्या के लिए पश्चिमी ब-वाले रूपों का व्यवहार होता है जैसे बेणि पखा (पृष्ठ १२), धमण चमक बेणि पाण्डि बइठा (पृष्ठ १२)। कुछ रूप ऐसे हैं जिन्हें बँगला और असमिया का सामान्य रूप कहा जा सकता है जैसे सम्बन्ध कारक रूप रूखेर (पृष्ठ ६)।

चर्यागीतों की भाषा में अवधी तत्त्वों की प्रधानता है। कइसा, जइसा के अलावा यहाँ अइसन जैसे रूप का प्रयोग भी हुआ है—अइसन चर्या कुक्करी पाएँ गाइड़ (पृष्ठ ६)। जासु-तासु वाले रूप तुलसीदास की याद दिलाते हैं— जासु नाहि अप्पा तासु परेला काहि (पृष्ठ १४०)। वर्तमानकालीन उत्तम पुरुष एकवचन क्रिया रूप करहुँ—कमल कुलिस घाण्ट करहुँ बिआली (पृष्ठ १२)— तुलनीय है रामचरितमानस के कहउँ रूप से—नवधा भगति कहउँ तोहि पाहीं। मध्यम पुरुष एकवचन वर्तमानकालीन रूप जसि (पृष्ठ ३३), पुच्छसि, बूझसि (पृष्ठ ५१) शुद्ध अवधी के रूप हैं—हरष समय बिसमउ करसि कारन मोहि सुनाउ। क्रियार्थी संज्ञारूप कहण (पृष्ठ ६७) हिन्दी प्रदेश की ओर संकेत करता है।

शान्तिनिकेतन से प्रकाशित चर्यागीति कोश के सम्पादकों को बार-बार अवधी के रूप याद आये, यह स्वाभाविक है। एक स्थान पर चीअण शब्द पर टिप्पणी करते हैं कि अवधी रूप चीकन होगा, बँगला रूप चिकन होगा (पृष्ठ ९)। स्पष्ट ही चीअण अवधी रूप का प्राकृतीकरण है। गराहक शब्द बँगला में गराक होगा, गराहक रूप हिन्दी ग्राहक से अधिक मिलता है (पृष्ठ ९)। अंकवाली हिन्दी अँकवार से मिलता है (पृष्ठ १२)। सासु घरे घालि कोञ्चा ताल—यहाँ घालि शब्द मारने के अर्थ में प्रयुक्त नहीं हुआ। बँगला में घाल का अर्थ है मारना; हिन्दी में मारने के अलावा उसका अर्थ रखना भी है। (पृष्ठ १३); 'तालाकूँची घालदे' जैसे मुहावरे का प्रयोग यहाँ हुआ है। काहेरे घेणिमेलि अच्छहु कीस—यहाँ घेणिमेलि क्रिया हिन्दी घुलमिल से तुलनीय है (पृष्ठ १९)। अवणा गवणे हिन्दी आवागमन से तुलनीय है। गेला जाम बहुड़इ कइसें—यहाँ अवधी की बहुरे क्रिया का प्रयोग किया गया है। सम्पादकों ने अवधी कहानियों के अन्त में आने वाला वाक्य उद्धृत किया है : जइस उनके दिन बहुरे तइस सबके दिन बहुरइँ (पृष्ठ २६)।

बुड़इ, बुड़िली में बुड़ क्रिया के लिए लिखा है कि बँगला में इसका रूप डुब, और परिनिष्ठित हिन्दी में डूब होता है। बूड़ रूप अवधी का हैः संकर चापु जहाजु सागरु रघुवर बाहु बलु। बूड़ सो सकल समाजु चढ़ा जो प्रथमहिं मोह बस

(पृष्ठ ४७)। एक गीत में नाहा शब्द का प्रयोग देखकर नाथ के इस तद्भव का उदाहरण दिया हैः कथा आरम्भ करै सोइ चाहा। तेही समय गयउ खग नाहा (पृष्ठ ५२)। अवधी तथा अन्य पूर्वी बोलियों में पैदा होने के लिए एक प्रचलित शब्द है बिआबु, बिआनि। चर्यागीति में पहिल बिआण का अर्थ है पहला जन्म। रामचरितमानस से उद्धरण दिया है : नतरु बाँझ भलि बादि बिआनी। रामबिमुख सुततें हित हानी (पृष्ठ ६८)। तुलसीदास ने बापुरो शब्द का प्रसिद्ध प्रयोग किया हैं वह बापुरो पिनाक पुराना। यह शब्द बापूड़ा रूप में चर्यागीत में है (पृष्ठ ६९)। 'अमिअ मूरिमय चूरन चारु' में अमिय शब्द अमर हो गया है। चर्यागीत मेंः अमिअ भखअ मुसा करअ अहारा (पृष्ठ ७१)। इसी गीत में थाती शब्द का प्रयोग हुआ है और सम्पादकों ने स्पमरण किया हैः थाती राखि न मागिहु काऊ। बिसरि गयउ मोहि भोर सुभाऊ (पृष्ठ ७२)। पुकारने के अर्थ में अवधी क्रिया गोहार का प्रयोग होता है यथा रामचरितमानस मेंः राम कृपाँ अवरेब सुधारी। बिबुध धारि भइ गुनद गोहारी (पृष्ठ ९३)। पतिआइ क्रिया रूप हिन्दी क्षेत्र की लोकभाषाओं का ठेठ शब्द है। मानस में कहउँ साँचु सब सुनि पतिआहू। चाहिअ धरम सील नरनाहू। चर्यागीत में : अइस संबोहे को पतिआइ (उप०, पृष्ठ १२)। यहाँ सिद्ध कवि ने पूर्वी अवधी, मैथिल और बँगला का सर्वनाम रूप 'के' न प्रयुक्त करके पश्चिमी अवधी रूप 'को' का प्रयोग किया है। एक गीत में जेतइ तेतवि रूप आये हैं। अवधी में इनके प्रतिरूप जेतना, तेतना प्रयुक्त होते हैं। इन उदाहरणों से स्पष्ट हो जाता है कि चर्यागीतों की भाषा में अनेक देशी भाषाओं के तत्त्व हैं। इनमें अवधी के तत्त्व भी काफी हैं।

दोहाकोश की भूमिका में राहुल जी ने इस महत्वपूर्ण तथ्य की ओर संकेत किया है कि इसमें पूर्वी बोलियों के अतीतकालीन लकार वाले क्रियारूप नहीं हैं। उन्होंने लिखा है : "अपभ्रंश का भूतकालिक प्रयोग अवधी के सबसे नजदीक है उसके लिए इल-अल प्रत्यय का प्रयोग भोजपुरी आदि में पीछे होने लगा। पर विनयश्री—जो विक्रमशिला (भागलपुर) के थे—ने बारहवीं सदी के अन्त में इल अल का बहुत प्रयोग किया है, जैसे फुल्लिल्ल...सरह की भाषा और स्वयंभू आदि की अपभ्रंश ने अतीतकाल के सम्बन्ध में प्राकृत आदि से अपना सम्बन्ध बिल्कुल तोड़ लिया, और उसका अनुसरण आज भी हमारी भाषाएँ कर रही हैं। भेद इतना है, कि जहाँ भोजपुरी, बंगला, मैथिली आदि ने इउ का इल, अल कर दिया, वहाँ अवधी ने पहिले ही की तरह अउ, इउ, एउ को कायम रक्खा। ब्रज ने ओ और यो किया, जिसको कौरवी या हिन्दी तथा उसकी सहोदरा पूर्वी पंजाबी ने आ, ए (बहुवचन) बना के रक्खा। इस प्रकार अपभ्रंश जांणिउ,

अवधी में जानेउ, ब्रज जानौ, हिन्दी-पंजाबी में जाणा (जान लिया) या जाना बन गया" (दोहाकोश पृष्ठ ५७)। यहाँ राहुल जी ने क्रिया-रूपों के विकास की जो प्रक्रिया दिखाई है, उसका विवेचन अनावश्यक है। इतना कहना पर्याप्त है कि लकारान्त भूतकालीन प्रयोग भोजपुरी, बँगला आदि के अलावा भारत में मराठी आदि और भारत के बाहर रूसी आदि भाषाओं की भी विशेषता है। राहुल जी के कथन में महत्वपूर्ण बात यह है कि सरह की भाषा में वे रूप हैं जो अवधी की विशेषता हैं।

हिन्दी काव्यधारा की भूमिका में उन्होंने इसी बात पर जोर देते हुए फिर कहा है: "स्वयंभू की भाषा की क्रियाओं और कितने ही कुंजी के शब्दों को देखने से वह अवधी के सबसे नज़दीक मालूम होती है। यद्यपि ऐसा कहने से बहुत दिनों से चली आई इस धारणा के हम खिलाफ जा रहे हैं, कि अपभ्रंश साहित्य शैरसेनी और महाराष्ट्री अपभ्रंशों ही में लिखा गया है। लेकिन, जो सामग्री हमारे सामने मौजूद है, वह हमें वही कहने के लिए मजबूर करती है।" राहुल जी ने क्रिया-रूपों और मूल शब्द-भंडार पर ध्यान दिया है, इसलिए वह ऐसी स्थापना कर सके हैं। किन्तु उनके सामने अपभ्रंश का सही रूप स्पष्ट नहीं है। अवधी तथा अन्य देशी भाषाएँ विद्यमान हैं, उनके तत्त्व प्राकृत में मिलाये जा रहे हैं, यह न समझकर वे अपभ्रंश को एक सम्मिलित भाषा मानते हैं जिससे सभी प्रान्तीय भाषाओं का सम्बन्ध था क्योंकि उनकी समझ में "उस वक्त उत्तर भारत की सारी भाषाएँ एक-दूसरे के बहुत नजदीक थीं।" अपभ्रंश के व्यवहार को वह क्रान्तिकारी कार्य मानते हैं; यह अपभ्रंश की प्रकृति को न पहचानने का परिणाम है। तथाकथित शौरसेनी अपभ्रंश से भिन्न स्वयंभू आदि की भाषा का सम्बन्ध अवधी से है, यह उन्होंने माना; उनके विवेचन में यह मान्यता महत्त्वपूर्ण है।

प्राकृत पैङ्गलम् (भाग २, वाराणसी, १९६२) में भोलाशंकर व्यास अपभ्रंश का सम्बन्ध शूरसेन जनपद से मानते हुए स्वीकार करते हैं कि जनपदीय बोलियों का अस्तित्व प्राचीनकाल में भी था और प्राकृत अपभ्रंश भाषाएँ साहित्य की पद्य शैली से अधिक सम्बद्ध हैं, भाषा के कथ्य रूप से कम; प्राकृत पैङ्गलम् में जो 'पुरानी हिन्दी' है, वैसी भाषा ११वीं से १४वीं सदी तक "कभी भी कथ्य रूप में प्रचलित नहीं रही होगी" (पृष्ठ ६९)। ११वीं सदी में भी अपभ्रंश बोलचाल की भाषा नहीं थी, यह स्थापना ध्यान देने योग्य है।

चर्यापदों की भाषा में भूतकालीन लकारान्त प्रयोग हैं किन्तु पछाँही बोलियों के प्रभाव से यहाँ लिंगभेद भी है। बँगला तथा पूर्वी क्षेत्र की जनपदी

भाषाओं में यह महत्वपूर्ण अन्तर है कि बँगला में क्रिया सर्वत्र लिंगभेद से मुक्त रहती है किन्तु ये जनपदीय भाषाएँ बहुधा लिंगभेद स्वीकार करती हैं।

इसमें सन्देह नहीं कि अपभ्रंश में बहुत से रूप ऐसे हैं जो देशी भाषाओं के हैं। इनमें बहुत महत्वपूर्ण कर्ताकारक को उकारान्त रूप देने की प्रवृत्ति है। कर्ता और कर्म में जहाँ रूपभेद नहीं है, वहाँ कर्मकारक भी उकारान्त होता है। हेमचन्द्र ने दहमुहु, चउमुहु आदि रूप दिये हैं। उकारान्त रूपों के बारे में राहुल जी ने दोहाकोश की भूमिका में लिखा है: "प्रथमा के एकवचन में संस्कृत पाली प्राकृत में प्रयुक्त अकारान्त शब्दों के ओ को छोटा करके उ कर दिया जाता है, जिसे मागधी क्षेत्र के हस्तलेखों में बहुधा छोड़ दिया जाता है। प्रथमा एकवचन का यह उकार गोस्वामी तुलसीदास के रामचरितमानस की पुरानी प्रतियों में काफी मिलता है और रुहेलखंड में अब भी बहुत से कवि और वक्ता इसका प्रयोग करते हैं। प्रथमा बहुवचन में कोई विभक्तिसूचक प्रत्यय नहीं लगाया जाता और शब्द का अपना रूप पर्याप्त समझा जाता है।" न केवल रामचरितमानस में वरन् आधुनिक अवधी में उकारान्त रूपों का चलन है।

दोहाकोश में एक जगह जणकेर रूप आया है। यह केर अवधी का सम्बन्ध कारक-चिह्न है। यह रूप अपभ्रंश में है, अवधी में है, बँगला या गुजराती में नहीं है। दरअसल यह अपभ्रंश का व्याकरण-सम्मत प्रयोग नहीं है। इसलिए हेमचन्द्र के व्याकरण में इसका उल्लेख नहीं है। गजानन वासुदेव तगारे ने अपभ्रंश का जो ऐतिहासिक व्याकरण (हिस्टौरिकल ग्रामर आफ अपभ्रंश, पूना, १९४८) लिखा है, उसमें स, ह वाले कारक-चिह्नों का उल्लेख है, केर वाले रूप का नहीं। पर यह रूप दोहाकोश में है और दोहाकोश की भाषा अपभ्रंश है। अपभ्रंश में प्राकृत की अपेक्षा देशी भाषाओं की रूप-विविधता अधिक झलकती है, इसका प्रमाण केर है।

अपभ्रंश क्रिया-रूपों में अन्य पुरुष एकवचन वर्तमानकालीन रूप भणइ, भोवइ आदि हिन्दी क्षेत्र की बोलियों के रूपों से बहुत मिलते-जुलते हैं। इस तरह के प्रयोग हेमचन्द्र के उदाहरणों में हैं, दोहाकोश की भाषा में हैं। हिन्दी क्षेत्र में करे आदि रूप पुराने करइ का ही विकास हैं; इस तथ्य पर राहुल जी ने ध्यान दिया था। राहुल जी ने जाता है, पढ़ता है जैसे रूपों से पढ़े हैं, जावे है की तुलना करते हुए दोहाकोश की भूमिका में लिखा था: "आजकल हिदी में जिस तरह है आदि सहायक क्रिया के साथ मिलाकर एक धातु के स्थान में दो धातु के प्रयोग द्वारा उसी अर्थ को प्रकट किया जाता है, जो संस्कृत, पालि, प्राकृत में एक धातु के रूप से चल जाता था, जैसे–पठति के लिए हिन्दी में पढ़ता है

लेकिन, यह परिपाटी अर्थात् कृदन्त के एक शब्द के साथ सहायक क्रिया द्वारा अर्थ को प्रकट करना हिन्दी की मूल भाषा कौरवी तथा हमारी दूसरी भाषाओं में भी अनिवार्य नहीं है। कौरवी में पढ़ै, जावै-जैसे प्रयोग देखे जाते हैं, और है को अनिवार्य रूप में प्रयुक्त भी नहीं किया जाता। पुरानी उर्दू कविताओं में–पढ़े है, जावे है जैसे प्रयोग कभी थे, लेकिन उन्हें त्याज्य कर दिया गया।'' (दोहाकोश, पृष्ठ ५८)।

दामोदर पंडित ने १२वीं सदी में उक्ति व्यक्ति प्रकरण की रचना की। इसे जिनविजय मुनि ने १९५३ में प्रकाशित किया। इस पुस्तक में अवधी के शब्दों और रूपों का सम्बन्ध संस्कृत शब्दों और रूपों में दिखाया गया है इसका मूल उद्देश्य अवधी सिखाना नहीं है, अवधी जानने वालों को संस्कृत सिखाना है। पुस्तक के आरम्भ में ही दूसरी कारिका में कहा है–

स्यादि–त्यादी वृत्वा श्रुत्वा लिङ्गानुशासनं किञ्चित्।
उक्तिव्यक्ति बुद्ध्वा बालैरपि संस्कृतें क्रियते।।

अर्थात् थोड़ा-सा व्याकरण-ज्ञान हो जाने पर, इस उक्ति-व्यक्ति को जान लेने पर बालक भी अपनी बोली को संस्कृत कर सकते हैं। उक्ति का अर्थ है बोली। दामोदर पंडित को मालूम है कि विभिन्न प्रदेशों में लोग अलग-अलग बोलियाँ बोलते हैं और आपस में सम्पर्क के लिए संस्कृत का सहारा लेते हैं। पर अपनी पुस्तक में उन्होंने इन सभी बोलियों के बोलने वालों को संस्कृत-रूपान्तरण कौशल सिखाने का प्रयत्न नहीं किया। उन्होंने यह प्रयत्न केवल अवधी जानने वालों के लिए किया है। स्पष्ट ही अन्य बोलियों की तुलना में उनके लिए अवधी बोलने वालों का संस्कृत जानना अधिक आवश्यक है। इसका कारण यह प्रतीत होता है कि कान्यकुब्ज प्रदेश उस समय हिन्दी प्रदेश का केन्द्र था। यहाँ का सामन्त वर्ग संस्कृत को प्रश्रय देता था। यहाँ के ब्राह्मणों के लिए संस्कृत जानना आवश्यक था। ये ब्राह्मण सामान्य जीवन में अवधी बोलते थे। इसीलिए विभिन्न प्रदेशों में अलग-अलग बोलियों का अस्तित्व स्वीकार करने वाले दामोदर पंडित केवल एक प्रदेश की एक बोली लेते हैं, वह है मध्यदेश की अवधी।

यद्यपि दामोदर पंडित का उद्देश्य अवधी का व्याकरण लिखना न था, फिर भी उनकी पुस्तक अवधी का व्याकरण बन गई है। वह संस्कृत का व्याकरण लिखने नहीं बैठे। वह व्याकरण पहले से मौजूद है। जिसे पहले संस्कृत-व्याकरण का साधारण ज्ञान हो चुका है, उसके लिए उन्होंने पुस्तक लिखी है। संस्कृत-व्याकरण के परिप्रेक्ष्य में वह अवधी का संस्कृत में रूपान्तरण करना

सिखाते हैं। इस प्रक्रिया में वह अवधी का व्याकरण लिख गये। जिनविजय मुनि ने अपने वक्तव्य में बिल्कुल ठीक लिखा है: "नूतन भारतीय आर्य भाषा के इतिहास में इसको सर्वप्रथम स्थान प्राप्त होना चाहिए। भारत के समग्र संस्कृत साहित्य में अभी तक ऐसी कोई ग्रन्थ-कृति प्राप्त नहीं हुई है जिसमें हमारी अनेकविध देशभाषाओं में से किसी भी ११वीं-१२वीं शताब्दी जितने प्राचीन एवं आरम्भकाल के समय का स्वरूप बतलाने वाली, इस प्रकार की प्रमाणभूत एवं व्याकरणबद्ध 'उक्ति' अर्थात् 'बोली' की शाब्दिक सामग्री का संकलन प्राप्त हो।" अतः उक्ति-व्यक्ति प्रकरण को आधुनिक आर्यभाषा का प्रथम व्याकरण मानना चाहिए, और यह आधुनिक आर्य भाषा अवधी है।

दामोदर पंडित की निगाह जिस भाषा-क्षेत्र पर है, वह उल्लेखनीय है। डॉ० चाटुर्ज्या कहते हैं कि ग्रन्थकार कन्नौज (कान्यकुब्ज अथवा कन्यकुब्ज) और प्रयाग से परिचित है, बनारस और गंगा से वह सुपरिचित है। उसने गया और वहाँ यात्रियों को बटोरनेवाले गयावाल ब्राह्मणों का उल्लेख किया है। डॉ० चाटुर्ज्या का विचार है कि जिसने मूल ग्रन्थ की प्रतिलिपि की, वह भी इसी क्षेत्र का रहने वाला होगा। लिपि की पद्धति मध्यदेश और पूर्वी क्षेत्र की है। दामोदर पंडित हिन्दी प्रदेश के हिन्दी भाषी पंडित हैं, वह पूर्वी हिन्दी का व्याकरण लिख रहे हैं।

साहित्य सम्मेलन के अधिवेशनों में किसी समय हिन्दी भाषा के विकास की चर्चा करते हुए संस्कृत-प्राकृत-हिन्दी शब्दों की रूपान्तरण-प्रक्रिया दिखाई जाती थी। अब भी भाषा-सम्बन्धी विवेचन में शब्दों के ध्वनि-परिवर्तन पर बहुत ज़ोर है किसी भी भाषा शैली के अध्ययन करने का मतलब है, तत्सम और तद्भव रूपों की गिन्ती करना। जो शब्द इस गिन्ती में शामिल न किये जा सकें, उन्हें देशज नाम के बट्टे खाते में डाल दिया जाता है। अपभ्रंश से भिन्न आधुनिक आर्य भाषाओं की सबसे बड़ी विशेषता बहुधा यह बताई जाती है कि शब्दों के प्राकृत (तद्भव) रूपों के बदले तत्सम (संस्कृत) रूपों का व्यवहार होने लगा। दामोदर पंडित इस तरह के भाषाविज्ञान की सीमाएँ बहुत पहले लाँघ चुके थे। उक्तिव्यक्ति प्रकरण की प्रति अपूर्ण और खंडित है, फिर भी उसकी रूपरेखा जानने के लिए पर्याप्त सामग्री है। जिनविजय मुनि ने बताया है कि ग्रन्थ की मूल सूत्रात्मक कारिकाएँ प्रारम्भ के चार पत्रों में स्वतंत्र रूप से लिख दी गई हैं। इनसे ज्ञात होता है कि ग्रन्थ मे पाँच प्रकरण हैं। क्रियोक्तिव्यक्ति, कारकोक्तिव्यक्ति, उक्तिभेद, लेख-लिखन-विधि, व्यावहारिक लेख-पत्र-लिखन-क्रम—ये पाँच प्रकरण हैं। इनसे पता चलता है कि शब्दों का ध्वनि-परिवर्तित रूप दामोदर पंडित के

लिए गौण विषय है। मुख्य विषय है क्रियापद रचना, कारक रूप और विभिन्न संदर्भों में भाषा का व्यवहार। इस तरह भाषा के विवेचन के लिए उन्होंने विस्तृत भूमि स्वीकार की है जो आधुनिक भाषाविज्ञान की मान्यताओं के अनुकूल है। दुर्भाग्य से खंडित प्रति में केवल तीन प्रकरणों की व्याख्या उपलब्ध है। शेष व्याख्याओं में क्या रहा होगा, इस बारे में जिनविजय मुनि ने लिखा है: "मूल कारिकाओं में सूचित विषय के आधार पर, यह अनुमान किया जा सकता है कि चतुर्थ प्रकरण में माता, पिता, पितृव्य, ज्येष्ठ बन्धु, मातुल, श्वसुर, गुरु, महन्त, राजा एवं नौकर आ आदि भिन्न-भिन्न व्यक्तियों को पत्रादि कैसे लिखने चाहिए–उनकी शैली और शब्द रचना आदि कैसी होनी चाहिए–इसका विवेचन दिया गया होगा। सम्भव है कि इसमें अनेकानेक पत्रों के नमूने भी उद्धृत किये गये हों, जिनसे कुछ तत्कालीन इतिहास एवं सामाजिक स्थिति पर भी प्रकाश प्राप्त हो सके" (पृष्ठ ९)।

दामोदर पंडित की योजना में व्याकरण-व्यवस्था पर ही विचार करना शामिल नहीं है, वरन् सामाजिक सन्दर्भ में भाषा के व्यवहार पर विचार करना भी शामिल है। उन्होंने जो भी उदाहरण दिये होंगे, वे अवधी के माध्यम से संस्कृत का व्यवहार सिखाने के लिए होंगे। यदि वे प्राप्त होते तो आज उनका महत्व संस्कृत सीखने के लिए नहीं, अवधी का व्यवहार समझने के लिए होता। यह अनुमान करना कठिन नहीं है कि कन्नौज-केन्द्रित साम्राज्य में अवधी का व्यापक व्यवहार न होता, तो अवधी की इतनी सामग्री देकर संस्कृत सिखाने का प्रयत्न अनावश्यक होता।

पारिवारिक परिवेश एक मात्र सन्दर्भ नहीं है जो दामोदर पंडित की निगाह में रहा हो। पाँचवाँ प्रकरण आर्थिक जीवन से सम्बन्धित है। इसकी व्याख्या निस्सन्देह 'बहुत महत्व' की होती; "इसमें अर्थ (द्रव्य) सम्बन्धी व्यावहारिक विषय के लेखों के लिखने का प्रकार बताया गया है। व्यावहारिक लेख का अर्थ है लोक व्यवहार में, परस्पर वस्तुओं का जो आदान-प्रदान किया जाता है, उसके प्रमाणस्वरूप जो लेख लिखे जाते हैं और जिन पर वस्तु के लेने वाले एवं देने वाले के हस्ताक्षरादि के सिवा, उस व्यवहार में साक्षीभूत होने वाले, तथा राजकीय कर्मचारी एवं अधिकारी आदि के हस्ताक्षरों का होना भी आवश्यक रहता है। वैसे व्यवहार विषयक लेख कैसे लिखने चाहिए, उनमें किन-किन बातों का उल्लेख होना चाहिए–इसका वर्णन इस प्रकरण में किया गया है। मूल कारिकाओं में तो संक्षेप में, उन लेखों में उल्लिखित की जाने वाली मुख्य-मुख्य बातों का सूचन मात्र किया गया है; पर इसकी वृत्ति में–जो हमें उपलब्ध नहीं हो रही है–

इस प्रकार के लेखों के उदाहरणभूत लिखे गये अनेक प्राचीन लेखों के अवतरण, उद्धरण आदि दिये गये होने चाहिए। क्योंकि ग्रन्थान्त की कारिकाओं में इसका स्पष्ट सूचन किया हुआ है" (पृष्ठ ९)

भाषा व्यवहार के उदाहरण प्रस्तुत करने की परम्परा काफी व्यापक रही है। उसे ध्यान में रखने से जिनविजय मुनि ने अप्राप्य वृत्ति के बारे में जो कुछ कहा है, वह सही प्रतीत होगा। इसी परम्परा के सन्दर्भ में उक्ति-व्यक्ति पर विचार करते हुए उन्होंने लिखा है: "इस प्रकार के व्यावहारिक लेखों की संग्रह रूप कुछ ग्रन्थात्मक कृतियाँ प्राचीन पुस्तक-भण्डारों में उपलब्ध होती हैं। बड़ौदा की 'गायकवाड्स ओरिएन्टल सीरीज' में ऐसा एक संग्रह प्रकाशित भी हुआ है जिसका नाम लेख पद्धति है। प्रस्तुत ग्रंथ के उक्त ५वें प्रकण में जिस प्रकार के लेखों का 'लिखन-क्रम-विधि' सूचित किया गया है, वैसे पचासों लेख इस लेख पद्धति में संगृहीत हैं। इनके अवलोकन से ज्ञात हो सकता है कि पंडित दामोदर ने भी अपनी ग्रन्थ वृत्ति में इसी प्रकार के अनेक लेखों का संग्रह किया होगा' (पृष्ठ ९)।

सौभाग्य से तीसरे प्रकरण के बाद मूल कारिका ९ का परिशिष्ट रूप प्राप्त है। नवीं कारिका में सकर्मक और अकर्मक धातुओं के प्रयोगों का उल्लेख है। जिनविजय मुनि ने लिखा है कि ऐसी धातुएँ सैकड़ों हैं, उनका समावेश नवीं कारिका की व्याख्या में न करके अलग प्रकरण लिखा गया है। डॉ० चाटुर्ज्या ने शंका की थी कि यह परिशिष्ट अंश दामोदर पंडित का लिखा हो सकता है, किसी और का भी। जिनविजय मुनि ने नवीं कारिका की व्याख्या के अन्त में दामोदर पंडित द्वारा इस परिशिष्ट के उल्लेख की ओर ध्यान दिलाया है: अवशिष्ट व्यापारांश्च कियतोऽपि प्रकीर्णके वक्ष्यामः। यह अंश काफी भरा-पूरा है, फिर भी शायद अधूरा है। "इसमें भ्वादि अदादि आदि १० गणों के धातुओं के, लोक भाषा में प्रचलित शब्द प्रयोगों का विस्तृत संग्रह किया गया है। इस परिशिष्ट में केवल प्रथम भ्वादि गण के धातु सम्बन्धी शब्द प्रयोग हैं। फिर आगे १ पृष्ठ जितना अंश, अदादि-जुहोत्यादि गण के धातु साधित शब्द प्रयोगों का है। बाद में दिवादि गण का प्रारम्भ होता है, जो प्रायः अपूर्ण मालूम देता है। इससे प्रतीत होता है कि यह प्रकीर्णात्मक प्रकरण, काफी बड़ा होगा। क्योंकि चुरादि गण आदि अन्य गणों के धातुओं की संख्या भी काफी बड़ी है" (पृष्ठ ८)। इस प्रकार वृत्तियों समेत यह ग्रन्थ काफी बड़ा रहा होगा। हिन्दी प्रदेश के एक क्षेत्र की भाषा और संस्कृति की जानकारी के लिए वह आंशिक रूप में प्राप्त है, यही बहुत है।

१२वीं सदी के इस ग्रन्थ में जिस अवधी के दर्शन होते हैं, वह उसी

शताब्दी में यह रूप न पा गई थी। उसका अस्तित्व और पहले से था। इस ग्रन्थ में अनेक कहावतें हैं जिनसे तत्कालीन अवधी का ज्ञान होता है। यह तथाकथित पुरानी अवधी नहीं है, यह आज की अवधी है। कुछ उदाहरण इस प्रकार हैं:

धर्मु भा, पापु गा।
धर्मु होइहा, पापु जाइहा।
जस जस धर्मु बाढ़, तसतस पापु घाट।
जइसें जइसें धर्मु जाम, तइसें तइसें पापु खाम।।
जब पूतु पाउ पखाल, तब पितरन्हु सर्गु देखाल।
तेली सरिसवा पेल, हाथी रूखु पेल।।

दामोदर पंडित काशी के थे। उनकी अवधी में पूर्वी और पश्चिमी दोनों छोरों की अवधी के रूप घुलमिल गये हैं।

इस समय न केवल अवधी जैसी जनपदीय भाषाओं का अस्तित्व था वरन् ये जनपदीय भाषाएँ एक दूसरे को प्रभावित भी करने लगी थीं।

अनेक विद्वान् शौरसेनी अपभ्रंश को सब अपभ्रंशों का आधार मानते हैं; साहित्य में जो अपभ्रंश प्राप्त है, उसका मूल ढाँचा शौरसेनी है, यह उनकी धारणा है। अपभ्रंश को वे पुरानी ब्रजभाषा भी कहते हैं। अपभ्रंश में अनेक रूप अवधी के हैं और वे तुलसीदास तथा जायसी के काव्य में मिलते हैं। अवधी और ब्रज का बहुत घनिष्ठ सम्बन्ध है। जायसी के समय में ही अनेक जनपदों के रूप आपस में घुलने-मिलने लगे थे। जायसी की भाषा का मूल ढाँचा अवधी का है पर उसमें अनेक तत्त्व पछाँही बोलियों के हैं। रामचरितमानस की भाषा में जनपदीय भाषा-तत्त्वों का मिश्रण और भी अधिक है। इस तथ्य पर जायसी ग्रन्थावली की भूमिका में रामचन्द्र शुक्ल ने ध्यान दिया था: जायसी ने "तुलसीदास जी के समान सकर्मक भूतकालिक क्रिया के लिंगवचन अधिकतर पच्छिमी हिन्दी के ढंग पर कर्म के अनुसार ही रखे हैं" (जायसी ग्रन्थावली, पृष्ठ १९२); "इसी प्रकार भूतकालिक क्रिया का पुरुष-भेद-शून्य पश्चिमी रूप भी प्रायः मिलता है" (उप०)। यह प्रक्रिया काफी पुरानी थी। अपभ्रंश में ही अनेक जनपदीय भाषाओं के तत्त्व मिलते हैं क्योंकि जनपदों की भाषाएँ विद्यमान हैं, जनपदों का अलगाव कम होता जा रहा है। जनपदीय भाषाओं का यह परस्पर सम्पर्क बोलचाल की भाषा के स्तर पर जायसी में दिखाई देता है, साहित्यिक रूढ़ भाषा के स्तर पर अपभ्रंश में दिखाई देता है।

अवहट्ठ भाषा

—प्रो० शिवप्रसाद सिंह

अवहट्ठ शब्द का इतिहास

भाषा-शास्त्रियों के बीच अवहट्ठ काफ़ी विवाद का विषय रहा है। भिन्न-भिन्न विद्वानों ने कभी इसे मैथिल अपभ्रंश, कभी संक्रान्तिकालीन भाषा और कभी पिंगल आदि नाम दिये हैं। यह विचारणीय है कि अवहट्ठ शब्द क्या है और इसका प्रयोग अब तक के उपलब्ध साहित्य में किस-किस रूप में हुआ है।

१. अवहट्ठ का सबसे पहला प्रयोग ज्योतिरीश्वर ठाकुर के वर्णरत्नाकर (१३२५ ई०) में मिलता है। राजसभाओं में भाट जिन छः भाषाओं का वर्णन करते हैं उनमें एक अवहट्ठ भी हैः

पुनु कइसन भाट, संस्कृत, पराकृत, अवहट्ठ, पैशाची, शौरसेनी मागधी, छहु भाषाक तत्त्वज्ञ, शकारी, आभीरी, चांडाली, सावली, द्राविली, औतकली, विजातिया, सातहु, उपभाषाक कुशलह। वर्णरत्नाकर ५५ ख।

२. दूसरा प्रयोग विद्यापति की कीर्तिलता में हुआ है। अपनी भाषा के बारे में विचार व्यक्त करते हुए कवि कहता हैः

सक्कय वाणी वुहअन भावइ
पाउअ रस को मम्म न पावइ
देसिल बअना सब जब मिट्ठा
तं तैसन जम्पओ अवहट्ठा कीर्तिलता १/१९-२२

३. तीसरा प्रयोग प्राकृत पैंगलम् के टीकाकार वंशीधर ने किया है। उनकी राय से प्राकृत पैंगलम् की भाषा अवहट्ठ ही है।

पढमं मास तरंडो
णाओ सो पिंगलो जअइ (१ गाहा)

टीका : प्रथमो भाषातरंडः प्रथम आद्यः भाषा अवहट्ठ भाषा यया भाषया अयं ग्रंथो रचितः सा अवहट्ठ भाषा तस्या इत्यर्थः त...प्प पारंप्राप्नोति तथा पिंगल प्रणीत छन्दः शास्त्रं प्राययावहट्ठ भाषारचितैः तद्ग्रन्थ पारंप्राप्नोतीति भावः सो पिंगल णाओ जअइ उत्कर्षेण वर्तते।

प्राकृत पैंगलम् पृ० ३।

४. चौथा प्रयोग संदेशरासक के रचयिता अद्दहमाण ने किया है।

अवहट्ठस सक्कय पाइयंमि पेसाइयंमि भाषाए
लक्खणछन्दाहरणे सूकइतं भूसियं जेहि

सन्देशरासक, ६

इन चारों प्रयोगों पर विचार करने से पता चलता है कि अवहट्ठ का प्रयोग सब जगह अपभ्रंश के लिए ही किया गया है। षट्भाषा प्रसंग में सर्वत्र संस्कृत प्राकृत के पश्चात् अपभ्रंश का ही नाम लिया जाता है। षट्भाषा का रूढ़ प्रयोग हमारे साहित्य में कई जगह हुआ है। लोष्ठदेव कवि की प्रशंसा में मंख कहता है कि छः भाषाएँ उसके मुख में सदैव निवास करती हैं।[१] जयानक सोमेश्वर के पुत्र पृथ्वीराज की बड़ाई करता है और कहता है कि छः भाषाओं में उसकी शक्ति थी।[२] ये छः भाषाएँ कौन थीं। मंख के श्रीकंठ चरित की टीका से पता चलता है कि छः भाषाओं में संस्कृत, प्राकृत, शौरसेनी अपभ्रंश, मागधी, पैशाची और देशी की गणना होती थी :

संस्कृतं प्राकृतं चैव शूरसेनी तदुद्भवा।
ततोपि मागधी प्राग्वत् पैशाची देशजाऽपि च॥

नवीं शती के संस्कृत आचार्य रुद्रट ने काव्यालंकार में छः भाषाओं के प्रसंग में अपभ्रंश को भी स्थान दिया है।

प्राकृत संस्कृत मागध पिशाचभाषाश्च शौरसेनी च
षष्ठोत्र भूरिभेदो देशविशेषादपभ्रंशः

काव्यालंकार २/१

---

१. मुखे यस्य भाषाः षडधिशेरते (श्रीकंठ चरितः अन्तिसर्ग)

२. वाल्येऽनि लीला जितताराकाणि गीर्वाणावाहिन्युपकारकाणि
जयन्ति सोमेश्वरनन्दनस्य षणूणां गिरां शक्तिमतो यशांसि

पृथ्वीराज विजय (प्र० सं)

ऊपर के श्लोक की छः भाषाएँ ज्योतिरीश्वर के वर्णरत्नाकर के उदाहरण से पूर्णतया मेल खाली हैं। इन प्रसंगों से स्पष्ट मालूम होता है कि अपभ्रंश को ही ज्योतिरीश्वर ने अवहट्ठ कहा है।

विद्यापति और अद्दहमाण ने संस्कृत प्राकृत और अवहट्ठ इन तीन भाषाओं की चर्चा की है। यह भाषात्रयी भी काफी प्रसिद्ध है। संस्कृत प्राकृत के साथ अपभ्रंश की तीन भाषाओं में गणना बहुत लोगों ने की है।

भाषा के विकास क्रम में संस्कृत और प्राकृत के पश्चात् अपभ्रंश की गणना होती ही है। भामह, दंडी आदि आलंकारिकों द्वारा प्रयुक्त भाषात्रयी में अपभ्रंश को सदा तीसरा स्थान दिया गया है। बलभी नरेश धारसेन के ताम्रपत्र में भी तीन भाषाओं के क्रम में तीसरा स्थान अपभ्रंश का ही है। इस प्रकार भाषात्रयी के प्रसंग में संस्कृत प्राकृत के बाद अपभ्रंश का क्रम रूढ़ मालूम होता है। अतः विद्यापति की चौपई और अद्दहमाण की गाथा का अवहट्ठ शब्द भी इस भाषात्रयी के क्रम को देखते हुए, अपभ्रंश के लिए ही व्यवहृत मालूम पड़ता है।

इस तरह यह स्पष्ट हो जाता है अवहट्ठ शब्द का प्रयोग अपभ्रंश के अर्थ में ही हुआ है। अवहट्ठ शब्द की तरह अपभ्रंश के द्योतक कुछ और शब्दों का भी सन्धान मिलता है। अवब्भंस, अवहंस, अवहत्थ आदि शब्दों के प्रयोग प्राचीन लेखकों की रचनाओं में मिलते हैं। अवहंस शब्द का प्रयोग प्राकृत भाषा के एक कवि ने किया है। अपभ्रंश काव्यत्रयी की भूमिका में श्री एल०वी० गाँधी ने आठवीं शताब्दी के उद्योतनसूरि की 'कुवलयमाला कहा' का एक उद्धरण दिया है, जिसमें अवहंस शब्द का प्रयोग हुआ है। अपभ्रंश की प्रशंसा करते हुए कवि ने कहा है कि अपभ्रंश शुद्ध हो या कि संस्कृत-प्राकृत मिश्रित हो, वह पहाड़ी कुल्या की तरह अप्रतिहतगति है तथा प्रणय कुपित प्रियतमा के संलाप की तरह मनोहर है।[१] अपभ्रंश शब्द का प्रयोग अवब्बंस के रूप में भी होता था।[२] अपभ्रंश के दो सर्वश्रेष्ठ कवियों के इसी अर्थ में अपभ्रंश शब्द के लिए अवहंस और अवहत्थ का प्रयोग किया है। पुष्पदन्त कवि संस्कृत और प्राकृत के बाद

---

१. ता किं अवहंसं होइ ? तं सक्कय पय उभय सुद्धासुद्ध पय सम तरंग संगत वग्गिरं, पणय कुविय पियमाणिनि समुल्लाव सरिसं मणोहरम्।

२. किं चिं अवब्भंस कआ दा।
(अल्फ्रेड मास्टर द्वारा B.S.O.A.S. भाग १३-२ में उद्धृत)

'अवहंस' का नाम लेते हैं।[१] प्रसिद्ध कलिकालसर्वज्ञ कवि स्वयंभू ने अपनी रामायण में अवहत्थ शब्द का प्रयोग किया है।[२]

अब हम यदि इन शब्दों के प्रयोगों के कालक्रम पर विचार करें तो एक महत्त्वपूर्ण तथ्य सामने आता है। संस्कृत के आलंकारिकों ने अपभ्रंश भाषा के लिए सर्वत्र 'अपभ्रंश' शब्द का प्रयोग किया, या यह कि उनके द्वारा रखा हुआ यह नाम ही इस भाषा के लिए रूढ़ हो गया। किन्तु प्राकृत के कवियों ने इसे अवहंस कहा। अपभ्रंश के कवियों, पुष्पदन्त आदि, ने भी इसे अवहंस ही कहा। 'अवहट्ठ' कहा अद्दहमाण ने, प्राकृत पैंगलम् के टीकाकार वंशीधर ने, विद्यापति और ज्योतिरीश्वर ने। इस आधार पर विचार करने से लगता है कि 'अवहट्ट' शब्द का प्रयोग केवल परवर्ती अपभ्रंश के कवियों ने किया। क्या इस आधार पर यह नहीं कहा जा सकता कि परवर्ती अपभ्रंश या अवहंस या बहुप्रचलित 'देसी' शब्द का भी प्रयोग कर सकते थे; परन्तु उन्होंने वैसा नहीं किया। इससे सहज अनुमान किया जा सकता है कि अवहट्ठ शब्द पीछे का है और इसका प्रयोग परवर्ती अपभ्रंश के कवियों ने पूर्ववर्ती अपभ्रंश की तुलना में थोड़ी परिवर्तित भाषा के लिए किया। वंशीधर ने तो संस्कृत की टीका में सर्वत्र 'अवहट्ठ' ही लिखा, जबकि संस्कृत में अपभ्रंश या अपभ्रष्ट का प्रयोग ही प्रायः होता था।

कहना चाहें तो कह सकते हैं कि वह प्रयोग जानकर हुआ और 'अपभ्रष्ट' की भी भ्रष्टता (भाषाशास्त्र की शब्दावली में विकास) दिखाने के लिए किया गया, यानी इस शब्द के मूल में परिनिष्ठित अपभ्रंश के और भी अधिक विकसित होने की भावना थी।

अवहट्ठ और परवर्ती अपभ्रंश

'अवहट्ठ' नाम परवर्ती अपभ्रंश के कवियों की इच्दा से रखा गया हो या जिस भी किसी कारण से इसका प्रयोग हुआ हो, इसकी शब्दगत शक्ति इसे अपभ्रंश से भिन्न बताने में असमर्थ है। यह वस्तुतः परिनिष्ठित अपभ्रंश की ही थोड़ी बढ़ी हुई भाषा का रूप है और इसके मूल में पश्चिमी अपभ्रंश की अधिकांश प्रवृत्तियाँ काम करती हैं। परवर्ती अपभ्रंश भाषा की दृष्टि से परिनिष्ठत से भिन्न हो गया था। उसमें बहुत से नए विकसित तत्त्व दिखाई पड़ते हैं। विभक्तियों के एकदम नष्ट हो जाने अथवा लुप्त हो जाने के कारण अपभ्रंश काल में ही परसर्गों का प्रयोग आरंभ हो गया था, उनकी संख्या इस काल में

---

१. सक्क्य पायउ पुणु अवहंसउ, (महापुराण, सन्धि ५ कड़वक १८)

२. अवहत्थे वि खलु यणु णिरवसेसु रामायण १-४ हिन्दी काव्य धारा

और भी बढ़ गई। वाक्य के स्थानक्रम से अर्थबोध की प्रणाली निर्विभक्तिक प्रयोग का परिणाम थी, वह और भी सबल हुई। सर्वनामों तथा क्रियापदों में बहुत सी नवीनताएँ दिखाई पड़ीं। इन सबको समष्टिगत रूप से देखते हुए यदि इस काल की भाषा के लिए अपभ्रंश से भिन्न किसी नाम की तलाश हो तो वह नाम बिना आपत्ति के 'अवहट्ठ' हो सकता है। जैसा पहले ही कहा गया, इस शब्द में इस प्रकार के अर्थ की कोई ध्वनि न होते हुए भी उसके प्रयोक्ताओं के कालक्रम और उनकी भाषा की विशेषताओं को देखते हुए यह नाम कोई बहुत अनुचित नहीं कहा जा सकता। इस निबंध में हम इसी परवर्ती अपभ्रंश के लिए यह नाम स्वीकार करते हैं।

हमारे विचार से अवहट्ठ परवर्ती अपभ्रंश का वह रूप है जिसके मूल में परिनिष्ठित अपभ्रंश यानी शौरसेनी है। व्यापक प्रचार के कारण इसमें कई रूप दिखाई पड़ते हैं। परवर्ती अपभ्रंश या अवहट्ठ भिन्न-भिन्न स्थानों की क्षेत्रीय भाषाओं से प्रभावित हुआ है, जैसा हर साहित्य-भाषा होती है। इसके भीतर नाना क्षेत्रों के शब्द रूप मिलेंगे। चाहे तो पश्चिमी-पूर्वी भेद भी कर सकते हैं, पर इन तमाम विभिन्नताओं के भीतर इसका एक ऐसा भी ढाँचा है जो प्रायः एक-सा है। क्षेत्रीय भाषाओं का रंग कभी-कभी बहुत गाढ़ा हो गया है, वहाँ इसके ढाँचे को ढूँढ़ सकना मुश्किल है पर इससे पश्चिम से पूरब तक इनके व्यापक प्रभाव का पता चलता है। इसी अवहट्ठ के बारे में हम आगे विचार करेंगे। अन्य लोगों ने इसका कुछ भिन्न अर्थ भी किया है वहाँ इस शब्द के स्थान पर भ्रम निवारण के लिए परवर्ती अपभ्रंश का भी प्रयोग है।

अवहट्ठ मिथिलापभ्रंश नहीं है

अवहट्ठ भाषा के समुचित शास्त्रीय अध्ययन के अभाव के कारण कुछ विद्वानों ने इसे मिथिलापभ्रंश मान लिया। इसके मुख्यतया दो कारण थे। पहला यह कि अब तक एकमात्र कीर्तिलता अवहट्ठ की प्रतिपाद्य सामग्री बनी हुई थी। दूसरा कारण अवहट्ठ शब्द के प्रयोग से सम्बद्ध है। विद्वानों को विश्वास था कि अवहट्ठ शब्द का प्रयोग अब तक केवल दो ही स्थानों में हुआ है। एक स्वयं विद्यापति ने कीर्तिलता में ही किया है, दूसरा प्रयोग ज्योतिरीश्वर ठाकुर के वर्णरत्नाकर में मिलता है। ये दोनों प्रयोग निःसन्देह मैथिल कवियों ने किये हैं। अतः विद्वानों ने इन् प्रयोगों के आधार पर अवहट्ठ को मिथिलापभ्रंश कह दिया। फिर भी जिन लोगों ने अवहट्ठको मिथिलापभ्रंश माना है उनके तर्कों और प्रमाणों पर समुचित विचार अपेक्षित है। सर्व प्रथम कीर्तिलता के मान्य सम्पादक डॉ० बाबूराम सक्सेना ने कीर्तिलता की भूमिका में कीर्तिलता की भाषा को (अर्थात्

अवहट्ठ को) आधुनिक मैथिली और मध्यकालीन प्राकृत के बीच की बताया।[१] दूसरी जगह उन्होंने कीर्तिलता के अपभ्रष्ट को मैथिली अपभ्रंश कहना उचित समझा।[२]

सक्सेना जी ने अपने मत की पुष्टि के लिए कोई खास तर्क नहीं उपस्थित किए। शायद उन्होंने इस विषय को विवादास्पद समझा ही नहीं अथवा उन्होंने कीर्तिलता की भाषा की प्रान्तीय विशेषताओं पर दृष्टि रखते हुए यह चलता वक्तव्य दे दिया। कीर्तिलता की भाषा पर मैथिली का रंग अवश्य है, परन्तु उसके मूल में शौरसेनी अपभ्रंश की प्रवृत्तियाँ हैं, इसे कौन अस्वीकार कर सकता है। कीर्तिलता की भाषा पर खास रूप में विचार करते समय हम इधर ध्यान आकृष्ट करेंगे। डॉ० उमेश मिश्र, डॉ० जयकान्त मिश्र ने भी कीर्तिलता की भाषा को मिथिलापभ्रंश स्वीकार किया है। इस दिशा में सबसे अधिक परिश्रम के साथ स्व० पं० शिवनन्दन ठाकुर ने अध्ययन किया और उन्होंने अवहट्ठ को मिथिलापभ्रंश सिद्ध करने के लिए बहुत से कारण गिनाए हैं।[३] कई अन्य विद्वान् भी उनके तर्क और कारणों से सहमत हैं अतः परीक्षा के लिए उनकी स्थापनाओं पर विचार आवश्यक है।

शिवनन्दन ठाकुर ने अवहट्ठ को मिथिलापभ्रंश सिद्ध करने के लिए निम्नलिखित कारण बताये हैं।

१—अवहट्ठ के ग्रन्थों में ऐसे सैकड़ों शब्द मिलते हैं जो हेमव्याकरण के अपभ्रंश अध्याय से सिद्ध नहीं हो सकते।

२—अवहट्ठ कभी शौरसेनी अपभ्रंश नहीं हो सकता। इस प्रसंग में उन्होंने कीर्तिलता के कुछ पद्य तथा पुरानी अपभ्रंश का निम्न दोहा उद्धृत किया है।

जइ केवइ पावीसु पिउ अकिया कुड्डु करीसु
पाणिड नवइ सरावि जिवं सव्वंगों पइसीसु

दोनों की तुलना करते हुए उन्होंने बताया है कि कीर्तिलता की 'थि' विभक्ति (वर्तमान अन्य पुरुष) तथा 'ल' (भूतकाल) विभक्ति का व्यवहार अपभ्रंश में नहीं होता। सम्बन्ध की विभक्ति 'क' भी अपभ्रंश में नहीं पाई जाती। अपभ्रंश में 'करीसु' 'पइसीसु' शब्दों की (भविष्यत् काल) और सरावि शब्द की 'इ'

१. कीर्तिलता ना०प्र० सभा। १९८६ संवत् पृ० २३

२. वही, पृ० २०

३. महाकवि विद्यापतिः 'अवहट्ठ' सम्बन्धी निबन्ध

(अधिकरण काल) विभक्तियाँ कीर्तिलता में नहीं पायी जातीं। पूर्वकालिक प्रत्यय ओप्पिणु तथा ओप्पि, सर्वनाम एहो तथा महु मिथिलापभ्रंश में नहीं पाये जाते। इस तरह मालूम होता है कि कीर्तिलता का अवहट्ठ शौरसेनी अपभ्रंश नहीं है। यह ध्यान रखना चाहिए कि ऊपरका तर्क सुनीति बाबू के उस वक्तव्य के विरोध में दिया गया है जिसमें उन्होंने अवहट्ठ को शौरसेनी अपभ्रंश का कनिष्ठ रूप स्वीकार किया है।

३–सत्रहवीं शताब्दी के लोचन कवि की रागतरंगिणी के एक अंश से यह पता चलता है कि मिथिलापभ्रंश भी एक भाषा थी और वह मध्यदेशीय भाषा अर्थात् शौरसेनी से भिन्न थी।

४–ब्रजबुलि जिसे सुनीति बाबू से विचित्र पद्य में व्यवहृत दुर्बोध भाषा कहा है और जिसमें पश्चिमी हिन्दी के रूपों के साथ बँगला और मैथिली का सम्मिश्रण बताया है, वस्तुतः प्राचीन मैथिली ही है। (यहाँ प्राचीन मैथिली का अर्थ शायद मिथिलापभ्रंश से है।)

५–प्राकृतपैंगलम् के आधार पर यह निश्चित रूप से नहीं कहा जा सकता कि अवहट्ठ कौन सी भाषा है और इस ग्रन्थ में अवहट्ठ के उदाहरण हैं कि नहीं, क्योंकि इस ग्रंथ में अवहट्ठ शब्द का कहीं भी उल्लेख नहीं है।

६–बाद में उन्होंने कीर्तिलता के कुछ संज्ञा सर्वमान, लिंग, वचन, विशेषण, क्रिया आदि रूपों को लेकर उनकी मैथिली रूपों से तुलना करके यह सिद्ध करने का प्रयत्न किया है कि कीर्तिलता की भाषा मिथिलापभ्रंश है।

जब हम इन तर्कों पर विचार करते हैं तो यह कहते मुझे संकोच नहीं होता कि सत्य की कसौटी पर ये बिल्कुल ही अप्रामाणिक और लचर सिद्ध होते हैं। पहले तर्क के विषय में कोई भी पूछ सकता है कि हेम व्याकरण के अपभ्रंश अध्याय से सिद्ध होने का क्या मतलब ? भविसयत्तकहा की भूमिका में गुणे ने बहुत से ऐसे शब्दों के उदाहरण दिए हैं जो हेम व्याकरण से सिद्ध नहीं होते। परमात्मप्रकाश और योगसार में भी ऐसे उदाहरणों की भरमार है। जो हो, खुद शिवनन्दन ठाकुर ने अपने पक्ष के मंडन के लिए एक भी उदाहरण नहीं दिया जो हेम व्याकरण से सिद्ध न होते हों, अतः उस दिशा में विचार की सम्भावना ही समाप्त हो जाती है। अनुमान के आधार पर लगता है कि ऐसे शब्दों से उनका तात्पर्य या तो मैथिली के शब्दों से है या उन अपभ्रंश शब्दों से है जो घिस कर दूसरा रूप ले चुके हैं। पहले ही कहा जा चुका है कि अवहट्ठ चाहे वह पश्चिमी

हो या पूर्वी, उस पर विभिन्न प्रान्तों की बोलियों का प्रभाव स्पष्ट परिलक्षित होता है। जहाँ तक अन्य शब्दों के विकसित या परिवर्तित रूप का सम्बन्ध है वे स्पष्टतः अपभ्रंश के विकसित रूप हैं। जो परवर्ती अपभ्रंश में पूर्ववर्ती से थोड़ा भिन्न हो सकते हैं। उन्होंने कीर्तिलता के कुछ पद्य और 'जइ केवइ पावीसु' वाले दोहे की तुलना की है और सिद्ध किया है कि कीर्तिलता की भाषा शौरसेनी नहीं है। इस तुलना से स्पष्ट रूप से जिन बातों की ओर ध्यान जाना चाहिये था, उन पर विचार न करके और ही प्रश्न उठा दिया गया है। इस तुलना से तो स्पष्ट मालूम होना चाहिए था कि अपभ्रंश (पूर्ववर्ती) और अवहट्ठ (परवर्ती अपभ्रंश) का क्या अन्तर है। खैर 'थि' विभक्ति का प्रयोग शौरसेनी में नहीं होता, कीर्तिलता में होता है। कीर्तिलता में 'थि' विभक्ति का प्रयोग केवल १३ बार हुआ है जब कि अन्य पुरुष वर्तमान में सामान्य वर्तमान के होइ, कहइ आदि तिङ्न्त क्रिया रूपों का प्रयोग सैकड़ों बार हुआ है। कृदन्त से बने वर्तमान काल के रूपों का सामान्य वर्तमान के रूप में भी बहुत प्रयोग पाया जाता है। उसी प्रकार ल (भूतकाल) विभक्ति का प्रयोग भी प्रादेशिक प्रभाव है। पूर्वी क्षेत्र में यह प्रवृत्ति सर्वत्र पाई जाती है। यह मैथिल की नहीं सम्पूर्ण मागधी अर्धमागधीनिसृत भाषाओं की अपनी विशेषता है। यह विभक्ति मराठी में भी मिलती है। यह सत्य है कि सबन्ध की 'क' विभक्ति शौरसेनी में नहीं पाई जाती। कीर्तिलता में षष्ठी में प्रयुक्त परसर्गों में क के अलावा करे, को, करी, कर, का, को, के आदि रूप मिलते हैं। इसमें क और के मागधी प्रभावित हैं; लेकिन बाकी सब शौरसेनी में मिलते हैं। कर, करी और को तो ब्रज में पाये जाते हैं पर उनका मैथिल में मिलना असम्भव ही है। पावीसु, करीसु आदि के रूपों के आधार पर भविष्य काल की विभक्तियों का निर्णय करना मुश्किल है। कीर्तिलता में 'होसउ' 'होसइ' के रूप में 'स' विभक्ति वाले रूप भी मिलते ही हैं। इसके अतिरिक्त 'ह' विभक्ति वाले रूप, जो शौरसेनी में भी मिलते हैं, बुज्झिह, करिह, धरिज्जिह, सीझिहइ आदि पदों में देखे जा सकते हैं।

सारावि में अधिकरण की 'इ' विभक्ति अवश्य है किन्तु यह 'इ' विभक्ति ही केवल शौरसेनी अपभ्रंश में हो ऐसी बात नहीं है। अधिकरण की विभक्ति 'हि' और 'इ' दोनों का अपभ्रंश में प्राचुर्य है। अकारान्त शब्दों के साथ 'इ' का रूप ही 'ए' हो जाता है। इस 'ए' रूप का प्रयोग कीर्तिलता में सैकड़ों बार हुआ है। 'हि' विभक्तियुक्त प्रयोगों का भी बाहुल्य है। पूर्वकालिक प्रत्यय ओप्पिणु तथा ओप्पि का प्रयोग कीर्तिलता में नहीं हुआ है। परन्तु पूर्वकालिक क्रिया के लिए केवल ओप्पि और ओप्पिणु का ही प्रयोग शौरसेनी अपभ्रंश में नहीं होता।

वहाँ तो आठ प्रकार के प्रत्यय प्रयोग में आते हैं।[१]

इ, इउ, इवि, अधि
एप्पि, एप्पिणु, एवि एविणु

कीर्तिलता में 'इ' का प्रयोग बहुलांश में पाया जाता है। एहो तथा महु पश्चिमी अपभ्रंश में मिलते हैं और कीर्तिलता में नहीं मिलते। एहो का ही रूप एहु (२/२३७) कीर्तिलता में मिलता है और तुझ, तासु, तसु, जो, केहु, कहु, जेन, जसु आदि बहुत से पश्चिमी अपभ्रंश के सर्वनाम कीर्तिलता के प्रति पृष्ठ पर प्राप्त होते हैं। इस प्रकार हम देखते हैं कि उनकी इस तुलना का कोई मूल्य नहीं और इसके आधार पर यह कदापि नहीं सिद्ध होता कि कीर्तिलता की भाषा, जिसे वे अवहट्ठ नाम देते हैं, शौरसेनी अपभ्रंश से कोई सम्बन्ध नहीं रखती।'

सत्रहवीं शताब्दी के लोचन कवि की रागतरंगिणी का वह अंश इस प्रकार है।

देश्यामपि स्वदेशीयत्वात् प्रथमं मिथिलाभ्रंशभाषायां
श्री विद्यापतिनिवद्धस्ता मैथिलीगीतगतयः प्रदर्शन्ते।

इस गद्यांश से स्पष्ट परिलक्षित होता है कि लोचन कवि के मिथिलापभ्रंश का तात्पर्य अवहट्ठ से या कीर्तिलता की भाषा से नहीं है। उनका तात्पर्य स्पष्ट रूप से विद्यापति की पदावली की भाषा से है। वे "मैथिलीगीतगतयः" कह कर ही उसे स्पष्ट कर देते हैं। वे देशी भाषाओं का वर्णन कर रहे थे इसी से उन्होंने 'देश्यामपि स्वदेशीयत्वात्' कहा है। मैथिल भाषा उनके लिए स्वदेशी थी। अपभ्रंश शब्द का प्रयोग वैयाकरणों, लेखकों एवं कवियों ने बड़ी स्वच्छन्दता से किया है। यहाँ अपभ्रंश का प्रयोग मैथिली भाषा के लिए ही हुआ है, जिसमें विद्यापति के पद लिखे गए हैं।

ब्रजबुलि का प्रचार मिथिला में अवश्य था; किन्तु वह प्राचीन मैथिली ही है इसे स्वीकार नहीं किया जा सकता। वस्तुतः ब्रजबुलि ब्रजभाषा और मैथिली का सम्मिश्रण है। ब्रजबुलि के प्रसार से ही यह बात और भी स्पष्ट रूप से सिद्ध हो जाती है कि कनिष्ठ शौरसेनी अपभ्रंश का संक्रान्ति युग में पूरी बंगाल, मिथिला आदि में फैल जाना मुश्किल नहीं है। "ब्रजबुलि इस बात का द्योतक है कि एक बनावटी भाषा भी दूसरे प्रान्त में काव्य भाषा के रूप में किसी प्रकार ग्रहण की जा सकती है और इसी से इस बात का भी प्रमाण मिलता है

---

१. हेम। ८/४/३३९, ४०।

कि किस प्रकार शौरसेनी अपभ्रंश या अवहट्ठ मध्यदेश के अलावा बंगाल आदि में छाया हुआ था।"[१]

जहाँ तक प्राकृत पैंगलम् की भाषा का सवाल है उसके टीकाकार ने उसे अवहट्ठ कहा है।[२] यद्यपि उस अवहट्ठ का अर्थ शिवनन्दन ठाकुर का अवहट्ठ (मिथिलापभ्रंश) नहीं है। प्राकृत पैंगलम परवर्ती अपभ्रंश का अच्छा नमूना है और उसकी भाषागत विशेषताओं पर आगे विचार किया जायेगा।

अन्त में उन्होंने जो कीर्तिलता के कुछ रूपों और मैथिली भाषा के रूपों में साम्य दिखाए हैं वे बहुत थोड़े हैं और उन्हें देशगत विशेषताएँ मान लेने से तर्क समाप्त हो जाता है। ऊपर के विवाद का उत्तर विस्तार से इसीलिए देना पड़ा कि उससे अवहठ्ठ को मिथिलापभ्रंश मानने के भ्रम का परिहार तो हो ही, साथ ही इसके मूल में पश्चिमी अपभ्रंश की प्रवृत्तियाँ हैं, इसकी भी हल्की झलक मिल जाय। इसी तरह अवहट्ठ को केवल प्रान्तीय प्रभावों को दृष्टि में रखकर क्षेत्रीय नाम भी नहीं देने चाहिए।

अवहट्ठ और पिंगल

शौरसेनी अपभ्रंश का अग्रसरीभूत रूप यानी अवहट्ठ राजस्थान में पिंगल नाम से प्रसिद्ध था। अवहट्ठ ही पिंगल था इस बात का कोई प्रामाणिक संकेत उपलब्ध नहीं होता, किन्तु परवर्ती पश्चिमी अपभ्रंश (अवहट्ठ) और पिंगल के भाषा तत्त्वों की एकरूपता देखकर भाषाविदों ने यह स्वीकार किया कि अवहट्ठ ही पिंगल है। डॉ० सुनीतिकुमार चाटुर्ज्या ने लिखा है कि "शौरसेनी अपभ्रंश का कनिष्ठ रूप, जो भाषिक गठन और साधारण आकार-प्रकार की दृष्टि से परिनिष्ठत अपभ्रंश १००० ईस्वी और ब्रजभाषा १५०० ई० के बीच की कड़ी था, अवहट्ट के नाम से अभिहित होता था, प्राकृतपैंगलम् में इस भाषा में लिखी कविताओं का संकलन हुआ था। राजपूताना में अवहट्ठ पिंगल नाम से ख्यात था और स्थानीय चारण कवि इसे सुगठित और सामान्य साहित्यिक भाषा मानते हुए इसमें भी काव्य-रचना करते थे, साथ ही डिंगल और राजस्थानी बोलियों में भी।"[३] डॉ० चाटुर्ज्यां ने इस मान्यता के लिए कि अवहट्ठ ही राजस्थान में पिंगल कहा जाता था, कोई प्रमाण नहीं दिया। डॉ० तेसीतोरी हेमचन्द्र के बाद के अग्रसरीभूत अपभ्रंश को दो मुख्य श्रेणियों में बाँटते हैं। गुजरात और राजस्थान

---

१. डॉ० चटर्जी, ओरिजिन एंड डेवलपमेंट आव् बेंगाली लैग्वेज़ पृ० १०४

२. प्रबम....आद्यभाषा अवहट्ठ भाषा....प्रा० पै० गाहा १ टीका

३. आरिजिन ऐण्ड डेक्लपमेंट ऑब द बेंगाली लैंग्वेज़, पृ० ११३-१४।

के पश्चिमी भाग की भाषा जिसे वे पुरानी पश्चिमी राजस्थानी कहते हैं और दूसरी शूरसेन और राजस्थान के पूर्व भाग की भाषा जिसे वे पिंगल अपभ्रंश नाम देना चाहते हैं। "विकासक्रम से इस भाषा (अपभ्रंश) की वह अवस्था आती है जिसे मैंने प्राचीन पश्चिमी राजस्थानी कहा है। यह ध्यान देने की बात है कि पिंगल अपभ्रंश उस भाषा समूह की शुद्ध प्रतिनिधि नहीं है जिससे प्राचीन पश्चिमी राजस्थानी उत्पन्न हुई बल्कि इसमें ऐसे तत्व हैं जिनका आदि स्थान पूर्वी राजपूताना मालूम होता है। और जो अब मेवाती, जयपुरी, मालवी आदि पूर्वी राजस्थानी बोलियों तथा पश्चिमी हिन्दी (ब्रजभाषा) में विकसित हो गये हैं।"[१] डॉ० तेसीतोरी के पिंगल अपभ्रंश नाम के पीछे राजस्थान की पिंगल भाषा की परम्परा और प्राकृत पिंगल सूत्र में संयुक्त 'पिंगल' शब्द का आधार प्रतीत होता है। राजस्थानी साहित्य में डिंगल की तुलना में प्रायः पिंगल का नाम आता है। एक ओर यह पिंगल नाम और दूसरी ओर पिंगल सूत्र की भाषा में प्राचीन पश्चिमी हिन्दी या ब्रजभाषा के तत्वों को देखते हुए डॉ० तेसीतोरी ने इस भाषा का नाम पिंगल अपभ्रंश रखना उचित समझा।

पिंगल को प्रायः सभी विद्वान् ब्रजभाषा से किसी-न-किसी रूप में सम्बद्ध मानते हैं। हालाँकि डिंगल सम्बन्धी वाद-विवाद के कारण इस शब्द की भी काफी विवेचना हुई और कई प्रकार के मोह और न्यस्त अभिप्रायों के कारण जिस प्रकार डिंगल शब्द के अर्थ, इतिहास और परम्परा को वितण्डावाद के चक्र में पड़ना पड़ा, वैसे ही पिंगल शब्द को भी। पिंगल के महत्व और उसके सांस्कृतिक दाय को समझने के लिए आवश्यक है कि हम स्पष्ट और निष्पक्ष भाव से इस शब्द के इतिहास को ढूँढ़ें। केवल डिंगल के तुक पर पिंगल और पिंगल के तुक पर डिंगल की उत्पत्ति का अनुमान लगा लेना और अपने मत को सर्वाधिक महत्वपूर्ण बताना न तो तथ्य जानने का सही तरीका कहा जा सकता है और न तो इससे किसी प्रकार विवाद के समाधान का प्रयत्न ही कह सकते हैं।

डॉ० रामकुमार वर्मा 'हिन्दी साहित्य का आलोचनात्मक इतिहास' में लिखते हैं: "डिंगल काव्य पिंगल से अपेक्षाकृत प्राचीन है, जब ब्रजभाषा की उत्पत्ति हुई और उसमें काव्य रचना की जाने लगी तब दोनों में अन्तर बताने के लिए दोनों का नामकरण हुआ। इतना तो निश्चित ही है कि ब्रजभाषा में काव्य रचना के पूर्व ही राजस्थान में काव्य रचना होने लगी थी। अतएव पिंगल

१. पुरानी राजस्थानी, पृ० ६।

के आधार पर डिंगल नाम होने की अपेक्षा यही उचित ज्ञात होता है कि डिंगल के आधार पर पिंगल शब्द का उपयोग किया गया होगा। इस कथन की सार्थकता इससे भी ज्ञात होती है कि पिंगल का तात्पर्य छन्द शास्त्र से है। ब्रजभाषा न तो छन्द शास्त्र ही है और न तो उसमें रचित काव्य छन्द-शास्त्र के नियमों के निरूपण के लिए ही हैं, अतएव पिंगल शब्द ब्रजभाषा काव्य के लिए एक प्रकार से अनुपयुक्त ही माना जाना चाहिए।"[१] ऊपर का निर्णय कतिपय उन विद्वानों के मतों के विरोध में दिया गया है जो पिंगल को ब्रजभाषा का पुराना रूप कहते हैं और उसे डिंगल से प्राचीन मानते हैं। श्री हरप्रसाद शास्त्री ने डिंगल-पिंगल के नामकरण पर प्रकाश डालते हुए लिखा कि डिंगल शब्द की व्युत्पत्ति 'डगल' शब्द से सम्भव है। बाद में तुक मिलाने के लिए पिंगल की तरह इसे डिंगल कर दिया गया। डिंगल किसी भाषा का नाम नहीं है, कविता शैली का नाम है।[२] श्री मोतीलाल मेनारिया शास्त्रीजी के मत को एकदम निराधार मानते हैं क्योंकि शास्त्रीजी ने अल्लूजी चारण के जिस छन्द से इस शब्द को पकड़ा उसमें भाषा की कोई बात नहीं है।[३] किन्तु शास्त्रीजी ने भी भाषा की बात नहीं की, उन्होंने स्पष्ट कहा कि डगल शब्द मरुभूमि का समानार्थी है, सम्भवतः इसी आधार पर मरुभूमि की भाषा डगल कही जाती रही होगी, बाद में पिंगल से तुक मिलाने के लिए इसे डिंगल कर दिया गया। शास्त्रीजी के इस 'डगल' शब्द को ही लक्ष्य करते हुए सम्भवतः तेसीतोरी ने कहा कि डिंगल का न तो डगल से कोई सम्बन्ध है न तो राजस्थानी चारणों और लेखकों के गढ़े हुए किसी अद्‌भुत शब्द-रूप से। डिंगल एक ऐसा शब्द है जिसका अर्थ है 'अनियमित' अर्थात् जो छन्द के नियमों का अनुसरण नहीं करता। ब्रजभाषा परिमार्जित थी और छन्दशास्त्र के नियमों का अनुसरण करती थी, इसलिए उसे पिंगल कहा गया और इसे डिंगल।[४] ढोला मारू रा दूहा के सम्पादकगण पिंगल और डिंगल के सम्बन्धों पर विचार करते हुए लिखते हैं: डिंगल नाम बहुत पुराना नहीं है, जब ब्रजभाषा साहित्य-सम्पन्न होने लगी और सूरदासादि ने उसको ऊँचा उठाकर हिन्दी क्षेत्र में सर्वोच्च आसन पर बिठा दिया तो उसकी मोहिनी राजस्थान पर भी पड़ी, इस प्रकार ब्रज या बजमिश्रित भाषा में जो रचना हुई वह पिंगल कहलायी। आगे

१. हिन्दी साहित्य का आलोचनात्मक इतिहास, संशोधित सं० १९५४, पृ० १३९-४०।
२. पिलीमिनेरी रिपोर्ट ऑन द ऑपरेशन इन सर्च ऑव मैन्युस्क्रिप्ट्स ऑव वॉडिक क्रोनकिल्स, पृ० १५।
३. राजस्थानी भाषा और साहित्य, पृ० १७।
४. जर्नल ऑव द एशियाटिक सोसाइटी ऑव बेंगाल, भाग १०, १८१४, पृ० ३७३।

चलकर उसके नाम-साम्य पर पिंगल से भिन्न रचना डिंगल कहलाने लगी।[१] इस प्रकार के और भी अनेक मत उद्धृत किये जा सकते हैं जिसमें डिंगल और पिंगल के तुकसाम्य पर जोर दिया गया है और पिंगल को डिंगल का पूर्ववर्ती बताया गया है।

डॉ० वर्मा के निष्कर्ष और ऊपर उद्धृत कुछ मतों की परस्पर विरोधी विचार-शृंखला में साम्य की कोई गुंजाइश नहीं मालूम होती। वर्माजी का मत अति शीघ्रताजन्य और प्रमाणहीन मालूम होता है। यदि डिंगल काव्य ब्रजभाषा से प्राचीन हैं और बाद में ब्रजभाषा की उत्पत्ति हुई तो दोनों में एकाएक कौन-सी उलझन पैदा हो गयी, जिसके लिए डिंगल और पिंगल जैसे नाम चुनने की जरूरत आ गयी। 'ब्रजभाषा में काव्य रचना होने के पूर्व ही राज्स्थान में काव्य-रचना होती थी' यह कोई तर्क नहीं है। राजस्थान में काव्य-रचना होती थी, इसका अर्थ यह तो नहीं कि डिंगल में ही काव्य-रचना होती थी, राजस्थान में संस्कृत और प्राकृत में भी काव्य-रचना हो सकती है। जो भी हो यह तर्क कोई बहुत प्रमाणित नहीं प्रतीत होता। पिंगल छन्द-शास्त्र को कहते हैं फिर ब्रजभाषा का पिंगल नाम क्यों पड़ा ?

पिंगल और डिंगल दोनों शब्दों के प्रयोगों पर भी थोड़ा विचार होना चाहिए। पिंगल शब्द का सबसे प्राचीन प्रयोग जो अब तक ज्ञात हो सका है, गुरु गोविन्द सिंह के दशम ग्रन्थ में दिखायी पड़ता है। सिक्ख सम्प्रदाय के प्रसिद्ध गुरु गोविन्द सिंह ब्रजभाषा के बहुत बड़े कवि भी थे। उन्होंने अपने 'विचित्र नाटक' (१७२३ के आस-पास) में पिंगल भाषा का जिक्र किया है।[२] जब कि डिंगल शब्द का सबसे पहला प्रयोग सम्भवतः जोधपुर के कवि राजा बाँकी दास के 'कुकविबत्तीसी' नामक ग्रन्थ में १८७२ संवत् में हुआ।[३]

डींगलिया मिलिया करैं पिंगल तणौ प्रकाश।
संस्कृत ह्वै कपट सज पिंगल पड़ियो पास।।

बाँकीदास के पश्चात् उनके भाई या भतीजे बुधाजी ने अपने 'दुबावेत' में दो-तीन स्थानों पर इस शब्द का प्रयोग किया है।

सब ग्रंथ समेत गीता कूं पिछाणै
डींगल का तो क्या संस्कृत भी जाणै। १५५

---

१. ढोला मारु रा दूहा, काशी संवत् १९९१, पृ० १६०।

२. दशमग्रन्थ, श्री गुरुमत प्रेस, अमृतसर, पृ० ११७।

३. बाँकीदास ग्रन्थावली, भाग २, पृ० ८१।

और भी आसीऊं कवि बङ्क
डींगल, पींगल संस्कृत फारसी में निसंक।। १५६

स्पष्ट है कि 'डींगल' कवि की मातृभाषा नहीं बल्कि प्रादेशिक भाषा थी इसलिए उसका वह पूर्ण ज्ञाता था किन्तु वह गर्व से कहता है कि डिंगल तो डिंगल संस्कृत भी जानता है। डिंगल एक कृत्रिम राजस्थानी चारण भाषा थी जैसा कि शौरसेनी अपभ्रंश की परवर्ती पिंगल। मातृभाषाएँ तो मारवाड़ी, मेवाती, जयपुरी आदि बोलियाँ थीं। इसलिए राजस्थानी चारण के लिए भी डिंगल का ज्ञान कुछ महत्त्व की बात थी, उसे सीखना पड़ता था। डिंगल नामकरण राजस्थानी भाषा के लिए निश्चित ही पिंगल के आधार पर दिया गया। सम्भव है कि पूर्वी या मध्यदेशीय राजदरबारों में पिंगल के बढ़ते हुए प्रभाव और यश को देखकर राजस्थानी चारणों ने अपनी बोली मारवाड़ी का एक दरबारी या साहित्यिक रूप बनाया जिसे उन्होंने डींगल या डिंगल नाम दिया।

किन्तु हमारे लिए यह प्रश्न इतना महत्वपूर्ण नहीं है कि पिंगल पुरानी है या डिंगल। महत्वपूर्ण यह है कि अवहट्ठ या पुरानी ब्रजभाषा का नाम पिंगल कब और क्यों पड़ा। पिंगल छन्दशास्त्र का अभिधान है, इसे भाषा के लिए प्रयुक्त क्यों किया गया। भाषाओं के नामकरण में छन्द का प्रभाव कम नहीं रहा है। वैदिक भाषा का नाम छन्दस् भी था। कभी-कभी कोई भाषा किसी खास छन्द विशेष में ज्यादा शोभित होती है। भाषाओं के अपने-अपने रुचिकर छन्द होते हैं। गाहा छन्द प्राकृत का सर्वप्रिय छन्द था। गाथा छन्द संस्कृत में भी मिलते हैं, अपभ्रंश में भी। किन्तु प्राकृत से गाहा और गाहा से प्राकृत भाषा हो गया। केवल गाहा कह देने से प्राकृत का बोध होने लगा। अपभ्रंश काल में उसी प्रकार दूहा या दोहा सर्वश्रेष्ठ छन्द था। परिणाम यह हुआ कि अपभ्रंश में काव्य रचना का नाम दोहा-विद्या ही पड़ गया। अपभ्रंश का नाम 'दूहा' इसी छन्द के कारण कल्पित हुआ।

'दब्वसहावपयास' यानी 'द्रव्यस्वभाव प्रकाश' के कर्ता माइल्लधवल ने किसी शुभंकर नामक व्यक्ति की आपत्ति पर दोहाबन्ध यानी अपभ्रंश में लिखे हुए पद्य को गाथाबन्ध में किया था:

दव्वसहायपयासं दोहयबन्धेन आजिस दिट्ठं
तं गाहाबन्धेण च रइयं माइल्लधवलेण।
सुणियउ दोहरत्यं सिग्धं हसिउण सुहंकरो भणइ
एत्थ ण सोहइ अत्यो साहाबंधेण तं भणह।।

प्राकृत को आर्ष या धर्म वाणी समझने वाले शुभङ्कर का दोहाबन्ध या अपभ्रंश पर नाक-भौं चढ़ाना उचित ही था। भला कौन कट्टर धर्म-प्रेमी वर्दाश्त करेगा कि कोई पवित्र धर्मग्रन्थ गँवारू बोली में लिखा जाय। यहाँ गाथा से प्राकृत और दूहा से अपभ्रंश की ओर संकेत स्पष्ट है। प्रबन्धचिन्तामणि के एक प्रसंग में दो भाषा-अपभ्रंश कवि आपस में होड़ा-होड़ी करते हैं जिसे लेखक ने 'दोहाविद्या स्पर्धमानो' कहा है। उनकी कविताओं में एक-एक दोहा है एक-एक सोरठा किन्तु इसे 'दोहा विद्या' ही कहा गया है।[१] परवर्ती काल में 'रेखता' छन्द में लिखी जानेवाली आरम्भिक हिन्दी को 'रेखता' भाषा कहा गया। 'रेखते के तुम्हीं उस्ताद नहीं हो गालिब' कहने वाले शायर ने पुराने मीर को भी रेखता का पहुँचा हुआ उस्ताद स्वीकार किया है। इस प्रकार एक छन्द के आधार पर भाषाओं के नाम परिवर्तन के उदाहरण मिलते हैं।

ब्रजभाषा सदैव से ही काव्य की भाषा मानी जाती रही है। यह झगड़ा केवल भारतेन्दु युग में ही नहीं खड़ा हुआ कि गद्य और पद्य की भाषा जुदा-जुदा हो। जुदा-जुदा इस अर्थ में नहीं कि दोनों का कोई साम्य हो ही नहीं—गद्य और पद्य की भाषा के प्राचीन भारतेन्दुकालीन नमूने सहज रूप से यह बताते हैं कि गद्य में ब्रज मिश्रित (पछाँही) खड़ी बोली हिन्दी का प्रयोग होता था किन्तु कविता तो खड़ी बोली में हो ही नहीं सकती, ऐसी मान्यता थी उस काल के लेखकों की। बहुत पहले मध्ययुग में भी ब्रजभाषा के घर में यही झगड़ा हुआ था। उस समय ब्रजभाषा की दादी शौरसेनी प्राकृत केवल गद्य (अधिकांशतः) की भाषा थी जब कि उसी का किञ्चित् परवर्ती मँजा हुआ रूप परवर्ती शौरसेनी प्राकृत या महाराष्ट्री केवल पद्य की भाषा मानी जाती है। मध्यकाल के अन्तिम स्तर पर प्राचीन शौरसेनी अपभ्रंश का परवर्ती रूप यानी अवहट्ठ विकसित साहित्यिक भाषा के रूप में सारे उत्तर भारत में छा गया था। बंगाल के सिद्धों के दोहे इसी भाषा की प्रतिनिधि रचनाएँ हैं। इस काल में यही भाषा छन्द या कविता के लिए एक मात्र उपयुक्त भाषा मानी जाती थी। १४वीं शती की इस कविता-भाषा का नाम पिंगल-भाषा या छन्दों की भाषा पड़ गया। जाहिर है कि उस समय गद्य भी लिखा जाता रहा होगा। किन्तु यह गद्य या तो संस्कृत या प्राकृत में लिखा जाता था या तो जनपदीय लोकभाषाओं में जो तब तक अत्यन्त अविकसित अवस्था में पड़ी हुई थीं। जनपदीय भाषाएँ पद्य के लिए भी अनुपयुक्त थीं। इस प्रकार शौरसेनी का परवर्ती रूप यानी अवहट्ठ या प्राचीन ब्रजभाषा कविताके लिए

---

१. प्रबन्धचिन्तामणि, सिंधी जैन ग्रन्थमाला, पृष्ठ १५७।

सर्वश्रेष्ठ भाषा के रूप में मान्य होकर पिंगल कही जाने लगी। पिंगल नामकरण के पीछे एक और प्रमाण भी दिया जा सकता है। मध्यकाल में राजपूत दरबारों की संगीतप्रियता तथा देशी संगीत और जनभाषा के प्रेम के कारण बहुत से संगीतज्ञ आचार्य कवियों ने संगीत शास्त्रों की रचना की, उन्होंने मध्य देशी भाषा यानी ब्रज में कविताएँ भी कीं। संगीतज्ञ ब्रजभाषा कवियों की एक बहुत गौरवपूर्ण परम्परा आदिकाल से रीतिकाल तक फैली हुई दिखाई पड़ती है। बीकानेर के संगीत आचार्य भावभट्ट जिन्होंने 'अनूपसंगीत रत्नाकर' नामक महत्वपूर्ण ग्रन्थ की रचना १७५० संवत् में की, ध्रुपद के आचार्य और प्रशंसक थे। इसका लक्षण लिखते हुए उन्होंने 'मध्यदेशीय भाषा' का जिक्र किया है जिसमें ध्रुपद सुशोभित होता था :

गीर्वाणमध्यदेशीयभाषासाहित्यराजितम्।
द्विचतुर्वाक्यसम्पन्नं नरनारी कथाश्रयम्
श्रृंगाररसभावार्थं रागालापपदात्मकम्।
पादान्तानुप्रासयुक्तं पादान्तयमकं च वा।।

(अनूप० १६५-६६)

भावभट्ट न केवल मध्यदेशीय भाषा के ध्रुपदों की चर्चा करते हैं साथ ही उसके वस्तुतत्व, रस और तुकादि पर भी अपने विचार व्यक्त करते हैं। यह मध्यदेशीय भाषा अवहट्ठ ही थी, इसमें सन्देह नहीं। मध्यकाल में जयदेव से जो संगीत कविता की परम्परा आरम्भ होती है उसका अत्यन्त परिपाक ब्रजभाषा में दिखाई पड़ता है। प्राचीन ब्रज कवियों के संरक्षक नरेश, मुंज, भोज, चन्देल नरेश परमर्दिदेव आदि न केवल संगीत मर्मी थे बल्कि इनके मतों को संगीत प्रतियोगिताओं में प्रमाण माना जाता था। १३वीं शताब्दी के संगीताचार्य पार्श्वदेव ने अपने संगीतसमयसार ग्रन्थ में उपर्युक्त नरेशों को कई बार प्रमाणरूप से उद्घृत किया है। इस प्रकार ब्रजभाषा की आरम्भिक अवस्था छन्द और संगीत के क्रोड़ में व्यतीत हुई। आज भी संगीतज्ञों के लिए, चाहे वे किसी भी भाषा के बोलनेवाले हों, ब्रजभाषा के बोल ही सबसे ज्यादा मधुर और उपयुक्त मालूम होते हैं। प्रायः सभी प्रधान शास्त्रीय रागों के बोल ब्रजभाषा में ही दिखाई पड़ते हैं। मुसलमान संगीतज्ञ भी प्रधान रागों में ब्रजभाषा का ही प्रयोग करते हैं। इन तमाम परिस्थितियों को दृष्टि में रखकर यदि विचार करें तो प्राचीन ब्रजभाषा या अवहट्ठ का पिंगल नाम अनुचित नहीं मालूम होगा। पिंगल छन्द शास्त्र का नाम है अवश्य, परन्तु भाषा के लिए उसका प्रयोग हुआ है, इसे कैसे अस्वीकार किया जा सकता है।

पिंगल नाम के साथ एक और पहलू से विचार हो सकता है। पिंगल कौन थे, इस पर कोई निश्चित धारणा नहीं दिखाई पड़ती। प्राकृतपैंगलम् का लेखक ग्रन्थ के आरम्भ में पिंगलाचार्य की वन्दना करता है और उन्हें 'णाअराए' अर्थात् नागराज कहकर सम्बोधित करता है। नागराज का संबंध 'नागबानी' से अवश्य ही होगा। नाग कौन थे, नागबानी क्या थी, पिंगलाचार्य कब हुए और उन्होंने पिंगल शास्त्र का कब प्रणयन किया? ये सब सवाल अद्यावधि अनुत्तरित हैं क्योंकि उनके उत्तर के लिए कोई निश्चित आधार नहीं मिलता। नाग लोग पाताल के रहनेवाले कहे जाते हैं, इसलिए नागबानी को पतालबानी भी कहा गया। मध्यकाल के कथाख्यानों में नाग जाति के पुरुषों और विशेषकर नाग-कन्याओं के साथ असंख्य निजन्धरी कथाएँ लिपटी हुई हैं। नागजाति के मूल स्थान के बारे में काफ़ी विवाद है। पाताल सम्भवतः कश्मीर के पाददेश का नाम था।[१] वेदों में इस जाति का नाम नहीं आता। मध्यकाल में उत्तर-पश्चिम से मध्यदेश की ओर आनेवाली कई जातियों में एक नाग भी थे। महाभारत के निर्माण तक उनका अधिकार और आक्रमण हस्तिनापुर तक होने लगा था। जातक कथाओं में भी नाग जाति के सन्दर्भ भरे पड़े हैं। गौतम बुद्ध के बोधिसम्प्राप्ति के समय उत्थित तूफ़ान में नागराज मुचिंलिन्द ने उनकी रक्षा की। पश्चिमी और दक्षिण भारत के बहुत-से छोटे-छोटे राजे अपने को नागों का वंशज बताते हैं।[२] इस प्रकार लगता है कि नागों की एक अर्द्ध कबीला-जीवन बितानेवाली घूमन्तू जाति थी। आभीर, गुर्जर आदि की तरह इनका भी बहुत बड़ा सांस्कृतिक महत्त्व है। ब्रजभाषा में मिश्रित होनेवाले अन्य भाषिक तत्त्वों की चर्चा करते हुए भिखारीदास काव्य-निर्णय में नाग-भाषा का भी उल्लेख करते हैं :

ब्रजभाषा भाषा रुचिर कहै सुमति सब कोइ
मिलै संस्कृत पारसिहुँ पै अति प्रगट जु होइ
ब्रज मागधी मिलै अमर नाग जवन भाखानि
सहज फारसी हू मिलै षट् विधि कहत बखानि।

काव्यनिर्णय १/१५

जवन भाषाओं के साथ नाग-भाषा को रखकर लेखक ने विदेशी या बाहर से आयी हुई जाति की भाषा का संकेत किया है। पर यह नाग-भाषा क्या थी,

---

१. Mythological Nagas are the sons of Kadru and Kasyapa born to people Patala or Kashmir valley.
Standard Dictionary of Folklore, Mythology and Legends, Newyork, 1950, pp. 730.

२. Ibid. pp. 780

इसका कोई पता नहीं चलता। मिर्जा खाँ ने ईस्वी सन् १६७६ में ब्रजभाषा का एक व्याकरण लिखा। यह अलग ग्रन्थ नहीं है बल्कि उनके मशहूर, तुहफ़त-उल-हिन्द[१] का एक भाग है। इस ग्रन्थ में विषय की दृष्टि से ब्रजभाषा व्याकरण, छन्द, काव्य-शास्त्र, नायक-नायिका-भेद, संगीत, कामशास्त्र, सामुद्रिक तथा फ़ारसी-ब्रजभाषा शब्द आदि विभाग हैं। प्राकृत को मिर्जा खाँ ने पाताल या नाग बानी कहा है। यह प्राकृत क्या है? प्राकृत का यहाँ अर्थ वही नहीं है जो हम समझते हैं। संस्कृत और 'भाखा' के बारे में वे कहते हैं 'पहली यानी सहंसकिर्त में विभिन्न विज्ञान कला आदि विषयों पर लिखी हुई पुस्तकें मिलती हैं। हिन्दुओं का विश्वास है कि यह परलोक की भाषा है। इसे वे आकाशवाणी या देववाणी कहते हैं। दूसरी 'पराकिर्त' है। इस भाषा का प्रयोग राजाओं, मन्त्रियों आदि की प्रशंसा के लिए होता है और इसे पाताल लोक की भाषा कहते हैं, इसीलिए इसे पाताल बानी या नाग बानी भी कहा जाता है।[२] प्राकृत राजस्तुति और वंशवन्दना के लिए कभी बदनाम नहीं थी, यह कार्य तो चारण-भाषा या पिंगल का ही माना जाता है। यह प्राकृत संस्कृत और ब्रज के बीच की भाषा है, ऐसा मिर्जा खाँ का विश्वास है। मिर्जा खाँ की नागबानी जो राजस्तुति की भाषा थी और ब्रज में मिश्रित होनेवाली नागभाषा, जिसका उल्लेख भिखारीदास ने किया है, संभवतः एक ही हैं और मेरी राय में ये नाम शिथिल ढंग से पिंगल या अवहट्ठ भाषा के लिए प्रयुक्त हुए हैं। मध्यकाल में संगीत के उत्थान में नाग-जाति का योगदान अत्यन्त महत्व का रहा होगा क्योंकि यह पूरा कबीला संगीत और नृत्य-प्रेमी माना जाता है, आदि पिंगल का नागबानी नाम अवश्य ही कुछ अर्थ रखता है और मध्ययुग के सांस्कृतिक संमिश्रण को समझने में बहुत कुछ सहायक हो सकता है।

अवहट्ठ और प्रान्तीय भाषाएँ

सन् १९१६ में, जब से पं० हरप्रसाद शास्त्री ने 'बौद्ध गान ओ दोहा' नाम से अपभ्रंश की रचनाओं का एक संग्रह प्रकाशित कराया, पूर्वी प्रदेशों में जैसे

---

१. यह महत्वपूर्ण ग्रन्थ अभी तक अप्रकाशित है। इसका सबसे पहला परिचय सर विलियम जोन्स ने अपने लेख 'ऑन द म्यूजिकल मोड्स ऑव द हिन्दूज़्' में १७८४ में उपस्थित किया। बाद में इस ग्रन्थ का व्याकरण भाग शान्ति निकेतन के मौलवी जियाउद्दीन ने १९३५ ईस्वी में 'ए ग्रामर ऑव द ब्रज' के नाम से प्रकाशित कराया।

२. ए ग्रामर ऑव द ब्रज, शान्तिनिकेतन, १९३५, पृ० ३४।

एक चेतना सी उठी और भिन्न-भिन्न भाषियों ने इसे अपनी-अपनी भाषाओं के पूर्व रूप सिद्ध करनेके लिए प्रयत्न किया। एक ही चीज़ को शास्त्री,[१] चटर्जी[२] और विनयतोष भट्टाचार्य प्रभृत विद्वानों ने पुरानी बंगला कहा उसी को वाणीकान्त काकती[३] और वरुआ[४] ने पुरानी असमिया, प्रहराज[५] और प्रियारंजन[६] सेन ने इसे प्राचीन ओडिया कहा। डॉ० जयकान्त मिश्र[७] और शिवनन्दन ठाकुर[८] इसे पुरानी मैथिली समझते हैं। राहुल सांकृत्यायन[९] इसे पुरानी मगही मानने के पक्ष में हैं। इन लेखकों के मत और उनकी स्थापनाएँ भी बड़ी तर्क पूर्ण मालूम होती हैं और पाठकों के लिए सहसा यह निर्णय कर सकना दुस्तर होता है कि ये वस्तुतः किस भाषा की रचनाएँ हैं। वस्तुस्थिति तो यह है कि ये किसी खास स्थान की भाषा की रचनायें नहीं है। ये वस्तुतः परवर्ती अपभ्रंश की रचनाएँ हैं जिनका रूप न्यूनाधिक रूप से सर्वत्र एक सा है और उसमें किसी भी सम्बन्धित भाषा-भाषी को अपनी भाषा के कुछ पुराने रूप ढूँढ़ सकना कठिन नहीं है। इस स्थिति की यदि सम्यक् मीमांसा की जाय तो कुछ-छुछ ऐसी बातें स्पष्ट हो जाती हैं जो अवहट्ठ के रूप निर्धारण में भी सहायक होती है। पहली बात तो यह कि परवर्ती अपभ्रंश की रचनायें ही आज की किसी भाषा के उद्‌गम और विकासक्रम को दिखाने का आधार हैं। दूसरी ओर इनमें किसी एक ऐसे भाषा-रूप का हो सकना आवश्यक है जो इन विभिन्न भाषाओं के सम्बन्धित रूपों का आधेय है। इस तरह इन रचनाओं में एक ओर कुछ ऐसी प्रवृत्तियाँ हैं जो आधुनिक आर्य भाषाओं के रूप-गठन के निर्माण में योग देती हैं कुछ ऐसी प्रवृत्तियाँ हैं जो अपभ्रंश के परिनिष्ठित रूप से मेल खाती हैं।

पश्चिमी प्रदेश में यह स्थिति थोड़ी भिन्न है; परन्तु उसके मूल में भी यही प्रश्न उठता है। जूनी गुजराती, प्राचीन राजस्थानी अथवा प्राचीन गुर्जर आदि नामों के मूल में भी यही प्रवृत्ति काम करती है। पश्चिमी प्रदेश परिनिष्ठित के

---

१. बौद्ध गान ओ दोहा की भूमिका, कलकत्ता सन् १९१९।
२. ओरिजिन एण्ड डेवलपमेंट ऑव बेंगाली लैंग्वेज, १९२६, कलकत्ता पृ० ३७८ से ३८१।
३. फारमेशन ऑव आसमिज़ लैंग्वेज़ पृ० ८ से ९।
४. बरुआ, अर्ली हिस्ट्री ऑव कामरूप पृ० ३१४।
५. प्रोसेडिंग्स ऑव आल इण्डिया ओरियण्टल कान्फ्रेंस ६ठां भाग।
६. ला कमेमोरेशन वालूम २, पृ० १२७।
७. हिस्ट्री ऑव मैथिली लिटरेचर।
८. महाकवि विद्यापति पृ० २०८ से २१६।
९. गंगा पुरातत्वांक।

उद्‌भव का प्रदेश है अतः यहाँ यह निर्णय करना भी कठिन होता है कि इस में कितना तत्व पश्चिम की अपभ्रंश विभाषाओं का है, कितना परिनिष्ठित अपभ्रंश का। यद्यपि अपभ्रंश भाषा के ऐसे रूप पाते हैं जिनमें गुजराती राजस्थानी दोनों के तत्व प्रचुर मात्रा में मिलते हैं। फिर भी इसे हम पुरानी गुजराती अथवा पुरानी राजस्थानी नहीं कह सकते। इसलिए डा० तेसीतरी ने दसवीं ईस्वी शती से १२वीं तक के काल को पिंगल अपभ्रंश कहना पसन्द किया क्योंकि उस अवस्था तक राजस्थानी और गुजराती के निजी चिह्न प्राधान्य नहीं रखते। बाद की चार सौ वर्षों की भाषा को वे पुरानी राजस्थानी कहना ही अच्छा समझते हैं, क्योंकि उसमें गुजराती और राजस्थानी का कोई विभेद कर सकना कठिन था। सन् १९१४ से सन् १९१६ के बीच समय-समय पर प्रकाशित उनके निबन्धों से स्पष्ट है कि वे अपभ्रंश और पिंगल अपभ्रंश के भेद को स्वीकार करते हैं और वे इस विचार के पक्ष में कि उस समय एक व्यापक प्रदेश के अन्दर पिंगल अपभ्रंश का प्रभाव था।[१] परन्तु जब हम परवर्ती अपभ्रंश के काल को भी स्वार्थवश पुरानी राजस्थानी का काल कहते हैं तो वस्तुतः सत्य के एक पहलू को ही देखने के दोषी बनते हैं। ढोला मारूरा दूहा के सम्पादकों के विचार में भी यही दोष है।[२] गुजराती विद्वानों के पास अपभ्रंश की सामग्री सबसे अधिक है और उस पर उनका स्वत्व भी है, परन्तु एन०वी० दिवेतिया के कथन का सत्य स्वीकार्य होना चाहिए कि १२वीं शताब्दी से १५वीं तक के समय में एक विकृत भाषा जिसे हम कनिष्ठ अपभ्रंश कह सकते हैं, गुजरात और पूरे राजस्थान में प्रचलित थी।[३]

यहाँ पर पूर्वी पश्चिमी दोनों प्रदेशों में शौरसेनी के व्यापक प्रभाव के कारण पूछे जा सकते हैं। पूर्वी अपभ्रंश के अत्यन्ताभाव का विषय भी विचारणीय है। इस पर हम आगे विचार करेंगे।

अवहट्ठ और पुरानी हिन्दी

यहाँ पर अपभ्रंश का पुरानी हिन्दी नाम भी विचारणीय है। यह नाम सर्वप्रथम पं० चन्द्रधर शर्मा गुलेरी ने सुझाया। कुछ लोग समझते हैं कि गुलेरीजी अपभ्रंश को ज्यों की त्यों पुरानी हिन्दी कहना चाहते हैं। वे साफ़ कहते हैं "पुरानी अपभ्रंश संस्कृत और प्राकृत से मिलती है, पिछली पुरानी हिन्दी से।[४]

---

१. इण्डियन ऐंटिक्वैरी, १९१४-१६ O.W.R.,

२. ढोला मारूरा दूहा पृ० १५५.

३. गुजराती लैंग्वेज एण्ड लिटरेचर भाग १ पृ० ४०।

४. पुरानी हिन्दी पृ० ११।

विक्रम की सातवीं से ग्यारहवीं तक अपभ्रंश की प्रधानता रही। और फिर वह पुरानी हिन्दी में परिणत हो गयी। इसमें देशी की प्रधानता है। विभक्तियाँ घिस गयी हैं, खिर गयी हैं। एक ही विभक्ति 'ह' या 'आहं' कई काम देने लगी है। एक कारक की विभक्ति से दूसरे का भी काम चलने लगा है। वैदिक भाषा की अविभक्तिक निर्देश की विरासत भी इसे मिली। क्रिया पदों में मार्जन हुआ। धनवती अपुत्रा मौसी से तत्सम शब्द भी लिए।[१]" इस प्रकार हमने देखा कि गुलेरी जी केवल अपभ्रंश और परवर्ती अपभ्रंश का भेद ही नहीं करते उसके अन्तर के आधार भी ढूँढ़ते हैं। इस परवर्ती अपभ्रंश को वे पुरानी हिन्दी कहना चाहते हैं। इसलिए यह समझना निराधार है कि वे समूचे अपभ्रंश को पुरानी हिन्दी में खींच लेना चाहते थे।

गुलेरी जी के इस मत पर दो दिशाओं में विचार हो सकता है पहला व्यावहारिक दृष्टि से और दूसरा भाषा-शास्त्र की दृष्टि से। पहली दिशा में कोई खास अड़चन नहीं आती। वे चाहते हैं कि जिस तरह कविता की भाषा प्रायः सब जगह एक सी रही है। नानक से लेकर दक्षिण के हरिदासों तक की भाषा ब्रजभाषा कहलाती थी वैसे अपभ्रंश (परवर्ती) को पुरानी हिन्दी कहना अनुचित नहीं है।"[२] गुलेरी जी ने इस कथन पर आपत्ति न रखते हुए भी कि "यदि छापाखाना, प्रान्तीय अभिमान और मुसलमानों का फारसी अक्षरों का आग्रह और नया प्रान्तीय उद्‌बोधन न होता तो हिन्दी अनायास ही देश भाषा बनी जा रही थी", हम पुरानी हिन्दी नाम को बहुत उचित नहीं मान सकते। व्यावहारिक दृष्टि से यह नाम कोई बुरा नहीं है, पर वर्तमान समय में भाषावार प्रान्तों के होने के कारण न तो इस प्रकार के नाम की कोई आवश्यकता रह गई है और न तो इसमें कोई ऐसा तत्व है जो प्रान्तीय के आग्रह को शान्त कर सके जो कभी-कभी हिन्दी को उसका प्राप्य अधिकार देने में अवरोध पैदा करता है।

"भाषा विज्ञान की दृष्टि से पुरानी गुजराती, पुरानी राजस्थानी आदि नाम यदि भेद को और पीछे खींचकर रखे हुए हैं" तो पुरानी हिन्दी; जो खुद उस भेद का एक रूप है, जो आधुनिक आर्य भाषाओं की दृष्टि से भारत के एक भू-भाग की भाषा है कहाँ तक सम्पूर्ण परवर्ती अपभ्रंश के लिए अभिधेय है?

इस प्रसंग में राहुल जी के विचारों पर भी ध्यान देना अप्रासंगिक न होगा। राहुल जी भी इस नाम से सहमत मालूम होते हैं। पर उनका विचार इस घेरे

---

१. पु.हि., पृ० ८।

२. वही, पृ० ७।

में सम्पूर्ण भारत को या सम्पूर्ण परवर्ती अपभ्रंश के प्रभाव क्षेत्र को लेने का नहीं है। "सूबा हिन्दुस्तान : हिमालय पहाड़ तथा पंजाबी, सिन्धी, गुजराती, मराठी, तेलुगु, ओड़िया, बँगला भाषाओं से घिरे प्रदेश की आठवीं शताब्दी की बाद की भाषाओं को हिन्दी कहते हैं। इसके पुराने रूप को प्राचीन मगही, मैथिली, ब्रजभाषा, आदि कहते हैं और आज कल के रूप की सार्वदेशिक और स्थानीय दो भागों में विभ्क्त कर आधुनिक सार्वदेशिक रूप को खड़ीबोली और मगही, मैथिली, भोजपुरी, बनारसी, अवधी आदि को आधुनिक स्थानीय भाषाएँ कहते हैं।[१]

इस लम्बे उद्धरण से स्पष्ट मालूम होता है कि राहुल जी पुरानी हिन्दी नाम केवल आज के हिन्दी भाषी प्रदेश तक सीमित रखना चाहते हैं, परन्तु इसके विपरीत उन्होंने हिन्दी काव्य-धारा में जिस अपभ्रंश साहित्य का संकलन किया है वह सम्पूर्ण उत्तर भारत और कुछ अंशों में महाराष्ट्र प्रदेश को भी घेरने वाला है। इसी से शायद उन्होंने 'काव्य धारा' की अवतरणिका में कहा, "लेकिन यह अभिप्राय हरगिज नहीं है कि यह पुरानी भाषा मराठी आदि की साहित्यिक भाषा नहीं है। उन्हें भी उसे अपना कहने का उतना ही अधिकार है जितना हिन्दी भाषा-भाषियों को।"[२]

इन तमाम तर्क-वितर्कों और वाद-विवादों को मिटा देने के लिए यह उचित जान पड़ता है कि इस भाषा को परवर्ती अपभ्रंश या अवहट्ठ नाम देना उपयुक्त है और यह 'अवहट्ठ' नाम सम्पूर्ण उत्तरी भारत की संक्रान्तिकालीन भाषा का एक मात्र सही नाम हो सकता है क्योंकि ऐसा करने से 'पुरानी' विशेषण युक्त भाषाओं का आपसी झगड़ा समाप्त हो जाता है, दूसरी ओर इसे बिना किसी भेद-भाव के सब अपनी चीज मानने में भी संकोच नहीं कर सकते।

अवहट्ठ की ऐतिहासिक पृष्ठभूमि

साधारणतया ईस्वी सन् की दशवीं शती से चौदहवीं तक के चार सौ वर्षों के लम्बे काल को विद्वानों ने हिन्दी का आदि काल कहा है, इस समय की प्राप्त रचनाएँ अपने गुण और प्रकार के कारण बड़े ही आकर्षक और प्रभावशाली साहित्य की सूचना देती हैं। इस साहित्य की विभिन्न शैलियाँ, उसकी सामग्री, और उसके तत्त्व हिन्दी के परवर्ती काल के साहित्य को नाना

१. राहुल, गंगा पुरातत्वांक पृ० २३४।

२. हिन्दी काव्य धारा, अवतरणिका पृ० १२।

रूपों में प्रभावित करते रहे हैं। अपने इस साहित्यिक वैशिष्ट्य के कारण इस काल के साहित्य की श्रेष्ठता तो निःसंदिग्ध है ही, इस साहित्य की भाषा भी अपनी अलग महत्ता रखती है। साहित्य के क्षेत्र में सिद्धों, निर्गुणिया सन्तों एवं इतर प्रकार के लेखकों की रचनाओं के परस्पर विरोधी रूपों को देखते हुए सहसा उस काल का अध्येता बड़ी कठिनाई में पड़ जाता है और उसे यह निर्णय करना कठिन हो जाता है कि इन विचित्र काव्यरूपों एवं काव्य-वस्तुओं के वास्तविक अध्ययन के लिए वह किन सामाजिक, राजनैतिक और सांस्कृतिक स्थितियों को समझे जिनके मूल में इनका वास्तविक समाधान मिल सकता है। उसी प्रकार इस काल की भाषा के विद्यार्थी के सम्मुख भी कुछ ऐसे टेढ़े प्रश्न उपस्थित होते हैं जिनके उत्तर के लिए उस पूरे काल को सांस्कृतिक पृष्ठभूमि को समझना अनिवार्य हो जाता है।

अवहट्ठ भाषा के मूल में शौरसेनी अपभ्रंश है, इसे स्वीकार लेने पर यह प्रश्न उठता है कि वह पूर्वी प्रदेशों में भी साहित्य-माध्यम क्यों स्वीकृत हुआ जब कि उस प्रदेश से मागधी अपभ्रंश को यह स्थान मिलना चाहिए था। इसी तरह भाषा सम्बन्धी बहुत से प्रश्न जैसे अवहट्ठ और अन्य देशी भाषाओं का सम्बन्ध, तत्सम शब्दों की भरमार का कारण, फारसी शब्दों का आगमन, गद्य का प्रचार और उसके रूप आदि, विचार की अपेक्षा रखते हैं। इन प्रश्नों का उत्तर तब तक नहीं दिया जा सकता जब तक हम तत्कालीन सामाजिक स्थिति के अलोक में इन्हें समझने की कोशिश न करें।

आदिकाल की जो भी सामग्री प्राप्त है वह मध्यदेश की नहीं है इस पर कई विद्वानों ने विचार किया है और उसके कारण भी बताये हैं। वस्तुस्थिति तो यह है कि गुजरात और राजपूताना को छोड़कर समूचे उत्तर भारत में ऐसी सामग्री का अत्यन्ताभाव है जिसे हम भाषा विषयक अध्ययन का आधार बना सकें। काव्यरूपों तथा तत्कालीन विचारधारा के अध्ययन के लिए तब भी इन्हें बहुत अंशों तक उपयोग की वस्तु समझ सकते हैं; किन्तु भाषा के लिए तो ये त्याज्य सी हैं। डॉ० हजारीप्रसाद द्विवेदी ने इस काल की सामग्रियों के परिरक्षण के तीन साधन बताये हैं: १. राज्याश्रय पाकर २. सुसंगठित धर्म सम्प्रदाय का आश्रय पाकर मठों विहारों आदि के पुस्तकलयों में संरक्षित होकर ३. जनता का प्रेम और प्रोत्साहन पाकर।[१] भाषा को ध्यान में रखते हुए जनता द्वारा रक्षित पुस्तकें पूर्णतया व्यर्थ हैं क्योंकि उनके रूप रासो या आल्ह काव्य से अधिक शुद्ध नहीं

१. हिन्दी साहित्य का आदिकाल, राष्ट्रभाषा परिषद्, पटना सन् १९५२, पृष्ठ २५।

मिल सकते। धर्म-सम्प्रदायों ने भी प्रायः रक्षा का कार्य किया, परन्तु इनमें कभी-कभी भाषा को स्वाभाविक रूप में न रख कर उसे अधिक आर्ष और पुरानी बनाने का लोभ भी दिखायी पड़ता है। जैन लेखकों की रचनाएँ बहुत अंशों में शुद्धता का आधार होते हुए भी, ऐसी ही हैं। सबसे प्रबल संरक्षण के साधन राजवाड़े रहे हैं जिनकी स्थिति के साथ-साथ ही इस प्रकार के रक्षण की भी स्थिति समझी जा सकती है।

इस काल की सबसे प्रधान घटना मुसलमानों का आक्रमण है। भाषा-शास्त्रियों का एक दल यह मानता है कि भाषा सामाजिक या राजनैतिक परिवर्तनों के साथ ही परिवर्तित नहीं होती, क्योंकि यह समाज के किसी खास वर्ग की वस्तु न होकर पूरे समाज की वस्तु होती है और इसका निर्माण समाज की सैंकड़ों पीढ़ियों के योगदान से सम्पन्न होता है परन्तु राजनैतिक घटनाएँ समाज में जो संघर्ष की स्थिति पैदा करती हैं उससे कई प्रकार के परिवर्तन जो शान्ति-काल में अपनी स्वाभाविक गति से धारा के समतल पर धीरे-धीरे होते रहते हैं, वे आलोड़न के कारण विक्षुब्ध होकर बड़ी तीव्रता से आरम्भ होते हैं और वे ऊपरी स्तर पर दिखायी पड़ने लगते हैं। राजवाड़ों के टूटने, नयी व्यवस्था के आरोपण तथा जनता के बिखरने से साहित्यिक भाषा के अन्दर कई प्रकार के परिवर्तन हो जाते हैं। शब्द-समूह का विकास तो अपरिहार्य घटना होती है इसके अतिरिक्त देशी प्रयोग तथा विभिन्न विभाषाओं के बहुत से तत्व भी गृहीत हो जाते हैं। इसका बहुत बड़ा प्रभाव भाषा के गठन पर भले ही न पड़ता हो, परन्तु भाषा की बहुत सी समस्याओं के मूल में इन घटनाओं का हाथ होता है और कभी-कभी उनके सुलझाव में भी ये योग देती है। चटर्जी के इस कथन में विश्वास न करने का कोई कारण नहीं कि "यदि मुसलमानों का आक्रमण न हुआ होता तो आधुनिक आर्यभाषाओं के विकास-क्रम में कम-से-कम एक शताब्दी का अन्तर तो पड़ता ही।"[१]

मुसलमानों का आक्रमण पश्चिमी प्रदेशों पर होता अवश्य रहा किन्तु गुजरात, राजस्थान तक के प्रदेश प्रायः इस काल में अभेद्य रहे। हमले हुए, मुसलमानों को जीत भी मिली, परन्तु सामना कुछ ऐसी समानता का रहा कि प्रभाव नहीं पड़ सका। मध्यदेश में कुछ काल के लिए अराजकता अवश्य दिखाई पड़ी परन्तु गाहड़वारों के प्रभुत्व के पश्चात् बहुत कुछ शान्ति सी रही। इस प्रदेश में बाहरी आक्रमणों की अपेक्षा आन्तरिक युद्धों का प्राधान्य था और अपभ्रंश

१. इंडो आर्यन ऐंड हिन्दी, पृ० ९८।

अपने मूल प्रदेश की सामन्ती संस्कृति की अभिव्यक्ति का एकमात्र सबल माध्यम था जिसमें वीरता और शृङ्गार के बड़े ही अछूते और सजीव भावों का आकलन हो सका।

मुसलमानों के आक्रमण के कारण और भीतरी शत्रुओं से सदैव युद्धरत रहने के कारण इस जाति के साहित्य में वीरता का अद्भुत वर्णन मिलता है। इस काल में अपभ्रंश का परवर्ती रूप रूढ़ हो चुका था और जन अपभ्रंश या देश्य अपभ्रंश से मिला हुआ एक रूप प्रबल होने लगा था। इस काव्य भाषा को लोगों ने पिंगल भी कहा है जो काफी प्रचलित थी। इस भाषा में केवल चारण ही नहीं राजा और सामन्त भी कविताएँ करना गौरव की वस्तु समझते थे।

राजपूत राजाओं का ब्राह्मण धर्म से सीधा लगाव था और बौद्ध धर्म की प्रतिक्रिया का जोश हर्ष के बाद से आरम्भ हुआ उसने संस्कृत भाषा, पुराण आदि धर्म ग्रंथों के आधार पर लिखे गये काव्यों और अतीत युग के यज्ञ-विधान को बड़ा प्रेरित किया। फलस्वरूप इस पुनर्जागरण के कारण भाषा में तत्सम शब्दों का प्राधान्य बढ़ने लगा। विद्वानों को बड़ा आश्चर्य सा होता है कि दसवीं शदाब्दी से चौदहवीं तक के इस साहित्य में सहसा इतना बड़ा तत्सम-प्रेम कहाँ से पैदा हो गया। मुसलमानों के आक्रमण की प्रतिक्रिया से जनता अपनी संस्कृति की ओर झुकी और उसमें यह प्रवृत्ति बढ़ी, यह एक कारण हो सकता है, यद्यपि बहुत प्रधान कारण नहीं है। इन कारणों के मूल में भक्ति आन्दोलन, पौराणिक चरित्रों के आधार पर काव्य प्रणयन, ब्राह्मण धर्मका पुनरुत्थान आदि बहुत सी प्रवृत्तियाँ मानी जा सकती हैं।

इस काल भी भाषा में फ़ारसी शब्दों की भी बहुलता है। इसका कारण निश्चित रूप से मुसलमानों का सम्पर्क ही है। ये शब्द हमारी भाषा में बहुत कुछ भाषा के रूप के कारण परिवर्तित होकर आये।

ऊपर पश्चिमी क्षेत्रों की राजनीतिक स्थिति के प्रकाश में शौरसेनी अपभ्रंश के विकास की बात कही गई। हमें इसके साथ ही बनारस के पूर्वी प्रदेशों की राजनीतिक स्थिति पर विचार करना है। महमूद के अन्तिम आक्रमणों से बनारस का कैसे पतन हुआ यह तो बाद की वस्तु है। जिस समय राष्ट्रकूट दक्षिण में अपने साम्राज्य की नींव रख रहे थे करीब उसी ८वीं शताब्दी के आसपास बंगाल में पालवंशी राजाओं ने अपने राज्य की नींव रखी। पालवंशी राजाओं के पहले बंगाल अराजकता, राजनैतिक कुहासा और छिन्न-भिन्न अवस्था में पड़ा हुआ था। इन बौद्ध राजों के राज्य काल में बंगाल में संस्कृत की अपेक्षा लोकभाषा को बल मिलना अनिवार्य था। किन्तु पालवंशी राजों के

राज्यकाल में कला संस्कृति और दर्शन की पर्याप्त उन्नति हुई। उनके बनवाए हुए विहार बौद्ध विद्याओं के केन्द्र बने रहे। पालवंशी शासनकाल में ही विद्वानों की राय है कि सहजिया सम्प्रदाय के सिद्धों का साहित्य बना। इसी समय नवोदित शैव सम्प्रदाय के योगियों और नाथों का भी प्रभाव बढ़ता रहा। सिद्ध साहित्य की अमूल्य सामग्री का पालवंशी राजों के काल में निर्मित होना असंभव नहीं है, परन्तु हमारे पास 'बौद्ध गान ओ दोहा' नाम से जो साहित्य मिलता है उसे भाषा वैज्ञानिक दृष्टि से विचार करने पर पालवंशीय शासन काल तक खींच ले जाना मुश्किल है। दोहा कोश की भाषा को किसी प्रकार ग्यारहवीं शताब्दी के आस-पास मान भी लें; किन्तु गानों की भाषा को तो तेरहवीं चौदहवीं के पहले मानने का कोई भाषा वैज्ञानिक कारण नहीं मिलता। वस्तुतः ये गान अवहट्ठ या परवर्ती अपभ्रंश काल की रचनाएँ हैं जिनमें पूर्वी प्रभाव स्पष्ट है। गानों की भाषा को प्रसिद्ध विद्वान् राखालदास बैनर्जी चौदहवीं शताब्दी के पहले का मानने के लिए तैयार नहीं हैं।[१] इसके बारे में हम अगले अध्याय में विचार करेंगे, यहाँ इतना ही कहना है कि पालवंशीय शासन काल में रचित मागधी अपभ्रंश का कोई खास साहित्य प्राप्त नहीं होता।

'बिहार मिथिला और उत्कल में जब कि अपनी किसी खास भाषा का प्रादुर्भाव भी नहीं हुआ था, सेनवंशीय शासन काल में बंगाल के लोगों ने अपनी बोलियों का विकास किया'[२] ये बोलियाँ मागधी अपभ्रंश की ही किसी विभाषा से सम्बद्ध हो सकती हैं ऐसा सोचा जा सकता है, परन्तु इतना सत्य है कि 'बंगाल के लोगों ने अपनी बोलियों का विकास किया' कह कर विद्वान् लेखक ने यह संकेत तो कर ही दिया है कि उसके सामने इस भाषा के विकास क्रम को दिखाने के लिए मागधी सम्बन्धी कोई साहित्य उपलब्ध नहीं है। इसी से चर्यागीत को ही बोलियों के विकास का आधार मानना पड़ता है।

इसका बहुत कुछ राजनैतिक कारण ही है। ११९७ शायद पूर्वी प्रदेशों के लिए सबसे बड़ा अनिष्टकारी वर्ष था, जब बखत्यार का बेटा मुहम्मद खिलजी बिहार को चीरता चला गया। इसका वर्णन सुलतान नासिरुद्दीन महमूद के प्रधान क़ाज़ी मिनहाज़-ए-सिराज ने अपने इतिहास ग्रंथ तवकात-ए-नासिरी में बड़े विस्तार से किया है। हत्या और अन्य घटनाओं ने पूरे प्रान्त से शिक्षा और संस्कृति का नाश कर दिया। विद्वानों की या तो हत्या कर दी गई या तो वे भाग कर नैपाल की ओर चले गये। वे अपने साथ बहुत से हस्तलिखित ग्रंथों की

१. राखालदास बैनर्जी का निबन्ध 'श्री कृष्ण कीर्तन' की भूमिका।
२. ओ. वै. ल. पृ० ८१।

पांडुलिपियाँ भी लेते गये। इस तरह एक गौरवशाली साहित्य परम्परा का अन्त हो गया। मगध जो पूर्वी भारत का वास्तविक (काकपिट) या रणस्थल कहा गया है, अनवरत तुर्क पठान और मुगलों के युद्धों का केन्द्र बना रहा[१]। बंगाल भी इस हमले से नष्ट-भ्रष्ट हो गया।

मुसलमानी आक्रमण के परिणामस्वरूप पूर्वी प्रान्तों में ओज और वीरता की लहर आई। मुसलमान आक्रमणकारी सम्पूर्ण उत्तर के शत्रु थे। भारत में उनके सबसे बड़े शत्रु राजपूत राजे थे। वस्तुतः धर्मोन्माद में उठी मुसलमानी तलवार का पानी कहीं सूखा तो राजस्थान की मरुभूमि में। पश्चिमी प्रान्तों में इन मुसलमानों के खिलाफ जो जोश उमड़ता था उसका प्रतिबिम्ब कहीं दिखाई पड़ा तो शौरसेनी अपभ्रंश में। वीरों के तलवारों की झनझनाहट, उनके वीरतापूर्ण यश के लिए गाई कविताओं की गूँज, शौरसेनी अपभ्रंश के माध्यम से देश भर में मुखरित हो रही थी। गुजरात से लेकर बंगाल तक शौरसेनी अपभ्रंश के प्रसार में राजपूतों के चरित्र, उनकी वीरता और उनके प्रभाव का तो जोर था ही, साथ ही देश के बाहर शत्रु के प्रति एक घृणा की भावना भी थी जो अपने अन्दर वीरता का संचार करती थी। दूसरे उस काल की कोई भी ऐसी भाषा नहीं थी जो समर्थ काव्य रचना का उचित माध्यम बन सके। शौरसेनी अपभ्रंशसे मिलती जुलती, एक भाषा नवीं शताब्दी से लेकर बारहवीं शताब्दी तक उत्तर भारत के राजपूत राजों की राज-सभा में प्रचलित थी और राज-सभा के भाटों ने उसे उन्नत रूप दिया। उन राजों के प्रति श्रद्धा और सम्मान दिखाने के लिए गुजरात तथा पश्चिम पंजाब से लेकर बंगाल तक सारे उत्तर भारत में शौरसेनी अपभ्रंश का प्रचार हो गया और वह राष्ट्रभाषा हो गई। इसमें सन्देह नहीं कि वह शिष्टभाषा थी और कविता के लिए अत्यन्त उपयुक्त समझी जाती थी। भारत के अन्यान्य प्रान्तों में भाटों को यह भाषा सीखनी पड़ती थी और इसी में काव्य रचना करनी पड़ती थी।[२]

वस्तुतः शौरसेनी अपभ्रंश का प्रभाव इतना व्यापक था कि समाज का प्रत्येक शिष्ट व्यक्ति, कवि, प्रचारक, सिद्ध या साधु इसी भाषा के माध्यम से अपने विचारों को व्यक्त करता था। बंगाल के सिद्धों की रचनाएँ, इसी भाषा में हुईं। इसी में विद्यापति की कीर्तिलता लिखी गई।

मुसलमानों के आक्रमण से एक ओर मागधी अपभ्रंश को क्षति हुई, दूसरी ओर शौरसेनी को बल मिला। बौद्धकाल में यों ही अर्धमागधी के सामने

१. चटर्जी द्वारा उद्धृत बै० ल० पृ० १०१।

२. ओरिजिन ऐंड डेवलपमेण्ट आव बंगाली लैंग्वेज़ पृ० ११३।

मागधी का प्रचार न हो सका और वह नाटक तक में नीच पात्रों की ही भाषा रहने का गौरव पा सकी। शायद बाद में कुछ विकसित हो पाती, किन्तु मुसलमानी आक्रमण ने उससे यह अवसर भी छीन लिया और इस प्रदेश में राष्ट्रभाषा के रूप में शौरसेनी ही स्वीकार कर ली गई।

मिथिला और बंगाल में कुछ विकास की सम्भावनाएँ थीं, परन्तु वहाँ भी संस्कृत को ही राज्याश्रय मिला। मुसलमानी आक्रमण से मिथिला बची रही, पर वहाँ हिन्दू संरक्षण ने संस्कृत के विकास में अधिक प्रयत्न किया। 'कुलीनतावाद' के समर्थक सेन राजाओं के राजत्व में धोयी, जयदेव ऐसे संस्कृत कवियों को तो आश्रय मिला, पर अपभ्रंश के उत्थान की कोई संभावना वहाँ नहीं दिखाई पड़ी।

इस प्रकार ऊपर कथित ऐतिहासिक परिस्थितियों के संक्रान्ति काल में यदि भाषा की स्थिति देखी जाय तो चार बातें स्पष्ट रूप से कही जा सकती हैं:

१. शौरसेनी अपभ्रंश राजनीतिक और भाषा वैज्ञानिक कारणों से राष्ट्रभाषा का रूप ले रही थी। उसी का परवर्ती रूप ईसा की ग्यारहवीं शती से १४ वीं तक उत्तर भारत की साहित्यिक भाषा बना रहा। यह अवहट्ठ थोड़े प्रान्तगत भेदों के अलावा सर्वत्र एक सा ही है।

२. इस काल में अपभ्रंश की विभिन्न बोलियाँ विकसित होने लगीं और उनमें से कई अवहट्ठ के अन्त होते-होते यानी १४०० के आस-पास समर्थ भाषा के रूप में साहित्य का माध्यम स्वीकार कर ली गयीं।

३. इस काल की भाषाओं में मुसलमानी आक्रमण के फलस्वरूप फारसी के शब्दों की भरमार दिखाई पड़ती है।

४. हिन्दुत्व के पुनर्जागरण के कारण संस्कृत तत्सम शब्दों का प्राचुर्य मिलता है।

अवहट्ठ का काल-निर्णय

अपभ्रंश और अवहट्ठ के बीच कोई निश्चित सीमा-रेखा खींच सकना मुश्किल है। गुलेरी जी कहते हैं कि अपभ्रंश कहाँ समाप्त होती है और पुरानी हिन्दी कहाँ आरम्भ होती है, इसका निर्णय करना कठिन किन्तु रोचक और बड़े महत्त्व का है। इन दो भाषाओं के समय और देश के बारे में कोई स्पष्ट रेखा नहीं खींची जा सकती।[१] विद्वानों का विचार है कि हेमचन्द्र ने जिस अपभ्रंश का

१. पुरानी हिन्दी, पृ० ११।

व्याकरण लिखा, वह मर चुकी थी। तेसीतरी ने कहा कि वह भाषा जीवित नहीं थीं।[१] परन्तु तेसीतरी ने इसके लिए कोई कारण नहीं दिया। इस दिशा में श्री दिवेतिया ने भी विचार किया है और उन्होंने कुछ बड़े ही मनोरंजक कारण ढूँढ़े हैं। हो सकता है कि उनके कारण बड़े ठोस न हों, परन्तु उनसे कुछ प्रकाश तो पड़ता है। दिवेतिया के तीन कारण इस प्रकार हैं:[२]

१. हेमचन्द्र के प्राकृत व्याकरण के अन्तःसाक्ष्य पर कहा जा सकता है कि अपभ्रंश प्रचलित भाषा नहीं थी। हेमचन्द्र ने अपने व्याकरण के द्वितीय चरण में १७४ वें सूत्र पर जो वार्तिक लिखा है वह इस प्रकार है।

भाषाशब्दाश्च। आहित्थ। लल्लक्क। विड्डिर........इत्यादयोः महाराष्ट्र विदर्भादिदेशप्रसिद्धा लोकतोऽवगन्तव्याः। क्रिया शब्दाश्च अवसासइ। फुंफुल्लइ। उफ्फालेइ इत्यादयः। अतएव कृष्टघृष्ट वाक्यविद्वस वाचस्पति विष्टरश्रवस् प्रचेतस् प्रोक्तप्रोतादीनां क्विवादिप्रत्ययान्तानां चाग्निचित् सोमत्सुग्लसुम्लेत्यादीनां पूर्वैः कविभिरप्रयुक्तानां प्रतीतवैषम्यपरः प्रयोगो न कर्तव्यः शब्दान्तरेरेव तु तदर्थोमिधेयः। यथा कृष्टः कुशल। वाचस्पतिगुरु। विष्टरश्रवा हरिरित्यादि।

भाषा-शब्द से यहाँ हेमचन्द्र का तात्पर्य प्राकृत शब्द नहीं बल्कि भिन्न-भिन्न प्रान्तों में प्रयुक्त होने वाली भाषाओं से है। यह 'प्रतीतिवैषम्य परः' इस बात का संकेत करता है कि हेमचन्द्र के काल में प्राकृतें जनभाषा नहीं रह गई थीं।

२. दूसरे प्रयोग के लिए उन्होंने हेमचन्द्र के व्याकरण के ८-१-२३१ सूत्र की टीका से उद्धरण दिया है।

प्राय इत्येव। कई। रिऊ। एतेन प्रकारस्य प्राप्तयोर्लोपवकारयोर्थस्मिकृते श्रुतिसुखमुत्पद्यते स तत्र कार्यः।

यदि कहीं सूत्रों में आपस में ही मतान्तर मालूम हो और कोई उचित मार्ग न प्रतीत हो तो 'श्रुतिसुख' को आधार मानना चाहिए। यह प्रमाण पहले का पूरक ही है क्योंकि श्रुतिसुख की आवश्यकता तो वहीं होगी जहाँ 'पूर्वकवियों' के उदाहरण से काम न चल सकेगा। अगर प्राकृतें वास्तव में जनभाषा होतीं तो हेमचन्द्र आसानी से 'लोक प्रयोग' दे सकते थे।

पूर्वकविप्रयोग, प्रतीतवैषम्य और श्रुतिसुख का प्रयोग निःसन्देह प्राकृत

---

१. तेसीतरी, इंडियन एटिक्वेरी १९१४ O.W.R. (Introductory)

२. एन० वी० दिवेतिया, गुजराती लैंग्वेज़ ऐंड लिटरेचर पृ० २–५।

भाषाओं के वर्णनों में आया है अतः उसका सीधा सम्बन्ध अपभ्रंश से नहीं माना जा सकता, परन्तु हेमचन्द्र के अनुसार प्राकृत के अन्तर्गत आठवें अध्याय की सभी भाषाएँ आती हैं जो एक के बाद एक दूसरे की प्रकृत मानी जाती हैं। इसलिए इस पूरे प्रमाण को प्राकृतों के साथ ही साथ अपभ्रंश के लिए भी मान सकते हैं। दूसरे हेमचन्द्र ने अपने प्राकृत व्याकरण में कहीं भी अपभ्रंश को 'भाषा' नहीं कहा है और न तो उसे लोक भाषा ही कहा है अतः 'भाषा शब्द' और 'लोकतो अवगन्तव्याः' आदि का अर्थ दूसरा ही है। हेमचन्द्र अपभ्रंश को या तो अपभ्रंश या शौरसेनी, मागधी, आदि नामों से पुकारते रहे हैं।

तीसरे प्रमाण के लिए दिवेतिया ने प्राकृत द्वयाश्रय काव्य (कुमारपालचरित) के आधार पर यह तर्क दिया है कि यह ग्रंथ प्रकारान्तर से प्राकृत व्याकरण के सूत्रों के उदाहरणों के लिए लिखा गया है इसमें अपभ्रंश भाग के लिए भी उदाहरण मिलते हैं। यदि वस्तुतः अपभ्रंश लोक भाषा थी तो उसके व्याकरणिक नियमों के उदाहरण इस तरीके से बनाने की कोई जरूरत नहीं थी।

हेमचन्द्र के समय में अपभ्रंश जनप्रचलित भाषा नहीं थी इसे सिद्ध करने के लिए ऊपर दिए गए प्रमाणों की पुष्टि पर बहुत जोर नहीं दिया जा सकता। फिर भी हेमचन्द्र के काल तक अपभ्रंश लोक भाषा नहीं थी इतना तो प्रमाणित होता ही है। हेमचन्द्र ने स्वयं अपने काव्यानुशासन में दो प्रकार के अपभ्रंशों की चर्चा की है। पहली शिष्ट भाषा जो साहित्य के लिए प्रयुक्त होती थी और दूसरी ग्राम्य अपभ्रंश संस्कृत और प्राकृत की भाँति शिष्ट जन की भाषा हो गई थी और भाषा शास्त्र की दृष्टि से ग्राम्य अपभ्रंश काफी अग्रसर हो रही थी। इस तरह के अपभ्रंश के रूप हमें सन्देश रासक, उक्ति व्यक्ति और प्राकृत पैंगलम् में मिलते हैं। हेमचन्द्र ने अपभ्रंश का व्याकरण लिखा जिसमें उन्होंने अपने सिद्धान्तों की पुष्टि के लिए पूरे के दोहे उद्धृत किए, इसके आधार पर लोगों की धारणा है कि हेमचन्द्र के समय तक अपभ्रंश लोकभाषा नहीं रह गई थी। यद्यपि यह कोई बहुत अच्छा तर्क नहीं है, हेमचन्द्र ने अपना व्याकरण पंडितों के लिए लिखा, इसलिए 'भाषा' के व्याकरण के लिए उन्हें पूरा छन्द उद्‌घृत करना पड़ा। फिर भी हेमचन्द्र के काल तक अपभ्रंश जनभाषा नहीं थी वह तो इसी से मालूम होता है कि हेमचन्द्र ने 'देशी नाम माला' का निर्माण आवश्यक समझा। ये शब्द शिष्ट अपभ्रंश में नहीं मिलते, निश्चय ही ये ग्राम्य अपभ्रंशों में प्रचलित रहे होंगे।

'उक्ति व्यक्ति प्रकरण' में लेखक ने तत्कालीन देश भाषा यानी अपभ्रंश के रूपों को संस्कृत व्याकरण के आधार पर समझाने का प्रयत्न किया है। उक्ति

व्यक्ति की भाषा जिस प्रकार के अपभ्रंश का प्रतिनिधित्व करती है वह निःसन्देह हेमचन्द्र के अपभ्रंश से कोसों दूर है। इसमें अपभ्रंश के विकसित रूप तो मिलते ही हैं पुरानी अवधी के स्वरूपों का प्रयोग भी अधिकता से हुआ है और इस आधार पर डॉ० सुनीतिकुमार चाटुर्ज्या इसे 'पुरानी कोसली' नाम देने के पक्ष में हैं। उक्ति व्यक्ति प्रकरण बारहवीं शताब्दी को रचना है। दामोदर पण्डित ने इस ग्रंथ में काशी के आस-पास प्रचलित तत्कालीन भाषा को ही अपभ्रंश नाम दिया है। लेखक ने 'उक्ति व्यक्ति' शब्द की व्याख्या करते हुए पहली कारिका की टीका में लिखा है:

उक्तावपभ्रंशभाषिते व्यक्तीकृतं संस्कृतं नत्वा तदेव करिष्यामः इत्यर्थः XXX अथवा नाना प्रकारा प्रतिदेशं विभिन्ना येयमपभ्रंशवाग्रचना पामराणां भाषित भेदाभेदात्तद्वहिष्कृतं ततोऽन्यादृशम्। तद्धि मूर्खप्रलपितं प्रतिदेशं नाना।

उक्ति व्यक्ति १/१५-२१

ग्रंथकार ने इस देशभाषा का कोई विशिष्ट नाम न देकर अपभ्रंश नाम दिया है, परन्तु इस अपभ्रंश शब्द का उसके मन में वही अर्थ नहीं है जो हेमचन्द्र के अपभ्रंश का यानी परिनिष्ठित अपभ्रंश का है। 'उक्ति' का अर्थ है लोकोक्ति यानी लोक में प्रचलित भाषा पद्धति, उसकी व्यक्ति यानी विवेचना, स्पष्टीकरण जो इस ग्रंथ में किया गया है। पामर लोगों के वाग्व्यवहार में आने वाली वह भाषा जिसके विभिन्न भेद हैं, संस्कृत व्याकरण पद्धति से स्पष्ट की गई है। 'उक्ति व्यक्ति' के आधार पर यह कहना असंगत न होगा कि ईसा की बारहवीं शताब्दी में मध्यदेश में परिनिष्ठित अपभ्रंश से भिन्न भाषा लोक व्यवहार में आती थी जो एक ओर अपभ्रंश के निकट थी जिसे दामोदर पण्डित 'अपभ्रंश' ही कहना चाहते हैं किन्तु उसके स्वरूप का भाषा वैज्ञानिक विवेचन करने पर डॉ० चाटुर्ज्या उसे पुरानी कोसली कहना उचित समझते हैं। उक्ति व्यक्ति की भाषा में परवर्ती अपभ्रंश का प्रयोग हुआ है, यह निर्विवाद है।

इस प्रकार हमने देखा कि १२वीं तेरहवीं शताब्दी के आस-पास अवहट्ठ के ग्रंथ मिलने लगते हैं जिनमें परवर्ती अपभ्रंश की प्रमुख प्रवृत्तियों के प्रभाव भी भाषा पर स्पष्ट दिखाई पड़ने लगते हैं। प्राकृत पैंगलम् की रचनाओं में इस प्रकार के उदाहरणों के बहुत प्रयोग मिल जाते हैं। यह सत्य है कि प्राकृत पैंगलम् की रचना में १४वीं शताब्दी के आस-पास का भी बहुत साहित्य संकलित किया गया है, फिर भी उसका कुछ भाग निःसन्देह बारहवीं शती के पहले निर्मित हो चुका था। प्राकृत पैंगलम् की भाषा से साफ मालूम हो जाता है कि यह अपभ्रंश का परवर्ती रूप है। इसकी रचनाएँ ११वीं से १३वीं तक के बीच की हैं; परन्तु

इसमें कुछ ऐसे भी छंदों के उदाहरण मिलेंगे जिनकी भाषा १३वीं शती की है।[१] वस्तुतः प्राकृत पैंगलम् का रचना-देश ही इस तथ्य की सूचना देता है कि मध्यदेश की मूल भाषा शौरसेनी अपभ्रंश स्वयं भाषा परिवर्तन नियमों के अनुसार विकसित होती जा रही थी और इसने अवहट्ठ का मूल ढाँचा तैयार कर दिया था जो करीब ११वीं शती के आस-पास सर्व सामान्य रूप से, देश के राजनीतिक तथा अन्य कारणों से, मध्यदेशीय राजवाड़ों के गौरव और सम्मान के रूप में समस्त आर्य भारत द्वारा गृहीत होता जा रहा था। इसी समय अपभ्रंश कालीन विभाषाएँ भी विकसित हो रहीं थी और वे आधुनिक आर्य भाषाओं के उदय की सूचना दे रही थीं। इन जनभाषाओं के सम्पर्क से अवहट्ठ में जनसुलभ शब्दों की भरमार तो हुई ही जनभाषा की कई प्रमुख प्रवृत्तियों का भी दर्शन होने लगा। प्राकृत पैंगलम् में ही हमें ऐसे उदाहरण मिल जायेंगे जिसमें पश्चिमी देशों की जनभाषाओं के प्रभावपरिलक्षित होंगे। इस तरह हमने देखा कि यद्यपि अपभ्रंश और अवहट्ठ के बीच कोई निश्चित काल विभाजक रेखा खींच सकना असंभव है, पर मोटे रूप से अवहट्ठ में पाई जाने वाली विशेषताओं की उपलब्धि करीब-करीब ११वीं शताब्दी में होने लगी। इन तथ्यों के आधार पर हम अवहट्ठ का रचना काल १२वीं शती के आरम्भ से पीछे नहीं खींच सकते; यद्यपि उस काल की रचनाएँ उसके पक्ष में कोई प्रमाण नहीं दे सकतीं।

अवहट्ठ काल के अन्त के बारे में हम निश्चिन्त हैं। अवहट्ठ का अन्त करीब करीब १४वीं शती के अन्त से सम्बद्ध सा माना जा सकता है। यह सत्य है कि १४वीं शती के बाद भी इस काल को खींचा जा सकता है, परन्तु उससे कोई लाभ नहीं। विद्यापति के काल तक निःसन्देह जन भाषाओं का उदय हो चला था। एक ओर वे अवहट्ठ में काव्य रचना करते हैं दूसरी ओर उनकी प्रतिभा का "प्रौढ़चन्द्र" पदावली में चमकता है। अतः इसके नीचे तो इस काल को खींचना मुश्किल है। वास्तविक समय क्या है इसके लिए विचार करने की सामग्री अप्राप्त है। जनभाषाओं के प्रौढ़रूप हमें १४वीं शती के अन्तिम चरण तक मिलने लगे।

१. तेसीतोरी के मतानुसार अवहट्ठ का रचनाकाल मुग्धबोध औक्तिक के रचनाकाल के बाद नहीं खींचा जा सकता।[२] मुग्धबोध औक्तिक का रचना काल १४५० विक्रम संवत् या १३९३ ईस्वी सन् निश्चित है। इस ग्रंथ का सबसे पहला परिचय डॉ० एच० यच० ध्रुव के १० सितम्ब्र १८८१ के निबन्ध से मिला जो

१. डॉ० तेसीतरी, इंडियन ऐंटिक्वेरी जिल्द १४. १९१४ फरवरी।

२. तेसीतोरी इंडियन एन्टिक्वेरी भाग १४।

उन्होंने "नियो वर्नाक्यूलर आव् वेस्टर्न इंडिया" शीर्षक से लिखा था और जिसे उन्होंने उक्त सन् में क्रिश्चियाना में विद्वानों की एक सभा में पढ़ा था। मुग्धबोध औक्तिक संस्कृत में लिखा हुआ व्याकरण ग्रंथ है जो बाल छात्रों की दृष्टि से लिखा गया है।[१] इस ग्रंथ पर जार्ज ग्रियर्सन ने एक लम्बा विचार अपने लिंग्विस्टिक सर्वे आव् इंडिया के जिल्द ९ में दिया है।[२] और उसकी टीका को उन्होंने गुजराती भाषा का सबसे पहला नमूना कहा है। तेसीतरी ने इसे गुजराती न कह कर पुरानी पश्चिमी राजस्थानी का नमूना माना क्योंकि उनकी राय से तब तक मारवाड़ी गुजराती और राजस्थानी अलग भाषा के रूप में भिन्न नहीं हुई थीं।[३] जो कुछ भी हो, इतना सत्य है कि पश्चिमी भारत में अवहट्ठ का रचना काल इस ग्रंथ के रचना काल के नीचे नहीं जा सकता।

२. डॉ० चटर्जी के अनुसार पूरब में अर्थात् बंगला में टीका सर्वस्व को आधुनिक भाषाओं के उदय काल पर प्रकाश डालने वाली पहली सामग्री के रूप में मानना चाहिए। चटर्जी का विचार है कि ११५९ ईस्वी की इस टीका सर्वस्व नामक पुस्तक में ३०० ऐसे शब्दोंका उल्लेख है, जिनका अध्ययन बंगला भाषा के ध्वनि-विचार के लिए अत्यन्त महत्वपूर्ण माना जा सकता है।[४] यह टीका सर्वस्व पंडित सर्वानन्द नामक किसी बंगाली सज्जन द्वारा अमरकोश पर लिखी गई भाषा टीका है। इस टीका से भाषा की गठन पर कोई प्रकाश नहीं पड़ता। पांडुलिपि की प्राचीनता भी सन्दिग्ध ही है। अतः यह ग्रंथ इस काल निर्णय के लिए उपादेय नहीं है। पूर्वी प्रान्तों में परवर्ती अपभ्रंश का काल चंडीदास के कृष्णकीर्तन से नीचे खींचा जा सकता। इसकी पांडुलिपि भी पुरानी है। पहले चटर्जी ने इसे आधुनिक काल के उदय का संकेत चिहन कहा है और इसकी अवस्था को वे 'प्रोटो बंगाली' और 'बंगाली निर्माण की अवस्था में' इन दो नामों से अभिहित करते हैं।[५] इन दो अवस्थाओं को यदि दूसरी शब्दावली में कहें तो 'पुरानी बंगला' कह सकते हैं और जिसका आधार 'बौद्ध गान ओ दोहा' माना जाता है जिसके बारे में पहले ही कहा जा चुका है।

मगध में विद्यापति की कीर्तिलता को अवहट्ठ की अंतिम रचना मान लें तो स्पष्ट हो जाता कि पूर्वी प्रदेशों में भी अवहट्ठ का समय समाप्त हो गया था।

---

१. संक्षेप्यादौक्तिकं वक्ते बालानां हित बुद्धये। (मु० बो० औ०)

२. जिल्द ९ भाग २ प० ३५३।

३. इंडियन ऐन्टिक्वेरी भाग १४।

४. चैटर्जी वैं० लैंग्वेज पृ० १०९-११।

५. वही पृ० १२९।

अवहट्ठ काल के अन्त के बारे में कुछेक पुस्तकों का आधार लेकर जो विचार दिये गए हैं, उनकी कोई खास आवश्यकता नहीं थी क्योंकि परवर्ती अपभ्रंश की रचना १७वीं शताब्दी तक होती रही, इसलिए यह कहना कि उसका अन्त १४वीं शताब्दी में हो गया, कोई खास मतलब नहीं रखता। मेरा तात्पर्य केवल इतना ही है कि १४वीं के आस-पास परवर्ती अपभ्रंश भी लोकभाषा के स्थान से हट गया और उसका स्थान विभिन्न जनपदीय अपभ्रंशों से विकसित बोलियों ने ले लिया।

इस प्रकार ईसा की ग्यारहवीं शताब्दी से ईसा की चौदहवीं तक के काल को अवहट्ठ का काल मानते हैं। इससे यह न समझना चाहिए कि हम आधुनिक आर्य भाषाओं के काल को पीछे खींचते हैं। सत्य तो यह है कि अवहट्ठ जिन दिनों साहित्य भाषा के रूप में इतने बड़े भूभाग में प्रचलित थी, उस समय जन भाषाएँ तेजी से विकसित हो रही थीं और भाषाविद् उनके इस विकास का समय ईसा की दसवीं शताब्दी से स्वीकार करते हैं। १४वीं तक में वे स्वयं सबल भाषाओं के रूप में सामने आ गईं। १४वीं के बाद भी परवर्ती अपभ्रंश में रचनाएँ होती रहीं, परन्तु इन भाषाओं के विकास के बाद उसका वैसा प्रचार और जन सम्पर्क नहीं रह गया और प्रादेशिक भाषाएँ, इतनी समर्थ हो गईं कि चौदहवीं, पन्द्रहवीं शताब्दी तक चंडीदास, विद्यापति, जायसी, मीरा और नरसी मेहता जैसे प्रौढ़ कवि दिखाई पड़ने लगे।

अवहट्ठ और 'देसिल वअन'

सक्कय वाणी वुहअन भावइ
पाउंअ रस को मम्म न पावइ
देसिलवअना सब जन मिट्ठा
तं तैसन जम्पओं अवहट्ठा

कीर्तिलता के इस पद्यांश को लेकर बहुत दिनों तक विद्वानों ने माथापच्ची की। इसके पहले 'प्राकृत और देशी' तथा 'अपभ्रंश और देशी' के पारस्परिक सम्बन्ध पर लम्बे-लम्बे विवाद हो चुके थे। इन शब्दों से वास्तविक सापेक्ष्य अर्थों पर अव तक काफी लिखा जा चुका है। पिशेलने अपने प्राकृत व्याकरण में देशी पर विचार किया और देश्य या देशी को (भ्रष्टता)' हेट्रोजीनियस एलिमेंट' का सूचक बताया।[१] जार्ज ग्रियर्सन ने इस विषय पर एक महत्वपूर्ण विचार अपने

१. पिशेल ग्रेमेटिक डर प्राकृत स्प्राखें पृ० ३....४७,

निबन्ध 'आन दि माडर्न एण्डो ऐर्यन वर्नाक्यूलर्स' में व्यक्त किया।[१] डॉ० उपाध्ये ने इस विषय पर अपने निबन्ध 'प्राकृत लिटरेचर' में विस्तार से लिखा[२] और इधर हाल में डॉ० तगारे ने अपनी पुस्तक में अपभ्रंश और देशी पर एक लम्बा अध्याय ही जोड़ दिया है।[३]

विद्यापति के उपर्युक्त पद्यांश से बहुत से लोगों को भ्रम हो गया था। उक्त पद्यांश के आधार पर कुछ लोगों ने अवहट्ठ को देशी से भिन्न माना, कुछ ने दोनों को एक। कीर्तिलता के सम्पादक डॉ० बाबूराम सक्सेना ने इसका अर्थ किया, देशी सब लोगों को मीठी लगती है इसी से अवहट्ठ (अपभ्रष्ट) में रचना करता हूँ।[४] डॉ० सक्सेना के शब्दों में ध्वनित है कि उन्होंने अवहट्ठ और देशी को एक माना है। डॉ० हीरालाल जैन ने पाहुड़ दोहा की भूमिका में इस प्रसंग को उठाया। उन्होंने लम्बे-लम्बे उद्धरणों से यह सिद्ध किया कि किस प्रकार, स्वयंभू, पुष्पदन्त, पद्मदेव, लक्ष्मणदेव आदि अपभ्रंश के कवियों ने अपनी भाषा को देशी माना। अन्त में डॉ० जैन ने कीर्तिलता वाले पद्य को भी अपने मत की पुष्टि के लिए ठोंक पीट कर तैयार किया और मूल पाठ के कोई ध्वनि न पाकर उन्होंने उसके अर्थ में खींचातानी की। संस्कृत रूपान्तर डॉ० हीरालाल जैन ने यों दियाः

देशी वचनानि सर्वजन मिष्टानि
तद् तादृशं जल्पे अवभ्रष्टम्

इस तादृश का अर्थ उन्होंने किया तदेव और कहा कि तादृश शब्द से मतभेद हो सकता है किन्तु यहाँ तादृश का अर्थ तदेव की ही तरह है।

इस मत पर विद्वानों की शैली में वैसा ही सन्देह प्रकट किया जा सकता है जैसा प्रसिद्ध भाषा शास्त्री डॉ० जूल ब्लाक ने डॉ० जैन के पास लिखे अपनी ३० नवम्बर सन् ३२ के पत्र में किया।[५]

एक ओर डॉ० सक्सेना और डॉ० जैन इसे 'तदेव' मानते हैं और दूसरी ओर जूल ब्लाक को यह मत मान्य नहीं। आचार्य रामचन्द्र शुक्ल ने भी जूल

---

१. जार्ज ग्रियर्सन, यह निबन्ध इंडियन ऐंटिक्वेरी के १९३१-३३ के अंकों में आया।

२. इन्साइक्लोपीडिया आव् लिटरेचर, न्यूयार्क।

३. डॉ० तगारे; हिस्टारिकल ग्रैमर आव् अपभ्रंश।

४. कीर्तिलता; ना० प्र० स० पृ० ७।

५. As regards the identification Desi = Apabhramsa, I feal doubts, 30-11-32 (पाहुड़ दोहा ३३)।

ब्लाक के मत से मिलते-जुलते विचार दिये हैं। उक्त पद्यांश का अर्थ करते हुए शुक्ल जी कहते हैं, देशी (बोलचाल की भाषा) सबको मीठी लगती है, इससे वैसा ही अपभ्रंश (देशी भाषा मिला हुआ) मैं कहता हूँ। विद्यापति ने अपभ्रंश से भिन्न प्रचलित बोलचाल की भाषा को देशी भाषा कहा है।[१]

इस तरह इस विषय पर दो मत दिखाई पड़ते हैं। जैसा ऊपर कहा गया कि इस प्रकार विवादास्पद मत प्राकृत और देशी या 'अपभ्रंश और देशी' पर सदा रहे हैं। इसका कारण क्या है? साफ है कि यह मत केवल अपने दायरे को सीमित कर लेने के कारण उठे हैं। यदि तर्कशास्त्र की भाषा में कहा जाय तो देशी का जो अर्थ किया जाता है उसमें व्याप्ति दोष आ जाता है। देशी का किस प्रसंग में क्या अर्थ है इस पर ध्यान न देकर हम देशी से अपभ्रंश का तादात्म्य ढूँढ़ने लगते हैं। देशी का अर्थ प्राकृत के प्रसंग में एक है, अपभ्रंश के प्रसंग में दूसरा और अवहट्ठ के प्रसंग में तीसरा। 'देशी' और 'भाषा' ये दो शब्द कब-कब किस अर्थ में प्रयुक्त होते हैं, यह एक बहुत मनोरंजक विषय है। और इनके इसी विकासशील इतिहास के अनुक्रम में इनका वास्तविक सापेक्ष्य अर्थ भी छिपा है। यहाँ संक्षेप में पहले 'देशी' का इतिहास दिया जा रहा है।

देशी शब्द

'देशी' शब्द का सबसे पहला प्रयोग भरत के नाट्य शास्त्र में मिलता है। यह ध्यान रखना चाहिए कि भरत ने 'देशी' विशेषण शब्द के लिए दिया था, भाषा के लिए नहीं। उनकी राय में जो शब्द संस्कृत में तत्सम और तद्भव शब्दों से भिन्न हों उन्हें देशी मानना चाहिए। भरत के देशी शब्द की यह परिभाषा प्रायः बहुत पीछे तक आलंकारिकों और वैयाकरणों द्वारा मान्य रही। काव्यालंकार के रचयिता रुद्रट की राय में तो उन शब्दों को संस्कृत से बहिष्कृत ही कर देना चाहिए जिनकी व्युत्पत्ति प्रकृति-प्रत्यय विचार के आधार पर न हो सके और जो अपनी रूढ़ि न रखते हों।[२] बारहवीं शती के प्रसिद्ध वैयाकरण हेमचन्द्र ने इस प्रकार के शब्दों की एक 'नाम माला' ही बना दी जिनकी व्युत्पत्ति प्रकृति-प्रत्यय नियम से संभव न थी। यद्यपि उन्होंने उसे 'लक्षण सिद्धता' कहा और देशी उन शब्दों को माना जो 'लक्षण' से सिद्ध नहीं होते। जो न तो संस्कृतभिधान में ही

१. आचार्य शुक्ल, हिन्दी साहित्य का इतिहास पृ० ९।

२. प्रकृति प्रत्ययमूला व्युत्पत्तिर्नास्ति यस्य देशस्य
तन्मनुहादि कथञ्चन रूढ़िरिति न संस्कृते रूपयते। (काव्यालंकार ६-२७)

प्रसिद्ध हैं और न तो गौड़ी लक्षणा से ही सिद्ध होते है।[१] उन्होंने लक्षणा के गूढ़ार्थ को स्पष्ट करते हुए कहा कि वे शब्द जो सिद्ध हेमचन्द्र नाम में सिद्ध नहीं हुए हैं और न तो प्रकृति प्रत्यय विभाग से उनकी निष्पत्ति ही संभव है।[२] देशी शब्द के बारे में वैयाकरणों और अलंकारिकों की ऊपर-कथित व्युत्पत्ति-प्रणाली को ही लक्ष्य करके पिशेल ने कहा था कि ये वैयाकरण प्राकृत और संस्कृत के प्रत्येक ऐसे शब्द को देशी कह सकते हैं जिसकी व्युत्पत्ति संस्कृत से न निकाली जा सके।[३] इस प्रकार हमने देखा कि एक ओर देशी का प्रयोग शब्द के लिए हुआ है जिसके बारे में भारतीय वैयाकरण और पिशेल तक की राय है कि ये प्रकृति-प्रत्यय विचार के घेरे के बाहर के शब्द हैं।

देशी भाषा

दूसरी ओर देशी का प्रयोग भाषाओं के लिए भी मिलता है। देशी भाषा शब्द का पहला प्रयोग प्राकृत के लिए हुआ है। पादलिप्त (५०० ई०) उद्योतन (७६९) और कोऊहल ने प्राकृतों को देशी कहा है। तरंगावईकहा के लेखक पादलिप्त ने अपनी प्राकृत भाषा को 'देसीवयण' कहा।[४] उद्योतन ने कुवलय माला में महाराष्ट्री प्राकृत को देशी कहा था और उसे प्राकृत से भिन्न बताया था।[५] कोऊहल ने 'लीलावई' में उसी महाराष्ट्री प्राकृत को 'देशीभाषा' कहा।[६] यह सत्य है कि 'लीलावई' में देशी शब्द भी मिलते हैं, किन्तु स्वयं दूसरी जगह पर कवि ने 'देशी भाषा' को ही प्राकृत भाषा कहा है।[७]

यह ध्यान देने की बात है कि किस महाराष्ट्री प्राकृत को काव्यादर्श के रचयिता दण्डी ने श्रेष्ठ प्राकृत कहा, क्योंकि उसमें सूक्तियों की रत्नाकर

---

१. जो लक्खणे सिद्धाण प्रसिद्धा सक्कयाहिहाणेसु
ण य गउण लक्खणा सति संभवा ते इह णिवद्धा (देशी नाममाला)

२. लक्षणे शब्द शास्त्रे सिद्ध हेमचन्द्र नाम्नि
ये न सिद्धाः प्रकृति प्रत्ययादि विभागेन न निष्पन्नस्तेऽत्र निंवद्धाः। टीकावली

३. पिशेल ग्रैमैटिंक टिं० ९, तगारे द्वारा उद्धृत हिं० ग्रै० अ०।

४. पालित्तएण रइया वित्थरओ तस्स देशीवयणेहि नामेण तरंगावई का विचित्ता विचित्ता विडलायं (याकोवी द्वारा सनत्कुमार चरित की भूमिका पृष्ट १७ में उद्धृत)

५. पायय भासा रइया माहट्ठय देसी वयण णिवद्धा
(पांडुलिपि से डॉ० उपाध्ये द्वारा लीलावई की भूमिका में उद्घृत)

६. भणियं च पियय भाए रइयं मरहट्ठ देशी मासाए
अंगाइं हमीए कहाएं सज्णणा संग जोउगाई, लीलावई गाहा १३३०

७. एमेय युद्ध जुयई मनोहरं पाययाएं भासाए
पविरल देशी सुलक्खं कहसु कहं दिब्बमाणुसियं। लीलावई, गाहा ४१

सेतुबन्ध ऐसे काव्य हैं।[१] उसी प्राकृत को अपनी मनोहरमुग्धा युवती को कथा सुनाने वाले कोउहल ने 'देशी भासा' कहा। उसी को उद्योतन 'देशी' कह कर प्राकृत से भिन्न मानते हैं।

वस्तुतः इन उद्धरणों से ध्वनित है कि जनता प्राकृत को देंशी या देशी भाषा के रूप में ही जानती थी। साहित्यिक रूप ग्रहण करने पर उन जन भाषाओं का 'प्राकृत' नाम वैयाकरणों या अलंकारिकों ने दिया। यह साहित्यिक प्राकृत जनता से दूर हो गई। जनता की अपनी भाषा उसी साधारण रूप से विकसित होती रही और उसने विभिन्न अपभ्रंशों का रूप ले लिया। और अब ये अपभ्रंश प्राकृत के टक्कर में देशी भाषा कही जाने लगी। इसके बाद हम देखते हैं कि अपभ्रंशों के कवियों ने इसी देशी भाषा को 'देसीवयण' देशभाषा आदि नामों से पुकारना शुरू किया।

प्रसिद्ध कलिकाल सर्वज्ञ कवि स्वयंभू ने अपनी भाषा को देशी कहा।[२] १०वीं शताब्दी के अन्तिम चरण में कवि पुष्पदन्त ने अपना प्रसिद्ध काव्य महापुराण लिखा और उन्होंने अपनी भाषा को 'देसी' कहा।[३] १००० ईस्वी में कवि पद्मदेव ने अपने प्रसिद्ध ग्रंथ पासणाहचरिउ (पार्श्वनाथचरित) की भाषा को 'देसासद्दत्थगाढ़' से युक्त बताया।[४]

इस प्रकार के कई कवियों का उल्लेख करके पाहुड़ दोहा की भूमिका में डॉ० हीरालाल जैन ने यह सिद्ध करने का प्रयत्न किया है कि अपभ्रंश ही देशी भाषा है। इनका कथन सत्य है, पर अपभ्रंश को देशी मानने के काल की भी एक अवधि है! इस तथ्य को भूल जाने से हम गलती कर सकते हैं और कहीं भी देशी शब्द देखकर उसे अपभ्रंश कहने के मिथ्या मोह का शिकार हो सकते हैं। चौदहवीं शती के आस-पास एक बार फिर भाषा को देशी, ग्रामगिरा, आदि कहने का जोर बढ़ा। विद्यापति का उदाहरण ऊपर है ही। महाराष्ट्री कवि ज्ञानेश्वर ने कहा–

---

१. महाराष्ट्रायां भाषा प्रकृष्टं प्राकृतं बिदु।
सागर सूक्तिरत्नानां सेतुबन्धादि यन्मयन्ः काव्यादर्शः

२. दीह समासपवाहा बंकिय सक्कय पायय पुलिणालंकिय
देसी भासा उभय तडुज्जल कवि दुक्कर घण साइसिलायल
रामायण १ (हिन्दी काव्य धारा पृ० २६)

३. ण विणयामि देशी। महापुराण १/८/१०

४. वायरणु देसि सद्दत्थ गाढ छन्दालंकार विसाल पौढ़
जइ एवायइ बहुलकरवणेहिं इय विरइयं कब्व विपनसणहिं (पासणाहचरिउ)

अम्हो प्राकृपे देशीकारे बन्धे गीता

ज्ञानेश्वरी, अध्याय १८

और इसी आधार पर डॉ० कोलते ने ज्ञानेश्वरी से ऐसे शब्दों को ढूँढ़ा है जिन्हें उन्होंने मराठी सिद्ध किया।[१] वस्तुतः यहाँ देशी का अर्थ मराठी स्पष्ट है। यद्यपि ज्ञानेश्वरी में परवर्ती अपभ्रंश के रूप भी बहुतांश में मिलते हैं।

परवर्ती कवि तुलसीदास ने भी अपनी भाषा को 'ग्राम्यगिरा' 'भाखा' आदि नाम दिया। इन शब्दों के आधार पर देशी और अपभ्रंश को 'तदेव' मानने की एक काल सीमा बनानी चाहिए।

इस देशी या भाषा शब्द के बारे में थोड़ा और स्पष्ट करने के लिए इन कवियों भाषा सम्बन्धी विचारों को गहराई से परखना चाहिए। सत्य तो यह है कि प्रत्येक कवि जो वास्तविक रूप से लोक-मंगल की भावना से काव्य प्रणयन करता है वह लोक सामान्य की भाषा भी ग्रहण करता है। अद्दहमाण ने कहा था कि मेरी भाषा न तो पंडितों के लिए है क्योंकि वे शायद ही सुनें, न तो मूर्खों के लिए ही है क्योंकि उनका प्रवेश कठिन है, इसीलिए यह साधारण लोगों के लिए हैः

णहु रहइ बुहा कुकवित्त रेसि
अवुहत्तणि अवुहइ णहु पवेसि
जिण मुक्ख न पंडिय मज्झयार
तिह पुरउ पाढिव्वउ सव्ववार (संदेश रासक)

अपने विचार को और भी अधिक स्पष्ट करने के लिए ये कवि प्रायः एक बहुत ही प्रसिद्ध रूपक का सहारा लिया करते हैं। भाषा को या देशी को सदैव नदी की धारा के समान गतिशील मानते हैं। धारा से अलग होकर कुछ जल बद्ध हो जाता है उसे साहित्यिक भाषा की तरह समझना चाहिए। वैदिक भाषा से अलग बद्धजल के रूप में संस्कृत के निकल जाने पर वह धारा चलती रही और उसे प्राकृत या स्वाभाविक या संस्कृत की तुलना में देशी कहा गया। कालान्तर में जब प्राकृत भी साहित्य भाषा बनकर बद्धजल के रूप में घिर गई तब अपभ्रंश उसकी तुलना में धारा की स्वाभाविक गति में आने के कारण 'देशी' कही गई। इसीलिए स्वयंभू कवि ने कहाः

दीह समास पवाहात्वंकिय सक्कय पायय पुलिणालंकिय
देसी भाषा उभय तडुज्जल कवि दुक्कर घण सइ सिलायलु

---

१. विक्रम स्मृति ग्रंथ पृ० ४७०, उज्जैन सम्बत २००३।

उन्होंने अपभ्रंश को देशी भाषा कहा जो नदी की धारा की तरह है जिसके दोनों किनारे संस्कृत और प्राकृत हैं।

परन्तु इस अपभ्रंश की भी वही अवस्था हुई। यह भी साहित्य भाषा बन कर धारा से अलग हुई और बाद में देशी भाषाएँ मैथिली, अवधी, मराठी, या अन्य कही गईं। तुलसी की अवधी में लिखी गई कविता 'सुर सरिता' के समान चली और कबीर ने संस्कृत के 'कूप जल' की तुलना में 'भाखा' को बहता नीर कहा।

इस प्रकार देशी या भाषा दोनों ही शब्दों के वास्तविक सापेक्ष्य अर्थ को समझना चाहिये। देसी भाषा का अर्थ और लक्ष्य भिन्न-भिन्न स्थानों पर भिन्न-भिन्न हो सकता है। देशी ही नहीं प्राकृत और अपभ्रंश आदि शब्दों का भी बड़ा विस्तृत अर्थ लिया जाता था। अवहट्ठ के साथ विद्यापति ने जिस 'देसिल वयन' का नाम लिया है उसका संकेत मैथिली की ओर है और उसे व्यापक अर्थ में अपभ्रंश की तुलना में सभी आधुनिक आर्य भाषाओं के लिए अभिधेय मान सकते हैं इसलिए अवहट्ठ और 'देसिल वयन' को तदेव सिद्ध करने का आग्रह निराधार और व्यर्थ है।

अपभ्रंश और हिन्दी का साहित्यिक सम्बन्ध

—प्रो० नामवर सिंह

अपभ्रंश की वह कौन-सी प्राण-धारा थी जिसका विकास हिन्दी में हुआ, इसका निर्णय इस बात पर निर्भर है कि हिंदी के आदि काल की मुख्य प्रवृत्ति क्या है? इस विषय में आमतौर से लोगों में यह धारणा प्रचलित है कि हिन्दी का आरम्भ वीरगाथाओं से हुआ है। इस धारणा के सूत्रपात का श्रेय मुख्यतः आचार्य शुक्ल के 'इतिहास' को है। शुक्ल जी ने हिन्दी-साहित्य के आदिकाल का सामान्य परिचय देते हुए लिखा है कि "आदि काल की इस दीर्घ परम्परा के बीच प्रथम डेढ़-दो सौ वर्ष के भीतर तो रचना की किसी विशेष प्रवृत्ति का निश्चय नहीं होता है– धर्म, नीति, शृंगार, वीर सब प्रकार की रचनाएँ दोहों में मिलती हैं। इस अनिर्दिष्ट लोक-प्रवृत्ति के उपरान्त जब से मुसलमानों की चढ़ाइयों का आरम्भ होता है तब से हम हिंदी-साहित्य की प्रवृत्ति एक विशेष रूप में बँधती हुई पाते हैं। राज्याश्रित कवि और चारण, जिस प्रकार दीप्ति, शृंगार आदि के फुटकल दोहे राजसभाओं में सुनाया करते थे उसी प्रकार अपने आश्रयदाता राजाओं के पराक्रमपूर्ण चरितों या गाथाओं का वर्णन भी किया करते थे। यह प्रबन्ध परम्परा रासो नाम से पाई जाती है जिसे लक्ष्य करके इस काल को हमने 'वीरगाथाकाल' कहा है।"[१] आगे इस कथन की पुष्टि ऐतिहासिक परिस्थितियों के द्वारा करते हुए शुक्ल जी ने कहा कि "जिस समय से हमारे हिंदी साहित्य का अभ्युदय होता है, वह लड़ाई-भिड़ाई का समय था, वीरता के गौरव का समय था। और बातें पीछे पड़ गई थीं।"[२] यदि साहित्यिक परम्परा की दृष्टि से इस कथन की पुष्टि करना चाहें तो कह सकते हैं कि चारण कवियों की वीरगाथाएँ परवर्ती अपभ्रंश की परम्परा के अनुसार ही थीं। इस तरह आसानी से यह कहा जा सकता है वीरगाथा ही वह प्राणधारा है जिसका विकास अपभ्रंश से हिन्दी में हुआ।

---

१. हिंदी साहित्य का इतिहास, पृ० ३-४ (पाँचवाँ संस्करण, १९४९ ई०)

२. वही, पृ० ३०

ऊपर ऊपर से देखने पर इस कथन में संदेह की गुंजाइश नहीं होनी चाहिए। लेकिन प्राणधारा का प्रश्न 'आदिकाल' तक ही नहीं समाप्त हो जाता है। यदि वीरगाथा ही अपभ्रंश और हिंदी आदिकाल की प्राणधारा थी तो आगे उसका विकास भी होना चाहिए। लेकिन इतिहास से उस प्राणधारा के विकास का समर्थन नहीं होता। तथाकथित वीरगाथाओं के बाद हिंदी में तुरन्त संत और भक्ति काव्य का अभ्युदय हो जाता है और विकास की इन दोनों भावधाराओं में इतना अधिक अन्तर है कि विकास की कोई एकसूत्रता ढूँढ़ निकालना कठिन है। फिर भी जब बुद्धि है तो संगति भी बैठानी ही है। फलतः शुक्ल जी ने युक्ति दी कि "देश में मुसलमानों का राज्य प्रतिष्ठित हो जाने पर हिंदू जनता के हृदय में गौरव, गर्व और उत्साह के लिए वह अवकाश न रह गया।... ऐसी दशा में अपनी वीरता के गीत न तो वे गा ही सकते थे और न बिना लज्जित हुए सुन ही सकते थे।... अपने पौरुष से हताश जाति के लिए भगवान् की शक्ति और करुणा की ओर ध्यान ले जाने के अतिरिक्त दूसरा मार्ग ही क्या था।"[१]

इससे यह निष्कर्ष निकलता है कि हिन्दी साहित्य की आदिकालीन वीरता की भावना वाली प्राणधारा प्रतिकूल परिस्थितियों के कारण समाप्त हो गई और उसके बाद हिंदी साहित्य में उदासी छा गई। मतलब यह कि संतभक्ति साहित्य आरम्भिक वीरगाथाओं की अपेक्षा कम प्राणवान है। यह सही है कि अपनी युक्तियों से शुक्ल जी ने एकदम यही निष्कर्ष नहीं निकाला है लेकिन उनकी युक्ति की तर्कसंगत परिणित यही हो सकती है। लेकिन शुक्ल जी ने भक्ति काव्य का जो मूल्यांकन किया है, उससे स्पष्ट है कि वे भक्ति काव्य को वीरगाथाओं से कहीं अधिक श्रेष्ठ मानते थे ; यही नहीं, भक्ति काव्य को उन्होंने हिन्दी का स्वर्ण-युग कहा है। वीरगाथाओं के मूल्यांकन के विषय में मतभेद हो सकता है, लेकिन भक्ति काव्य को एक स्वर से साधारण जन और विद्वान सर्वश्रेष्ठ मानते हैं–उसे भारतीय समाज की आत्मा, शक्ति, प्राणधारा आदि सब कुछ अनुभव करते हैं।

ऐसी दशा में इस विषय पर फिर से विचार करने की आवश्यकता है कि हिन्दी के भक्ति काव्य की मूल चेतना का स्वरूप 'आदिकाल' में क्या था और उससे भी पहले अपभ्रंश में उसके बीज किस दशा में मिलते हैं।

आदिकालीन हिंदी साहित्य के अन्तर्गत अन्तर्विरोध

अब प्रायः सभी लोग यह मानने लग गए हैं कि भक्ति काव्य वीरगाथाओं

---

१. हिंदी साहित्य का इतिहास, पृ० ६०

की हताश प्रतिक्रिया नहीं है। शुक्ल जी की यह युक्ति बहुत पहले ही इतिहासकारों को खटक गई थी। पंडित हजारीप्रसाद द्विवेदी पहले आदमी हैं जिन्होंने शुक्ल जी की उस स्थापना का प्रतिवाद किया।[१] यदि भक्ति काव्य वीरगाथाओं की हताश प्रतिक्रिया न था, तो उसके बीज 'आदिकाल' में अवश्य मिलने चाहिए। जो विद्वान हर चीज को बाहरी प्रभाव के रूप में देखने के अभ्यस्त होते हैं वे तो 'भक्ती द्रविड़ ऊपजी' जैसी पंक्तियों के सहारे भक्ति काव्य को सहसा बाहर से आई हुई चीज कह कर निश्चिन्त हो सकते हैं। लेकिन जिनके मन में किसी जातीय चेतना को समझने की थोड़ी-सी भी शक्ति है वे उस प्रभाव को ग्रहण करने योग्य परिस्थितियों की खोज हिन्दी जाति के जीवन में ही करते हैं, ऐसी स्थिति में इस बात की पूरी सम्भावना है कि हिन्दी साहित्य के 'आदि काल' में वीरगाथाओं के साथ-साथ भक्ति के भी मूल तत्त्व रहे होगें। लेकिन यह सम्भावना कोरा अनुमान नहीं है। वीरगाथाओं की प्रामाणिकता के विषय में तो संदेह भी किया जाता है लेकिन आदि काल में जो सिद्धों और नाथों का काव्य मिलता है उनकी प्रामाणिकता के विषय में प्रायः सभी विद्वान काफी संतुष्ट हैं।

इस विषय में स्वयं शुक्ल जी की भी यही राय थी कि "असंदिग्ध सामग्री जो कुछ प्राप्त है उसकी भाषा अपभ्रंश अर्थात् प्राकृताभास (प्राकृत रूढ़ियों से बहुत कुछ बद्ध) हिन्दी है।" और "प्राकृत की रूढ़ियों से बहुत कुछ मुक्त भाषा के जो पुराने काव्य जैसे वीसलदेव रासो, पृथ्वीराज रासो—आजकल मिलते हैं वे संदिग्ध हैं।"[२] फिर भी आश्चर्य है कि वे उसी संदिग्ध सामग्री को लेकर विचार करते हैं, उसके आधार पर आदिकाल की मुख्य प्रवृत्ति का निर्णय करते हैं और इस तरह संतोष करते हैं।

इसमें आश्चर्य की कोई बात नहीं है। कारण स्पष्ट है शुक्लजी को सिद्धों और नाथों के काव्य की साहित्यिकता पर घोर आपत्ति थी। अपनी वह आपत्ति उन्होंने बार-बार प्रकट की। प्रथम संस्करण के वक्तव्य में उन्होंने कहा कि अपभ्रंश की पुस्तकों में कई तो जैनों के धर्म-तत्त्व निरूपण सम्बन्धी हैं जो साहित्यकोटि में नहीं आतीं। और संशोधित तथा प्रवर्द्धित संस्करण के सम्बन्ध में दो बातें कहते हुए उन्होंने फिर जोर दिया कि 'सिद्धों और योगियों की रचनाएँ

१. देखिये, 'हिंदी साहित्य की भूमिका', पृ० २

२. हिंदी साहित्य इतिहास, पृ० २९.

साहित्य-कोटि में नहीं आतीं।[१] अपभ्रंश के जैन काव्यों के विषय में शुक्लजी ने जो असाहित्यिकता की बात कही है, वह तो सम्भवतः इसलिए कि उन्हें स्वयंभू, पुष्पदंत, धनपाल आदि के काव्य देखने को मिले ही नहीं। लेकिन सिद्धों और योगियों की रचनाओं के काव्यत्व पर उन्होंने जो आपत्ति उठाई उसे उनके काव्य-सम्बन्धी विशेष दृष्टिकोण का परिणाम समझना चाहिए। विचित्र स्थिति है। जो रचनायें साहित्यिक हैं, वे संदिग्ध हैं और जो असंदिग्ध हैं वे असाहित्यिक हैं। साहित्यिकता और असंदिग्धता के इस विरोध में इतिहासकार को असंदिग्धता का ही पक्ष लेना पड़ेगा क्योंकि विचार से तथ्य प्रबल होता है। किसी रचना की साहित्यिकता एक दृष्टिकोण है और इस पर मतभेद हो सकता है, लेकिन किसी रचना की असंदिग्धता एक स्थापित तथ्य है और उसे झख मारकर स्वीकार करना पड़ेगा। संभवतः इसी बातको ध्यान में रखकर डॉ० द्विवेदी ने उदारतापूर्वक आग्रह किया है कि इस अंधकार युग को प्रकाशित करने योग्य जो भी मिल जाय उसे सावधानी से जिला रखना कर्तव्य है, क्योंकि वह बहुत बड़े आलोक की संभावना लेकर आई होती है, उसके पेट में केवल उस युग के रसिक हृदय की धड़कन का ही नहीं, केवल सुशिक्षित चित्त के संयत और सुचिन्तित वाक्-पाटव का ही नहीं, बल्कि उस युग के संपूर्ण मनुष्य को उद्भासित करने की क्षमता होती है। इस काल की कोई भी रचना अवज्ञा और उपेक्षा का पात्र नहीं हो सकती। साहित्य की दृष्टि से, भाषा की दृष्टि से, या सामाजिक गति की दृष्टि से उसमें किसी न किसी महत्त्वपूर्ण तथ्य के मिल जाने की सम्भावना होती है।"[२]

मतलब यह है कि हिन्दी साहित्य के आदिकाल में वीरगाथाओं के साथ धार्मिक रचनाएँ भी रही थीं। दूसरे शब्दों में यह युग अन्तर्विरोधों का था। इसी को डॉ० द्विवेदी ने 'स्वतो-व्याघातों का युग' कहा है और शुक्ल जी ने 'अनिर्दिष्ट लोक-प्रवृत्ति' का युग कहा है। लेकिन अन्तर्विरोध अथवा स्वतो व्याघात एक चीज है और उस लोक-प्रवृत्ति को अनिर्दिष्ट कहना बिलकुल दूसरी चीज। हिंदी साहित्य के आदिकाल में प्रवृत्तियों की अराजकता नहीं थी, उसमें बेतरतीब उगी हुई प्रवृत्तियों का जंगल नहीं था। उस विविधता में भी व्यवस्था थी और वह व्यवस्था यह थी कि दो स्पष्ट विरोधी साहित्यिक प्रवृत्तियाँ प्रचलित थीं। एक प्रवृत्ति वह थी जो क्रमशः क्षीयमाण थी, दूसरी वह थी जो क्रमशः वर्धमान थी।

---

१. हि. सा. का इति., पृ०२४

२. हिंदी साहित्य का आदिकाल, पृ० २५ (बिहार राष्ट्रभाषा परिषद् १९२५ ई०)

पहली का सम्बन्ध राजस्तुति, सामंतों के चरितवर्णन, युद्धवर्णन, केलि विलास, बहुविवाह के लिए विजयोन्माद आदि से था और दूसरी का सम्बन्ध नीची समझी जाने वाली जातियों के धार्मिक असंतोष, रूढ़ि-विरोध बाहयाडंबर खंडन, जाति-भेद की आलोचना, उच्चतर आचार, व्यापक भगवत्प्रेम, माननीय आत्मगौरव आदि से था। एक का नाम तथाकथित वीरगाथा काव्य है और दूसरी का तथाकथित योगधारा।

वीरगाथाओं को क्षीयमाण मनोवृत्ति का प्रतिबिंब कहने से, संभव है, इनके प्रति श्रद्धालु हृदयों को किंचित् ठेस पहुँचे और पूर्वस्थापित धारणाओं को धक्का लगे; लेकिन इतिहास विधाता का निर्णय निर्मम हुआ करता है। आचार्य शुक्ल जैसे रस-सिद्ध सहृदय समीक्षक ने जब 'रासो'-ग्रन्थों को सच्ची वीरगाथा के रूप में निरूपित किया तो इसे आचार्य की सहृदयता का अतिरिक्त आरोपण ही समझना चाहिए। उन्हें यदि इन काव्यों में मध्ययुगीन यूरोप के 'बैलेड' काव्य की झलक दिखाई पड़ी तो इसे उनके अतीत-प्रेम का प्रमाण-पत्र मानना चाहिए। इसमें कोई शक नहीं कि 'रासो' काव्यों में कहीं-कहीं सामन्तों के शौर्य का सुन्दर प्रदर्शन है और उनकी रसिकता का भी मार्मिक चित्रण हुआ है, परन्तु उन सभी वर्णनों में पुरानी रूढ़ियों और परिपाटियों का इतना संभार है कि उनमें नवोन्मेष कम, प्राचीन निपुणता का संचय अधिक दिखाई पड़ता है। ऐसी वीरगाथाओं को तत्कालीन जनता की चित्तवृत्ति का प्रतिफलन कैसे स्वीकार किया जाय जबकि बख्तियार खिलजी ने केवल दो सौ घोड़ों से समूचे अंग-बंग के राजाओं को एक लपेट में सर कर लिया और जनता के कानों पर जूँ नहीं रेंगी। जाहिर है कि सामान्य जनता की भावना का उन सामन्ती वीरगाथाओं से कोई मतलब नहीं था।

जनता की आशाएँ-आकांक्षाएँ अपने ढंग से व्यक्त हो रही थीं। जिस समाज में दुःख-दर्द, अत्याचार का स्वरूप जात-पाँत जैसी धार्मिक और नैतिक मान्यताओं के माध्यम से प्रकट होता है, उस समाज में सामान्य जनता का असंतोष स्वभावतः धार्मिक-नैतिक रूप में ही व्यक्त हो सकता है। इसलिए तत्कालीन हिंदी जनता की भावनाओं का धार्मिक प्रतीकों में व्यक्त होना स्वाभाविक है। उन भावनाओं पर लोक-जीवन के अंध-विश्वासों, टोना-टोटका आदि प्रथाओं तथा निम्न स्तर की अन्य असंस्कृत और ग्राम्य बातों की छाप हो सकती है, फिर भी उन सबके बीच से उनके दुःख-दर्द, असंतोष तथा कभी-कभी कल्पना लोक में आनन्द प्राप्त करने की आकांक्षा प्रकट होनी है।

दरबारों में रचे गये परिमार्जित और अलंकृत काव्यों की तुलना में ये ग्रामीण काव्य, अनगढ़, कच्चे और सीधे-सादे लग सकते हैं लेकिन इसमें शक्ति की संभावनाएँ अधिक हैं। यदि रुचिर प्राचीन का अपना सौंदर्य है तो खुर्राट नवीन का भी अपना आकर्षण है। ऐसी अन्तर्विरोधी प्रवृत्तियों में इतिहासकार साहित्य की प्राणधारा गलितप्राय किंतु सुन्दर प्राचीन में नहीं, बल्कि विकासोन्मुख किन्तु अनगढ़ नवीन में देखता है। इस दृष्टि से हिंदी-साहित्य के आदिकाल की वीर-गाथाएँ रचना-काल और आकार-प्रकार की दृष्टि से संदिग्ध होने के साथ ही निष्प्राण भी हैं। अब देखना यह है कि आदिकालीन हिंदी-साहित्य की इन दोनों धाराओं के बीज अपभ्रंश में किस रूप में मिलते हैं।

अपभ्रंश साहित्य के अंतर्गत अन्तर्विरोध

शिष्ट और ग्राम्य, रूढ़ और नवीन काव्य की दो विरोधी प्रवृत्तियाँ अपभ्रंश साहित्य में भी मिलती हैं। लेकिन विद्वानों ने इस भेद को अपने-अपने ढंग से समझा है। पं० हजारी प्रसाद द्विवेदी ने उसे लक्षित करते हुए कहा है कि "हिंदी में दो प्रकार की भिन्न जातियों की दो चीजें अपभ्रंश से विकसित हुई हैं। (१) पश्चिमी अपभ्रंश से राजस्तुति, ऐहिकता-मूलक शृंगारी काव्य, नीतिविषयक फुटकल रचनाएँ और लोक प्रचलित कथानक, और (२) पूर्वी अपभ्रंश से निर्गुनिया सन्तों की शास्त्र-निरपेक्ष उग्र विचारधारा, झाड़, फटकार, अक्खड़पना, सहज-शून्य की साधना योग-पद्धति और भक्तिमूलक रचनाएँ।"[१] इसमें से उन्होंने पहली प्रवृत्ति को रूढ़िवादी तथा दूसरी को रूढ़ि-विरोधी कहा है। परन्तु तथ्य इस स्थापना-के विपरीत जाते हैं। रूढ़ियों का विरोध करने में पश्चिमी प्रदेशों के अपभ्रंश कवि जोइन्दु और रामसिंह उतने ही तत्पर हैं जितने पूर्वी प्रदेशों के सरहपा और काण्हपा। इसके अतिरिक्त पश्चिमी अपभ्रंश में रचना करने वाले मलखेड के स्वयंभू और पुष्पदंत जैसे प्रबन्ध कवियों को रूढ़ियों का पोषक किसी भी मामले में नहीं माना जा सकता। उन दोनों महाकवियों की रचनाएँ धर्म-विशेष के विचारों से प्रभावित अवश्य हैं किन्तु उनके चरित काव्यों में अनेक प्रकार की धार्मिक, सामाजिक और राजनीतिक रूढ़ियों का विरोध किया गया। राम-कथा संबंधी ब्राह्मण धर्म द्वारा प्रवर्तित रूढ़ियों का साहस पूर्वक खंडन स्वयंभू और पुष्पदंत ने ही किया। राजदरबारों के अशुभ प्रभाव का उल्लेख भी उन्होंने ही किया। भौतिक सुख-विलास के आसक्तिपूर्ण जीवन की असारता

---

१. हिंदी साहित्य की भूमिका, पृ० २९

बतलाकर एक उच्चतर आध्यात्मिक आचरण की प्रेरणा देने में उनके काव्य अग्रणी रहे हैं ! पुरुष के अत्याचारों के विरुद्ध नारी के आत्मगौरव को उस युग में स्वयंभू ने जितने साहस के साथ प्रतिष्ठित किया, उतना ही साहस और किसी ने नहीं दिखाया। इस हद तक रूढ़ियों का विरोध पश्चिमी और पूर्व दोनों ही अपभ्रंश के कवियों ने किया। इसके अतिरिक्त जहाँ तक उस युग द्वारा निर्मित आदर्शों और मर्यादाओं के पालन का प्रश्न है, उसमें भी जैन और सिद्ध दोनों कवि एक से दिखाई पड़ते हैं। कर्म-फल का बन्धन तोड़ने में इनमें से कोई सफल न हो सका था। यह अवश्य है कि जैन-मत में कर्मों का बन्धन अत्यन्त उग्र माना जाता था। पूर्वजन्म के कर्मों के कारण नाना जन्म-जन्मान्तरों में भटकने की कथाएँ किसी न किसी रूप में स्वयंभू, पुष्पदंत, धनपाल, कनकामर आदि सभी जैन कवियों के चरित काव्यों में मिलती है। जोइन्दु और रामसिंह जैसे स्वतंत्रचेता जैनमुनि भी संस्कार से ऊपर उठने में असमर्थ दिखाई पड़ते हैं।

इस प्रकार मूल चेतना की दृष्टि से पश्चिमी और पूर्वी अपभ्रंश की रचनाओं में कोई आधारभूत अंतर नहीं दिखाई पड़ता।

पंडितों के मस्तिष्क में जो यह धारणा घर कर गई है, उसका आधार जातीय (रेशल) है। डॉ० द्विवेदी इस सम्बन्ध में अपने पूर्ववर्ती विद्वानों के कथन को दुहराते हुए कहते हैं कि "पश्चिमी प्रदेशों में बसे हुए आर्य, पूर्वी प्रदेशों में बसे हुए आर्यों से भिन्न प्रकृति के हैं। भाषाशास्त्रियों ने यह निश्चित रूप से सिद्ध कर दिया है कि ये दो भिन्न-भिन्न श्रेणी के लोग थे। यह भी ध्यान रखने की बात है कि पूर्वी प्रदेशों में भारतीय इतिहास के आदि काल से रूढ़ियों और परम्पराओं के विरुद्ध विद्रोह करने वाले संत होते रहे हैं। वैदिक कर्मकांड के मृदु-विरोधी जनक और याज्ञवल्क्य तथा उग्र विरोधी बुद्ध और महावीर आदि आचार्य इन्हीं पूर्वी प्रदेशों में उत्पन्न हुए थे।"[१] भारतीय समाज और साहित्य के विषय में इस प्रकार की क्षेत्रीय और जातीय धारणा फैलाने का कार्य प्रायः याकोबी, ल्यूमान, गार्बे, रीज डैविड्स, विंटरनित्स आदि योरोपीय पंडितों ने किया है। इस भेद को कभी पश्चिमी और पूर्वी क्षेत्रों में बाँटा गया है, कभी आर्य और आर्येतर जातियों में, कभी ब्राह्मण और ब्राह्मणेतर धर्मों में और कभी एक ही आर्य जाति के भीतर दो प्रकृति वाले आर्यों के रूप में।

जहाँ तक क्षेत्रीय भेद का प्रश्न है, यह युक्ति समझ में नहीं आती कि रूढ़ियाँ एक प्रदेश में रहें और उनका विरोध दूसरे प्रदेश में पैदा हो। पश्चिमी

---

१. हिंदी साहित्य की भूमिका, पृ० २९

भारत में रूढ़ियाँ जड़ जमाएँ और पूर्वी भारत के रहने वालों को उनसे असंतोष हो यह बहुत दूर की बात मालूम होती है। दरअसल, रूढ़ियों का विरोध वहीं होता है जहाँ रूढ़ियाँ मौजूद होती हैं। प्राचीन काल से ही काशी और मगध में यदि रूढ़ि-विरोधी आचार्य और पंडित होते आए हैं, तो उनके साथ ही रूढ़ि-पोषक विद्वानों का भी गुट रहता आया है।

और यदि आर्य और आर्येतर जैसे जातीय भेद के आधार पर इस साहित्यिक भेद को खड़ा किया जाता है तो पश्चिमी और पूर्वी दोनों ही प्रदेशों में आर्येतर जातियों के मिश्रण के ऐतिहासिक प्रमाण मिलते हैं। बाहर से आने वाली जातियाँ सब की सब पूरब में ही जाकर नहीं बस गयीं; पूर्वी भारत से कहीं अधिक जातीय मिश्रण पश्चिमी भारत में होता रहा है। शकों, हूणों के अतिरिक्त आभीर, गुर्जर आदि पश्चिमी प्रदेशों में ही सबसे पहले आकर बसे। इसलिए पश्चिमी प्रदेशों के रहने वालों में प्राचीन संस्कारों के रूढ़ि-बद्ध होने की सम्भावना कम से कम होनी चाहिये।

भारतीय समाज और साहित्य में आर्य आर्येतर जातियों के अनुसार दो विरोधी प्रवृत्तियों के संघर्ष की बात हो सकती है, लेकिन अपभ्रंश-साहित्य में यह भेद किस हद तक मौजूद था यह बात अभी विचारणीय है। यह सही है कि समय-समय पर बाहर से आने वाली जातियों के सामाजिक संस्कार के कारण भारतीय समाज में थोड़ा बहुत परिवर्तन होता रहा है। भारतीयों ने एक ओर उनको अपनी सामाजिक व्यवस्था में समेटने की कोशिश की और दूसरी ओर उनके अनुसार अपने को थोड़ा-सा बदलकर संतुलन स्थापित करने की ओर भी ध्यान दिया। सामाजिक संगठन में जातीय मिश्रण की इस प्रक्रिया के कारण साहित्यिक परंपरा में प्रायः लोकतत्त्वों का प्रवेश होता रहा है। इस तरह भारतीय साहित्य में समय-समय पर नवजीवन की लहरें आती रही हैं। भारतीय साहित्य के विषय में सामान्य रूप से यह बात लागू होती है परंतु अपभ्रंश-साहित्य के विषय में विशेष रूप से इस सिद्धान्त की पुष्टि के लिए कितने तथ्य मिलते हैं–यह आसानी से नहीं बताया जा सकता। जैन कवियों की राम कथा में जो ब्राह्मणेत्तर अंश मिलते हैं तथा पुराणों के चरित नायकों की जो विशिष्ट परंपरा दिखाई पड़ती है, संभव है, वह ऐसे ही लोकतत्त्वों की उपज हो; इसी तरह शृंगार और शौर्य के फुटकल दोहों को भी ऐसे ही लोकजीवन के प्रवेश का परिणाम कहा जा सकता है। लेकिन यह सब कुछ अनुमान ही है। जब तक इसके लिए ठोस प्रमाण नहीं मिल जाता तब तक निश्चयात्मक रूप से कुछ भी कह सकना कठिन है।

फिर भी अपभ्रंश-साहित्य के भीतर रूढ़ि-पोषक और नवोन्मेषशालिनी दो प्रकार की साहित्यिक प्रवृत्तियों का अस्तिव निःसंदिग्ध है। ये परस्पर विरोधी प्रवृत्तियाँ दो विभिन्न प्रदेशों और भिन्न कवियों में नहीं बल्कि एक ही कवि की एक ही रचना के अन्तर्गत देखी जा सकती हैं। स्वयंभू की रामायण में संस्कृत और प्राकृत की बहुत-सी काव्य-रूढ़ियों का निर्वाह है, अलंकारों का संभार है, प्राचीन मान्यताओं का आग्रह है; फिर भी उनकी मूल चेतना नवीन है। यही बात पुष्पदंत के महापुराण के बारे में भी कही जा सकती है। महापुराण में ऊब-भरे परिपाटी-विहित वर्णन की भरमार है—विवाह-वर्णन में—जन्मोत्सव में, राज-प्रासाद की शोभा में, उद्यानक्रीड़ा में, युद्ध में—सर्वत्र प्राचीन काव्यों की सी एकरसता मिलेगी; फिर भी उनके बीच कार्य-रत रहने वाले पुरुषों का व्यक्तित्व अपना है और उनके निर्माण में कवि अपने नवीन आदर्शों की प्रतिष्ठा करना नहीं भूलता। लोक-काव्य के रूप में विख्यात 'संदेश रासक' जैसे काव्य के विषय में भी यही बात कही जा सकती है। उसमें सामोर का वर्णन करते समय जिन फल-फूलों की सूची दी गयी है और षड् ऋतु वर्णन जिस ढंग से किया गया है, वह सब एकदम परिपाटी-विहित है। फिर भी 'संदेश रासक' में विरहिणी के हृदय के जो उद्‌गार हैं उनकी भाव-संपदा कवि की अपनी है—वह अपभ्रंश की नवीनता है।

धीरे-धीरे अपभ्रंश-काव्य की यह नवचेतना रूढ़ि बनती गयी। परवर्ती अपभ्रंश-काव्य की इतिवृत्तात्मकता और निष्प्राणता इस रूढ़ि का प्रमाण है। तीर्थंकर वही हैं, शलाका पुरुष वही हैं लेकिन उनके बारे में लिखे हुए काव्य निर्जीव हैं। जैन धर्म के सिद्धान्त वही हैं, लेकिन परवर्ती कवियों के कथन में वह सजीवता नहीं है कि उन सिद्धान्तों को जीवंत चरित्रों में ढाल सकें। जिनदत्त सूरि, जिनप्रभ सूरि आदि के लिखे हुए परवर्ती काव्यों में इस जड़ता का दर्शन किया जा सकता है। अपभ्रंश के इन परिपाटी-विहित रूढ़ काव्यों का सिलसिला पन्द्रहवीं शताब्दी तक चलता रहा अर्थात् उस समय तक भी इनकी रचना होती रही जब ब्रज, अवधी आदि लोक-बोलियों में नवीन साहित्यिक चेतना का अभ्युदय हो गया। रूढ़ियाँ तब तक समाप्त नहीं होतीं जब तक उनके पोषक तत्त्व समाज से लुप्त नहीं हो जाते।

परवर्ती अपभ्रंश का रूढ़ काव्य और हिंदी के चारण-काव्यों में उसका निर्वाह

अपभ्रंश के इन परंपरा-भुक्त काव्यों ने हिंदी के कुछ आरंभिक चरित काव्यों को भी प्रभावित किया। हिंदी के हम्मीर रासो, खुम्मान रासो, परमाल रासो,

पृथ्वीराज रासो आदि जो विशेष प्रकार के रासो काव्य हैं उन्हें अपभ्रंश के परवर्ती चरित काव्यों का बढ़ा हुआ रूप समझना चाहिए। हिंदी के ये रासो ग्रंथ चाहे जब लिखे गये हों, इनमें चाहे जब-जब जितने भी प्रक्षेप हुए हों परंतु निहित मूल प्रवृत्ति एक ही है। राजाओं के धन-वैभव, पराक्रम और विवाह-बाहुल्य आदि का बढ़ा-चढ़ा वर्णन एक स्वर से और एक ढंग से उन सब में मिलेगा। यह अवश्य है कि भिन्न-भिन्न कवियों की शक्ति के अनुसार वह रूढ़-निर्वाह भी उत्तम-मध्यम हो गया है और उसी मात्रा में वे रचनाएँ भी एक निश्चित सीमा में उत्कृष्ट-नित्कृष्ट हैं। जैसे 'पृथ्वीराज रासो' में परंपरा-पालन के बावजूद अन्य रासो प्रबंधों की अपेक्षा काव्य-सौन्दर्य कहीं अधिक है। 'पृथ्वीराज रासो' के शशिव्रता-विवाह और संयोगिता-स्वयंवर वाले प्रकरण किसी भी काव्य-ग्रंथ के लिए गौरव के विषय हो सकते हैं। शशिव्रता की वयःसंधि का वर्णन बहुत कुछ परंपरा के अनुसार होते हुए भी चंद की रूप-पारखी दृष्टि का प्रमाण है।

राका अरु सूरज्ज बिच, उदय अस्त दुहुँ बेर।
बर ससिवृत्ता सोभई, मनो शृङ्गार सुमेर।।

सुमेरु पर्वत के एक ओर उगते हुए सूर्य और दूसरी ओर डूबते हुए शशि को देखकर विशाल गजराज के दोनों ओर लटकते हुए स्वर्ण-घंटों की उपमा देकर तो माघ 'घंटा-माघ' हो गये; लेकिन चंद की इस प्रतिभा को क्या गौरव दिया जाय जिसने शशिव्रता के शरीर को ही शृंगार का सुमेरु बना दिया, इस शृंगार सुमेरु के एक ओर युवावस्था की राका उदित हो रही है और दूसरी ओर किशोरावस्था का सूर्य अस्त हो रहा है। उगते हुए पूर्ण चंद्र और डूबते हुए सूर्य की द्वाभा से जिस प्रकार सुमेरु रँग उठता है, उसी प्रकार शृंगार-मूर्ति शशिव्रता भी उभरते हुए यौवन और दबते हुए कैशोर्य की द्वाभा से खिल उठी है। वयसंधि में द्वाभा का सौंदर्य तो बहुत से कवियों ने देखा और दिखाया है, लेकिन किसी सुन्दरी की अंग-यष्टि को शृंगार के सुमेरु की उदात्त उपमा पृथ्वीराज रासोकार चंद की अपनी विशेषता है।

प्राचीनता और नवीनता की यह द्वाभा जिस प्रकार पृथ्वीराज रासो की नायिका शशिव्रता में दिखाई पड़ती है, उस प्रकार कविता में भी।[१]

---

१. विशेष अध्ययन के लिए देखिए डा० हजारीप्रसाद द्विवेदी और नामवर सिंह द्वारा सम्पादित 'संक्षिप्त पृथ्वीराज रासो' (पृ० १६८-१८३)

हिंदी में अपभ्रंश की जीवन्त परम्परा का विकास

लेकिन हिंदी साहित्य अपभ्रंश की रूढ़ियों का रक्षक-मात्र नहीं रहा और न कोई भी विकासोन्मुख साहित्य ऐसा हो ही सकता है। हर्ष की बात है कि अपभ्रंश के रूढ़ि-साहित्य की उद्धरणी हिंदी में अधिक नहीं हुई। हिंदी मुख्यतः अपभ्रंश की जीवन्त परम्परा को लेकर आगे बढ़ी। अपभ्रंश की यह जीवन्त परम्परा कुछ तो 'संदेश रासक' जेसे प्रेममुग्ध लोक-गीतों में व्यक्त हुई थी, कुछ भविसयत्त कहा, जसहर चरिउ, णायकुमार चरिउ और करकंड चरिउ जैसे आख्यान काव्यों में, कुछ जैन मुनियों तथा बौद्ध सिद्धों के दोहों में और कुछ स्वयंभू और पुष्पदंत के पौराणिक काव्यों में। हिन्दी में इस प्राण धारा का विकास कहीं प्रत्यक्ष रूप से हुआ और कहीं परोक्ष रूप से; कहीं यह विकास अपभ्रंश से बहुत आगे हो गया और कहीं अपभ्रंश की सीमा से कुछ ही आगे बढ़ सका। इन सभी बातों पर सोदाहरण विचार करने के लिए इनमें से एक-एक को अलग-अलग लेना ठीक होगा।

अपभ्रंश लोक-गीत और हिन्दी के शृङ्गारी मुक्तक

अपभ्रंश में लोक-जीवन के स्पर्श तथा लोक-तत्त्वों के प्रवेश से जितनी रचनाएँ हुईं उनमें 'संदेश रासक' महत्त्वपूर्ण है। अन्य रास काव्यों की तरह इसमें किसी पुरुष का चरित नहीं गाया गया है, बल्कि यह छोटा-सा प्रेम गीत है। इस तरह के 'रास काव्य' हिंदी में भी लिखे गये। **बीसलदेव रासो**[१] (१४वीं शताब्दी ईस्वी) ऐसा ही रास काव्य है जिसे 'पृथ्वीराज रासो' आदि पुराने ढंग के चरित-प्रधान रासो काव्यों से भिन्न कोटि में रखना चाहिए। लगभग सवा सौ छंदों के इस छोटे से प्रेम-काव्य में बीसलदेव के परदेश जाने और उसकी रानी राजमती के वियोग तथा संदेशा भेजने और फिर बीसलदेव के वापस आने की बात ललित मुक्तकों में कही गयी है। यदि इस कहानी को हटा दिया जाय तो भी इस प्रेम-काव्य के मुक्तकों की एकसूत्रता में अंतर नहीं आ सकता क्योंकि सभी छन्दों के बीच कथा की अपेक्षा भाव का सूत्र है 'संदेश रासक' की भाँति 'बीसलदेव रास' भी मुख्यतः विरह काव्य है; अंतर इतना ही है कि 'बीसलदेव रास' के आरम्भ में विवाह के भी गीत हैं, साथ ही बीसलदेव के परदेश जाने का प्रसंग भी वर्णित है। शेष प्रसंग सामान्य रूप से लगभग एक-सा है अंतर केवल व्यौरे का है। जैसे 'संदेश रासक में जहाँ षड्ऋतु-वर्णन है वहाँ 'बीसलदेव

---

१. डा० माताप्रसाद गुप्त द्वारा सम्पादित और हिंदी परिषद्, विश्वविद्यालय, प्रयाग द्वारा प्रकाशित, १९५३ ई०

रास' में बारहमासा है। ऐसा मालूम होता है कि 'बारहमासा' की प्रवृत्ति परवर्ती काल में विकसित हुई। अपभ्रंश की जिस रचना में 'बारहमासा' मिलता है वह विनयचन्द्र सूरि कृत 'नेमिनाथ-चउपई' तेरहवीं शताब्दी ईस्वी से पहले की रचना नहीं है, यदि होगी तो उसके बाद ही होगी। इसके अतिरिक्त 'संदेश रास' का षड्ऋतु वर्णन जहाँ ग्रीष्म ऋतु से शुरू होता है, वहाँ 'बीसलदेव रास' का 'बारहमासा' कार्तिक मास से आरम्भ होता है, कारण स्पष्ट है। चौमासे में कोई प्रवास नहीं करता। प्रायः लोग पावस के चार महीने बिता कर ही कहीं बाहर निकलते हैं। बीसलदेव ने भी ऐसा ही किया। इसलिए उसकी रानी राजमती की विरह वेदना का क्वार के बाद कार्तिक से शुरू होना स्वाभाविक है।

इसी तरह 'संदेश रासक' में संदेश लेकर पथिक ज्योंही प्रस्थान करता है कि विरहिणी का प्रिय दिखाई पड़ जाता है और काव्य वहीं समाप्त हो जाता है, जब कि 'बीसलदेव रास' में पथिक सचमुच बीसलदेव के पास पहुँच जाता है, और रानी की चिट्ठी पाकर वह उड़ीसा से अपनी राजधानी अजमेर को प्रस्थान करता है लेकिन प्रस्थान करने से पहले रानी के पास अपने आगमन की पूर्व सूचना भेजता है। 'बीसलदेव रास' की समाप्ति राजा और रानी के आनन्दपूर्ण मिलन के सुखद वर्णन के बाद होती है।

इसी तरह ब्यौरे की और भी कई बातें हैं जिनमें 'बीसलदेव रास' 'संदेश रासक' से भिन्न है। फिर भी दोनों मूलतः विरह काव्य हैं और दोनों की मुख्य भाव धारा एक है। इसका मतलब यह नहीं है कि 'बीसलदेव रास' 'संदेश रासक' से प्रत्यक्षतः प्रेरित और प्रभावित हुआ है। साहित्य में ऐसे प्रभाव और प्रेरणाएँ परोक्ष हुआ करती हैं। इनका मूल आधार तो लोक-जीवन में ही हुआ करता है।

विवाहोत्सव में बीसलदेव और राजमती भाँवरें देते हैं। पहली भाँवर पर कन्या के पिता 'आलीसर' और 'माला' नाम के दो गाँव दायज में देते हैं। दूसरी भाँवर पर कन्या की माता दामाद को न जाने कितना द्रव्य और कई गाँव देती है। तीसरी भाँवर पर सारे रनिवास ने मिलकर कई अच्छे घोड़े और देश दिये। इस तरह सातों भाँवरें पूरी की जाती हैं। संपूर्ण प्रसंग को पढ़ते समय इस अवसर पर गाये जाने वाले लोक-गीतों का स्मरण हो आता है। 'बीसलदेव रास' को छोड़कर हिंदी के और किसी काव्य में इस प्रसंग की ओर ध्यान नहीं दिया गया है।

रानी राजमती स्वभाव की कुछ खरी और जबान की जरा तेज है। राजा बीसलदेव ने एक दिन जरा अपने राजकीय अभिमान की रौ में कहा कि मेरे

समान दूसरा भूपाल नहीं है। अपना पति है तो क्या, रानी से यह मिथ्या अभिमान न सहा गया। उसने राजा को तुरंत टोका और कहा कि गर्व मत कर। उड़ीसा का राजा तुमसे धनी है। जिस तरह तुम्हारे राज्य में नमक निकलता है, उसी तरह उसके घर में हीरे की खानों से हीरा निकलता है। जवाब सुनते ही राजा रूठ गया और रानी के लाख अनुनय-विनय पर भी उसने उड़ीसा जाने का संकल्प कर लिया। ऐसे समय रानी राजमती के कहे हुए वचन बहुत ही मार्मिक हैं। रानी कहती है–

हेडाऊ का तुरिय जिउं हाथ न फेरइ सउ सउ बार।

अर्थात् मैं हेड़ा (हार) के उस घोड़े की तरह उपेक्षिता हूँ जिस पर हेड़ा वाला सौ-सौ दिनों तक हाथ नहीं फेरता।

जबान की तेज तो वह है ही, राजा को भी कम चोट नहीं लगी है। वह कहता है, "हे नारी, कड़वी बात मत कह। मैंने तुझे चित्त से विसार के छोड़ा है। जीभ नई नहीं निकलती। दवाग का डाढ़ा पेड़ तो फिर कोपलें लेता भी है लेकिन जीभ का जला फिर पल्लवित नहीं होता।"

जीभ नवी नहु नीकलइ
दवका दाधा हो कूपल लेइ
जीभ का दाधा न पाल्हवइ।

रानी फिर भी अपनी कैंची से बाज नहीं आती। "अर्थ-द्रव्य के लिए परदेस जाकर तुम कुल-कानि मिटा रहे हो। अर्थ-द्रव्य तो धरती में गड़ा रह जाता है किंतु जो इसका संचय करता है, यह उसी को खाता है"–

अरथ दरब गाड्या रहइ।
जेह नइ सिरिजियउ तेहीज षाइ।।

सात सहेलियाँ राजमती को समझाती हैं कि स्वामी को 'फूल पगर जिउं गाहि जइ'; फिर भी वह जवाब देती है कि ताजी घोड़ा यदि उबासें लेता है तो दागा जाता है। चरता हुआ मृग भी मोहित किया जा सकता है; किन्तु हे सखी, अंचल में नाथ को बाँधा कैसे जा सकता है ?

चांपीया तेजीय जउ रे उससइ
मृग रे चरंता मोहिजइ
सखी अंचलि बाँधियउ नाह किउं जाइ !

उसकी नीरसता पर झल्लाकर राजमती यहाँ तक कहती है।

राउ नहीं मषि भइंस-पीडार !

मध्युग के समूचे हिंदी साहित्य में जबान की इतनी तेज़ और मन की इतनी खरी नायिका नहीं देखी। परंतु तेज़ है तो क्या हुआ ? है तो आखिर नारी ही। प्रिय के विछोह के बाद उसका रुदन हृदय विदीर्ण कर देता है। उसे अपने स्त्री-जीवन पर रोना आता है। महेश से वह उलाहना देती है कि स्त्री का जन्म तुमने क्यों दिया ? देने के लिए तो तुम्हारे पास और भी बहुतेरे जन्म थे। तुमने मुझे जंगल का जंतु क्यों नहीं बनाया। धौरी गाय भी क्यों नहीं बनाया। यदि वनखंड की काली कोयल ही बनाया होता तो आम और चंपा की डाल पर तो बैठती, अंगूर और वीजोरी के फल तो खाती !

अस्त्रीय जनम काइं दीधउ महेस
अवर जनम थार घणा रे नरेश
रानि न सिरजीय रोझडी
धणह न सिरजीय धउलीय गाइ।
बनषंड काली कोइली
हउं बइसती अंबा नइ चंपा की डाल।
भषती दाष विजोरडी।

आगे वह फिर कहती है कि यदि तुमने मुझे नारी ही बनाया तो राजा की रानी न बनाकर आँजनी (जाटनी) क्यों नहीं बनाया ? तब मैं अपने भरतार के साथ खेत कमाती, अच्छी लोवडी (लोमपटी) पहनती, तुंग तुरग के समान अपना गात स्वामी के गात से भिड़ाती, स्वामी को सामने से लेती और हँस-हँस कर प्रिय की बात पूछती।

आंजणी काइं सिरजीय करतार
षेत कमावती स्यउं भरतार
परिहरण आछी लोवडी
तुंग तुरीय जिम भीडती गात
साईं लेती सामुही
हँसि-हँसि बूझती प्रिय की बात।

कितनी बड़ी विवशता ! किसी राजा की रानी होना कितना बड़ा अभिशाप है ! मुक्त जीवन की कितनी बड़ी लालसा राजमती के इस कथन में निहित है। मध्ययुग की किसी भी रानी में ऐसी उन्मुक्त आकांक्षा नहीं दिखाई पड़ती।

इस तरह विसूरते हुए जो बारह महीने बीत जाते हैं तो राजमती एक पंडित को बुलाती है और प्रिय के पास चिट्ठी लेकर जाने की प्रार्थना करती है। सहेलियाँ हठ करती हैं कि हे सखी, तुमने जो लिखा है, हमें भी सुना।

राजमती एक-एक करके सारी बातें पढ़ सुनाती है। चिट्ठी में लिखते-लिखते अंत में वह लिखती है कि हे राजा, तुम ज्ञान की बातें जानते हो। तुम्हें तो यह मालूम ही है कि हमें दो काया और एक प्राण मिले हैं। उस दूसरी काया को तुम दूर से क्यों छोड़ रहे हो ? मैं कुलीन बेटी हूँ और शील की जंजीर में बँधी हूँ। अपने जीवन को मैं चोर की तरह छिपा कर रख रही हूँ। इसका पाप पग-पग पर तुम्हें लग रहा है।

जाणियउ हो राजा थाकउ जाण
दुहुँ रे काया मिलउ एक पराण
सा क्यउं दूर थी मेल्हियइ
कुल को रे बेटीय सील जंजीर
जोबन राषउं मइं चोर जिउं
पगि-पगि तो नइ पहुँच रे पाप।

और चिट्ठी बाँच लेने के बाद पंडित से कुछ जबानी कहने को भी कहती है।

एक सरां धरि आविज्यो
थारी बाट बुहारूँ सिरह का केसि।
जोबन भरि जल उलट्यउ
थाग न पावुं सुणहु नरेस।

प्रिय की बाट को अपने सिर के केशों से बुहारने में कितनी विह्वलता है और लोक-गीत में अपने पति को जो 'ननद का भाई' कहकर पुकारने की प्रथा है, भी राजमती के मुख से सुनिए–

तूं तउ उवइगउ रे आविज्यो नणद का बीर।

संदेश देने के साथ ही राजमती पंडित को यात्रा सम्बन्धी बहुत सी हिदायतें भी देती है। लेकिन पंडित तो फिर पंडित ठहरे; किया उन्होंने अपने मन ही का। रानी की सारी सीखें उन्हें भूल गयीं। सलाह दी गयी थी बड़े डग जाने की और चले पंडित छोटे डग। इस तरह वे सात महीने में उड़ीसा पहुँचे। सात महीने में तो क्या पहुँच होंगे, लेकिन व्याकुल रानी के लेखे वह सात ही महीना था। लोक कथाओं के संदेश वाहक भी ऐसी ही देर कर जाते हैं।

खैर, राजा को घर की सुधि आती है और वह भी घर पहुँचने से पहले पत्र देकर एक सिद्ध योगी को भेजता है क्योंकि इतना जल्दी उसके सिवा और पहुँच ही कौन सकता है। प्रिया और प्रिय के संदेश वाहकों में कितना विरोध है। भावों के प्रतीक हों तो ऐसे।

सो वह योगिराज राजमती के हाथ में पत्र देते हैं और पत्र देखकर रानी के हृदय से ये उद्‌गार निकलते हैं–

जिण विण घडीय न जीवती
हिवइ ताहि स्युँ हुवा चीरी बिवहार।

जिनके बिना घड़ी भर भी नहीं जी पाती थी, अब उन्हीं से पत्र-व्यवहार की नौबत आ गयी।

अंत में चिट्ठी के बाद वह चिट्ठी लिखने वाला भी मिलता है। इस मिलन में नारी की आनंदातिरेक-जनित चंचलता, विह्वलता, हँसी-ठिठोली वगैरह देखने योग्य हैं–

मुलकइ, हसइ, आलिंगन देइ,
पलिंम न बइसइ, अनइ पान न लेइ,
ऊभीय देह उलंभडा–
आंगुली तोडइछह, मरोडइ छइ बाँह
नाह भरोसइ काइं करउं ?

और इतना दुख झेलने के बाद भी जबान की वह कैंची न गयी और न हुई तनिक भी भोथर। आखिर उसने फिर ताना मार ही दिया–

स्वामी घी विणजियउ नइ जीमियउ तेल !

हे स्वामी तुमने वाणिज्य तो घी का जरूर किया किन्तु जेंया तेल ही ! इतनी सुन्दर नारी से विवाह तो किया लेकिन उसका उपभोग करने का सौभाग्य तुम्हें न मिल सका। कोई घी जैसी जीभ ही ऐसी काठ-सी-कठेठी बात कह सकती है ! अभिव्यक्ति की सादगी और भावों की तीव्रता में 'वीसलदेव रास' 'संदेश रास' से कहीं अधिक लोक-जीवन के रंग में रँगा हुआ है। इससे यही प्रमाणित होता है कि हिंदी साहित्य के अभ्युदय-काल में अपभ्रंश-युग की अपेक्षा लोक-जीवन में जागर्ति अधिक आ गयी थी और उसके फलस्वरूप साहित्य में लोक-तत्त्व का प्रवेश अधिक दूर तक होने लगा था। 'वीसलदेव रास' पर लोकतत्त्व का प्रभाव इतना गहरा है कि इसका छंद भी एकदम लोक-गीतों का है, यों तो परिश्रम करने से इसका संबंध किसी-न-किसी पुराने छंद से स्थापित किया ही

जा सकता है, लेकिन प्रायः इसका प्रयोग इससे पूर्ववर्ती किसी काव्य-ग्रंथ में नहीं मिलता।

ढोला मारू-रा-दूहा[१]

इस तरह का एक और लोक-काव्य ढोला मारू-रा-दूहा (१५वीं शताब्दी ईस्वी) है जो 'संदेश रास' और 'वीसलदेव रास' की तरह मूलतः विरहगीत ही है; परंतु समय-समय पर उसमें दाँव पेच भरी हुई कथाओं की चिप्पियाँ लगाकर उसे मुक्तक से आख्यानक काव्य बना देने के प्रयत्न हुए हैं। मुख्य काव्य इतना ही है कि सयानी होने पर मारवणी अपने बचपन के पति का पता लगाने के लिए कई संदेशवाहक भेजती है लेकिन कोई वापस लौटने नहीं पाता; सभी संदेशवाहकों को उसकी सौत मालवणी मरवा देती है और ढोला के पास मारवणी का सन्देश तक नहीं पहुँचने देती। अंत में मारवणी लोक-गीत के गायक एक ढाढ़ी को यह जिम्मेवारी सौंपती है और ढाढ़ी को इस उद्देश्य में सफलता मिलती है। ढाढ़ी के प्रयत्न से ढोला और मारवणी दोनों में पुनर्मिलन होता है। संग्रह में संगृहीत अधिकांश गीतों की पृष्ठभूमि यही है। इसके बाद कुछ और रस पैदा करने के लिए मारवणी की मृत्यु करा दी गई है और उसे किसी तरह जिला देने के बाद फिर ऊमर-सूमरा जैसे शत्रु की बाधा खड़ी की गयी है और अंत में उस बाधा को भी दूर करके ढोला को और उसकी दोनों पत्नियों को इकट्ठा मिला दिया गया है। इस तरह वर्तमान कथा प्रसंग में 'रुकावट दौड़' का सारस उत्पन्न करने की चेष्टा दिखाई पड़ती है जब कि मुख्य प्रसंग ढोला के प्रति मारवाड़ी के विरह-निवेदन और संदेश-प्रेषण तक ही सीमित है। 'ढोला' काव्य का यह मुख्य अंश वस्तुतः गीतात्मक ही है; इतने कथा-प्रसंग का अध्याहार तो कितने मुक्तक सवैयों और घनाक्षरियों में रहा करता है।

'ढोला' के काव्य-गठन में 'संदेश रास' और 'बीसलदेव रास' से यह नवीनता है कि इसमें षड्ऋतुवर्णन या 'बारहमासा' जैसी कोई चीज नहीं है; ऋतुओं में केवल पावस का वर्णन है और वह भी विस्तार से। ऐसा शायद इस लिए हुआ है कि मारू देश में सबसे मनोहर पावस ऋतु ही होती है जैसा कि 'ढोला' में कहा भी गया है—'मारू देस सुहावणा सावण साँजी बेर'। 'ढोला' के इस पावस-वर्णन की दूसरी विशेषता यह है कि इसमें स्थानीय रंगत सबसे अधिक है, 'वीसलदेव रास' से भी अधिक। 'ढोला' के पावस-वर्णन में परंपरा-भुक्त

---

१. सर्वश्री रामसिंह, सूर्यकरण पारीक और नरोत्तमदास स्वामी द्वारा सम्पादित और काशी नागरी प्रचारणी सभा द्वारा प्रकाशित, १९३४ ई०

कुछ भी नहीं है। 'ढोला' में प्रसंगात् मारू देश का ही वर्णन है लेकिन यह वर्णन 'संदेश रास' के 'सामोर' की तरह परिपाटी-विहित नहीं है; उसमें काव्य-रूढ़ गिनी-चुनी वस्तुओं और पेड़ों के नाम गिनाने का शौक नहीं है। यहाँ भी मारवाड़ का वास्तविक जीवन प्रतिबिंबित हो उठा है।

'ढोला' के संदेश-कथन में भी विशेषता है। 'संदेश रास' में संदेशा सर्वथा अपरिचित एक पथिक से कहा गया है; 'वीसलदेव रास' में अपने राज्य के ही एक पंडित को बुलाकर कहा गया है। लेकिन 'ढोला' में क्रौंच पक्षी से लेकर ढाढ़ियों तक से अपनी विरह-वेदना कही गयी है। यहाँ संदेश-वाहक भी सहृदय हैं। क्रौंच पक्षी से बढ़कर विरह-विदग्ध और कौन होगा; दूसरी ओर गायक ढाढ़ी भी पथिक और पंडित की तरह मात्र श्रोता नहीं हैं बल्कि संदेश को अपनी रचना-शक्ति से अधिक मार्मिक बनाकर कहने वाले जीव हैं। ऐसी दशा में 'ढोला' के संदेश-कथन में मार्मिकता कहीं अधिक है।

शैली की दृष्टि से 'ढोला' लोक-गीत के निकट सबसे अधिक है। एक ही पंक्ति की अनेक आवृत्तियों में प्रायः लोक-गीतों की विशेषता दिखाई पड़ती है। इससे उनमें सरलता के साथ ही मार्मिकता भी बढ़ जाती है। 'ढोला' के दोहों में–विशेषतः विरह निवेदन में इस प्रवृत्ति की बहुलता है।

मारवणी के संदेश-कथन का आरंभ इस प्रकार होता है कि एक रात घर के पीछे वाले सरोवर में रात भर कुररी पक्षियों का करुण-रव होता रहा। मारवणी को नींद नहीं आयी। सुबह होते ही वह सखियों सहित सरोवर के पास गयी और कुंझों से बोले बिना न रह सकी। मारवणी और कुंझों का सवाल जवाब थोड़ी देर तक होता रहा और अंत में किसी गँवार को शर संधान करते देख कुँझणियाँ उड़ गयीं। पक्षी और स्त्री की इतनी मार्मिक बातचीत हिंदी में 'पद्मावत' को छोड़कर और कहीं नहीं है। यह प्रश्नोत्तर इस प्रकार है–

"कुंझाँ, द्यउ नइ पङ्खड़ी, थाँकउ विनउ वहेसि
सायर लंघी प्री मिलउँ प्री मिलि पाछी देसि।।"
"म्हे कुरझाँ सरवर-तणा, पाँखाँ किणहिं न देश !
भरिया सर देखी रहाँ, उड़ आघेरि वहेस।।"
"उत्तर दिसि उपराठियाँ, दक्षिण साँमहियाँह।
कुरझाँ, एक संदेसड़उ ढोलानइ कहियाँह।।"
"माणस हवाँ त मुख चवाँ, म्हे छाँ कूझड़ियाँह।
प्रिय संदेसउ पाठविसु लिखि दे पंखड़ियाह।।"

"पाँखे पाणीं थाहरइ, जलि काजल गहिलाइ।
सयणाँ तणाँ संदेसड़ा, मुख-वचने कहिबाइ।।"

कुंझ चाहे जो हों, लेकिन हैं तो आखिर पक्षी ही। वे भला इतनी समझ-दारी से उत्तर कैसे दे सकती हैं ? लेकिन विदग्ध चित्त की गति विचित्र होती है। यदि कुंझें नहीं बोल रही हैं तो यह चित्त उनकी ओर से स्वयं ही जवाब दे लेता है। इस मनःस्थिति को इस बात-चीत में कितनी मार्मिकता के साथ व्यक्त किया गया है।

यदि कुंझों ने अपनी पाँखों पर संदेशा लिखवाने से इनकार कर दिया और यदि उन्होंने प्रियतम के पास जाने के लिए अपनी पाँखें उधार न दीं तो क्या हुआ ! ढाढ़ी तो हैं ही। मारवणी उन्हीं में से एक को बुलाकर अपना संदेशा कहती है। इस संदेश में कोई लम्बी-चौड़ी बात नहीं, बनावट नहीं। स्त्रियों का संदेश दिल पर जितनी सीधी चोट करने वाला होता है, वैसा ही है। हर एक भाव, और हर एक वाक्य जैसे रह-रह कर उठती हुई एक-एक लहर है—इन सबका ऐसा लम्बा सिलसिला है कि कभी खत्म ही होता न दीखे।

ढाढ़ी, एक संदेसडउ प्रीतम कहिया जाइ।
सा धण बलि कइला भइ, भसम ढँढोलिसि आइ।।
ढाढ़ी, जे प्रीतम मिलइ, यूं कहि दाखवियाह।
पंजर नहिं छइ प्राणियउ, थाँ दिस झल रहियाह।।

धनिया जलकर कोयला हो गई, अब आकर उसकी भस्म ढँढोलना और पंजर में प्राण नहीं है, केवल उसकी लौ तुम्हारी ओर झुक-झुक कर जल रही है—ये दोनों ही चित्र कितने प्रभावशाली हैं ! करुणा मूर्तिमती हो गयी है। आखिर कौन इतना निष्ठुर होगा कि ऐसा संदेशा पाने पर घर न चला आये। इसके बाद तो कभी वह उस 'भलेमानस' से संदेशा कहने को कहती तो कभी उस 'राज्यँद' से, कभी अपने 'साहिब' से निवेदन करती है तो कभी सीधे अपने 'ढोला' से। जैसा भाव वैसा संबोधन !

मारवणी के मन की स्थिति का एक और चित्र है जब ढोला के आने की खबर उसे मिलती है। खबर सुना नहीं कि हृदय हर्षोद्रेक से हेमगिरि जितना विशाल हो गया। वह अनुभव करती है कि अब वह तन-पंजर में समाएगा ही नहीं !

हियड़ा हेमाँगिरि भयउ, तन-पंजरे न माइ।

वह अपने मंदिर में इस तरह फुदकती हुई चली जैसे कोई फौब्बारा छूट

रहा हो–

मारू चाली मंदिरे, जाणि छुटो छंछाल।

वह 'घम्म घम्मन्त घाघरे' में एक घर से दूसरे घर में चलती हुई ऐसी मालूम हो रही है जैसे 'झीणे बादल चंद'। और अपने हर्षातिरेक में देखती है कि घर के खंभे तक नाच रहे हैं, सारा घर हँस रहा है और सबसे बढ़कर तो वह खाट है जो उठकर खेल रही है–

सोई साजण आविया, जाहँ की जोती बाट।
थाँभा नाचइ, घर हँसइ, खेलन लागी खाट।।

इस प्रकार मारवाड़ देश में लिखे हुए ये दोनों लोक-काव्य चारणों की राज स्तुतियों के परिपार्श्व में सामान्य लोक-जीवन की स्वस्थ और सरस भावनाओं को प्रकट करते हैं। ये लोक-काव्य उच्च स्वर से घोषणा करते हैं कि बड़ी से बड़ी विषम स्थिति में जनता गाना बन्द नहीं करती और यदि राजदरबार अपने मिथ्या अभिमान, वैभव और गौरव का निष्प्राण तथा आडंबरपूर्ण साहित्य कुछ स्वर्ण-मुद्राओं और रजत-खण्डों के बल पर लिखवाते हैं तो जनसाधारण के कवि अपनी उमंग से ही अपने जीवन का रस सहज ही काव्य में उँड़ेला करते हैं। यह आकस्मिक बात नहीं है कि 'संदेश रास' मुल्तान में लिखा गया और 'वीसलदेव रास' तथा 'ढोला काव्य' भी उसके पास ही मारवाड़ देश में। ये पश्चिमी भारत के जीवंत लोक-जीवन के प्रमाण हैं।

अपभ्रंश कथाएँ और हिंदी के आख्यान काव्य

अपभ्रंश-साहित्य की प्राणधारा ऐहिक लोक-गीतों के अतिरिक्त जिन रचनाओं में व्यक्त हुई वे प्रायः सबकी सब धार्मिकता का पुट लिये हुए हैं। लोकप्रचलित कहानियों में जगह-जगह धार्मिक संकेत की छौंक देकर इस्तेमाल में लाने की प्रथा इस देश में पहले से ही मौजूद रही है। लोक-गीतों में धार्मिकता का पुट तो नहीं दिया गया क्योंकि वे गाने के लिए लिखे गए और अपने राग-रंग के ऐहिक क्षणों में जन-साधारण भरसक धार्मिक जीवन के ऊँचे आदर्श को भूलना ही अच्छा समझते हैं। आखिर यह भी क्या जीवन है कि जब देखो तब ऊँचे-ऊँचे आदर्शों की ही दुनिया में रहा जाय, एक उच्चतर आमुष्मिक भाव की ही चर्चा में रत रहे। वास्तविकता भी कोई चीज होती है, सहज जीवन का भी अपना आनंद होता है, अनावृत क्षणों का भी अपना महत्त्व होता है। 'वीसलदेव रास' और ढोला के दोहे ऐसे ही अवसरों पर गाए जाने के लिए रचे गये हैं। इसका कारण शायद यह भी हो कि जिन दिनों ये रचे गये, धार्मिकता की लहर

लोक-जीवन में उतनी नहीं उठी थी। क्योंकि थोड़े दिनों के बाद ही जब उत्तर भारत में भक्ति की बाढ़ आयी तो ये तमाम लोक प्रचलित गीत गोविंद, राम आदि भगवत्परक नामों से संबलित करके भक्तिभाव के लिए इसतेमाल कर लिये गये। ढोला० के अनेक दोहों को कबीर ने ज्यों का त्यों उठा लिया—कहीं-कहीं अपनी ओर से इतना ही किया कि जहाँ 'प्रीतम' था, वहाँ 'गोविन्द' को रख दिया। जैसे ढोला० के

राति जु सारस कुरलिया गुंजि रहे सब ताल।
जिणकी जोड़ी बीछड़ी, तिणका कवण हवाल।।

को कबीर ने इस प्रकार कर लिया—

अबर कुंजाँ कुरलियाँ गरजि भरे सब ताल।
जिन पै गोविंद बीछुटे तिनके कौण हवाल।।

लेकिन लोक-गीतों की अपेक्षा कहीं अधिक परिवर्तन लोक-कथाओं में किया गया है क्योंकि उनमें परिवर्तन की गुञ्जाइश अधिक होती है।

अपभ्रंश की 'भविसयत्त कहा' मूलतः एक लोक-कथा है। इस तरह की कहानी भी हमारे यहाँ गाँवों में कही जाती है कि सौदागर के दो औरतें थीं। छोटी को वह बहुत मानता था, बड़ी की कोई कद्र नहीं थी। कुछ दिनों बाद अपने बाप की आज्ञा से छोटी स्त्री का लड़का रोजगार के लिए परदेश चलने लगा। यह देखकर बड़ी का भी लड़का मचल उठा। माँ ने मना किया लेकिन वह न माना। आखिर उपेक्षित के लड़के की ही तकदीर खुली और उसे काफी धन मिला, यहाँ तक कि धन के साथ ही एक कन्या भी मिली। दूसरी ओर पति की प्रिया के लड़के के हाथ कुछ न लगा। तब ईर्ष्यावश रास्ते में इस लड़के ने अपने सौतेले भाई को कुएँ में झोंक दिया और उसका सब कुछ लेकर वह खुद घर चला आया। संयोग से उस लड़के की जान बच गई और वह फिर बहुत सारा धन लेकर घर पहुँचा। भेद खुलने पर एक को दण्ड और दूसरे को पुरस्कार दिया गया। जैसे उसका राजपाट लौटा वैसे सबका लौटे।

'भविसयत्त कहा' की कहानी यही है। कहीं यही कहानी राजा-रानी और राजकुमारों के रूप में कही जाती है और कहीं सौदागर के रूप में। लेकिन इससे कोई फर्क नहीं पड़ता। चाहे वह राजा हो चाहे सौदागर। है वह एक साधारण आदमी का ही प्रतिनिधि।

यदि ध्यान से देखा जाय तो स्वयं इस कहानी की रचना में ही एक विशेष उद्देश्य काम कर रहा है। यह कहानी रची ही गयी है इस उद्देश्य के लिए कि

जो मनुष्य द्वारा तिरस्कृत होता है उसकी मदद भगवान या भाग्य करता है। लोक-कथाएँ प्रायः स्त्री-जाति द्वारा ही रची जाती हैं, इसलिए स्वाभावतः उनमें उन्हीं का दुख-सुख सबसे अधिक होता है और दुख-सुख में वास्तविक तो दुख ही रहता है, सुख तो केवल आकांक्षा की उपज होती है। पुरुषों द्वारा सतायी हुई स्त्री-जाति आखिर इसके सिवा और क्या सोच और कह सकती है। पति अपने सुख के लिए एक से अधिक विवाह अक्सर कर ही लिया करते थे। ऐसी दशा में कभी तो छोटी-सौत से तकलीफ मिलती थी और कभी बड़ी सौतों से सबसे छोटी रानी को क्योंकि कभी-कभी अनुभवी रानियाँ छोटी रानी को ही कौवा बना देती हैं, राजा के मानने से क्या होता है। वह चौबीस घंटे अपनी छोटी रानी की देखभाल तो नहीं कर सकता। जो हो किसी न किसी पत्नी को तकलीफ होना जरूरी है। पीड़ा तो पीड़ा ही है, इस अंगुली को दबाएँ तो पीड़ा और उस अंगुलो को दबाएँ तो पीड़ा।

अब पीड़ित औरत स्वयं तो कुछ कर नहीं सकती। इसालिए उसकी पीड़ाओं को दूर करने वाला उसका बेटा होता है। स्त्री को अपने बेटे का सबसे बड़ा बल होता है। यहीं से उसकी कल्पना को पंख लगते हैं और बाकी कहानी उसे कल्पना का परिणाम होती है जिसमें उसका लड़का सात समुन्दर पार कहीं से अचानक अपारधनराशि और साथ में एक चुनमुनी बहू भी लेकर लौटता है। माँ का हृदय आखिर ठहरा तो माँ का ही हृदय। पुत्र के इस आकस्मिक भाग्योदय पर भी उसे विपत्ति की आशंकाएँ हैं और ये वास्तविक आकांक्षाएँ इतनी प्रबल हैं कि कल्पना में भी मन को नहीं छोड़तीं। ये आशंकाएँ उसके काल्पनिक सुख को भी अपनी छाया से मलिन कर देती हैं। फलतः पुत्र का भाग्योदय भी किसी न किसी बाधा-विघ्न अथवा संकट से ग्रस्त होता है। यह संकट कभी दैवी होता है और कभी मानवीय। कभी वह अपनी ही सौत के लड़के की ओर से आता है और कभी किसी अदृश्य शक्ति की ओर से। लेकिन कल्पना केवल आशंकाओं की सृष्टि के लिए नहीं की जाती। कभी-कभी की भी जाती है लेकिन ऐसी कल्पनाएँ उसी मन की होती हैं जो अधिक शंकाकुल, संदेहशील और निराशावादी होता है। लेकिन यहाँ तो माँ को अपने बेटे पर अडिग विश्वास है; इसलिए उसे पूरी आशा है कि हमारा लड़का धरती चीर कर, चाहे आकाश फाँद कर, कहीं न कहीं से हमारा दिन लौटाएगा। यही विश्वास ऐसी हर कहानी को सुखान्त बनाता है; वे बाधाएँ कुछ तो मुनष्य के अपने उद्योग से और कुछ अतिमानवीय शक्तियों की मदद से दूर हो जाती हैं। दूसरे शब्दों में प्रकृति अथवा परिस्थिति की मदद से मनुष्य अपने दुर्भाग्य पर विजय प्राप्त करता है। स्त्री का सौभाग्य

यदि पुरुष छीनता है, तो पुरुष ही उसे वापस भी करता है। अंतर इतना ही है कि पीढ़ी छीनती है तो आगे आने वाली पीढ़ी पर आशा लगी रहती है कि वह वापस लौटाएगी; पति यह पीढ़ी है तो पुत्र अगली पीढ़ी का प्रतीक है।

इस तरह यदि 'भविसयत्त कहा' की मूल लोक-कथा का अच्छी तरह विश्लेषण किया जाय तो वह अपने आप में बहुत अधिक सोद्देश्य है।

फिर भी ऐसा मालूम होता है कि विद्वानों को इतने से संतोष नहीं हुआ। यही क्यों, उस उद्देश्य से उनके उद्देश्य का मेल नहीं बैठा। नारी का असंतोष भी कोई असंतोष है ! यह भी कोई मानवीय वस्तु है? यह तो कर्मों का फल है और वह भी पूर्वजन्म के कर्मों का फल। इस पर किसी का क्या वश ? यह कष्ट जैसा स्त्री के साथ वैसा पुरुष के साथ। इसे भला कोई अदृष्ट शक्ति कैसे दूर कर सकती है ? अदृष्ट तो अदृष्ट ही है, उसका क्या भरोसा ? उससे अधिक भरोसा तो अपने आराध्य देव का किया जा सकता है। ये आराध्य देव चाहे जिन हो या और कोई; इनका भरोसा इसलिए किया जा सकता है कि इन्हें प्रसन्न करने की विधियाँ निश्चित हैं और मालूम हैं, जब कि अदृष्ट अथवा भाग्य तो अनिश्चित है, रामभरोसे है। अपने आराध्य देव को प्रसन्न करने के लिए पूजा-पाठ, व्रत आदि काफी हैं और जैन मत में 'श्रुत पञ्चमी' एक ऐसा ही व्रत है। इस तरह जो कहानी पहले शुद्ध कल्पना-जनित भाग्य पर आधारित थी, वह सिद्धान्त-विशेष जनित उपासनाविधि पर स्थापित कर दी गयी।

मध्ययुग में ऐसा सोद्देश्य संशोधन अनेक लोक-कथाओं के साथ किया गया है। उत्तर भारत में प्रचलित 'सत्यनारायण की कथा' भी ऐसा ही सोद्देश्य संशोधन है। यह संशोधन कभी-कभी इस हद तक किया जाता है कि मूल कथा गायब हो जाती है और केवल संशोधन ही बच रहता है जैसे 'सत्यनारायण की कथा' में व्रत और कथा का केवल माहात्म्य ही रह गया, मूल कथा इतनी घिस गयी है कि केवल 'सत्यनारायण' नाम के रूप में शेष रह गयी है।

यही नहीं, इन लोक-कथाओं में परवर्ती युग के पण्डितों ने एक और प्रकार का संशोधन किया। स्त्रियों की आदिम लोक-कथाओं में सारा वातावरण घरेलू और गँवई स्तर का ही हुआ करता था। उनमें राजाओं और रानियों का नाम तो रहता था लेकिन राजाओं के बड़े-बड़े युद्धों के लिए कोई जगह न थी धनवैभव के वर्णन में हीरे-जवाहरात, घोड़ा-हाथी तो रहते थे; लेकिन तोप-तलवारें न थीं। मध्ययुग के पण्डितों ने उन लोक-कथाओं को अपने हाथ में लेते ही देखा कि इनमें राजा-रानी अपने पूरे वैभव के साथ आये ही नहीं हैं। आखिर राजा भी क्या कि दो चार लड़ाइयाँ न करे। ऐसे सामन्त-युगीन प्रभाव से इस

कवि का प्रभावित होना स्वाभाविक था। बिना इस संशोधन के उसकी कहानी की वास्तविकता में उस समय विश्वास कौन करता ?

'भविसयत्त कहा' के दूसरे खंड में कवि ने यही संशोधन किया है। इधर विद्वानों में पुरानी पोथियों की प्रामाणिकता का पता लगाने की ऐसी आकुलता है कि वे हर कथा के मूल रूप को ही प्रामाणिक मानने का पैमाना लेकर दौड़ पड़े हैं। उन्हें जहाँ भी किसी कथा में कुछ जोड़ और कुछ चकतियाँ दिखाई पड़ती हैं, चट से वे इन सबको प्रक्षिप्त कहकर कतर फेंकते हैं। ये खोजी विद्वान् केवल नींव का पता लगाने निकले हैं, इनको नींव के ऊपर चुनी हुई ईंटों की प्रामाणिकता-अप्रामाणिकता को लेकर बेहद परेशानी होती है। लेकिन यह रचना परेशानी की चीज नहीं है। नींव ही वास्तविक नहीं है, उसके ऊपर समय-समय पर जितनी ईंटें रखी गयी हैं, वे सब भी वास्तविक हैं, उन सबका भी ऐतिहासिक महत्त्व है। बल्कि इतिहासकार की दिलचस्पी इन स्तरों में ही सबसे अधिक होनी चाहिए। किस युग की विचारधारा ने मूल-कथा पर कौन सी चिप्पी लगायी, यह जानना कम महत्त्वपूर्ण नहीं है। समय-समय पर जोड़ी हुई ये चिप्पियाँ किसी युग के साहित्य और समाज को समझने में विशेष सहायक हुआ करती हैं। भाषा जैसी अल्प परिवर्तनशील तथा काव्य-रूप आदि अन्य परम्परित काव्यात्मक उपादानों की मदद से किसी रचना की प्रामाणिकता और अप्रामाणिकता के निर्णय करने की अपेक्षा, मूल कथा में समय-समय पर विभिन्न उद्देश्यों से प्रेरित परिवर्तनों का विश्लेषण अधिक उपादेय हो सकता है। एक ही राम कथा को वाल्मीकि से लेकर मैथिलीशरण गुप्त तक किस प्रकार संशोधित किया गया—इसके विवेचन से वाल्मीकि से लेकर आधुनिक राष्ट्रीय आन्दोलन तक के विविध सामाजिक परिवर्तनों का पता लगाया जा सकता है और फिर इन सामाजिक परिवर्तनों की पृष्ठभूमि पर विभिन्न साहित्यिक उत्थानों को भी समझने में मदद मिल सकती है।

'भविसयत्त कहा' में पूर्व प्रचलित लोक-कथा को जिस ढंग से मोड़ा गया है, उससे धनपाल अथवा जैन धर्म के विचारों का ही पता नहीं चलता, बल्कि उस सम्पूर्ण युग में काम करनेवाली सामान्य मनोवृत्ति का आभास मिलता है।

धार्मिक उद्देश्य के अनुसार लोक-कथाओं को मोड़ने की यह प्रवृत्ति कुछ और विकसित रूप में हिन्दी के आरम्भिक आख्यानकों में भी दिखाई पड़ती है। इन आख्यानकों का उपयोग सूफियों ने सबसे अधिक किया। कारण स्पष्ट है। हिन्दू भक्त कवियों की तरह कहानियों की अपनी कोई धार्मिक पौराणिक परम्परा न थी। सूर-तुलसी तो कृष्ण और राम की पौराणिक कथा का सहारा ले सकते

थे लेकिन ईरान से आये हुए सूफी सन्तों के पास अपनी पौराणिक कथाओं की कोई निधि न थी, सम्भवतः ईरान का सूफी काव्य प्रायः मुक्तक और गीत ही है।

भारत के इस्लाम धर्म में दीक्षित हिन्दू इस मामले में अधिक सौभाग्यशाली थे। किन्तु धार्मिक कारणों से उन्होंने हिन्दू पौराणिक कथाओं को अपनी रचना का आधार नहीं बनाया। पौराणिक कथाओं को न अपनाने का एक कारण शायद यह भी रहा हो कि गाँवों में रहनेवाले ये भोले-भाले नव-दीक्षित मुसलमान घरेलू लोक-कथाओं से जितना परिचित थे, उतना पौराणिक कथा से अभिज्ञ न थे। कारण जो भी हो, तथ्य यही है कि हिन्दी के सूफी सन्तों ने लोक-कथाओं को अपने आदर्शों के लिए अपनाया। लोक-कथाओं को इस तरह अपनाने का उत्साह हिन्दी के हिन्दू भक्त कवियों में नहीं देखा गया।

जायसी का 'पद्मावत' एक ऐसा ही सूफी काव्य है जिसमें 'भविसयत्त कहा' की ही तरह लोक-कथा का सोद्देश्य संशोधन किया गया है। जिस प्रकार राजकीय वैभव के लिए भविष्यदत्त के भाग्य की कहानी में कुरु जंगल और पोयणपुर के राजाओं का युद्ध जोड़ दिया गया है, उसी प्रकार रतनसेन और पद्मावती के प्रेम कहानी में भी अलाउद्दीन का चित्तौर का आक्रमण बढ़ा दिया गया है। इससे सामान्य लोक-कथा में सामन्ती वैभव तो जुट ही गया है, समसामयिकता की भी छाप लग गयी है। लेकिन यह तो गौण बात है। मुख्य बात है पद्मावती की सामान्य प्रेम-कहानी को भगवत्प्रेम का रूप देना। धनपाल ने लोक-कथा में जो धार्मिक रंग दिया है उसमें व्रत और आचार-पालन का ही आग्रह है, लेकिन जायसी के धार्मिक रंग में साधारण आचार-पालन से ऊपर उठकर ईश्वरोन्मुख प्रेम की प्रगाढ़ता है। यह वस्तु जायसी की अपनी है और जायसी के साथ जायसी के युग की है। भक्ति की यह भावना धनपाल और धनपाल के युग में न थी। यह भावना तत्कालीन जैन समाज में ही नहीं बल्कि ब्राह्मण और बौद्ध समाज में भी न थी। भक्ति की यह भावना अपभ्रंश में ही नहीं, बल्कि तत्कालीन प्राकृत और संस्कृत साहित्य में भी न थी। यह भावना ब्रज, अवधी, बंगला, गुजराती, मराठी, पंजाबी, असमी, उड़िया आदि आधुनिक भारतीय साहित्यों की अपनी विशेषता है और इसका अभ्युदय कुछ आगे-पीछे इन साहित्यों में तेरहवीं शताब्दी ईस्वी के बाद हुआ।

धनपाल के युग में संभवतः व्रत और आचार का पालन ही सबसे बड़ा आदर्श था, लेकिन धीरे-धीरे वह भी रूढ़ि पालन मात्र हो गया। बहुत संभव है, धनपाल के समय ही उसमें बहुत कुछ जड़ता आ गयी हो। लेकिन यह निश्चित

है कि आगे चलकर उस धार्मिकता में जीवन की प्रेरणादायिनी शक्ति नहीं रह गयी थी। इसकी प्रतिक्रिया जोइंदु, रामसिंह आदि जैन मुनियों के द्वारा ही शुरू हो गयी थी; किन्तु आगे चलकर तेरहवीं शताब्दी के बाद ब्राह्मण, बौद्ध, इस्लाम सभी भारतीय धर्मों और समाजों में अपने-अपने ढंग से इस तरह की आचार-प्रधान रूढ़ियों के विरुद्ध प्रतिक्रिया हुई। और उसकी जगह भगवत्प्रेम की प्रतिष्ठा हुई।

इस नवीन उद्देश्य ने 'पद्मावत' की लोक-कथा को भी मोड़ दिया। परन्तु इस संशोधन में भी स्पष्ट रूप से ऐहिक और आमुष्मिक तत्त्व अलग-अलग दिखाई पड़ जाते हैं। 'पदमावती' को भगवान और 'रतनसेन' को भक्त का प्रतीक तो जायसी ने बना दिया लेकिन 'नागमती' के 'गोरखधंधा' पर वह धार्मिकता का रंग न चढ़ा सके। नागमती का वियोग मूल लोक-कथा के अवशेष के रूप में ही रह गया और यह अवशेष भी इस तरह रहा कि उसकी सत्ता स्वतन्त्र और अलग प्रतीत होती है। विशेष दृष्टिकोण के कारण जायसी ने नागमती को दुनिया का 'गोरखधंधा' भले कह दिया हो, लेकिन उसके लौकिक रस को पद्मावती का प्रेम भी नहीं पा सका। 'पद्मवती' के रूप में जायसी ने चाहे कितना अलौकिक प्रभाव भर दिया हो, उसके 'पारस रूप' में उन्होंने चाहे जितनी शक्ति संचित कर दी हो, लेकिन हृदय तो उन्होंने नागमती को ही दिया और हृदय भी ऐसा दिया कि उसकी निरी लौकिकता के सामने पद्मावती के रूप की अलौकिकता भी फीकी पड़ जाती है। यही हृदय की लौकिकता तथा सौन्दर्य की अलौकिकता 'पद्मावती' काव्य की विशेषता है जिसमें जायसी के आदर्श की अलौकिकता के साथ भावों की लौकिक संपदा भी सुरक्षित है। वास्तविकता में कल्पना और यथार्थ में आदर्श की प्रतिष्ठा का यह उत्कृष्ट उदाहरण है।

राम और कृष्ण भक्ति काव्य

कथा में भक्ति का पुट देने की यही प्रवृत्ति थोड़े से अंतर के साथ हिन्दी के राम-भक्ति-काव्य में भी दिखाई पड़ती है। कहने को तो अपभ्रंश के जैन कवियों ने 'पउम चरिउ' और 'हरिवंश पुराण' लिखे जिनमें क्रमशः राम और कृष्ण का चरित्र गाया गया है लेकिन उनमें राम और कृष्ण ईश्वर के अवतार नहीं हैं। उनके यहाँ यह हो भी कैसे सकता था ? हर विचारधारा का उद्गम सुदूर अतीत में ढूँढ़ निकालने वालों के लिए तो अवतारवाद की भावना वेद से ही चली आ रही है लेकिन वेद से उसका आरम्भ होना एक बात है और मध्युग में उसका अत्यधिक व्यापक हो जाना दूसरी बात है। अवतारवाद का आरम्भ चाहे जितना पहले हुआ हो लेकिन अवतार में लोकजीवन का सामान्य विश्वास

जितना मध्ययुग में प्रचलित हुआ, उतना पहले कभी न था। अवतारवाद की यह व्यापकता निश्चित रूप से भक्ति आन्दोलन के द्वारा मिली। संत और भक्त कवियों का यह सामान्य विश्वास था। पिंड में ब्रह्माण्ड को देखना, ब्रह्मरंध्र में अनहद नाद को सुनना, पद्मावती में अलौकिक सत्ता का आभास पाना; दशरथ सुत राम में मर्यादा पुरुषोत्तम राम के दर्शन करना और बसुदेव सुत कृष्ण में लीलाधाम परमात्मा को निहारना, यह सब प्रकारान्तर से उसी अवतारवादी भावना के ही विविध पक्ष हैं। विविध धर्मों और सम्प्रदायों के अनुरूप भक्तियुग की एक ही भावना ने अनेक रूप धारण कर लिया था।

अपभ्रंश काव्य में इस भावना के दर्शन जो नहीं होते तो उसका यह कारण नहीं है कि उसके अधिकांश कवि जैन थे। भक्ति भावना केवल हिन्दू धर्म की अपनी सम्पत्ति नहीं है। यह एक युग विशेष की लोक-व्यापी सामान्य प्रेरणाशक्ति है जो हिन्दू धर्म के साथ ही इस्लाम में भी दिखलाई पड़ती है। धर्म इसका क्षेत्र है, बीज नहीं; आकार है, वस्तु नहीं, देह है, आत्मा नहीं। भक्ति का बीज, और उसकी आत्मा सामान्य लोक-जीवन की मुक्ति-कामना में है। यह एक विशेष सामाजिक परिस्थिति की उपज है।

अपभ्रंश के उत्थान युग में वह परिस्थिति न थी। इसीलिए उसमें यह भाव भी उत्पन्न न हो सका।

इसलिए जिस प्रकार सूफियों के प्रेमाख्यानों पर अपभ्रंश के कथा और चरित काव्यों का कोई प्रत्यक्ष प्रभाव नहीं पड़ा, उसी प्रकार राम भक्त और कृष्ण भक्त कवियों की मूलभावना पर भी अपभ्रंश के राम-कृष्णकाव्यों का कोई प्रत्यक्ष प्रभाव नहीं है। राहुल जी ने स्वयंभू की रामायण और तुलसी के 'रामचरितमानस' में रूप-विन्यास सम्बन्धी कुछ थोड़ी सी समानताओं को देखकर जो यह कह दिया है कि 'तुलसी बाबा ने स्वयंभू रामायण को जरूर देखा होगा' वह अतिकथन है। अपने इस अतिकथन पर राहुलजी को भी थोड़ा संकोच हुआ। इसलिए वे आगे कहते हैं–"तुलसी बाबा ने स्वयंभू-रामायण को देखा था, मेरी इस बात पर आपत्ति हो सकती है, लेकिन मैं समझता हूँ कि तुलसी बाबा ने 'क्वचिदन्यतोऽपि' से स्वयंभू-रामायण की ओर ही संकेत किया है !"[१] ऐसी अटकलबाजियाँ मनोरंजक हो सकती हैं, लेकिन इससे किसी तथ्य का ठीक पता नहीं चल सकता। इस तरह की पहेली-बूझौवल का काम लाल-बुझक्कड़ के ही ऊपर छोड़ना चाहिए। स्वयंभू-रामायण को तुलसी ने देखा था या नहीं देखा

---

१. हिंदी काव्यधारा, अवतरणिका, पृ० ५२

था और 'क्वचिदन्यतोऽपि' में स्वयंभू-रामायण की ओर संकेत है या नहीं है—इससे कुछ नहीं बनता बिगड़ता। मान लिया कि तुलसी ने यह सब किया है लेकिन सवाल यह है कि यह सब करने के बाद तुलसी ने जो 'मानस' तैयार किया उसकी मूल भावधारा का स्वयंभू-रामायण से क्या सम्बन्ध है ? दोनों कृतियों की भावधाराओं में क्या सम्बन्ध है ? और इस विषय में अटकलबाजी के लिए कोई जगह नहीं है। इसे साहित्य का सामान्य पाठक भी कह सकता है कि तुलसी में जो भक्ति-भावना की प्रधानता है, वह स्वयंभू में बिल्कुल नहीं है और इसी भावनाभेद के करण दोनों की रामकथाओं के स्वरूप में भेद आ गया है।

ऐसी नहीं है कि राहुल जी इसको अनुभव नहीं करते। वे इस तथ्य को देखते हुए आश्चर्य प्रकट करते हैं कि तुलसी ने स्वयंभू की सीता की एकाध किरण भी अपनी सीता में क्यों नहीं डाल दिया ? थोड़ा सा ही सोचने पर इस सवाल का जवाब मिल सकता है। सीधी बात है कि तुलसी स्वयंभू की सीता जैसी अपनी सीता को नहीं बनाना चाहते थे। और यह जो नहीं बनाना चाहते थे वह कुछ यों ही– अकारण ही नहीं; बल्कि उनका उद्देश्य कुछ और था; उनकी भी अपनी सीमाएँ थीं।

फिर यह सवाल तुलसी के ही विषय में क्यों ? स्वयंभू के भी विषय में पूछा जा सकता है कि उन्होंने वाल्मीकि की सीता की तरह अपनी सीता को क्यों नहीं बनाया ? स्वयंभू ने सीता के संपूर्ण असंतोष की आग को कर्म-फल का छींटा देकर बुझा क्यों दिया ?

इसके अलावा स्वयंभू को तुलसी ने पढ़ा था या नहीं—यह तो विवादास्पद हो सकता है; लेकिन वाल्मीकि को तो उन्होंने निश्चय ही पढ़ा था, तुलसी भी कहते हैं और दूसरे भी मानते हैं। फिर तुलसी ने वाल्मीकि के ही : नमूने पर अपनी रामकथा क्यों न गढ़ दी ? ऐसे तमाम 'क्यों' का केवल एक उत्तर है कवि का अपना उद्देश्य—परिस्थितिजन्य उद्देश्य।

इस ऐतिहासिक तथ्य को ध्यान में रखते हुए स्पष्ट रूप से कहा जा सकता है कि अपभ्रंश के राम-कृष्ण काव्यों और हिन्दी के राम-कृष्ण काव्यों की भावधारा में कोई समानता नहीं, कोई प्रत्यक्ष सम्बन्ध नहीं। यदि कोई संभव सम्बन्ध हो सकता है तो वह अत्यन्त परोक्ष और पौर्वापर्य का ही हो सकता है। यही बात सूफी प्रेमाख्यानों के बारे में भी कही जा सकती है।

अपभ्रंश का सिद्ध साहित्य और हिन्दी संत काव्य

भक्ति की यह भावना हिंदी के कबीर आदि संत कवियों की भी अपनी

विशेषता है जो अपभ्रंश के सिद्ध कवियों में नहीं मिलती। कबीर में शब्दों की 'सहज' 'शून्य' साधना का उल्लेख अवश्य मिलता है, इसके अतिरिक्त कुछ और भी परिभाषिक शब्दों की आवृत्ति दिखलाई पड़ सकती है परन्तु ये बातें कबीर की मूल भाव-धारा नहीं हैं। सहज और शून्य पर जितना जोर सहजयानी सिद्धों की रचनाओं में दिखाई पड़ता है, उतना कबीर में नहीं है। कबीर के काव्य में इनका प्रयोग पुरानी परिपाटी के अवशेष की सूचना मात्र देता है। कबीर में एक भक्त का जो विह्वल हृदय है, वह सिद्धों में कहीं नहीं दिखाई पड़ता। तात्त्विक दृष्टि से कबीर का निर्गुण भी सहजयानियों के 'शून्य' से भिन्न है और संभवतः अधिक भावात्मक है। इसलिए कबीर के आत्म-समर्पण में जो तरलता है, वह किसी सिद्ध कवि की रचना में नहीं मिलती। इसमें कोई शक नहीं कि अक्सर कबीर के रूपक सिद्धों से मेल खाते हैं, यहाँ तक कि उन्हीं से लिये हुए प्रतीत होते हैं। कबीर का 'बेहद्दी मैदान' सरह के उस लोक से भिन्न नहीं है 'जहं मण पवण न संचरे, रवि ससि णाह पवेस'। परन्तु ये सभी ऊपरी समानताएँ हैं। इन सब रूपकों और पारिभाषिक शब्दों के बीच जो मूल भाव है वह कबीर का अपना है। इस महत्त्वपूर्ण तथ्य की ओर पं० हजारीप्रसाद द्विवेदी बहुत पहले ही विद्वानों का ध्यान आकृष्ट कर चुके हैं,[१] इसलिए इसकी और अधिक व्याख्या करना आवश्यक है।

इस प्रकार हिन्दी के आदिकाल में जितनी मुख्य प्रवृत्तियाँ दिखाई पड़ती हैं उनका ऐतिहासिक अध्ययन करने से पता चलता है कि हिंदी में अपभ्रंश की जीवन्त भाव-धारा का विकास अपने ढंग से हुआ। चौदहवीं शताब्दी के सांस्कृतिक पुनर्जागरण के कारण अपभ्रंश से आती हुई भावधारा में इतना अधिक परिवर्तन हो गया कि हिन्दी साहित्य में उसने जो संत-भक्ति काव्य का रूप लिया उससे अपभ्रंश की धार्मिक चेतना का सीधा सम्बन्ध नहीं दिखाई पड़ता। चौदहवीं शताब्दी का सांस्कृतिक पुनर्जागरण मध्यदेश की अपनी सामाजिक और धार्मिक परिस्थितियों की उपज है; यह वह प्रदेश है जिसमें जैन धर्म का जोर कभी नहीं था। अपभ्रंश की रचनाएँ भी इस भू-भाग में नहीं हुईं। इसलिए अपभ्रंश के अधिकांश साहित्य से इस जाति का सीधा सम्पर्क कभी नहीं रहा। ऐसी दशा में जैनों के अपभ्रंश साहित्य से अवधी और ब्रज के संत भक्ति काव्य का अभ्युदय दिखलाना हथेली पर सरसों उगाने का सा काम होगा। अधिक से अधिक इन दोनों साहित्यों में परोक्ष संबंध ही दिखलाई पड़ता है। यह परोक्ष

---

१. हिंदी साहित्य की भूमिका, पृ० ४२-४३

सम्बन्ध यह है कि दोनों के अभ्युदय के मूल में मुख्यतः लोकजीवन का ही हाथ है। अपभ्रंश ने भारतीय साहित्य की जिस गति को लोकजीवन से दूर जाते देखकर फिर से उसके साथ कर दिया, उसी प्रयत्न के फलस्वरूप हिंदी आदि आधुनिक साहित्यों का अभ्युदय हुआ। इसलिए अपभ्रंश काव्य में यह जो लोक-हृदय की धड़कन सुनाई पड़ती है, वही आगे चलकर और भी स्पष्ट रूप से अवधी, ब्रज, राजस्थानी आदि साहित्यों के आदिकाल में सुनाई पड़ती है। हिंदी के लिए यह पृष्ठभूमि तैयार करके अपभ्रंश ने ऐतिहासिक महत्त्व का कार्य किया।

काव्य-रूप

भावधारा की अपेक्षा काव्य-रूपों में परंपरा का पालन अधिक देखा जाता है। अक्सर देखा जाता है कि नवीन भाव-धारा के आ जाने पर भी काव्य के रूप पुराने ही चलते रहते हैं। हिंदी के काव्य-रूपों का अध्ययन करते समय यह तथ्य स्पष्टतः दृष्टिगोचर होता है; अपभ्रंश से अधिक विकसित और नवीन भावधारा को अपनाकर भी हिंदी कविता बहुत दिनों तक अपभ्रंश के ही अधिकांश काव्यरूपों को अपनाये रही। इसीलिए हिंदी काव्य-रूपों के क्षेत्र में अपभ्रंश की देन भावधारा की अपेक्षा अधिक है।

छंद

काव्य-रूपों के मूल में प्रायः छंद हुआ करता है। यदि वाक्य भाषा की इकाई है तो छंद वाक्य की भंगिमा है। इसीलिए जब भाषा में कोई परिवर्तन होता है तो उसके छंदों में भी परिवर्तन हो जाता है। जब प्राचीन भारतीय आर्यभाषा वैदिक संस्कृत की अवस्था के बाद लौकिक संस्कृत हुई तो तमाम वैदिक छंद बदल गये और अनुष्टुप् लौकिक संस्कृत के प्रथम छंद होने का गौरव लेकर आदि कवि की जिह्वा पर आया। इसके बाद तो संस्कृत में अनेक छंद आये। पालि संस्कृत से विशेष भिन्न न थी, इसीलिए पालि के छंद भी प्रायः संस्कृत के ही रहे। लेकिन प्राकृत संस्कृत से काफी भिन्न थी, इसलिए उसके छंदों की व्यवस्था भी बदल गयी और जिस तरह अनुष्टुप् लौकिक संस्कृत का अग्रदूत था, उसी प्रकार 'गाथा' प्राकृत भाषा की अग्रदूती बनकर सामने आयी। अपभ्रंश के साथ आर्यभाषा के व्याकरण में कुछ मौलिक परिवर्तन हुए। इसलिए आर्यभाषा के छंदोबन्ध में भी इसके साथ मौलिक परिवर्तन हुआ। इससे पहले प्रायः वर्णिक छंद होते थे जिनमें विभिन्न गणों के अनुसार शब्दों का क्रम होता था। अपभ्रंश ने पहली बार मात्रिक छंदों का सूत्रपात किया। इसके अतिरिक्त

अपभ्रंश से पूर्व छंद तुकारान्त नहीं होते थे। अपभ्रंश ने छंद के क्षेत्र में तुकान्त-प्रथा चलायी। तब से आज तक हिंदी में मात्रिक छंदों की ही प्रधानता है। अपभ्रंश के बाद हिंदी के साथ आर्यभाषा में कोई बहुत मौलिक परिवर्तन नहीं हुआ, इसलिए आरम्भिक हिंदी के छंद भी प्रायः अपभ्रंश के ही रहे। जिस हद तक परिवर्तन भाषा में हुआ, उस हद तक हिंदी में नये छंद भी आये। यदि इस सामान्य सिद्धांत को हिंदी की विभिन्न बोलियों के छंद-भेद पर लागू किया जाय तो पता चलेगा कि बरवै जैसे कई एक छंद ऐसे हैं जो अवधी के एकदम अपने हैं, ब्रज में वे नहीं चलते।

इसी तरह जब खड़ी बोली काव्यभाषा हुई तो इसमें पुरानी अवधी और ब्रजभाषा के छन्दों से काम न चला। फलतः उसने नये छन्दों की सृष्टि की।

छंदों के परिवर्तन से काव्य-रूपों में किस प्रकार परिवर्तन आता है, उसे यदि देखना हो तो पुनः संस्कृत से इसकी परम्परा पर दृष्टिपात किया जा सकता है। आरम्भ में जब संस्कृत में अनुष्टुप् जैसे छोटे-छोटे छंद थे तो मुक्तकों का आरम्भ नहीं हो सका। उन छोटे-छोटे छंदों में रामायण-महाभारत जैसे बड़े-बड़े धारावाहिक प्रबंध काव्यों की ही रचना हो सकती थी। पीछे जब कुछ बड़े-बड़े छंदों की रचना हुई, तो यही नहीं कि मुक्तक रचनाएँ अस्तित्व में आयीं, स्वयं प्रबंध काव्यों का भी ढाँचा बदल गया। 'रामायण' एक काण्ड के भीतर छोटे-छोटे कई अध्यायों में विभक्त किया गया था। इसी तरह महाभारत में भी एक पर्व के भीतर कई अध्याय रखे जाते थे जिनमें से प्रत्येक अध्याय में सामान्यतः सौ डेढ़सौ छंद होते थे। पीछे कालिदास के समय से, जब कुछ बड़े छंदों का प्रचलन हो चुका था तो प्रबंध काव्य में काण्ड अथवा पर्व और अध्याय के बीच का रास्ता निकाला गया। नये प्रबन्ध काव्यों के सर्ग पुराने महाकाव्यों के अध्याय से कुछ बड़े और पर्व अथवा कांड से काफी छोटे हो गये। बहुत संभव है कि यदि मन्दाक्रान्ता, शार्दूलविक्रीड़ित, स्रग्धरा, शिखरिणी जैसे बड़े छंद संस्कृत में न आये होते तो अमरुकशतक, शृंगारशतक, नीतिशतक, वैराग्यशतक, आर्या सप्तशती, चौरपंचाशिका, मेघदूत आदि जैसे मनोहर मुक्तकों की सृष्टि न होती। अनुष्टुप् में उत्कृष्ट मुक्तक नहीं लिखे जा सकते, वह मूलतः कथाबन्ध का ही छंद है।

यही बात आगे चलकर अपभ्रंश में भी दिखाई पड़ती है। चरित काव्य के लिए प्रधानतः अपभ्रंश में पद्धड़िया या पद्धरी छंद को ही अपनाया गया; एकरसता दूर करने के लिए बीच-बीच में दूसरे छंदों का भी प्रयोग किया गया, लेकिन कहानी कहने के लिए मुख्य छंद वही अथवा वैसा ही कोई छोटा छंद

हुआ करता था। दोहा अपभ्रंश का छोटा ही छंद कहा जायेगा लेकिन उसमें इतनी स्वरगत भंगिमाएँ हैं कि उससे कथा-प्रवाह में रुकावट आती है। एक तो उसमें चार यतियाँ होती हैं, दूसरे उसकी प्रत्येक यति का चरण विषम होता है। इस प्रकार अपभ्रंश का दोहा प्राकृत की गाथा की भाँति मुक्तक काव्य के ही काम का है। आगे चलकर जब अपभ्रंश में रासा, कव्व, दुवई जैसे बड़े-बड़े छंद आये तो उनके साथ ही विशेष प्रकार के गेय और मुक्तक काव्यों की भी सृष्टि हुई।

यही क्रम हिंदी में भी दिखाई पड़ता है। चौपाई प्रबन्ध-काव्य के लिए और सवैया, घनाक्षरी, छप्पय, कुण्डलिया आदि मुक्तक के लिए निश्चित कर लिये गये। रहा दोहा, सो यह अपभ्रंश-काल से ही प्रबन्ध और मुक्तक दोनों घरों में सम्मान पाता रहा है। आधुनिक हिंदी में नये ढंग के तुकान्त मात्रिक छंदों ने प्रगीतमुक्तक (लिरिक) जैसे नये काव्य-रूप को जन्म दिया और मुक्त-छंदों ने प्रगीतमुक्तकों से भिन्न विशेष प्रकार की लम्बी कविताओं को सामने रखा जैसे निराला की 'सन्ध्या सुन्दरी' अथवा प्रसाद की 'प्रलय की छाया'।

इस प्रकार छन्द-परिवर्तन के साथ काव्य-रूप में परिवर्तन अनिवार्य है। इसी बात को कहना चाहें तो इस प्रकार भी कह सकते हैं कि जब काव्य-रूप में परिवर्तन करने की आवश्यकता समझी जाती है तो छन्दों में भी परिवर्तन कर लिया जाता है। जो हो, इन सबके मूल में भावोद्‌गारजनित आवश्यकता ही है। भावोद्‌गार के अनुसार ही छन्द और काव्यरूप बदलते हैं; इन दोनों का संबंध इतना अन्योन्याश्रित है कि इनमें से कौन पहले बदलता है यह कहना कठिन है। फिर भी दूर तक विश्लेषण करने पर ऐसा ही प्रतीत होता है कि छंद में परिवर्तन काव्यरूप से पहले होता है। इस दृष्टि से हिंदी छंदों के विकास में अपभ्रंश छंदों के योग का अध्ययन किया जा सकता है।

हिंदी का 'दोहा' अपभ्रंश की देन है, यह तथ्य इतना प्रतिष्ठित और प्रचलित है कि प्रमाणित करने की आवश्यकता अब नहीं है। चौपाई के बारे में कई वर्ष पहले लोगों के मन में धुँधलका अवश्य था कि इसका मूल उत्स अपभ्रंश में है या नहीं। पं० हजारीप्रसाद द्विवेदी ने आज से लगभग चौदह वर्ष पहले इसका संबंध अपभ्रंश के अलिल्लाह छंद से बतलाया था।[१] वह स्थापना आज भी अपनी जगह पर एकदम सही है। परन्तु अपभ्रंश में 'चउपई' नामक भी छंद मिलता है जिसके एक चरण में १५ मात्राएँ होती हैं और तुकान्त में

१. हिंदी साहित्य की भूमिका, प० ५९

क्रमशः गुरु लघु (ऽ।) आते हैं। तेरहवीं शताब्दी के आरंभ के अपभ्रंश कवि विनयचन्द्र सूरि ने 'चउपई' छंद में 'नेमिनाथ चउपई' नाम का समूचा काव्य-ग्रंथ ही लिख डाला है। उसकी एक चउपई का उदाहरण इस प्रकार है।

श्रावणि सरवणि कंडुय मेहु।
गज्जइ विरहिनि झिज्जइ देहु।।
विज्जु झबक्कइ रक्खसि जेव।
नेमिहि विणु सहि सहियइ केव।।

विनयचन्द्र सूरि की 'चउपई' हिंदी में जायसी आदि द्वारा प्रयुक्त तथा पिंगलाचार्य द्वारा स्वीकृत चौपाई ही है। ऐसा प्रतीत होता है कि जिस प्रकार 'चौपई' शब्द में एक मात्रा बढ़ाकर 'चौपाई' शब्द बना लिया गया, उसी प्रकार 'चौपई' छंद के अंत में एक मात्रा बढ़ाकर चौपाई छंद गढ़ लिया गया। आरम्भ में यह छंद संभवतः 'चौपई' ही था परन्तु गाने के क्रम में संभवतः यह लघ्वंत से गुर्वन्त हो गया। जायसी में तो प्रायः, लेकिन तुलसी में कहीं-कहीं चौपाइयों के बीच में एकाध अर्धाली 'चौपई' की भी आ जाती है। अवधी की लघ्वंत प्रवृत्ति के अनुसार आरंभ में शायद उस भाषा में 'चौपई' का ही प्रचार रहा होगा।

हिंदी का दूसरा प्रिय छंद 'काव्य' अथवा 'रोला' है। इस छंद का प्रचलन अपभ्रंश में कम से कम धनपाल (१०वीं शताब्दी ईस्वी) के समय से मिलता है–

दूसह पिअ विओय संतत्तउ मुच्छइं पत्तउ।
सीयल मारुएण वणि बाइउ तणु अप्पाइउ।।
करयलि नाययुद्ध संजोइवि पुणु पुणु जोइवि।
तेण पहेण पुणु वि संचल्लिउ विरहिहिं सल्लिउ।।

जिस प्रकार हिंदी में 'काव्य' अथवा 'रोला' के साथ अंत में उल्लाला छंद जोड़कर छह चरणों का छप्पय (षट्पद) बना लिया जाता है, उसी प्रकार अपभ्रंश में भी होता था। परन्तु अपभ्रंश के आरम्भिक काव्यों में रोला और उल्लाल को मिलाकर इस प्रकार का छप्पय बनाने की प्रवृत्ति कम दिखाई पड़ती है। 'भविसयत्त कहा' में अलग-अलग रोला और उल्लाला दोनों हैं लेकिन इन दोनों से बना हुआ छप्पय कहीं नहीं मिलता। परवर्ती अपभ्रंश में इसी तरह के छप्पय मिलने लगते हैं। 'संदेशरासक' में इस तरह के पाँच छप्पय दिखाई पड़ते हैं जिनमें से एक छप्पय इस प्रकार है–

झंपवि तम वद्दलिण दसह दिसि छायउ अंबरु।
उन्नवियउ घुरहुरइ घोरु घणु किसणाडंबरु।।

णहहमग्गि णहवल्लिय तरल तडयडि वि तडक्कइ।
दद्दुर-रडणु रउद्दु सद्दु कुवि सहवि ण सक्कइ।।
निवड निरंतर नीरहर दुद्धर धरधारोह-भरु।
किम सहउ पहिय सिहरटिठ्यइ दुसहउ कोइल सरइ सरु।। (१४८)

हिंदी में इन अत्यधिक प्रचलित छंदों के अतिरिक्त एक और प्रसिद्ध छंद घनाक्षरी है जिसका कोई रूप अभी तक अपभ्रंश में प्राप्त नहीं हो सका है। हिंदी में भी यह छंद बाद में आया। इतनी शताब्दियों तक निरंतर प्रक्षिप्त होते रहने वाले 'पृथ्वीराज रासो' में भी इसके दर्शन नहीं होते। इसका मतलब है कि चारणों और भाटों की जबान पर भी यह छंद देर से आया। जब तक इसके मूल उत्स का पता नहीं चलता, तब तक अटकलबाज़ी करना व्यर्थ है। बहुत संभव है, यह हिंदी की अपनी ही सृष्टि हो।

सवैया स्पष्ट रूप से वर्णिक गणवृत्त है, इसलिए इसकी प्राचीनता अनिवार्य है और संस्कृत में ही इसका मूल उत्स मिलना चाहिए। यह तो सही है कि सात-आठ गण के चार चरणों का ऐसा कोई वर्णिक वृत्त संस्कृत में नहीं है, लेकिन इसकी लंबाई देखकर सेसा प्रतीत होता है कि यह संस्कृत के किसी वर्णिक वृत्त के गणों को द्विगुणित करके बनाया गया है। संस्कृत का जो वर्णिक वृत्त द्विगुणित किए जाने पर आसानी से दुर्मिल सवैया हो जाता है, वह है चार सगण वाला त्रोटक छंद। लेकिन यह स्पष्ट रहना चाहिए कि त्रोटक संस्कृत का लोकप्रिय छंद नहीं है और इसका विकास निश्चित रूप से बहुत बाद का है। 'पृथ्वीराज रासो' में सवैया तो नहीं मिलता लेकिन त्रोटक छंद काफी हैं। किस प्रकार एक त्रोटक छंद द्विगुणित करके सवैया बनाया जा सकता है, पृथ्वीराज रासो' के दो त्रोटक लेकर समझा जा सकता है–

जल सैसव मुद्ध समान भयं, रवि बल बहिक्रम लै अथयं।
बर सैसव जोबन संधि अती, सु मिलै जनु खित्तह बाल जती।।
जु रही लगि सैसव जुब्बनता, सु मनो ससि रंतन राजहिता।
जु चले मुरि मारुत झंकुरिता, सु मनो मुरबेस मुरी मुरिता।।
(शशिव्रता विवाह)

कमी रह गयी है तो केवल चारों चरणों के सम तुकांत की। लेकिन जो कवि त्रोटक को दुगुना कर सकता है वह उसके चारों चरणों को तुकांत भी बना सकता है। इस तरह जब एक सवैया बन गया तो उसमें थोड़ा सा हेर-फेर करके कई सवैये बनाये जा सकते हैं और सचमुच बनाये भी गये।

छंद अनगिन हैं और अपभ्रंश तथा हिंदी छंदों का तुलनात्मक अध्ययन

अपने आप में बहुत बड़ा विषय है। यहाँ केवल कुछ ही छंदों पर विचार करना संभव है।

हिंदी में अपभ्रंश के काव्य रूपों का निर्वाह और सुधार

कहा जा चुका है कि छंद काव्य-रूपों को निर्धारित और प्रभावित करते हैं। वर्णनात्मक छंद कथात्मक काव्यों का रूप निर्धारित करते हैं और गेय छंद मुक्तक काव्यों का वर्णनात्मक छंदों में चौपाई का उल्लेख किया जा चुका है। परन्तु निरंतर चौपाई में ही कहानी कहने से वर्णन में एकरसता आ जाने की आशंका रहती है। यदि लगातार चौपाई सुनते-सुनते श्रोता ऊँघने लगेगा तो वक्ता की भी साँस फूल जायगी। वक्ता और श्रोता दोनों के लिए कुछ चौपाइयों के बाद विश्राम आवश्यक है। विश्राम के लिए छंद बदलना सबसे सुन्दर उपाय है। ऐसा भी देखा जाता है कि यदि कवि छंद नहीं बदलता, तो ऐसे कथात्मक काव्यों को गाते समय गायक अपने स्वरों के द्वारा उसमें परिवर्तन कर लेते हैं। गाँवों में गाया जानेवाला 'आल्हा' ऐसा ही धारावाहिक काव्य है जिसमें आद्योपान्त एक ही 'वीर' छंद का प्रयोग किया गया है। परन्तु उसे कहने और सुनने में सुखद बनाने के लिए गायक नट कभी तो गद्य की तरह सीधे-सीधे कहते चलते हैं और कभी रुककर गाने लगते हैं। जो समझदार होते हैं; वे सीधे-सीधे कहने और गानेवाले स्थलों में विवेक कर लेते हैं, अर्थात् कोरे घटनात्मक प्रसंग को तो कहते जाते हैं। लेकिन जहाँ थोड़ा-सा भावनात्मक स्थल आता है वहाँ रुककर वे गाने लगते हैं।

वक्ता और श्रोता की इसी सुविधा को ध्यान में रखते हुए कथात्मक काव्यों के कवि कुछ चौपाइयों के बाद दूसरे छंद के प्रयोग की योजना करते आये हैं। चौपाई के बाद जो छंद आसानी से इस कार्य के लिए मिल सकता था, वह दोहा है। दोहा एक तो सहज, सुलभ और अत्यधिक लोक-प्रचलित था; दूसरे वह छोटा भी है। किसी बड़े छंद के प्रयोग से धारावाहिकता में बाधा पड़ने की भी आशंका रहती है। अपभ्रंश में इस कार्य के लिए घत्ता, दुवइ, उल्लाला आदि अनेक छंद इस्तेमाल किये जाते थे। ऐसा लगता है कि अंतिम दिनों में इनमें से किसी एक छंद को निश्चित कर देने की मनोवृत्ति हो चली थी। हिंदी तक आते-आते चौपाईयों के बाद दोहा का घत्ता देने की परिपाटी निश्चित हो गयी। इस व्यवस्था में एकरूपता ले आने के लिए आगे चलकर यह भी निश्चित कर दिया गया कि सात या आठ अर्धालियों के बाद ही दोहा रखा जाना चाहिए। कहीं-कहीं इसके अपवाद भी मिलते हैं। इसके अपवाद तुलसीदास जैसे अत्यन्त सतर्क और व्यवस्थित कवि में भी हैं। लेकिन ऐसा वहीं हुआ है जहाँ भाव प्रसार

अथवा घटना-क्रम को देखते हुए निश्चित चौपाइयों के बाद दोहा रखने से प्रवाह में बाधा पड़ने की आशंका है।

गेय काव्य के रूपों में अपभ्रंश काव्य बहुत समृद्ध था। रास, फाग, चाँचर, रसायण, कुलक आदि अनेक प्रकार के गेय काव्य अपभ्रंश में प्रचलित रिखाई पड़ते हैं। रास काव्य मूलतः रास छंद का समुच्चय है। अपभ्रंश में २१ मात्रा का एक रासा या रास छंद प्रचलित था और ऐसे ही अनेक छंदों को गाने की परिपाटी संभवतः लोक में रही होगी। यहाँ भी एकरसता दूर करने के लिए रास छंदों के बीच इतर गेय छंदों को भी संबंधित कर लेने की संभावना जान पड़ती है। 'संदेश रासक' से इस प्रकार के गेय और मुक्तक 'रासक काव्यों' के रूप का पता चलता है। निश्चय ही 'रास काव्य' मूलतः रास-छंद-प्रधान काव्य रहे होंगे जैसा कि 'संदेश रासक' है।

आगे चलकर 'रास काव्य' एक ऐसा काव्य रूप निश्चित हो गया जिसमें किसी भी गेय छंद का प्रयोग किया जा सके। भाव की दृष्टि से ये फिर भी प्रेम-भाव-प्रधान रहे। हिंदी का 'वीसलदेव रास' ऐसा ही 'रास काव्य' है जिसमें किसी अन्य गेय छंद का इस्तेमाल किया गया है, फिर भी वह प्रेम-भाव-प्रधान ही है।

जब काव्य-विशेष का एक रूप बन जाता है तो कभी-कभी उसे दूसरे भावों और विचारों का भी वाहन बना लिया जाता है। 'रास काव्य' के साथ भी ऐसा ही हुआ। मूलतः यह कोमल भावों के लिए प्रयुक्त होनेवाला गेय मुक्तक था, लेकिन दूसरी ओर यह काव्यरूप वीरों की गाथाओं के लिए भी काम में लाया गया। जिस तरह अंग्रेजी का 'सॉनेट' मूलतः प्रेम भावापन्न मुक्तक था, किन्तु आगे चलकर अन्य भावों का भी वाहन बना लिया गया उसी प्रकार अपभ्रंश और हिन्दी का 'रास काव्य' भी इतर भावों, विचारों और घटनाओं के लिए अपनाया गया। अपभ्रंश में इस प्रकार के कई रास काव्य हैं जैसे बाहुबलि रास, समर रास आदि। और हिंदी में ऐसे ही रास काव्यों का सिरताज 'पृथ्वीराज रासो' है।

यही सब देखते हुए अपभ्रंश के आचार्यों ने दो प्रकार के रास काव्यों का उल्लेख किया है—कोमल और उद्धत; इन दोनों के मिश्रण से बननेवाले मिश्रित प्रकार के रास-काव्य की भी चर्चा की गयी है।[१] ये भेद किये तो गए

---

१. हेमचन्द्र कृत काव्यानुशासन, ८/४

हैं रास रूपकों के किन्तु रास-काव्यों के विषय में भी समान रूप से लागू होते हैं।

प्रेम और युद्ध को एकदम अलग-अलग वर्गों में बाँटना जितना कठिन जीवन में है उतना ही कठिन काव्य में भी। उद्धत ढंग के युद्ध-प्रधान रास-काव्यों में प्रेम-भावना का समावेश अस्वाभाविक नहीं है। यही कारण है कि 'पृथ्वीराज रासो' जैसे रास-काव्य एक प्रकार से युद्ध और प्रेमयुक्त मिश्रित रास की कोटि में आ जाते हैं। एकदम युद्ध-प्रधान रास-काव्य का उदाहरण अपभ्रंश में 'बाहुबलि रास' और हिन्दी में ''हम्मीर रासो' माना जा सकता है।

एक भाव के लिए निर्मित काव्य-रूप किस प्रकार दूसरे भाव या विचार के लिए प्रयुक्त होता है इसके लिए जिनदत्त सूरि के 'उपदेश रसायन रास' को देखा जा सकता है। इसमें युद्ध और प्रेम दोनों को हटाकर धर्मोपदेश दिया गया है।

इस प्रकार रास अथवा रासक नामक एक सामान्य गेय छंद ने इतने रूप बदले।

अपभ्रंश के अन्य गेय काव्य रूपों में से चाँचरि का केवल एक नमूना मिलता है–जिनदत्त सूरि की 'चाँचरि' अथवा 'चच्चरी'। इस 'चाँचरि' में भी 'रासा' छंद का ही व्यवहार किया गया है। ऐसा प्रतीत होता है कि 'चाँचरि' कोई लोकगीत था और शायद उस गीत में विशेष लय का छंद व्यवहृत होता था; लेकिन लिखित साहित्य में वह काव्यरूप की तरह मान लिया गया। हिंदी में कबीरदास के नाम से चलने वाले कुछ गीत 'चाँचरि' के नाम से मिलते हैं। जिनदत्त सूरि की 'चाँचरि' में जैन धर्म के उपदेश हैं। जैसे–

जहि सावय तं बोलु न भक्खहि, लिंति नय।
जहि पाण-हिय धरंति, त सावय-सुद्ध-नय।।
जहि भोयणु न सयणु, न अणुचिउ बइसणउ।
सह पहरणि न पवेसु, न दुट्ठउ बुल्लणउ।।

फाग भी इसी प्रकार का एक लोक-गीत है जो बसंत में गाया जाता है। इसका विषय वसंत के ही अनुसार होता है। यह परंपरा निश्चय ही काफी पुरानी होगी। अपभ्रंश के समय भी इसका प्रचलन था लेकिन इसका विषय ठीक-ठीक क्या था–यह जानने का साधन हमारे पास कोई नहीं है। जैन कवियों ने जिस विषय पर फाग लिखा है, उसमें उनकी अपनी धर्मिक विचारधारा का समावेश स्वाभाविक है। जिनपद्म सूरि का लिखा हुआ एक फाग 'थूलिभद्द' के चरित पर अब भी उपलब्ध है। इसमें प्रायः काव्य या रोला छंद का व्यवहार किया गया

है और तीन रोला के बाद दोहा का घत्ता दिया गया है। जैसे 'पावस वर्णन' के प्रसंग में तीसरा रोला और दोहे का घत्ता इस प्रकार है–

सीयल कोमल सुरहि वाय जिम जिम वायंते।
माण-मडफ्फर माणणिय तिम तिम नाचंते।।
जिम जिम जलधर भरिय मेह गयणंगणि मलिया।
तिम तिम कामीतणा नयण नीरहि झलहलिया।।
मेहारव भर रूलटिय, जिमि जिमि नाचइ मोर।
तिम तिम माणिणि खलभलइ, साहीता जिमि चोर।।

हिंदी में कबीरदास के नाम से इसी तरह के कुछ 'वसंत' मिलते हैं।

कोई आवश्यक नहीं है कि अपभ्रंश के जैन कवियों ने जिन-जिन लोकगीतों को साहित्यिक रूप दिया था, उन्हीं-उन्हीं लोकगीतों को हिंदी कवि भी अपनाएँ। हिंदी काव्य-रूपों पर अपभ्रंश काव्य-रूपों के प्रभाव का निर्णय इतनी स्थूल ढंग से नहीं होना चाहिये। मुख्य प्रश्न है, उन काव्य-रूपों को अपनाने के पीछे काम करने वाली मनोवृत्ति का और यहाँ यह मनोवृत्ति है लोक प्रचलित गीतों को सामान्य रूप से साहित्यिक बनाने की, अपने आदर्शों के प्रचार के लिए अपनाने की। अपभ्रंश के कवि इस दिशा में हिंदी कवियों के पथ-प्रदर्शक हैं। इसी मनोवृत्ति के फल-स्वरूप आगे चलकर तुलसीदास ने 'राम लला नहछू' आदि की रचना की।

हिंदी में 'पद' नाम से कुछ ऐसे गीत मिलते हैं जिन्हें संतों और भक्तों ने गाने के लिए लिखे थे। सूरदास का संपूर्ण 'सूर सागर' पदों में ही है, मीरा ने केवल 'पद' ही गाये। 'पद' कबीर ने भी कहे और तुलसी की 'गीतावली' तथा 'विनय पत्रिका' पदों में ही है। पदों की परंपरा अपभ्रंश में सिद्धों के यहाँ ही मिलती है। सिद्धों के 'चर्यापद' गेय पद हैं।

इस तरह अपभ्रंश और हिंदी के कुछ काव्य-रूपों के तुलनात्मक अध्ययन से हम इस निर्णय पर पहुँचते हैं कि इस क्षेत्र में अपभ्रंश की देन हिंदी को सबसे अधिक है।[१]

काव्य-रूढ़ियाँ

जिस प्रकार एक साहित्य की भाव और विचार-संबंधी रूढ़ियाँ दूसरे साहित्य में प्रवेश कर जाती हैं, उसी तरह काव्य के रूप-विधान-सम्बन्धी कुछ

---

१. काव्य-रूपों के विशेष अध्ययन के लिए देखिए डा० द्विवेदी का 'हिंदी साहित्य का आदिकाल', पंचम व्याख्यान।

रूढ़ियाँ भी अवशिष्ट रह जाती हैं। ऐसी काव्य-रूढ़ियाँ शताब्दियों तक चलती रहती हैं। जैसे प्रबन्ध काव्य के आरम्भ में मंगलाचरण, आत्म-निवेदन, दुर्जन-निन्दा, सज्जन प्रशंसा आदि और मुक्तक काव्य में कवि का नाम रखने की प्रथा। इस तरह की रूढ़ियाँ उसी समय रूढ़ि का रूप धारण करती हैं, जब किसी समाज की चिन्ता धारा गतिरुद्ध हो जाती है। उपर्युक्त काव्य-रूढ़ियाँ वाल्मीकि और कालिदास में नहीं मिलतीं, लेकिन इन महाकवियों के बाद बाणभट्ट, माघ, श्रीहर्ष आदि में इनमें से किसी में कुछ का तथा किसी में सबका पालन किया गया है। अपभ्रंश काल में यह रूढ़ियाँ और जोर पकड़ गयीं और हिंदी तक पहुँचते-पहुँचते यह स्थिति हो गयी कि तुलसीदास जैसे महाकवि ने इनका पालन करने में सबसे अधिक तत्परता दिखायी। 'रामचरित मानस' में मंगलाचरण, आत्म-निवेदन, दुर्जन-निन्दा और सज्जन-प्रशंसा सभी पूर्ववर्ती कवियों से अधिक है।

यही बात मुक्तकों में कवि द्वारा अपना नाम रखने की मनोवृत्ति में दिखाई पड़ती है। संस्कृत में ऐसा किसी कवि ने नहीं किया। अपभ्रंश में भी केवल सरह के दोहों में यह प्रवृत्ति दिखाई पड़ती है। पीछे कबीर, सूर, तुलसी, मीरा जैसे भक्तों तथा केशव, देव, मतिराम, भूषण, पद्माकर आदि रीति-कवियों ने भी इसका पालन किया। यहाँ एक उल्लेखनीय बात है कि बिहारी जैसे रूढ़ि सिद्ध कवि में यह प्रवृत्ति नहीं है।

'यहि बानक मो मन बसै सदा बिहारी लाल'

जैसे दोहे अपवाद हैं और यहाँ भी 'बिहारी लाल' वृन्दावन विहारी हैं।

इन तमाम रूढ़ियों का अन्त आधुनिक युग में ही सम्भव हो सका जब राष्ट्रीय जागरण ने बहुत व्यापक रूप से प्रचीन रूढ़ियों के विरुद्ध विद्रोह किया। फिर भी उन रूढ़ियों को ढोने वाले अतीत के मनःप्रवासी कवि आज भी मिल ही जाते हैं।

रूप-विधान सम्बन्धी इन रूढ़ियों के अतिरिक्त काव्य की कुछ ऐसी भी रूढ़ियाँ हैं जो मूलतः किसी न किसी भाव या विचार का प्रतीक थीं, किन्तु धीरे-धीरे रूढ़ होकर अपनी मौलिक भाव-संपदा की ओर संकेत करने की शक्ति खो बैठीं और परवर्ती काल के काव्यों में रूप विधान का ही एक अंग बन गयीं। नख-शिख वर्णन, संध्या-उषा वर्णन तथा किसी उद्यान के फूलों का वर्णन आदि कुछ ऐसी ही काव्य-रूढ़ियाँ हैं। मध्य युग में किसी नारी के नख-शिख वर्णन में प्रयुक्त होने वाली कुछ उपमाएँ ही नहीं, बल्कि संपूर्ण प्रक्रिया और वर्णन क्रम एक निश्चित ढाँचे पर हुआ करता है। 'पृथ्वीराज-रासो' में इंछिनी और शशिव्रता का रूप वर्णन और 'पद्मावत' में पद्मावती का विस्तृत नख-शिख वर्णन इस प्रकार

की चिराचरित परिपाटी का पता देते हैं। नख-शिख वर्णन सम्बधी यह रूढ़ियाँ स्वयंभू और पुष्पदन्त के काव्यों से ही मिलने लग जाती हैं।

इसी प्रकार यदि संदेश-रासक में वर्णित सामोर की पेड़-पुष्प सूची को पद्मावत के वसंत-वर्णन में आये हुए फूलों की सूची से मिलाकर देखा जाय तो इन फूलों पौदों के नाम में ही नहीं बल्कि उनके क्रम में भी एक बंधी-बंधाई परिपाटी का आभास मिलेगा। यही बात युद्ध-वर्णन के प्रसंग में शस्त्रों की तालिका आदि के बारे में दिखाई पड़ती है।

संस्कृत काव्य के आरम्भिक युग से कुछ पशु-पक्षियों तथा पुष्पों को लेकर कवियों के समाज में काल्पनिक धारणाएँ चल पड़ी थीं जैसे हंस का नीर-क्षीर विवेक अथवा सुन्दरियों के नूपुर-शिंजित चरणों के आघात से अशोक का खिलना। आचार्यों ने इन्हें कवि-समय नाम दे रखा है। यदि इन कवि-समयों के इतिहास का अध्ययन करें तो पता चलेगा कि अशोक, कुरबक, तिलक आदि फूलों-सम्बन्धी कवि-समयों का जितना प्रचलन कालिदास के युग में था, उतना परवर्ती युग के कवियों में कभी न रहा। अपभ्रंश-काव्यों में ये कवि-समय क्वचित् कदाचित् ही दिखाई पड़ते हैं। इसका कारण शायद यह है कि जैनों के बुद्धिवाद ने इन धारणाओं में विश्वास न जमने दिया। लेकिन हिंदी के काव्यों में भी फूल सम्बन्धी ये कवि-समय कम अपनाये गये वहाँ केवल हंस, चकोर, चक्रवाक् संबंधी कवि-समयों का ही निर्वाह हुआ।

कथानक सम्बन्धी 'मोटिफ़' या रूढ़ि

अशोक, हंस संबंधी ये कवि-समय वस्तुतः एक प्रकार के 'मोटिफ़' हैं जो छोटे होते हुए भी अत्यन्त प्रसंग-गर्भी हैं। भारतीय चित्त में अशोक हंस आदि केवल पुष्प और पक्षी नहीं रह गये हैं, बल्कि ये ऐसे 'मोटिफ़' हैं जो निश्चित कथा-खंडों की व्यंजना करते हैं; अशोक केवल अशोक नहीं है, वह अपने आप में एक पूरी कहानी है।[१] भारतीय कथाओं में ऐसे अनेक लघु कथा-व्यंजक प्रतीकों का प्रयोग किया गया है। कथाओं में प्रयुक्त होने वाले इन प्रतीकों को कथात्मक 'मोटिफ़' कहा जा सकता है। धीरे-धीरे ऐसे अनेक सजातीय कथात्मक प्रतीकों के संयोग से कथात्मक टाइप बन जाते हैं।[२] 'दोहद' एक ऐसा ही कथात्मक 'मोटिफ़' है। जिस प्रकार मूर्ति और चित्रकला में कुछ विशेष भावों

१. दि मोटिफ़ इज दि स्मालेस्ट रिकागनिज़बुल एलिमेंट दैट गोज़ टु मेक अप ए कम्पलीट स्टोरी–(शिप्ले–डिक्शिनरी ऑव वर्ल्ड लिटरेचर, फोक टेल पृ० २४७)

२. दि इम्पॉर्टेंस ऑव दि टाइप इज़ टु शो दि वे इन ह्विच नैरेटिव मोटिफ़स फ़ॉर्म इनटु कन्वेंशनल क्लस्टर्स (वही, पृ० २४८)

के व्यंजक 'मोटिफ़' होते हैं, उसी प्रकार कथा-काव्य के अपने विशिष्ट 'मोटिफ़' हैं। इस विषय में साहित्यिक कथानकों की अपेक्षा लोक-कथाएँ अधिक समृद्ध दिखाई पड़ती हैं। लोक कथाओं में ये प्रतीक क्रमशः रूढ़ि बन जाते हैं। कालान्तर में अनेक रूढ़ियाँ अप्रचलित होती रहती हैं और बहुत सी नयी रूढ़ियाँ स्थापित होती चलती हैं। भारतीय साहित्य के इतिहास में इन कथात्मक रूढ़ियों की एक दीर्घ परम्परा पायी जाती है जो विभिन्न मत-मतान्तरों, धर्मों, संस्कारों, जातीय प्रथाओं के बावजूद संस्कृत, पाली, प्राकृत और अपभ्रंश से होती हुई हिंदी, बँगला आदि आधुनिक साहित्यों में भी बहुत कुछ सुरक्षित है।

अपभ्रंश के कथा-काव्यों का अध्ययन करने से पता चलता है कि उनमें संस्कृत कथाओं की अनेक कथानक-रूढ़ियों का निर्वाह किया गया है। यहाँ संस्कृत-काव्यों तथा अपभ्रंश काव्यों में एक मौलिक अंतर दिखाई पड़ता है। कथानक-रूढ़ियों का उपयोग संस्कृत काव्यों में उतना नहीं हुआ है, जितना अपभ्रंश काव्यों में वाल्मीकिरामायण और स्वयंभू के 'पउमचरिउ' की तुलना से यह बात स्पष्ट हो जाती है। 'पउमचरिउ' का सारा विद्याधर कांड और अयोध्या कांड का उत्तरार्द्ध ऐसे ही कथात्मक प्रतीकों के लिए लिखा गया प्रतीत होता है। उसमें विविध आनुषंगिक प्रसंगों की योजना किसी न किसी 'मोटिफ़' के लिए ही की गयी है। संस्कृत साहित्य में कथानक-रूढ़ियाँ हैं अवश्य, लेकिन उनकी बहुलता पञ्चतन्त्र, कथासरित्सागर आदि आख्यायिकाओं तथा पुराणों में है। इसका कारण यह है कि ये आख्यायिकाएँ और पुराण मुख्यतः लोक-प्रचलित कथाओं पर आधारित हैं और लोक-कथाएँ कथानक-रूढ़ियों से भरी रहती हैं; कथात्मक प्रतीकों के विषय में जितनी रूढ़िवादी लोक-कथाएँ होती हैं, उतनी साहित्यिक कथाएँ नहीं। वहाँ हर कहानी में राजा के सात ही रानियाँ होंगी और छोटी रानी को सभी सताती होंगी और उसी रानी का लड़का सबसे अधिक चतुर निकलेगा। रनिवास से निकाली हुई रानी के रोने पर सारे वन का रोना और पत्तियाँ गिरा देना, फिर उधर से गौरी पार्वती और महादेव जी का निकलना सामान्य रूढ़ि है। यदि लोक-गीतों में सर्वत्र 'सोने की थारी में ज्योना' परोसा जाता है, 'सोने' के गडुवा गंगा-जल पानी' भरा रहता है, 'लौंग-खिली-बीड़ा' लगाया जाता है और 'कलियाँ चुन-चुन कर सेज' रची जाती है तो लोककथाओं में भी प्रायः हिरामन सुआ आता है, गौरा पार्वती-महादेव आते हैं, सात समुंदर पार और सात सिंधोरे के भीतर राजकन्या रहती है।

हिंदी के मध्ययुगीन आख्यानक काव्यों के वास्तविक मूल्यांकन के लिए उनमें व्यवहृत होने वाले कथात्मक प्रतीकों के मूल स्रोत का पता लगाना अत्यंत

आवश्यक है। पृथ्वीराजरासो, पद्मावत, रामचरित मानस आदि को अच्छी तरह समझने के लिए उनमें प्रयुक्त कथानक-प्रतीकों की दीर्घ परम्परा से परिचित होना जरूरी है। इस ओर ध्यान न देने के कारण ही कभी-कभी इन काव्यों के बारे में विचित्र बातें कह दी जाती हैं।

पृथ्वीराज रासो की अप्रामाणिकता को लेकर इतना बड़ा हंगामा खड़ा न होता यदि आख्यानक-काव्यों की रचना में काम करने वाली कथात्मक-प्रतीक-योजना की प्रवृत्ति को भी ध्यान में रखा जाता। उस युग में जब कि एकदम कल्पित आख्यान को आधार बनाकर काव्य-रचना की प्रवृत्ति न थी और इतिहास-प्रसिद्ध अथवा लोक-विश्रुत चरित नायक के जीवन पर भी काव्य लिखने की प्रथा थी, लोक-प्रचलित कथात्मक-प्रतीकों की योजना में ही कवि-कल्पना को खुले खेलने का अवसर मिलता था। ऐसे ही प्रसंगों में कवि को अपनी प्रतिभा के जौहर दिखाने की छूट मिलती थी। इसीलिए मध्य युग में प्रायः सभी तथाकथित ऐतिहासिक काव्यों में ऐसे काल्पनिक प्रसंगों का मिश्रण मिलेगा। जिस तरह आधुनिक युग में ऐतिहासिक उपन्यासकारों ने अपना औपन्यासिक कौशल दिखाने के लिए कुछ मार्मिक प्रसंगों की कल्पना की है, उसी प्रकार प्राचीन युग में कवियों ने ऐतिहासिक काव्यों में चिराचरित कथात्मक प्रतीकों का सहारा लिया है। यह प्रवृत्ति एक ओर अपभ्रंश में जसहर चरिउ, णायकुमार चरिउ, करकंड चरिउ आदि चरित काव्यों तथा ऋषभदेव, बाहुबलि, भरत, नेमिनाथ आदि के जीवन से सम्बन्धित काव्यों में देखी जा सकती है तो दूसरी ओर पृथ्वीराज रासो आदि हिन्दी काव्यों में भी ढूँढ़ी जा सकती है।

शुक का दौत्य-कार्य, नायिका को अप्सरा का अवतार कहना, महादेव के मन्दिर में नायक-नायिका का मिलना, सिंहल द्वीप, फल द्वारा सन्तान की उत्पत्ति, लिंग परिवर्तन आदि बातें अनैतिहासिकता—द्योतक नहीं बल्कि कथानक-रूढ़ि के निर्वाह की सूचक हैं। पृथ्वीराज रासो ऐसी रूढ़ियों का कोश है। कभी-कभी इन रूढ़ियों के आधार पर 'पृथ्वीराज रासो' के मूल रूप का भी पता लगाने की चेष्टा की जाती है। लेकिन यह कार्य कितना कठिन है इसका पता इसी से चल सकता है कि इन रूढ़ियों के प्रक्षेप का कोई अन्त नहीं है— इनमें कितनी चन्द द्वारा नियोजित हैं और कितनी दूसरों द्वारा, इसको अलगा लेना खेल नहीं है।

इसी तरह 'पद्मावत' में प्रयुक्त कथानक रूढ़ियों के विश्लेषण से और भी मनोरञ्जक तथ्यों की प्राप्ति हो सकती है। सुआ का उपयोग कथात्मक प्रतीक के रूप में संस्कृत-साहित्य से ही होता आ रहा है, लेकिन वह 'हिरामन' है

इसका प्रचलन अपभ्रंश से दिखाई पड़ता है। 'करकंड-चरिउ' में पहली बार 'हिरामन सुआ' का नाम सुनाई पड़ता है और जायसी के यहाँ भी वह इसी नाम से परिचित कराया जाता है। सुआ-सम्बन्धी अन्य बातें अत्यन्त प्राचीन काल से चली आती हुई मालूम पड़ती हैं अर्थात् यह कि सुआ पण्डित है और राज-दरबार में आने से पहले वह किस तरह बहेलिया द्वारा पकड़ा जाता है, और एक गुणग्राही ब्राह्मण द्वारा खरीदा जाता है आदि। इसी तरह 'सिंहल द्वीप' भी एक 'मोटिफ़' है जो पता नहीं कब से कवियों के 'रोमैंटिक' देश का प्रतीक बन कर आ रहा है। वह इतना मनोरम देश है कि उसमें सभी स्त्रियाँ पद्मिनी ही होती हैं। इसकी ऐतिहासिकता और भौगोलिकता को लेकर बहस करना बेकार है। पद्मावत में राजा रतनसेन का सोलह हजार योगियों के साथ सात समुन्दर पार करना, महादेव के मंडप में पद्मावती से मिलने की प्रतीक्षा करना, पद्मावती के आने पर राजा का मूर्छित हो जाना और उसके चले जाने पर मूर्च्छा-भंग होना, महादेव का कोढ़ी के वेश में आना (उस अलौकिक कोढ़ी की छाया नहीं पड़ती, उस पर मक्खी नहीं बैठती, उसकी पलकें नहीं गिरतीं), रतनसेन की वापसी में समुद्र में तूफान का आना, अलग-अलग जगहों में जाना और अन्त में अतिमानवीय शक्तियों की कृपा से मिलना आदि ऐसे 'मोटिफ़' हैं जो लोक-कथाओं में बहुत दिनों से चले आ रहे हैं और खोजने पर इनमें से कुछ का स्रोत अपभ्रंश साहित्य में भी मिल जाता है। इनके तुलनात्मक अध्ययन से पता चलता है कि जैन-बौद्ध-ब्राह्मण आदि धार्मिक भेदों से प्रभावित काव्यों के ऊपरी भेदों के नीचे लोक-जीवन से उद्भूत एक ही चेतना अन्तःसलिला की तरह प्रवाहित थी और इनके प्रतीक लोकाश्रित 'मोटिफ़' हैं।

हिन्दी और अपभ्रंश

–प्रो० राममूर्ति त्रिपाठी

राहुलजी का पक्ष है कि "अपभ्रंश"–इस संज्ञामात्र से यह नहीं समझ लेना चाहिए कि वह हिन्दी से सर्वथा पृथक् है, क्योंकि इसकी दूसरी संज्ञा "देशी" भी है। पर संज्ञा की दृष्टि से यदि एकरूपता मानी जाने लगे तो "भारती" या "भारई" (उत्तरकालीन अपभ्रंश) संज्ञा से संज्ञित भाषाएँ भी एकरूप हो जायेंगी। अतः व्याकरणिक पार्थक्य और बनावट की दृष्टि से भी विचार करते हुए राहुलजी ने कहा कि पाली और प्राकृत की तुलना में अपभ्रंश की स्थिति सर्वथा भिन्न है। पाली और प्राकृत को संस्कृत रूप देने में थोड़े ही श्रम की जरूरत है, पर अपभ्रंश का तो ढाँचा ही भिन्न है। राहुलजी के अनुसार उसने नये सुबन्तों तथा तिङन्तों की सृष्टि की और ऐसी सृष्टि की जिससे वह हिन्दी से अभिन्न हो गयी है और संस्कृत, पाली तथा प्राकृत से एकदम भिन्न। "कहेउ, गयउ, गउ, कहिज्जइ"–ये शब्द अपभ्रंश को संस्कृत, पाली, प्राकृत की तुलना में हिन्दी के अधिक नजदीक लाते हैं। उनकी दृष्टि में संस्कृत, पाली, प्राकृत का विकास अविच्छिन्न-प्रवाहयुक्त है और अपभ्रंश का विच्चिछन्न प्रवाह-युक्त। यह परिवर्तन एक जाति परिर्वतन ही है। दक्षिण के संस्कृत, प्राकृत, पाली विशेषज्ञ अपभ्रंश से विरक्त रहते हैं।

गुलेरीजी ने परवर्ती अपभ्रंश–अवहट्ठ–पिङ्गल को "पुरानी हिन्दी" कहा है। आचार्य वि०प्र० मिश्र ने उसके आरम्भ में दिये गये अपने "वक्तव्य" के अन्तर्गत उसे सटीक संज्ञा भी कहा है। जिस परवर्ती अपभ्रंश को विद्यापति ने प्रादेशिक छाप के बावजूद "अवहट्ठ" कहा है, राजस्थान में उसी सर्वनिष्ठ भाषा का नाम "पिंगल" पड़ गया था। भिखारीदास ने उसे ही "नागभाषा" कहा है।

इस प्रकार जहाँ राहुलजी समूची अपभ्रंश को संस्कृत, पाली, प्राकृत से पृथक् करते थे, वहाँ गुलेरीजी का कहना है कि पुरानी अपभ्रंश संस्कृत और प्राकृत से मिलती है और पिछली पुरानी हिन्दी से। वास्तव में गुलेरीजी के समय तक अपभ्रंश साहित्य प्रचुर मात्रा में उपलब्ध नहीं था, इसलिए वे पूर्ववर्ती और अपभ्रंश की भी भेदक रेखा ठीक-ठीक नहीं खींच पाते। लेकिन एक जगह वे

स्पष्ट कहते हैं–"विक्रम की सातवीं शताब्दी से ग्यारहवीं तक अपभ्रंश की प्रधानता रही और फिर वह पुरानी हिंदी में परणित हो गयी। इसमें देशी की प्रधानता है, विभक्तियाँ घिस गयी हैं, खिर गयी हैं। एक ही विभक्ति "हँ" या "आहँ" कई काम देने लग गई है। अन्यत्र तो और भी स्पष्ट कह दिया है–"पुरानी अपभ्रंश संस्कृत और प्राकृत से मिलती है और पिछली (या परवर्ती) "पुरानी हिन्दी" से–इन वक्तव्यों के आलोक में मिश्रजी ने इनका जो आशय अपने "वक्तव्य" में स्पष्ट किया है। कि वह संगत ही है अर्थात् जहाँ राहुल जी समूचे अपभ्रंश को "पुरानी हिन्दी" कहना चाहते हैं–वहाँ गुलेरीजी परवर्ती अपभ्रंश को ही। साथ ही समुचित सामग्री के अभाव में वे यह भी स्वीकार करते हैं कि अपभ्रंश कहाँ समाप्त होती है और हिन्दी कहाँ आरम्भ होती है–इसका निर्णय करना कठिन, किन्तु रोचक और बड़े महत्व का है। भेदक रेखा के स्पष्ट अभाव में लगभग राहुलजी के समीपी ही हो जाते हैं।

राहुलजी तथा गुलेरीजी दोनों ही इस बात में समानता रखते हैं कि अपभ्रंश को "पुरानी हिंदी" कहा जाना चाहिए–पर इस समानता के साथ अनेक विषमतायें भी हैं। पहली तो समूची अपभ्रंश और परवर्ती अपभ्रंश को ही लेकर है, दूसरी यह कि गुलेरीजी ने "पुरानी हिंदी" के लिए जो उदाहरण छाँटे हैं–वे पश्चिमी भूभाग से सम्बन्द्ध हैं जबकि राहुलजी के उदाहरण एवं संग्रह समस्त संभावित भूखण्डों से हैं। तीसरी बात यह भी ध्येय है कि गुलेरीजी ने जो नमूने दिये हैं, डॉ० धीरेन्द्र वर्मा के अनुसार वे प्रायः गंगा की घाटी के बाहर के प्रदेशों में बने ग्रन्थों के हैं। अतः इनमें हिन्दी के प्राचीन रूपों का कम पाया जाना स्वाभाविक है। इसके विपरीत पण्डित सीताराम चतुर्वेदी का मत है–"जब" से पण्डित चन्द्रधर शर्मा गुलेरी ने काशी नागरी प्रचारिणी पत्रिका में "पुरानी हिंदी" शीर्षक लेख लिखा, तब से हिन्दी के सभी इतिहासकार यह मानते चले आये कि हिन्दी की उत्पत्ति उस अपभ्रंश से हुई है जो हेमचन्द्र के अपभ्रंश व्याकरण में अथवा सोमप्रभ देव और सिद्धपाल की रचनाओं में पाया जाता है। किन्तु तथ्य यह है कि जैन ग्रन्थों और हेमचन्द्र के प्राकृत व्याकरण में जिस अपभ्रंश की व्याख्या की गयी है–और जिसके उदाहरण दिये गये हैं, वे सब "पुरानी हिंदी" के नहीं, वरन् पुरानी राजस्थानी और पुरानी गुजराती के हैं–(ण प्रधान) उस भाषा को (न प्रधान) हिन्दी की जननी या पुराना रूप कहना असंगत है।

इसके पूर्व कि गुलेरी जी जिसे पुरानी हिन्दी कहना चाहते हैं–और चतुर्वेदी जी उसका खण्डन करते हैं–दोनों में ग्राह्य पक्ष क्या है–विचार करें–यह भी समझ लें कि पुरानी हिन्दी को डा० ग्रियर्सन ने नागर अपभ्रंश, सुनीतिकुमार

चटर्जी ने सौराष्ट्र अपभ्रंश तथा क० मा० मुन्शी ने (गुर्जरी) सौराष्ट्र अपभ्रंश कहा है। आज भी राजस्थान के अनेक कवि उसी अपभ्रंश के विकसित रूप—डिंगल में रचना करते हैं। यह ठीक है कि वह भाषा 'ण' प्रधान है और ब्रजी तथा अवधी 'न' प्रधान है। जैसा कि स्वयं चतुर्वेदीजी ने स्वीकार किया है कि हिन्दी का समूचा साहित्य राष्ट्रीय साहित्य है अतः उसमें एक व्यापक काव्य भाषा का प्रयोग उन्हें भी मान्य है। ऐतिहासिक क्रम में उससे भी पूर्व शौरसेनी का व्यापक काव्य ढाँचा-अपभ्रंश (शौर सेनी) का व्यापक ढाँचा, काव्य भाषा के रूप में गृहीत था। फिर अधुनातन शोधलब्ध मध्यदेशीय संक्रांतिकालीन उपलब्ध कृतियों से गुलेरीजी या राहुलजी द्वारा प्रस्तुत उत्तर भारतीय साहित्य की भाषा के व्याकरणों के ढाँचे की तुलनात्मक परीक्षा होनी चाहिए। एक तो आलोच्यकालीन मध्यदेशीय साहित्य ही उपलब्ध नहीं है और उपलब्ध भी हो—फलतः तुलनात्मक व्याकरणिक ढाँचा प्रस्तुत किया जा सके—तो उक्त वक्तव्य के आलोक में वह ढाँचा व्यापक एवं सामान्य काव्य भाषा का ही मिलेगा। और यदि यह स्थिति सम्भावित है तो स्थानगत उच्चारण भेद—ण, न—मात्र से कोई विशेष अन्तर नहीं आता। फलतः चतुर्वेदीजी की यह मान्यता थोड़ी विचारणीय है।

फिर जहाँ तक अपभ्रंश और हिन्दी की बात है—पं० सीताराम चतुर्वेदी तथा डॉ० हरदेव बाहरी के विलक्षण मत हैं। पं० चतुर्वेदी का तो विचार है—"हिन्दी का उद्‌गम (ब्रज-अवधी का उद्‌गम) सीधे संस्कृत से हुआ और यदि उसकी कोई पूर्वगामिनी अपभ्रंश रही भी हो तो वह मध्यदेशीय अपभ्रंश रही होगी, जिसकी गणना कृष्ण पंडित की 'प्राकृत चंद्रिका' में इस प्रकार २७ अपभ्रंशों में की गयी है। इन अपभ्रंशों का साहित्य मिलता भी है ? किशोरीदास ने इस स्थापना का खण्डन किया है और पतञ्जलि ने 'अपभ्रंश' का प्रयोग भाषा के अर्थ में नहीं किया है। आगे बढ़कर उन्होंने यह भी कहा है कि संस्कृत, प्राकृत एवं अपभ्रंश—सब साथ-साथ चलती थीं। चतुर्वेदीजी की इन दोनों स्थापनाओं को ज्यों का त्यों रहने भी दिया जाये तो जो बात राहुल एवं गुलेरी जी कह रहे हैं—उसमें कोई खास फर्क नहीं पड़ता। हिन्दी (ब्रजी, अवधी एवं खड़ी) का मध्यदेशीय अपभ्रंश उपजीव्य रहा होगा—इसमें किसी को कोई खास विरोध नहीं है। बात यहाँ सामान्य काव्यभाषा के रूप में 'पुरानी हिंदी' की हो रही है। हिंदी की आदिकालीन रचनाएँ जिस प्रदेश में हुईं और आज उपलब्ध हैं—उनकी भाषा उसी व्यापक काव्यभाषा शौरसेनी की ही परम्परा में है—थोड़ी बहुत प्रादेशिक छाप तो रहती ही है। एक समय पुरानी हिंदी, पुरानी राजस्थानी या जूनी गुजराती— अवश्य समीप रहीं होंगी—विशेषकर काव्यभाषा के रूप में ज्यों-ज्यों

प्रादेशिक विशेषताएँ उभरती गयीं और जानपदी वृत्ति उदग्र होती गयी—त्यों-त्यों अन्तर बढ़ता गया और इसी बढ़े हुए अन्तर को देखकर बड़े-बड़े पण्डित भी सोमप्रभदेव और हेमचन्द्र की काव्यभाषा को हिन्दी का पुराना काव्य रूप मानते हुए आज झिझक रहे हैं। रहा यह कि अपभ्रंश, संस्कृत एवं प्राकृत के साथ-साथ सदा से चलती आ रही है तो अर्थविशेष (जैसा कि चतुर्वेदी जी 'वाग् विज्ञान' पृ० ४६२-४६५) में चलती रहे। उससे प्रकृत चर्चा में कोई विघ्न नहीं पड़ता और अपभ्रंश को बहुत पीछे खींचना ही है तो ह०प्र० द्विवेदी का वह विचार लें— जो हिन्दी साहित्य की भूमिका में व्यक्त किया गया है। वे चतुर्वेदीजी की भाँति 'आभीरादिगिरः काव्येप्वपभ्रंश' कहने वाले दण्डी को यह कहकर नहीं टालते कि उन्हें अपभ्रंशों का ज्ञान नहीं था—अपितु वे भरत की 'जात्यन्तरी' 'उकार बहुला' तथा दण्डी के आभीरादिगिरः' की संगत और समन्वयी व्याख्या करते हुए यह कहते हैं कि अपभ्रंश उकार—बहुला भाषा थी। (यद्यपि पी० एल० वैद्य के अनुसार उकार बाहुल्य केवल अपभ्रंश की ही विशेषता नहीं थी) आभीरी भाषा का अर्थ यह नहीं है कि वह आर्य भाषा नहीं थी, थी आर्य भाषा ही, पर उच्चारण-प्रावण्य के निषेक से जात्यन्तरत्व का आभास उभर आया था। दूसरी बात यह कि अपभ्रंश काफी पुरानी भाषा है—वह जाने कब से चली आ रही है। 'विक्रमोर्वशीयम्' से भी पहले उसकी चर्चा है। परन्तु तब से १४वीं शती तक का अपभ्रंश एकरूप नहीं हैं। यहाँ तक कि अपभ्रंश से भी अर्वाचीन रूप प्राकृत के मिलते हैं—कहिदी (प्रा०) एवं कद्दिदी (अप०)।

इसी प्रकार जब डॉ० हरदेव बाहरी यह कहते हैं कि अपभ्रंश प्राकृत एवं आ०भा०आ० भाषा के बीच की जो 'स्थिति' मानी जाती है—वह निम्नलिखित कारणों से ठीक नहीं है—अर्थात् भारतीय भाषा के विकास में 'अपभ्रंश' जैसी कोई स्थिति ही नहीं आयी—तब भी उक्त क्रमागत चर्चा से इसका कोई विरोध नहीं पड़ता। डॉ० बाहरी इस क्रमागत मान्यता से सहमत नहीं हैं कि ६-११ शती तक प्रत्येक प्राकृत का अपना एक अपभ्रंश रहा होगा और उससे आ० भा० आ० भा० का उद्‌भव हुआ होगा। प्रमाण में वे भरत, चण्ड, हेमचन्द्र और विश्वनाथ का नाम लेते हैं और कहते हैं कि इन लोगों ने अपभ्रंश को प्राकृत ही कहा है। उनकी दृष्टि में जैसे शौरसेनी एवं मागधी प्राकृत हैं वैसे ही अपभ्रंश भी प्राकृत ही है—एक प्रदेश विशेष में बोली जाती होगी। इनका मतलब है कि प्राकृत के ही काल में अपभ्रंश—ब्राचड, नागर एवं उपनागर—प्रचलित थीं। यह अपभ्रंश आभीर गुर्जर आदि जातियों के देश की भाषा थी। साहित्यिक भाषा बनने के बाद इसने देश के एक बहुत बड़े भाग में मान्यता प्राप्त की और इस नाते

इतर प्रदेशों की प्राकृतों को प्रभावित किया–सबसे अधिक शौरसेनी को। अभिप्राय यह कि अपभ्रंश हिंदी व प्राकृत के बीच की कड़ी नहीं है। उनकी दृष्टि में 'हिंदी के विकास में अपभ्रंश का योग' भी अतिरंजना ही है। अपभ्रंश के जो लक्षण बताये गये हैं, वे सब अपभ्रंश के ही नहीं हैं–उनमें से अधिकतम शौरसेनी और महाराष्ट्री के ही हैं। अपभ्रंश न तो वियोगात्मक है और न अपभ्रंश के तथाकथित परसर्ग प्राकृत में ही दिखाई पड़ने लगते हैं। वे सब स्थितियाँ प्राकृत विकास के ही अन्तिम दौर में आ गयी थीं। अतः प्राकृत के उत्तरवर्ती रूप में ही हिन्दी की संक्रमण स्थिति विद्यमान है फलतः जिस प्रकार ब्रजी एवं खड़ी का उद्‌भव काल समान है, पर खड़ी ब्रजी के बाद साहित्य में प्रयुक्त हुई–फलतः अनेक भाषाविद् खड़ी को ब्रजी से प्रसूत कहते हैं–ठीक वही बात प्राकृत एवं अपभ्रंश की भी है कि "आभीरादिगिरः" के अर्थ में अपभ्रंश (ब्राचड, नागर, उपनागर) की चर्चा प्रक्रान्त है–वह प्राकृत एवं हिन्दी (न भा० आ०भा०) के बीच की स्थिति नहीं है।

डॉ० बाहरी ने अपभ्रंश के विषय में यह कहकर कि वह आभीर-गुर्जर आदि जातियों के देश की भाषा थी–विवाद खड़ा कर दिया है। लेकिन डॉ० बाहरी की यह स्वीकृति कि "अपभ्रंश भी प्राकृत ही है," "साहित्यिक भाषा बनने के बाद इसने प्राकृतों को प्रभावित किया–खासकर शौरसेनी को"–अपनी स्थापित एवं प्रक्रान्त चर्चा में बहुत अधिक खलल नहीं डालती। डॉ० बाहरी को यह सिद्ध करने के लिए 'अपभ्रंश' एक आर्येतर भाषा थी–पुष्कर तर्क देना पड़ेगा। फिलहाल, हम तो यही मानकर चल रहे हैं कि अपभ्रंश आर्यभाषा ही थी, उच्चारण विजातियों का होने से उसमें विकृति का आ जाना सहज है। भायाणी साहब का अभिमत है कि अपभ्रंश 'शब्द' विशेष के अर्थ में तो चलता ही, 'भाषा' के अर्थ में भी स्वीकृत है। 'भाषा' के अर्थ में अपभ्रंश का प्रयोग ये दो अर्थों में मानते हैं।

१. आभीरादिगिरः काव्येष्वपभ्रंशः प्रदेश विशेष की जात्यन्तर-उच्चरित विकृत बोली पर आधारित और साहित्य में स्वीकृत होने पर परम्परागत प्राकृत की रूढ़ियों से ग्रस्त-फलतः कृत्रिम और साहित्यिक।

२. प्रदेश भेद से प्राकृत की हर अन्तिम स्थिति की बोली।

परवर्ती अपभ्रंश

डॉ० शिवप्रसाद सिंह ने "कीर्तिलता और अवहट्ठ भाषा" शीर्षक अपनी कृति में राहुल और गुलेरीजी के उक्त मतों को प्रस्तुत कर यह निष्कर्ष निकाला है–"इन तमाम तर्क-वितर्कों और वाद-विवाद को मिटा देने के लिए यह उचित

जान पड़ता है कि इस भाषा को परवर्ती अपभ्रंश या अवहट्ठ नाम देना उपयुक्त है और यह अवहट्ठ नाम सम्पूर्ण उत्तरी भारत की संक्रान्ति कालीन भाषा का एकमात्र उपयुक्त नाम हो सकता है, क्योंकि ऐसा करने से 'पुरानी' विशेषण युक्त भाषाओं का आपसी झगड़ा समाप्त हो जाता है। दूसरी ओर उसे बिना किसी भेद-भाव के सब अपनी चीज मानने में संकोच नहीं कर सकते।" इसके साथ ही पूर्ववर्ती भाषाविदों तथा उत्तरकालीन हिंदी साहित्य की शोध-लब्ध–सामग्री पर विचार करने वालों का अनुसरण कर उन्होंने ये भी निष्कर्ष दिये हैं–"शौरसेनी अपभ्रंश राजनीतिक और भाषा-वैज्ञानिक कारणों से राष्ट्रभाषा का रूप ले रही थी। उसी का परवर्ती रूप ईसा की ११वीं से १४वीं शती तक उत्तर भारत की साहित्यिक भाषा बना रहा। यह अवहट्ठ आंशिक प्रान्तगत भेदों के अलावा एक-सा ही है। इस काल में विभिन्न बोलियाँ विकसित होने लगीं और उनमें से बहुत-सी अवहट्ठ के अन्त होते-होते यानी १४०० के आसपास समर्थ भाषा के रूप में साहित्य का माध्यम स्वीकार कर ली गयीं।"

इसके ठीक विपरीत डॉ० भोलानाथ तिवारी का मत या विचार यह है कि संक्रान्तिकाल हर दो भाषा के बीच आता है। जब अन्य दो भाषाओं के बीच की भाषा की अवस्था को कोई विशिष्ट संज्ञा नहीं दी गयी है तब अपभ्रंश और आधुनिक हिन्दी के बीच की ही भाषा को 'अवहट्ठ' जैसी संज्ञा क्यों दी जाय? अवहट्ठ को अपभ्रंश का ही पर्याय मानना चाहिए संक्रान्तिकालीन भाषा संक्रान्तिकालीन ही है–उसकी कोई विशिष्ट संज्ञा नहीं।

मेरा विचार उक्त दोनों महाशयों से थोड़ा भिन्न है। संस्कृत आचार्यों की एक मान्यता है–'सति नैमित्तिके निमित्तानि कल्प्यन्ते, न तु निमित्तमस्ति इति नैमित्तिकेनापि भाव्यम्"–यदि कार्य सामने है–तो कारण की कल्पना की जा सकती है, पर यह आवश्यक नहीं है कि कारण हो–तो कार्य हो ही। इस दृष्टि से यदि एक काल विशेष की संक्रान्तिकालीन भाषा को कोई संज्ञा मिल गयी हो, तो यह आवश्यक नहीं कि पीछे भी निमित्त के रहते हुए ऐसा क्यों नहीं हुआ ? दूसरे यदि अवहट्ठ को अपभ्रंश का अपभ्रष्ट रूप मानकर एकीकरण कर भी दिया जाये, तब भी 'पिंगल' और 'नाग' का क्या होगा ? 'पिंगल' संक्रान्तिलीन भाषा का ही तो नाम है। इसलिए डॉ० तिवारी का तर्क कुछ बहुत प्रभावशाली नहीं है। वैसे मैं भी प्रस्तुत सन्दर्भ में संक्रान्तिकालीन भाषा को 'अवहट्ठ' संज्ञा स्वीकार कर लेने के ही पक्ष में नहीं हूँ। यह संज्ञा भी रहे, पर गुलेरीजी द्वारा प्रस्तावित 'पुरानी हिंदी' संज्ञा का मैं समर्थन करता हूँ। अन्यथा संक्रान्तिकालीन रूप से फूटती हुई विभिन्न भाषाओं में 'हिंदी' को एक मानें–और 'अवहट्ठ' को

उससे भिन्न कहें–तो हिंदी साहित्य की परिधि किस दृष्टि से १००० से १४०० की सीमा में निश्चित की जा सकेगी ? फिर जिस विवाद से बचने के लिए 'अवहट्ठ' संज्ञा ही स्वीकृत की जा रही है–उससे कहाँ बचा जा सका ? राहुलजी ने 'अपभ्रंश के विषय में जो औदार्य प्रदर्शित किया है तथा बौद्ध सिद्धों के दोहों और चर्याओं की भाषा के विषय में जो मतभेद और विवादास्पद स्थितियाँ–उत्पन्न कर दी हैं–उनका अच्छा समाधान आचार्य रामचन्द्र शुक्ल के उस मत से हो जाता है जिसका उल्लेख 'बुद्ध-चरित' की भूमिका में है। उनका कहना है कि प्राचीन आर्य भाषा की भिन्न-भिन्न स्थानों की बोलियों को थोड़ा-बहुत समेट कर, पर पश्चिमोत्तर की भाषा का ढाँचा आधारवत् रखकर जिस प्रकार संस्कृत खड़ी हुई- उसी प्रकार पीछे से यह काव्यभाषा भी पछाँह की बोली (ब्रज से लेकर मारवाड़ और गुजरात) का आधार रखकर और-और बोलियों को भी थोड़ा-बहुत समेटती हुई चली और बहुत दिनों तक केवल अपभ्रंश या भाषा ही कहलाती रही।

काव्यभाषा में पश्चिमी बोली की प्रधानता का कारण यह है कि कविता राजाश्रय पाकर हुआ करती थी और इधर हजार बारह सौ वर्ष पूर्व से राजपूतों की बड़ी-बड़ी राजधानियाँ राजपूताने, गुजरात, मालवा एवं दिल्ली में ही रहीं। हेमचन्द्र ने जिस अपभ्रंश का उल्लेख अपने व्याकरण में किया है–वह पछाँही भाषा ही है। 'प्रबन्ध चिन्तामणि' और 'कुमारपालप्रतिबोध'–आदि ग्रन्थों में जो पद्य हैं–उनका ढाँचा पश्चिमी हिन्दी का है। काव्य की यह भाषा बहुत प्राचीनकाल में बन चुकी थी। यह हिन्दी काव्यभाषा का पूर्व रूप है। इसका पता विक्रम की ११ वीं शती से लगता है।

शुक्लजी के इन मंतव्यों से मैं इतना ही कहना चाहता हूँ कि जिसका पता विक्रम की ११ वीं शती से लगता है वह "हिंदी काव्यभाषा का पूर्व रूप" या 'पुरानी हिंदी' कहा जा सकता है। यद्यपि यह संक्रान्तिकालीन काव्यभाषा समस्त उत्तरी भारत की काव्य–भाषा थी–अतः जहाँ-जहाँ यह काव्यभाषा प्रयुक्त होती थी–वहाँ-वहाँ के लोग यदि अपनी-अपनी नव्य देशी भाषाओं का पुराना रूप कहें तो कौन रोक रहा है–पर उसके मूल ढाँचे की ओर ध्यान दिया जाये तो क्या वह केवल हिंदी काव्यभाषा (नव्य) ही का पूर्व रूप नहीं है ?

हिन्दी के उद्‌भव और विकास की निर्माण प्रक्रिया पर अनेक भाषाविदों ने अपने-अपने ढंग से विचार किया है। कतिपय मनीषियों की धारणा है कि हिन्दी के उद्‌भव और विकास में संस्कृत प्राकृत–अपभ्रंश की नसेनी है और अपभ्रंश से हिंदी का उद्‌भव है। पण्डित सीतारामजी संस्कृत से ही सम्बन्ध

जोड़ते हैं। आचार्य किशोरी दास वाजपेयी अपने 'हिन्दी शब्दानुशासन' में दोनों का खण्डन करते हैं और डा० रामविलास शर्मा 'भाषा और समाज' में वाजपेयीजी के मत का समर्थन करते हैं। इन लोगों का विचार है कि नव्य भा०आ० भा० के रूप में हिंदी न तो संस्कृत से निकली है और न तो काव्यभाषा के रूप में प्रचलित अपभ्रंश से ही—वरन् अपभ्रंश या काव्यभाषा के समानान्तर व्यवहृत देश्यभाषाएँ ही तत् तत् नव्य भारतीय क्षेत्रीय आर्य भाषाओं के उद्भव-स्रोत हैं। यह समस्या अवश्य है कि समानान्तर व्यवहृत देश्यभाषाओं का मूल रूप आज सुरक्षित न होने से अनुपलब्ध है।

हिन्दी भाषा और उसके साहित्येतिहास के सांगोपांग अध्ययन द्वारा उन समस्याओं को सुलझाने की दिशा इंगित करते हुए डा० विश्वनाथ प्रसाद ने अनेक महत्वपूर्ण बातें कही हैं। 'धीरेन्द्र वर्मा विशेषांक'—में 'हिंदी के विकास की कुछ झाँकियाँ'—शीर्षक एक निबन्ध है जिसमें उन्होंने बताया है—"आधुनिक भारतीय (आर्य) भाषाओं के विषय में प्रायः अनुमान किया जाता है कि उनमें से प्रत्येक किसी न किसी प्राकृत या अपभ्रंश से विकसित हुई हैं।" कुछ लोग हिन्दी के विषय में भी ऐसा ही विचार रखते हैं। परन्तु हिंदी में निश्चित रूप से किसी एक ही प्राकृत या अपभ्रंश के रूप और लक्षण न मिलने के कारण उसे उनमें से किसी एक से ही व्युत्पन्न मानना युक्ति-संगत नहीं प्रतीत होता है। यूरोप की रोमांस कुल की भाषाओं के समान हिंदी वस्तुतः संक्रमण की प्रणाली से विकसित हुई है, व्युत्क्रमण की प्रणाली से नहीं। उद्योतन सूरि की 'कुवलयमाला' के अनुसार ८-९ वीं शताब्दी में कम से कम १६ प्रादेशिक भाषाएँ या बोलियाँ व्यवहृत थीं। उत्तर में पंजाब और पूर्व में बंगाल-बिहार के बीच की भाषाएँ और बोलियाँ बोलचाल के रूप में अपनी-अपनी स्थानीय विशेषताओं के बावजूद भी शनैः शनैः एक समान आदर्श की ओर उन्मुख होती जा रही थीं। ८-१२वीं शताब्दी के अपभ्रंश ग्रन्थों से यह स्पष्ट है कि इसी प्रवृत्ति के कारण उस समय की साहित्यिक भाषा का बहुत कुछ अंशों में आदर्शीकरण हो चुका था और लिखित रूप में उनके स्थानीय भेदों में बहुत अधिक अन्तर नहीं रह गया था। साहित्यिक व्यवहार के लिए एक समान भाषा के रूप में हिंदी का आविर्भाव उस समय के अपभ्रंश ग्रन्थों में स्पष्टतः परिलक्षित है। संक्रमण की इस प्रणाली से हिंदी भाषा तथा उसके साहित्य के उदय और विकास के सर्वोत्तम प्रमाण हमें मिलते हैं—सिद्ध कवियों की कृतियों में। इसमें सन्देह नहीं कि हिन्दी के प्राचीन से प्राचीन रूप हमें उन्हीं के ग्रन्थों में प्राप्त होते हैं।"

"बौद्धगान ओ दोहा" की भाषा का विवाद खड़ा करते हुए स्वयं हरप्रसाद

शास्त्री तथा अन्य विद्वानों ने उसे बंगला का आदिरूप तथा कतिपय भिन्न लोगों ने उड़िया, मैथिली, भोजपुरी एवं मगही के प्राचीन रूप के दर्शन किये थे। मागधी प्रसूत इस भाषा के प्राचीन रूप में इन भाषाओं को पूर्व रूप मिलना उतना महत्व का नहीं है–महत्व की बात यह है कि बिहार (नालन्दा, विक्रमशिला)–स्थित अनेक सिद्धों की आधारभूत भाषा मागधी या मगही का ही कोई रूप रही होगी- जिसकी नींव पर उन लोगों ने अपनी रचनाओं में पश्चिमी अपभ्रंशों के आदर्शीकृत रूपों तथा पार्श्ववर्ती पश्चिमी प्रदेशों के प्रचलित रूपों का निधड़क मिश्रण करके एक ऐसी साहित्यिक शैली का विकास किया जिसके माध्यम से वे अपने विचारों को अधिक विस्तीर्ण जन वर्ग तक पहुँचा सकते थे और उन्हें प्रभावित कर सकते थे। फलतः एक ही रचना के दर्पण में अनेक रूपों की झलक दिखाई पड़ती है। वास्तव में हिन्दी इसी प्रकार के स्वाभाविक और यादृच्छिक मिश्रणों का परिणाम है जिसके प्राचीनतम नमूनों का साक्ष्य हमें सिद्ध साहित्य में मिलता है।

उन्होंने अपने मत की पुष्टि करते हुए आगे यह भी कहा है कि स्वर्गीय श्री काशीप्रसाद जायसवाल तथा राहुल सांकृत्यायन पहले व्यक्ति थे जिन्होंने इन सिद्ध कवियों में हिंदी के उद्‌गम और विकास की ओर तथा इस बात की ओर ध्यान आकर्षित किया कि इनके द्वारा हिंदी भाषा और साहित्य का आदिकाल प्रामाणिक रूप से पीछे हटकर ८वीं शती तक पहुँचता है। इन रचनाओं में से जो सबसे पुरानी है उनमें भी हिंदी के साथ उनके भाषा-साम्य को प्रकट करने वाली ऐसी बहुतेरी पक्तियाँ हैं–"जहि मण पवण न संचरै' आदि।" 'हिन्दी काव्यधारा' में उपस्थापित रूपान्तर भी साक्षी है। राहुलजी द्वारा तिब्बत से आनीत पाठों में बागची, शहीदुल्ला तथा शास्त्री के पाठों से अन्तर है–और मगही तथा हिन्दी के अधिक समीप है। "सिद्ध साहित्य में हिन्दी या मागधी हिंदी भाषा और साहित्य के उद्‌गम स्रोत के अस्तित्व के पक्ष में जो सबसे अधिक विश्वसनीय प्रमाण दिया जा सकता है वह यह है कि उनमें जो साहित्य-रूप और छंद प्रयुक्त हुए हैं–विशेषकर दोहा, पद्धरि और पद-उनकी परम्पराएँ हिन्दी में ही सुरक्षित और विकसित पायी जाती हैं तथा उनके रागात्मक तत्व बंगला और उड़िया की अपेक्षा हिंदी ध्वनियों के अधिक अनुरूप हैं। इसके अतिरिक्त कई ऐसे रूप भी हैं–जो स्पष्टतः मगही या बिहारी रूप हैं–जैसे-पड़िल, बुड़िल, धरे-धरे, एत्थ, एथु, जे, जवे, तवे, अइसे, मातल आदि। मूर्धन्य 'ण' के साथ-साथ 'न' वाले रूप भी मिलते हैं,–जैसे णाहि और न, नाहि आदि। हिंदी के दंत्य 'स' वाले तद्‌भव के अनेक उदाहरण वतिस, परवस, चौसठ, सुभासुभ आदि शब्दों में मिलते हैं। भाषा

के अध्ययन के रूपों से यह भी स्पष्ट होता है। कि इस काल में विश्लेषणात्मक प्रवृत्तियाँ निश्चित रूप से आरम्भ हो गयी थीं। संज्ञा, विशेषण और कृदन्त के अविभक्तिक रूपों के ऐसे बहुतेरे उदाहरण मिलते हैं जो विशेषणवत् प्रयुक्त होते हुए भी अपने रूपों में लिंग, वचन और पुरुष के अनुसार कोई परिवर्तन नहीं प्रदर्शित करते। यह अपभ्रंश की अवस्था से हिंदी की उत्पत्ति और विकास का एक स्पष्ट भेदक लक्षण है।''

डॉ० प्रसाद का मत है कि सिद्धों की रचनाओं में जिन रूपकों, उपमाओं और संकेतों का प्रयोग किया गया है उनका अभिप्राय यही था कि उनके धार्मिक सिद्धान्तों की ओर साधारण जनता का ध्यान प्रभावशाली ढंग से आकृष्ट हो। उन्होंने इसी उद्देश्य से अपनी साहित्यिक रचनाओं में इस बात का प्रयत्न किया कि उनकी भाषा यथासम्भव साधारण जनता की भाषा के निकट रहे। इस भाषा में तत्सम रूपों की अपेक्षा तद्भव रूपों की अधिकता इसी प्रवृत्ति का फल है। सिद्धों के प्रभाव के प्रसार को पंजाब और पश्चिमी राजस्थान से लेकर पूर्वी बंगाल तक जोड़ने का काम 'नाथों' ने भी किया। चारंगीनाथ, जो नाथों में भी हैं– की 'प्राणसंगली' में भोजपुरी और राजस्थानी का भी प्रभाव है।

डॉ० प्रसाद का यह भी मत है कि ज्योतिरीश्वर (१३२५ ई०) और विद्यापति (१३६०-१४९८) की रचनाएँ भी जितनी मैथिली से सम्बद्ध हैं उतनी ही हिन्दी से भी। टिप्पणी देते हुए उन्होंने कहा है–''विद्यापति ने अपनी पदावली विशुद्ध मैथिली में नहीं, बंगला में नहीं, वरन् हिन्दी मिश्रित एक व्यापक भाषा में लिखी थी–जिसमें इन सबके तत्व विद्यमान थे।'' वर्णरत्नाकर, कीर्तिलता कीर्तिपताका–जो परवर्ती अपभ्रंश में हैं–उसमें एक ओर पुरानी मैथिली के भी (त्यान्त) तत्व हैं और दूसरी ओर पश्चिमी शौरसेनी के भी। आधार रूप में यह वही 'अवहट्ठ' है–जो 'सन्देश रासक, प्राकृत पैंगलम्' में प्रयुक्त है। इनमें प्राप्त परसर्ग (क, के–तथा को, का, कर, करी) मागधी बोलियों के ही नहीं, ब्रजी और अदधी वाले हिन्दी के रूप भी हैं। यह अवहट्ठ एक अखिल भारतीय भाषा थी–जो अपने आधारभूत स्थानीय रूपों के साथ अपनी अभिन्नता की रक्षा करती हुई भी व्यापकता की दृष्टि से भिन्न-भिन्न स्थानों में व्यवहृत बोलियों के रूपों को भी ग्रहण करती गयी। इस अर्थ में वह किसी प्रदेश विशेष की भाषा नहीं, वरन् विविध प्रादेशिक बोलियों के–जैसे, राजस्थानी, गुजराती, नेपाली, हिन्दी, मैथिली तथा हिंदी क्षेत्र की अन्यान्य बोलियों के विकास की प्रारम्भिक अवस्था का समान स्रोत थी। पूर्वी प्रदेश की ओर बंगाल, आसाम और उड़ीसा में भी अपने व्यवहार क्षेत्र का विस्तार करती हुई इसने 'ब्रजबुली' या 'ब्रजबोली' संज्ञा ग्रहण

कर ली–जो पश्चिमी हिंदी की ओर निश्चित रूप से झुकी हुई थी। अवहट्ठ और ब्रजबुली के सारूप्य सम्बन्ध को 'कीर्तिलता' में स्पष्ट रूप से देखा जा सकता है। वस्तुतः ब्रजबोली अवहट्ठ का ही विकसित रूप थी। बिहारी उमापति (१४वीं शती) के गीतिनाटक 'पारिजात मंगल' में भी हिन्दी और मैथिली मिश्रित ब्रजबुली मिलती है। यह कीर्तिलता से भी पहले लिखी गयी थी। इस सन्दर्भ में डॉ० प्रसाद ने हिंदी के इतिहास लेखकों का ध्यान इस ओर भी आकृष्ट किया है कि जिस शब्दावली–साम्य के आधार पर 'विद्यापति पदावली' को हिन्दी साहित्य में रखा जाता है–उसी आधार पर मिथिला के अन्य प्रसिद्ध साहित्यकार क्यों छोड़ दिये जाते हैं? इस सामान्य व्यापक काव्यभाषा में जिस प्रकार तत्सम पदावलियों का मिश्रण था–उसी प्रकार सूफियों ने भी अरबी, फारसी की भाषा सम्मिश्रण वाली प्रक्रिया चलायी।

म० म० गौ० ही० ओझा ने भी 'मध्यकालीन भारतीय संस्कृति' में कहा है–"अपभ्रंश भाषा का प्रचार लाट, सुराष्ट्र, त्रवण, दक्षिणी पंजाब, राजपूताना, अवंती और मन्दसौरी आदि में था। वस्तुतः अपभ्रंश किसी एक देश की भाषा नहीं, किन्तु मागधी आदि भिन्न-भिन्न प्राकृत भाषाओं के अपभ्रंश या बिगड़े हुए रूपवाली मिश्रित भाषा का नाम है। उसका प्रायः भारत के दूर-दूर के विद्वान् प्रयोग करते थे। राजपूताना, मालवा, काठियावाड़ और कच्छ आदि के चारणों तथा भाटों में डिंगल भाषा के गीत इसी भाषा के पिछले विकृत रूप में हैं। पुरानी हिंदी भी अधिकांश इसी से निकली है।" इस उद्धरण से भी इस बात की पुष्टि होती है कि काव्य में प्रयुक्त अपभ्रंश भाषा का क्षेत्र व्यापक था और 'पुरानी हिंदी' तथा 'देशभाषा' पर उसका प्रभाव है।

जिस प्राकृत की तीसरी अवस्था–'अपभ्रंश' पर अभी तक इतना विचार होता आ रहा है उसके उद्भव की तिथि भी काफी पहले तक खींची गयी है। हरिषेण (धरसेन) का शिलालेख, उससे भी पूर्व, कालिदास की 'विक्रमोर्वशीयम्' के अपभ्रंश अंश–(जिनमें नियमों की एकरूपता नहीं मिलती) उससे भी पूर्व नाट्यशास्त्र की 'उकार बहुला आभीरगिरः' (यद्यपि उकार-बहुला भाषा अन्यथा भी पी०एल० वैद्य द्वारा सम्भावित है–देखिए हिंदी के विकास में अपभ्रंश का योग) और उससे भी पूर्व महाभाष्यकार का अपभ्रंश (जिसे भाषा के रूप में पं० सीताराम चतुर्वेदी मानते हैं–और मानते हैं कि संस्कृत प्राकृत तथा अपभ्रंश साथ-साथ बराबर चलती हैं। पं० पी०एल० वैद्य का भी कहना है–"एक प्रकार का अपभ्रंश वैदिक संस्कृत के विकास के साथ-साथ रहा है। इसकी विशेषताएँ तत्कालीन प्रचलित शास्त्रीय रूपों पर आधारित रही हैं।" (हि०अ० योग-भूमिका,

पृ० ३) उनके अनुसार संस्कृत के साथ-साथ प्राकृत तो लोक-स्तर पर चलती ही थी—उसका और भी गवाँर रूप अपभ्रंश हो सकता है।)—इस प्रकार 'अपभ्रंश'—स्वयं तो विचारणीय है ही—आधुनिक का 'मूलरूप' भी कम विचारणीय नहीं है।

जो भी हो, पर इतना स्पष्ट है कि अपभ्रंश संश्लेषणात्मक प्रकृति की भाषा है और हिंदी विश्लेषणात्मक प्रकृति की। संश्लेषण में विश्लेषण की ओर जो भाषिक प्रस्थान है—वह संक्रातिकालीन है। इस भाषा की विश्लेषणोन्मुख प्रवृत्ति देखकर ही इसे गुलेरी जी 'पुरानी हिंदी' कहते हैं। राहुल जी व्याकरणिक ढाँचे की संश्लेषणात्मकता के बावजूद—जात्यन्तरीय परिवर्तन-शब्द समूह सामीप्य के कारण उसे हिन्दी का पुराना रूप कहना चाहते हैं। इस दृष्टि से मैं उन विद्वानों के साथ हूँ जो 'अपभ्रंश' (परिनिष्ठित और ग्राम्य) को हिन्दी ही नहीं अपितु उसका अविच्छिन्न पूर्वरूप मानकर भाषा और प्रवृत्ति, काव्यरूप और छांदसी गति आदि की दृष्टि से हिन्दी साहित्य के इतिहास में अपभ्रंश साहित्य का सन्निवेश चाहते और करते हैं।

हिंदी साहित्य के इतिहासकारों में अनेक ने अपभ्रंश साहित्य का समावेश नहीं किया है और कतिपय ने किया है। जिन लोगों ने शिवसिंह सेंगर, ग्रियर्सन, मिश्रबन्धु, हिंदी शब्द-सागर 'भूमिकाकार—अपने-अपने इतिहास में अपभ्रंश साहित्य का समावेश नहीं किया है—सम्भवतः उसके दो कारण हैं—एक तो उस साहित्य से परिचय का अभाव और दूसरे इतिहास को 'कविवृत्तसंग्रह' मात्र समझना। आचार्य रामचन्द्र शुक्ल ने उक्त 'भूमिका' में अपभ्रंश साहित्य का ग्रहण न करके भी अपने इतिहास में उसका उल्लेख किया है।

जिन लोगों ने साहित्य के इतिहास को 'कविवृत्त संग्रह' से थोड़ी गहरी वस्तु समझा—उनमें हिंदी साहित्य को क्रमागत साहित्य की परम्परा में देखने की वृत्ति भी जगी, फलतः अपभ्रंश साहित्य के परिचय के साथ-साथ उसका उपयोग भी आरम्भ हुआ। धीरे-धीरे हिंदी साहित्य के ख्यातनामा इतिहासकारों आचार्य शुक्ल, डा० रामकुमार वर्मा, ह०प्र० द्विवेदी आदि ने इसे हिन्दी साहित्य के इतिहास में जगह नहीं, सम्मानित जगह दी और 'हिन्दी साहित्य' के उद्‌भव और विकास को ठीक-ठीक हृदयंगम करने के लिए उसका निरूपण अनिवार्य बताया।

अपभ्रंश को हिंदी साहित्य के इतिहास में स्थान देने वाले इतिहासकारों की फिर भी दृष्टि भिन्न-भिन्न है। सामान्यतः यह दृष्टि तीन प्रकार की दिखाई पड़ती है—एक तो वह—जिसके अनुसार अपभ्रंश साहित्य 'हिंदी-साहित्य' का अंग' है—न केवल 'भाषा' की दृष्टि से, वरन् "साहित्यिक परम्परागत विशेषता"

की दृष्टि से भी। इन लोगों के अनुसार 'अपभ्रंश' और 'हिंदी' एक ही हैं। साथ ही अपभ्रंशबद्ध रचनाएँ धार्मिक या साम्प्रदायिक होने के साथ-साथ साहित्यिक भी हैं। दूसरे दृष्टिकोण के अनुसार ये रचनाएँ विशुद्ध साम्प्रदायिक हैं–साहित्यिक नहीं, अतः इनका उपयोग केवल 'भाषा' की दृष्टि से हो सकता है। इन रचनाओं को असाहित्यिक मानकर केवल 'भाषा' की दृष्टि से विचार करने वाले भी कहीं न कहीं फिर भी मतभेद–ग्रस्त हैं। तीसरे लोग 'अपभ्रंश साहित्य' को हिन्दी साहित्य का अंग न मानकर 'मूलरूप' या 'आदिरूप' कहते हैं और अपभ्रंश साहित्य की परम्परा में हिन्दी साहित्य की समग्रता समझना–समझाना चाहते हैं।

प्रथम प्रकार का दृष्टिकोण अर्थात् अपभ्रंश साहित्य को हिंदी साहित्य का 'अंग'–भाषा और काव्य परम्परा दोनों ही रूपों में–मानकर विचार करने वालों में सर्वप्रथम तथा उल्लेखनीय स्थान है–महा पण्डित राहुल सांकृत्यायन का। गुलेरीजी, 'हिन्दी काव्यप्रवाह' के संकलयिता एवं सम्पादक की भी मौन-मुखर स्वीकृति इस पक्ष को है। गुलेरीजी 'पुरानी हिंदी' को हिन्दी' ही कहते हैं। 'हिन्दी काव्यधारा' तथा 'हिन्दी काव्यप्रवाह'–शीर्षक ही प्रमाण है कि ये लोग अपभ्रंश की रचनाओं को भाषा और कवित्व–दोनों ही दृष्टियों से इतिहास में ग्राह्य मानते हैं।

द्वितीय प्रकार का दृष्टिकोण आचार्य रामचन्द्र शुक्ल का प्रतीत होता है। आचार्य रामचन्द्र शुक्ल ने अपभ्रंश=वाङ्मय के विषय में अपना मत स्पष्ट करते हुए कहा है–"आदिकाल के भीतर अपभ्रंश की रचनाएँ भी लेली गयी हैं, क्योंकि वे सदा से 'भाषा-काव्य' के अन्तर्गत ही मानी जाती रही हैं। कवि परम्परा के बीच प्रचलित जनश्रुति कई ऐसे प्राचीन भाषा-काव्यों के नाम गिनाती चली आयी है, जो अपभ्रंश में है–जैसे कुमारपाल चरित और शार्ङ्गधर कृत हम्मीर रासो"। डॉ० नामवरसिंह ने शुक्लजी की इस धारणा को अपभ्रंश-साहित्य के परिचयाभाव पर आधृत कहा है और कहा है कि शुक्लजी ने अपभ्रंश-बद्ध वाङ्मय को भाषा की दृष्टि से ही स्थान दिया है। इसके अतिरिक्त उन्हें अपभ्रंश और हिन्दी में और कोई सम्बन्ध नहीं दिखाई पड़ता था" (हिंदी के विकास में अपभ्रंश का योग)। नामवरसिंह का यह वक्तव्य कुछ ठीक नहीं जान पड़ता। आचार्य शुक्ल ने स्पष्टतः कहा है कि अपभ्रंशबद्ध बौद्धों और जैनों की रचनाएं साम्प्रदायिक हैं, अतः ज्योतिष और वैद्यक की भाँति साहित्य के इतिहास में स्थान पाने का इन्हें कुछ भी हक नहीं है–तथापि हिन्दी साहित्य की 'भाषा' तथा 'साम्प्रदायिक प्रवृत्ति' को एक ऐतिहासिक अविच्छिन्नता में समझने के लिए उसका पृष्ठभूमि के रूप में उल्लेख आवश्यक है।

डॉ० रामकुमार वर्मा को अपभ्रंश साहित्य का थोड़ा और परिचय मिला, फलतः उन्होंने अपभ्रंश के लगभग समूचे विज्ञापित साहित्य को अपने इतिहास के अन्तर्गत स्थान दिया। परिचय और जानकारी के कारण ही उन्होंने 'भाषा काव्य' के अन्तर्गत अपभ्रंश-साहित्य को समेटकर चलने वाली 'प्रसिद्धि' का सहारा नहीं लिया– इसीलिए वे 'अपभ्रंश' को एकदम हिन्दी नहीं मानते। वैसे शुक्लजी ने 'पुरानी हिंदी' द्वारा प्रोत्तेजित विचारधारा के सन्दर्भ में अपने भाषाविद् रूप का प्रमाण 'बुद्ध चरित' की भूमिका में दिया है–पर 'आदिकाल' के सन्दर्भ में प्रामाणिक सामग्री का अभाव अनुभव कर प्रसिद्धि भी किसी की लोक प्रवृत्ति की प्रतिध्वनि है–"शुक्लजी की यह स्पष्टोक्ति है। प्रसिद्धि का सहारा भी जमकर लिया है। जो आचार्य असंदिग्ध अपभ्रंश साहित्य को असाहित्यिक मान रहा हो तथा साहित्यिक देश भाषा–काव्य को 'संदिग्ध' कह रहा हो–उसे 'प्रसिद्धि' के अतिरिक्त और सहारा ही क्या रह जाता है ? वैसे 'प्रसिद्धि' के विषय में भी कहा गया है–'नामूला प्रसिद्धिः'–प्रसिद्धि भी बिलकुल निर्मूल नहीं होती–पर कितनी समूल होती है–इतर प्रबल साक्ष्यों के आधार पर उसका निश्चय करना चाहिए। डॉ० वर्मा की गणना उन लोगों में नहीं जो अपभ्रंश साहित्य को हिन्दी साहित्य का 'अंग' मानते हैं। उन्होंने 'हिंदी साहित्य का आलोचनात्मक इतिहास' में एक स्थान पर कहा है–डिंगल (राजस्थानी) पिंगल (ब्रजभाषा) अवधी, मैथिली और खड़ी बोली में साहित्य की रचना हुई। वस्तुतः इस समस्त साहित्य का नाम हिन्दी साहित्य दिया जाना चाहिए' (पृ ३३)। फिर आगे चलकर उन्होंने कहा "हिन्दी का प्रारम्भ मगही भाषा में उन सिद्धों की कविता में हुआ जिन्होंने बौद्ध धर्म के वज्रयान सिद्धान्त का प्रचार आठवीं शताब्दी से करना प्रारम्भ किया–अतः ७ वीं शताब्दी से ही हम सिद्धों की रचनाओं को अपनी भाषा के प्रारम्भिक रूप में पाते हैं। भाषा अपभ्रंश मिश्रित है जिसमें सिद्धान्तों के प्राधान्य के कारण काव्योत्कर्ष हो नहीं पाया"। "अपभ्रंश की विकसित अथवा (पुरानी हिंदी) जब हिंदी का रूप ले रही थी उस समय जैन आचार्यों ने अपने धार्मिक सिद्धान्त इस अपभ्रंश से निकलती हुई भाषा में प्रारम्भ कर दिये थे"–वर्माजी इस वाङ्मय में भी कवित्व कम ही देखते हैं। वर्माजी के इस समूचे वक्तव्य से इतना ही तर्कसंगत निष्कर्ष निकलता है कि उन्होंने अपभ्रंश–परिनिष्ठित और ग्राम्य-में 'हिंदी' के बीज देखे हैं, न कि वे उसे हिंदी का 'अंग' मानते हैं। यद्यपि अन्यत्र उन्होंने यह भी कहा है–अर्धमागधी और नागर–अपभ्रंश से निकलने वाली सिद्ध और जैन कवियों की भाषा हिन्दी के प्रारम्भिक रूप की छाप लिये हुए है। इस प्रकार इसे हिन्दी साहित्य के अन्तर्गत स्थान मिलना चाहिए।" (पृ० ५१)

निष्कर्ष यह कि वर्माजी अपभ्रंश साहित्य को हिन्दी साहित्य का अंग न मानते हुए भी भाषा की दृष्टि से हिंदी साहित्य के अन्तर्गत उसे स्थान देना चाहते हैं। "भाषा की दृष्टि से"–कहने का अभिप्राय स्पष्ट है–अर्थात् हिंदी का पूर्व रूप उस अपभ्रंश वाङ्मय में देखा जा सकता है। पर जब डॉ० वर्मा के इस वक्तव्य पर ध्यान जाता है–"अपने विकास में साहित्य ऐसे स्थल पर आता है जहाँ दो भाषाओं या दो शैलियों में सन्धि होती है और साहित्य के इस काल को सन्धिकाल ही कहना अधिक समीचीन है"–तब लगता है कि उनका चेतन मन, सजग मन बौद्ध और जैन रचनाओं को कवित्व परम्परा की दृष्टि से अग्राह्य मानकर भी अचेतन में कहीं 'सन्धि' कर लेता है।

डॉ० विश्वनाथ प्रसाद ने भी "हिंदी के विकास की कुछ झाँकियाँ" (खण्ड तीन, धीरेन्द्र वर्मा विशेषांक) में हिंदी साहित्य के उद्‌भव और विकास का निरूपण करते हुए स्पष्टतः भाषा के साथ-साथ कवित्व–परम्परा का भी अस्तित्व बताया है।

शुक्लजी की परम्परा में आचार्य वि०प्र० मिश्र ने इतिहास में अपभ्रंश साहित्य का स्थान इसलिए आवश्यक और उपादेय माना है कि उसमें हिन्दी साहित्य के इतिहास में उभरी हुई प्रवृत्तियों के स्त्रोत निहित हैं। पर प्रवृत्तियों के स्रोत के लिए वे प्राकृत और संस्कृत की ओर भी ले जाना चाहते हैं। 'हिन्दी साहित्य के वृहद् इतिहास' (प्र० भा०) में यह हुआ भी है।

शुक्लजी की ही परम्परा में आचार्य सीताराम चतुर्वेदी का अभिमत आचार्य वि०प्र० मिश्र की अपेक्षा अधिक उग्र है। उनका कहना है (रजत जयन्ती ग्रन्थ, हिंदी साहित्य का इतिहास तथा वाग्विज्ञान) कि पश्चिमी अपभ्रंश से हिंदी का कोई सम्बन्ध नहीं है। वे यह भी मानते हैं कि हिंदी का सीधा विकास अन्तर्वेद की शिष्ट भाषा संस्कृत से ही हुआ। हिन्दी वास्तव में सीधी संस्कृत की अन्तर्वेदी प्राकृत है। नागरी भाषा का विकास सीधे संस्कृत से इस प्रकार हुआ कि उसने संस्कृत के संध्यक्षरों को तोड़कर सीधा कर लिया और अपना रूप कोमल बनाकर ढाल लिया, किन्तु न उसने प्रसिद्ध प्राकृतों में होकर अपने को ढाला, न अपभ्रंशों में होकर ही। अधिक से अधिक उसे अन्तर्वेदी प्राकृत भाषा मान सकते हैं। हिंदी का "कौम" इसका प्रमाण है। संस्कृत का 'को नु' इसका मूल रूप है। "हिंदी की कोई पूर्वगामिनी अपभ्रंश रही भी होगी, तो वह "मध्यदेशीय अपभ्रंश" रही होगी। अपभ्रंश भाषाबद्ध उपलब्ध साहित्य को चतुर्वेदी जी नितान्त असाहित्यिक और उग्र साम्प्रदायिक मानते हैं–अतः इस दृष्टि से वे आलोच्य या प्राकृत अपभ्रंश साहित्य का हिन्दी से सम्बन्ध स्वीकार नहीं करते।

डॉ० हजारीप्रसाद द्विवेदी ने न केवल 'भाषा' अपितु समस्त साहित्यिक (अन्तर और बाह्य उपकरण) उपादानों की दृष्टि से अपभ्रंश साहित्य को हिंदी साहित्य का उपजीव्य बताया। क्या अन्तर्धाराएँ, क्या भाषिक ढाँचा, क्या काव्य रूप और रूढ़ियाँ—क्या छांदस प्रयोग—सर्वत्र हिंदी साहित्य का उपजीव्य 'अपभ्रंश' को सिद्ध किया। डॉ० द्विवेदी ने अपभ्रंश को हिंदी का 'अंग' नहीं, अपितु 'मूल रूप' कहा। उन्होंने "हिंदी-साहित्य" में कहा है—"हिंदी साहित्य में अपभ्रंश की प्रायः पूरी परम्पराएँ ज्यों की त्यों सुरक्षित हैं अतः हिंदी को अपभ्रंश साहित्य से अभिन्न समझा जाता है—तो इसे बहुत अनुचित नहीं कहा जा सकता।" "अनेक विद्वानों ने इसके 'मूल रूप' को समझने का प्रयास भी किया है" (आदिकाल)।

डॉ० नामवरसिंह ने इस 'मूल रूप' का आशय स्पष्ट करते हुए कहा कि अपभ्रंश को हिंदी साहित्य का मूल रूप या मूल स्रोत मानने का अर्थ यह है कि अपभ्रंश और हिंदी का सम्बन्ध ऐतिहासिक है। ऐतिहासिक सम्बन्ध का अर्थ भी उनकी दृष्टि में 'प्रभाव' नहीं कहा जा सकता—क्योंकि वह ऊपरी भी हो सकता है, बल्कि उसका अर्थ साहित्यिक चेतना का तारतम्य और भाव—धारा का नैरन्तर्य है—डॉ० द्विवेदी के शब्दों में वह 'प्राणधारा' है। दोनों साहित्यिक अवस्थाओं (अपभ्रंश तथा हिन्दी) के बीच की मौलिक प्राणधारा का निश्चय हो जाना ही ऐतिहासिक सम्बन्ध की पुष्टि है और उसी कारण अपभ्रंश साहित्य को हिन्दी साहित्य का मूल रूप कहना संगत है। डॉ० सिंह ने ससाक्ष्य और प्रयत्नपूर्वक दोनों का प्रतिज्ञानुसार ऐतिहासिक सम्बन्ध दिखाया है। उन्होंने वीरगाथाओं की शौर्य चेतना की अपेक्षा सिद्धों और जैनों के साहित्य में व्याप्त रूढ़िविरोधिनी अध्यात्म चेतना या योग प्रवाह को अधिक सप्राण धारा कहा है। इसी क्रमागत योग चेतना को लक्ष्य में रखकर डॉ० द्विवेदी ने घोषणा की है कि यदि मुसलमान इस देश में न भी आये होते, तब भी हिंदी साहित्य की रेखाएँ अन्यथा न होतीं। भक्ति-काल की सशक्त योग चेतना को, अध्यात्म चेतना को, प्राणधारा को, भक्तिधारा को —उन्होंने नैराश्य की प्रतिक्रिया मानने से इनकार कर दिया। डॉ० भोलाशंकर व्यास ने भी भाषा और साहित्य की दृष्टि से दोनों का सम्बन्ध माना है। अपभ्रंश और हिन्दी साहित्य के इतिहासकारों की धारणाओं का उल्लेख कर चुकने पर दो विवाद सामने हैं—एक तो भाषा की दृष्टि से और दूसरे साहित्य परम्परा—अन्तरंग एवं बहिरंग उपकरण की दृष्टि से।

भाषा की दृष्टि से उपलब्ध अपभ्रंश भाषा और साहित्य उस हिंदी प्रदेश सीमा के बाहर-बाहर का है जिसके आदिकालीन साहित्य की सामग्री नितान्त नगण्य रूप से उपलब्ध है। डॉ० द्विवेदी ने कहा है कि उसे समझने के लिए,

उसके काव्य रूपों का आभास पाने के लिए हमें उसके पूर्ववर्ती, परवर्ती एवं पार्श्ववर्ती उपलब्ध भाषा और साहित्य का सहारा लेना ही पड़ेगा–चाहे वह कितना ही असाहित्यिक क्यों न हो ? इसी प्रयास के सन्दर्भ में उन्होंने उपलब्ध अपभ्रंश साहित्य में लक्षित होने वाली अपभ्रंश भाषा को व्यापक काव्यभाषा कहा–जिससे कोई भी असहमत नहीं है। प्रश्न यह है कि उसका हिंदी (खड़ी, ब्रजी, अवधी आदि) से सम्बन्ध क्या ?

डॉ० विश्वनाथ प्रसाद तथा रमानाथ सहाय ने सम्मिलित रूप से धीरेन्द्र वर्मा के सम्पादकत्व में प्रकाशित हि०सा० का वृ० इ० भाग २–में एकत्र इस बात को स्वीकार किया है कि शौरसेनी अपभ्रंश का प्रयोग प्रायः समस्त भागों के साहित्यिक रूप में पाया जाता है। अन्यत्र वे मानते हैं कि विभिन्न प्रदेशों में प्राकृत तथा अपभ्रंश के विविध रूप थोड़े बहुत अन्तरों के साथ व्यवहृत थे। उनमें भी बोलचाल के जो रूप प्रचलित रहे होंगे–जिनसे हिन्दी तथा अन्य आधुनिक भारतीय आर्य भाषाओं का उद्‌भव हुआ, उनका कोई विश्वसनीय प्रमाण आज उलब्ध नहीं है। व्याकरणों तथा लिखित रूप में जो ग्रन्थ मिलते हैं, उनका सम्बन्ध उनके परिमार्जित साहित्यिक रूपों से है। पारस्परिक आदान-प्रदान और मिश्रण, राजनीतिक भूखण्डों का इधर-उधर मिलना, विभाजन सीमा का अभाव, साधुसन्त, तीर्थयात्री, व्यावसायिक एवं सांस्कृतिक विनिमय, साहित्यिकों एवं कथावाचकों का पर्यटन भाषाओं को बराबर स्वाभाविक मिश्रण की प्रक्रिया द्वारा प्रभावित करते रहे हैं। यह मिश्रण या भाषायी समन्वय एक प्रबल तथा व्यापक केन्द्राभिसारी तथा आदर्शोन्मुख प्रवृत्ति से अनुप्राणित था। फलतः एक सांस्कृतिक लोक–भाषा के रूप में हिंदी का उत्तरोत्तर विकास होता गया। इसी कारण ऐतिहासिक दृष्टि से हिन्दी का सम्बन्ध किसी निश्चित काल की किसी एक विशेष प्राकृत या अपभ्रंश के किसी एक विशेष रूप से जोड़ना सम्भव नहीं है। उसमें एक ही साथ विभिन्न बोलियों की ध्वनियों के विभिन्न रूप प्रचुरता से अपना प्रभाव अंकित करते गये हैं"। उपर्युक्त भाषा सम्बन्धी विवाद के सन्दर्भ में डॉ० प्रसाद का यह परिनिष्ठित मत है। इस दृष्टि से देखने पर सभी विरोधियों के वक्तव्यों में आंशिक सत्यता मिलेगी–जिसे ऐकान्तिक रूप दे दिया गया है–फलतः विरोधी शिखर खड़े कर दिये गये हैं। इस प्रकार 'अपभ्रंश' और 'हिंदी' को लेकर भाषा की दृष्टि से जो कुछ कहा गया है उसका निष्कर्ष इस प्रकार है–

(क) परिनिष्ठित एवं परवर्ती अपभ्रंश 'हिंदी' का मूल रूप 'हो सकती है' 'अंग' नहीं। कारण, हिंदी की प्रकृति विश्लेषणात्मक है और अपभ्रंश के

दोनों रूपों में एक की संश्लेषणात्मक तथा दूसरे की विश्लेषणोन्मुखता की प्रवहमान प्रक्रिया। 'मूलरूप' का अर्थ ऐतिहासिक सम्बन्ध करना भी अपेक्षाकृत ही मान्य है।

(ख) 'हिंदी' का सम्बन्ध अपने मूल रूप–बोली की दृष्टि से किसी एक मध यदेशीय अपभ्रंश-जिसका आज पता नहीं-से सम्भावित होने पर भी प्रामाणिक रूप से अनिश्चेय है।

(ग) 'हिंदी' व्यापक काव्यभाषा के रूप में अविच्छिन्न पूर्ववर्ती व्यापक (काव्यगत) अपभ्रंश का रिक्थ ग्रहण कर सकती है। 'हिंदी' भाषा जहाँ अपनी मूलवर्तिनी बोलियों की दृष्टि से तत्तद् मध्यदेशीय अपभ्रंशों से सम्बद्ध सम्भावित है–वहीं अपने साहित्यिक रूप की दृष्टि से शौरसेनी अपभ्रंश की व्यापक काव्यभाषा वाले पक्ष से भी सन्निहित हो सकती है।

(घ) उपलब्ध अपभ्रंश साहित्य के 'अपभ्रंश' को केन्द्राभिसारी और आदर्शीकरण की ओर झुका हुआ मानकर भी सवाल यह रह ही जाता है कि पूर्वी अपभ्रंश का भी मूल ढाँचा पश्चिमी अपभ्रंश की तरह शौर सेनी अपभ्रंश (नागर अपभ्रंश) ही है–या मूल ढाँचा प्रादेशिक है–और केन्द्राभिसारी एवं आदर्शीकरण की प्रवृत्ति के कारण शौरसेनी की ओर कुछ झुकाव भर है ? कुछ लोग तो पूर्वी अपभ्रंश को अर्धमागधी से और पश्चिमी को नागर से जोड़कर दोनों को शौरसेनी से प्रभावित मानते हैं और कुछ लोग 'दोहा' में पश्चिमी अपभ्रंश तथा चर्यापदों तक ही पूर्वी अपभ्रंश की स्थिति मानते हैं। परवर्ती पक्ष शुक्लजी, डा० द्विवेदी एवं नामवरसिंह का है। द्विवेदीजी भी स्वीकार करते हैं कि इनके दोहों की भाषा में परिनिष्ठत अपभ्रंश के ही रूप मिलते हैं पर पदों में पूर्वी प्रदेश की भाषा के चिह्न भी मिल जाते हैं।

'सनत्कुमार चरित' की भूमिका में डॉ० याकोवी के इस मत का कि अपभ्रंश का विभाजन–पूर्वी, पश्चिमी, उत्तरी एवं दक्षिणी–चार भागों में किया जा सकता है–डॉ० तगारे ने खण्डन किया है और कहा है कि उसे निम्नलिखित तीन भागों ही में विभाजित किया जा सकता है।

पूर्वी अपभ्रंश–सरह तथा कण्ह के दोहा कोश और चर्यापदों की भाषा।

दक्षिणी अपभ्रंश–पुष्पदंत-महापुराण, नेमिकुमार चरित, यशोधर चरित, करकंड चरित।

पश्चिमी अपभ्रंश–कालिदास, रामसिंह, जोइंदु, धनपाल, हेमचन्द्र आदि की अपभ्रंश भाषा।

कण्ह एवं सरह के दोहा-कोश एवं चर्यापदों की भाषा के सम्बन्ध में विभिन्न मत हैं। कोई (डॉ० शहीदुल्ला) कहता है कि इनकी भाषा हेमचन्द्र के व्याकरणिक नियमों की ओर झुककर मार्कण्डेय, रामतर्कवागीश तथा क्रमदीश्वर के अपभ्रंश के चिह्नों को विशेष व्यक्त करती है। वे दोहाकोश की भाषा को पूर्वी अपभ्रंश कहते हैं और तिब्बती परम्परा के आधार पर बौद्ध अपभ्रंश कहना कहीं अधिक ठीक समझते हैं। वे मानते हैं कि सरह के दोहों में बंगला की शब्दसंपत्ति एवं मुहाविरों का साम्य है। कण्ह तथा सरह की भाषा को कोई बंगला, कोई मैथिली या कोई भोजपुरी का पूर्वज मानता है। डॉ० भोलाशंकर व्यास (हि० सा० बृ० ह० पृ० ३१७, ३१८) का मत है कि भाषा-वैज्ञानिक दृष्टि से देखने पर इसमें ऐसे कोई चिह्न नहीं मिलते जिससे उक्त भाषा मागधी प्राकृत की परम्परा में आ सके। इनकी भाषा में शौरसेनी के परवर्ती लक्षण अधिक देखे जाते हैं और यह भाषा शौरसेनी के अधिक नजदीक (पाश्चात्य अपभ्रंश) है। डॉ० चटर्जी ने भी स्पष्ट कहा है 'अपभ्रंशकाल में पूर्व के कवियों ने शौरसेनी का प्रयोग किया है और अपनी विभाषा का बहिष्कार किया है। पश्चिमी अपभ्रंश में साहित्यिक रचना करने की परम्परा पूर्व में बहुत बाद तक चलती रही है तथा यह पूर्वी भाषा के उदित होने पर भी पायी जाती रही है। "डॉ० चटर्जी ने तो विद्यापति के अवहट्ठ तक में पश्चिमी अपभ्रंश का प्रभाव माना है। पूरब में बने होने के कारण इनमें पूर्वी वैभागिक प्रवृत्तियों के कुछ चिह्न पाये जा सकते हैं। 'अपभ्रंश पादावली' में मोदी का कहना है कि हेमचन्द्र, पुष्पदंत तथा दोहाकोश का अपभ्रंश एक है। चर्यापद के विषय में वे मौन हैं, पर डॉ० व्यास ने अपनी ओर से उसे भी जोड़ दिया है। वस्तुतः ८-१२ वीं शती तक पश्चिमी अपभ्रंश ही उस काल की काव्य भाषा थी। दक्षिणी अपभ्रंश जैसी भी कोई वस्तु नहीं थी। यह पश्चिमी अपभ्रंश शौरसेनी का वह परवर्ती रूप है जो राजस्थान एवं गुजरात की बोलियों से मिश्र होकर बना था। यही नागर अपभ्रंश है।

भाषा की दृष्टि से हिंदी और अपभ्रंश का सम्बन्ध देख लेने के बाद साहित्यिक परम्परा और प्रवृत्ति के सम्बन्ध में भी विचार करना आवश्यक है। शुक्लजी ने भाषा के अतिरिक्त अपभ्रंश साहित्य को हिंदी साहित्य में 'साम्प्रदायिक प्रवृत्ति या 'संस्कार' को समझने के लिए ग्राह्य बताया है—साहित्यिक प्रवृत्ति या परम्परा को समझने की दृष्टि से नहीं। कारण, शुक्लजी की दृष्टि से वह समूचा साहित्य साम्प्रदायिक है। डॉ० द्विवेदी ने कहा है कि उपदेश विषयक उन रचनाओं को जिनमें सूखा धर्मोपदेशमात्र लिखा गया है—साहित्यिक विवेचना के योग्य समझना उचित नहीं ही है। पर जहाँ साहित्यिक सरसता बनाए रखने का प्रयास

है, धर्म केवल मध्यकालीन 'भक्ति' की भाँति प्रेरक है वहाँ धार्मिक प्रेरणा और आध्यात्मिक उपदेश का होना काव्यत्व में बाधक नहीं समझा जाना चाहिए। कथा-कहानी के माध्यम से उपदेश तो इस देश की चिराचरित प्रथा है। आचार्य वि०प्र० मिश्र ने भी शुक्लजी की ओर से यह कह दिया है कि हिंदी साहित्य के इतिहास की प्रवृत्तियों के स्रोत के रूप में ही उनका विचार उचित प्रतीत होता है।

निष्कर्ष यह कि 'अपभ्रंश' को 'हिन्दी' से पृथक् भाषा मानकर भी 'भाषा' और 'प्रवृत्ति' के स्रोत रूप में अपभ्रंश साहित्य का हिंदी साहित्य के इतिहास में विचार होना चाहिए।

डॉ० द्विवेदी ने भी यह प्रश्न उठाकर कि अपभ्रंश (साहित्यिक) और 'पुरानी हिंदी' में—व्रजी, अवधी, बुन्देली, बघेली, राजस्थानी आदि की गणना की जाती है—घनिष्ठ सम्बन्ध तो है, परन्तु उसे बहुत निकट का सम्बन्ध नहीं कह सकते। यों तो अपभ्रंश-काव्य को आधुनिक हिन्दी काव्य की भाँति 'भाषा-काव्य' कहने का प्रचलन रहा है—जिस पुष्य को आदि भाषा का कवि कहने की श्रुति है—सम्भवतः वह भी (पुष्पदंत या अन्य) अपभ्रंश कवि ही रहा हो। हेमचन्द्र ने जिस अपभ्रंश की चर्चा की है—उसका आधार वह अपभ्रंश बोली है जो सम्भवतः ६ वीं-सातवीं शताब्दी तक जीवित रही होगी। ब्रजभाषा और खड़ी बोली की पूर्ववर्ती अपभ्रंश भाषा की ही भाँति ही वह भी शौरसेनी प्राकृत से ही विकसित हुई होगी। इस प्रकार खड़ी और व्रजी इसकी एक पुस्त पहले की भाषा से प्रत्यक्ष सम्बन्धित है और इससे परोक्ष रूप से। परन्तु यदि साहित्यिक परम्परा की दृष्टि से विचार किया जाय, तो अपभ्रंश के प्रायः सभी काव्यरूपों की परम्परा हिन्दी में ही सुरक्षित है।"

द्विवेदीजी ने गुलेरीजी के प्रस्ताव को कि अपभ्रंश को पुरानी हिंदी कहना चाहिए—स्पष्ट पण्डितों की परम्परा में अमान्य कर दिया है। उन्होंने कहा है—"अपभ्रंश को अब कोई भी पुरानी हिन्दी नहीं कहता। परन्तु जहाँ तक परम्परा का प्रश्न है, निःसन्देह हिंदी का परवर्ती साहित्य अपभ्रंश साहित्य से क्रमशः हुआ है।" अर्थात् हिंदी साहित्य के इतिहास में अपभ्रंश को उसके 'अंग' नहीं 'मूल रूप' में ही सन्निविष्ट किया जाना चाहिए।

अपभ्रंश में भी 'परवर्ती अपभ्रंश' या 'ग्राम्य अपभ्रंश' ही हिन्दी साहित्य के विकास के प्रसंग में विवेच्य हो सकती हैं। द्विवेदी जी के अनुसार वस्तुतः ये ही हिन्दी की पूर्ववर्ती अपभ्रंश (जिनसे देशी भाषाएँ विकसित हुईं) भाषा के नमूने प्रस्तुत करती हैं। इसमें बौद्धों के पद, दोहे, प्राकृत पैंगलम् के उदाहत

अधिकांश पद्य, सन्देशरासक आदि रचनाएँ परिगणित हैं। अपभ्रंश साहित्य का प्रभाव दो कारणों से हिन्दी साहित्य पर सीधा नहीं पड़ता–एक तो वह मध्यदेश के बाहर बनी है, दूसरे उस पर धार्मिक प्रभाव अधिक है।

निष्कर्ष यह कि अपभ्रंश का हिन्दी से सम्बन्ध है। विद्वानों की धारणा है कि हिन्दी का भाषिक ढाँचा अपभ्रंश के ढाँचे पर बना है अर्थात् अपभ्रंश का ढाँचा हिंदी के ढाँचे को समझने में सहायक है। चाहे पद संघटन हो, या परसर्ग प्रयोग, चाहे निर्विभक्तिक रूपों की बहुलता हो या कर्मवाच्य और भाववाच्य की प्रणाली– सभी के बीज अपभ्रंश में सुरक्षित हैं। हिंदी की अधिकांश क्रियाएँ यद्यपि कृदन्त हैं और प्राकृत-अपभ्रंश में तिङ्न्त क्रियाओं का ही प्राचुर्य है–फिर प्राकृत अपभ्रंश से हिन्दी का सम्बन्ध दिखलाना ठीक नहीं है–तथापि व्रजी और अवधी के कवियों में उतने ही कृदन्त रूप नहीं मिलते, जितने कि खड़ी के साहित्य में।

जहाँ तक अपभ्रंश साहित्य में उदित प्रवृत्तियों और कलात्मक उपकरणों, रूढ़ियों तथा काव्यों का सम्बन्ध है–हिंदी साहित्य में उसका भी बढ़ाव लक्षित होता है। साहित्य में प्रमुख तत्त्व है–भावधारा या प्रवृत्तियाँ। जहाँ तक भावधारा का सम्बन्ध है–लौकिक भूमि पर शौर्य एवं शृंगार तथा पारलौकिक भूमि पर तान्त्रिक प्रभावापन्न योगधारा इन दोनों में भी अपेक्षाकृत अधिक प्रबल एवं प्राणवन्त धारा थी। दूसरी–तान्त्रिक प्रभावापन्न योगधारा। प्रकीर्णक अपभ्रंश की रचनाओं में जहाँ शौर्य एवं शृंगार की झाँकियाँ उपलब्ध हैं–वहीं दिगम्बर जैन की अपभ्रंश रचनाओं बौद्ध–सिद्धों के दोहों तथा पदों में योगधारा प्रवाहित इतिहासकारों ने इस योगधारा में एक तो उदग्र रूढ़ि–खण्ड की चेतना लक्षित की है और दूसरी ओर भावात्मक अध्यात्म चेतना। रूढ़िखंड की उग्र चेतना को कभी-कभी केवल पूर्वाञ्चल की आर्य जाति से जोड़ा जाता है। अपेक्षाकृत आज भी पूर्वाञ्चल के लोगों में जो भावावेश लक्षित होता है–वह अन्य अंचलों में नहीं है। विकास के लिए रूढ़ियों से लड़ने की उग्र चेतना का उद्भव रूढ़ियों से उद्विग्न मानस में ही होता है–अतः सामान्यतः उसकी संस्थिति देश–भेद से निश्चित नहीं की जा सकती, तथापि अपेक्षाकृत पूर्वाञ्चल से उसे अधिक जोड़ा जा सकता है। यही कारण है कि अपभ्रंशबद्ध साम्प्रदायिक साहित्य चाहे पूर्वाञ्चल में निर्मित हुआ हो या पश्चिमांचल में – उग्रचेतना का तारतमिक अवस्थान सर्वत्र लक्षित होता है। साथ ही इस वृत्ति का कालिक भूमिका पर सुदूर अतीत में भी द्रष्टाओं ने अवस्थिति पाई है। मानव मन की लोक-रक्त भूमि पर आत्मरक्षार्थ शौर्य एवं रञ्जनार्थ प्रेम का उदय और विकास होता है साथ ही

लोक-विरक्त एवं परलोकरत भूमि पर योगधारा का उद्‌भव और प्रसार होता है। परिस्थितियाँ और परिवेश कभी एक को और कभी दूसरे को पैनी बना देते हैं। रूढ़ि-रोध भी एक दूसरे की प्रतिक्रिया में एक ही आधार-गत कालिक-भेद से परिस्थिति-वश उत्पन्न होने वाली वृत्तियाँ हैं। वे वृत्तियाँ शाश्वत हैं—देश-काल की भूमि पर आकार बदलती रहती हैं। अपभ्रंश ही में ये बाते रहीं हों-सो नहीं, संस्कृत साहित्य में भी ये उपलब्ध हैं। एक बात ध्यान देने की अवश्य है कि संस्कृत की जगह लोक-भाषा के काव्य में प्रतिष्ठित होने से लोक-भावना को अपने तरीके से समुच्छ्‌वसित होने का अवसर खुलकर मिला है। अपभ्रंश एक तरफ कतिपय रूढ़ियाँ परम्परा से ग्रहण करती है तो दूसरी ओर लोकप्रचलित कथाओं और अभिव्यंजनाओं की रूढ़ियों से भी आक्रान्त होती है। अपभ्रंश की लोकोन्मुख वृत्ति हिंदी साहित्य की संतधारा में उसी उग्रता और तेजी के साथ आकारवान् लक्षित होती है। डॉ० ह०प्र० द्विवेदी ने तो हिंदी साहित्य की भूमिका में हिंदी की समस्त साहित्यिक प्रवृत्तियों का द्विधा विभाजन कर अपभ्रंश साहित्य से उनका लगाव स्पष्ट किया है। पर अपभ्रंश में भी वे वृत्तियाँ किस प्रकार 'लोक' और 'शिष्ट' परम्परा से आईं-यह भी द्रष्टव्य है। हिंदी या 'भाषा' साहित्य के प्रणेता भी उस 'लोक' और 'शिष्ट' धाराओं से साक्षात् सम्पर्क में आ सकते हैं। तुलसी ने 'नानापुराण निगमागम' देखा है और लोगों ने भी 'दर्शन' के साथ 'साहित्य दर्शन' का अनुशीलन किया है। प्रवृत्ति और विचारधारा-जो ऐतिहासिक क्रम में स्वयं 'नियति'-निर्द्धारित होकर बनती है—अपभ्रंश के द्वारा उसका व्यक्त होना अनिवार्य था। वह परम्परा 'हिंदी' में भी बढ़कर आ सकती है।

हाँ, काव्यरूप, तद्‌गत रूढ़ियों एवं छांदसी गति जैसे बाह्य उपकरणों के लिए हिन्दी साहित्य कहीं अधिक ऋणी है। हिन्दी के अधिकांश प्राचीन प्रबन्ध काव्यों का ढांचा जैन साहित्य के 'चरित' एवं 'पुराण' काव्यों के ढांचों से प्रभावित है। इस अंश में भी संस्कृत के 'कथा' तथा 'आख्यायिका'—काव्य की कतिपय रूढ़ियाँ हिंदी प्रबन्ध काव्यों में परिव्याप्त हैं। साथ ही यह भी ध्यान रखने की बात है कि जहाँ अपभ्रंश प्रबन्ध काव्यों का बहिरंग ढाँचा हिन्दी के पद्‌मावत, पृथ्वीराज रासो तथा रामचरित मानस-ने लिए हैं—वहाँ 'रामचन्द्रिका' संस्कृत के अलंकृत महाकाव्यों की विरासत ग्रहण किए हुए है। 'पद्‌मावत' पर मसनवी का प्रभाव माना जाता है—पर श्री रामपूजन तिवारी ने अपने शोध-प्रबंध (सूफी मत साधना और साहित्य) में इसका खण्डन करते हुए कहा है— छंदों में 'दोहा' तथा 'पद' निश्चय ही अपभ्रंश से हिंदी में आए हैं। दोहा, कडवक, पद्धड़िया, घत्ता की ही परम्परा हिंदी में दोहा चौपाई का पूर्वरूप है—यह अवश्य है कि सबने

अपने-अपने ढंग से उसका निर्वाह किया है। 'पद' या 'गेय' पद्धति 'लोक' परम्परा की वस्तु है अतः 'परम्परा' और 'लोक प्रवाह' दोनों ही मार्ग खुले हुए हैं।

निष्कर्ष यह कि संसार के संसरणशील प्रवाह में प्रत्येक स्पंदन पूर्ववर्ती धक्के से गतिमय है—अतः कोई भी धारा पूर्ववर्ती धारा से न तो विच्छिन्न हो सकती है और न तो 'मूल रूप' से कटी हुई। पर इसके साथ-साथ इसमें चेतन व्यक्ति का माध्यम होने से इतर स्रोतों से भी कतिपय तत्व सीधे सक्रांत हो सकते हैं—इसका भी ध्यान रखना आवश्यक है।

अपभ्रंश के अनन्तर समस्या है—'हिन्दी' की अन्य साहित्यिक उपभाषाओं तथा रूपों एवं शैलियों (दक्खिनी हिंदी, उर्दू) की। इनके विषय में सामान्यतः यही कहा जा सकता है कि जिनकी प्रवृत्ति केंद्राभिमुखी हो—उन्हें हिन्दी साहित्य के इतिहास के अंतर्गत सम्मिलित कर लिया जाना चाहिए। पर इस मापदण्ड में अव्याप्ति और अतिव्याप्ति भी देखी जा सकती है। एक तो यह प्रवृत्ति बंगाल, आसाम और उड़ीसा तक की 'ब्रजबुली' साहित्य में परिलक्षित है—अतः वे भी ग्राह्य हो जाती हैं और दूसरी ओर ग्राह्य 'डिंगल' में स्थानीय तत्व ही साहित्यिक रूप ग्रहण कर गये हैं। जब उसी प्रदेश में पिंगल जैसी व्यापक काव्य-भाषा का अस्तित्व था—तो भी 'डिंगल' (स्थानीय मारवाड़ी का साहित्यिक रूप) का ग्रहण केंद्राभिमुखी प्रवृत्ति का परित्याग ही है। वास्तव में व्याकरणिक विशेषताओं की भेदक रेखाओं के बावजूद यदि दो विभिन्न भाषाओं या बोलियों की शब्दावली में साम्य हो फलतः वे एक दूसरे को अनायास समझ सकें-तो उन्हें एक ही भाषा के अन्तर्गत लिया जाना चाहिए। डा० विश्वनाथप्रसाद ने समूह का नाम हिन्दी रखने में असहमति व्यक्त की है—वह बहुत संगत नहीं जान पड़ता। इस दृष्टि से अनायास पश्चिमी स्तरीय हिन्दी के तत्व जहाँ 'डिंगल' में उभर आते हैं—अतः वह ग्राह्य हो जाती है, वहीं 'ब्रजबुली' की शब्दाबली अग्राह्य होने से वह स्वयं अग्राह्य हो जाती है। इसी के साथ-साथ यदि आरंभ में उक्त मानदण्ड के अनुसार व्यापक काव्यभाषा और तद्बद्ध साहित्य के अन्तर्गत गृहीत होने वाली कोई स्थानीय उपभाषा-काव्यधारा शनैः शनैः मूल साहित्य की सांस्कृतिक चेतना तथा भाषा विज्ञान सम्मत रूप से अपने को पृथक् करती चली जाय-तो पार्थक्य रेखा के बाद वाले रूप को उस भाषा-बद्ध-साहित्य के इतिहास के अन्तर्गत नहीं लिया जा सकता। उर्दू-साहित्य से जब-जब यह पार्थक्य-रेखा उभरी है, तब-तब उसकी अग्राह्यता भी उभर आई है। निष्कर्ष यह है कि हिंदी साहित्य के इतिहास में उन्हीं का ग्रहण हो सकता है जिनमें—

१. केंद्राभिमुखी भाषायी वृत्ति हो,

२. शब्दावलीसाम्य वश अनायास ग्राह्य हो,

३. सांस्कृतिक चेतना का संवादी स्वर हो।

इन आधारों पर 'हिंदी साहित्य' की ऐतिहासिक और दैशिक सीमा का विस्तार विचारणीय है। ऐतिहासिक दृष्टि से परिनिष्ठित अपभ्रंश और उसके साहित्य को हिन्दी की सीमा में नहीं लाया जाना चाहिए-यह पक्ष निर्णीत हो चुका है। यद्यपि वैज्ञानिक दृष्टि से अभी सुस्पष्ट स्थिरीकरण का प्रयत्न नहीं हुआ है इसलिए एक ही कृति को कोई परिनिष्ठित अपभ्रंश में डाल देता है और कोई परवर्ती अथवा प्रारम्भिक हिंदी में। वास्तव में संक्रान्तिकालीन अपभ्रंश की कौन-सी विशेषताएँ गुजराती, राजस्थानी तथा पिंगल में समान हैं और कौन-कौन सी विशेष—यह निर्णय हो जाय तब अविशेष विशेषताओं से सम्पन्न भाषा में लिखी गई अथवा 'पिंगल की ओर झुकने वाली विशेषताओं से सम्पन्न भाषा की ही कृतियों को हम हिन्दी के अन्तर्गत ले सकते हैं। इनका निर्णय न होने के कारण एक ही कृति गुजराती, राजस्थानी तथा हिन्दी— तीनों की आरभिक कृतियाँ बन जाती हैं और अपने-अपने साहित्य के इतिहास में सभी उसका समावेश करते हैं।

दैशिक और समकालिक विस्तार की दृष्टि से हम यथाकथंचित् राजस्थान और मिथिला (वीसलदेव- विद्यापति) तक इसीलिए जाते हैं कि उनमें उक्त प्रतिमान लागू हो सकते हैं। अन्यथा न तो हम 'डिंगल' के परवर्ती साहित्य को लेते हैं और न मिथिला के ही। यही स्थिति उर्दू की भी है। उर्दू जब अपनी प्रकृति और प्रवृत्ति में स्वतंत्र और अभारतीय हो जाती है—तब उसके साहित्य को भी हिंदी से पृथक् कर देते हैं।

ऐतिहासिक रास तथा रासान्वयी ग्रंथों की उत्पत्ति और विकास

—प्रो० दशरथ शर्मा

किसी काव्य के रूपविशेष की उत्पत्ति को ढूँढ़ने की प्रवृत्ति आजकल प्रायः सार्वत्रिक है। किंतु अधिक से अधिक गहराई तक पहुँचने पर भी यह उत्पत्ति हमें प्रायः मिलती नहीं। मानव स्वभाव की कुछ प्रवृत्तियाँ इतनी सनातन हैं और उनकी अभिव्यक्ति भी इतनी प्राचीन है कि यह बताना प्रायः असंभव है कि यह अभिव्यक्ति इस समयविशेष में हुई होगी। भारतीय सभ्यता को आर्य-द्रविड़-संस्कृति कहा जाय तो असंगत न होगा। द्रविड़ भाषा की प्राचीन से प्राचीन शब्दावली को लिया जाय तो हम इस निष्कर्ष पर पहुँचते हैं कि उस काल के बंदीजन (पुळवन) रणवीर द्रविड़ राजाओं का यशोगान किया करते थे। ऋग्वैदिक ऋषि 'इन्द्रस्य वीर्याणि प्रोवाचम्' कहते हुए जब इंद्र के महान् कार्यों का वर्णन करने लगते हैं तो वर्तमान पवाड़ों की स्मृति स्वतः हो आती है। इंद्र और वृत्र का युद्ध वीर-काव्य के लिये उपयुक्त विषय था, और उसका समुचित उपयोग केवल वैदिक ऋषियों ने ही नहीं, अनेक परकालीन कवियों ने भी किया है।

प्राचीन कालीन अनेक आर्य राजाओं के कृत्य भी उस समय काव्य के विषय बने। दशराज्ञ युद्ध अनेक क्षत्रिय जातियों का ही नहीं, वसिष्ठ और विश्वामित्र के संघर्ष का भी सूत्रपात करता है। देवता केवल स्तुतियों से ही नहीं, इतिहास, पुराण और नराशंसी गाथाओं से भी प्रसन्न होते हैं। नराशंसी गाथाओं में हमारे पूर्वपुरुषों के वीर्य और पराक्रम का प्रथम गुणानुवाद है। इन्हीं गाथाओं ने समय पाकर अनेक वीरकाव्यों का रूप धारण किया होगा। ये काव्य प्रायः लुप्त हो चुके हैं। किंतु उनके रूप का कुछ आभास हमें रामायण और महाभारत से मिलता है। रामायण और महाभारत से पूर्व भी संभवतः अनेक छोटे मोटे काव्यों में राम, कृष्ण, युधिष्ठिर, अर्जुनादि का गुणगान हो चुका था। अन्य अनेक राजाओं के वीरकृत्यों का भी कवियों ने गुणगान किया होगा। महाभारत में नहुष,

नलदमयंती, शकुंतला दुष्यंत, और विपुलादि के उपाख्यान इन्हीं वीरकाव्यों के अवशेष हैं।

शनैः शनैः इन गुणगान करनेवालों की जातियाँ भी बन गईं। सूत और मागध राजाओं का गुणगान करते। वेदों के द्रष्टा ऋषि हैं, किन्तु पुराणों के वक्ता सूत और मागध। शौनकादि मुनि भी इतिहास के विषय में आदर पूर्वक सूत से प्रश्न करते हैं। रामायण श्रीवाल्मीकि की कृति रही है, किंतु उसके गायक संभवतः कुशीलव थे। इन्हीं जातियों के हाथ आरंभिक वीर-काव्यों की श्रीवृद्धि हुई।

वीरकाव्यों में अनेक संभवतः प्राकृत भाषा में रहे। किंतु जनता की स्मृति मात्र में निहित होने के कारण उनका स्वरूप समय, देश, और परिस्थिति के अनुसार बदलता गया। शिवि आदि की कथा बौद्ध, हिंदू और जैन ग्रंथों में प्रायः एक सी है, किंतु रामकथा विभिन्न रूप धारणा करती गई है। यह बताना कठिन है कि वास्तव में किसी कथाविशेष का पूर्वरूप क्या रहा होगा। किंतु ऐसे काव्यों की सत्ता का अनुमान अवश्य हम पौराणिक उपाख्यानों से कर सकते हैं।

अभिलेखों में वीरकाव्य की प्रवृत्ति किसी अंश में प्रशस्तियों के रूप में प्रकट हुई। सीमाविशेष में सीमित होने के कारण स्वभावतः उनमें कुछ लंबा चौड़ा वर्णन नहीं मिलता, किंतु वीरकाव्य के अनेक गुण उनमें मिलते हैं। इन्हें देखते कुछ ऐसा भी प्रतीत होता है कि संभवतः प्राचीन वीरकाव्यों में गद्य और पद्य दोनों प्रयुक्त होते रहे। राजस्थान के वीरकाव्यों में इसी प्रथा को हम दूर तक देख सकते हैं। समुद्रगुप्त की प्रयाग प्रशस्ति चंपू काव्य का आनंद देती है। चंद्र का महरौली स्तंभाभिलेख सुंदर वीरगीत है। यशो धर्म विष्णुवर्धन के तिथिरहित मंदसोर के अभिलेख की रचना उसके गुणगान के लिये ही हुई थी। छंद और शब्द दोनों ही इस प्रशस्ति में उपयुक्त रूप में प्रयुक्त हुए हैं।

सामान्यतः लोग समझने लगे हैं कि प्राचीन भारतीय प्रायः अध्यात्म विषय के प्रेमी थे। उन्हें सांसारिक और भौतिक समृद्धि से कुछ विशेष प्रेम न था। इसलिये उन्होंने वीरकाव्यों की विशेष रचना नहीं की; और यदि की तो उस समय जब वे बहिरागंतुक रीति रस्मों से प्रभावित हो चुके थे। किंतु उपरिनिर्दिष्ट तथ्यों से यह स्पष्ट है कि वीरकाव्य भारत की अनादि काल से संचित संपत्ति है और किसी न किसी रूप में यह लगातार वर्तमान रही है। पुराणों और प्रशस्तियों से होती हुई यह हर्षचरितादि में पहुँचती है, और उसके बाद वीर-काव्य लता को हम अनेक रूपों में प्रत्फुटित और प्रफुल्लित होते पाते हैं। गौडवहो, विक्रमांकदेवचरित, राजतरंगिणी, नवसाहसांकचरित, द्व्याश्रय महाकाव्य,

पृथ्वीराजविजय महाकाव्य, कीर्तिकौमुदी, वसंतविलास, सुकृतसंकीर्तन, हम्मीर महाकाव्य आदि इसी काव्यलता के अनेक विविधवर्ण प्रसून हैं।

कालिदास के शब्दों में भारतीय कह सकते हैं कि यशोधन व्यक्तियों के लिये यश ही सबसे बड़ी वस्तु है। इस यश को स्थायी बनाना ऐतिहासिक काव्य रचना का मुख्य हेतु रहा है। प्रतिहारराज बाउक का मत था कि जब तक उसके पूर्वपुरुषों की कीर्ति वर्तमान रहेगी, तब तक वे स्वर्ग से च्युत नहीं हो सकते। शिक्षण प्रवृत्ति भी हम आरंभ से देख पाते हैं। मम्मट ने काव्य रचना के कारणों का विवेचन करते समय इस बात का ध्यान रखा कि मनुष्य काव्यों को पढ़कर राम का सा आचरण करे, रावण का सा नहीं। धन की प्राप्ति भी समय समय पर ऐतिहासिक काव्यों की रचना का कारण बनती रही है। निस्पृह आदिकवि वाल्मीकि ने राम के चरित का ग्रथन किया, तो राजाओं से संमानित और वृत्तिप्राप्त कवि उनके यशोगान में किस प्रकार उदासीन हो सकते थे। वे किसी अंश में राजाओं के ऋणी थे, और राजा किसी अंश में कवियों के, क्योंकि उनके यशःकाय का अजरत्व और अमरत्व कवियों पर ही आश्रित था। इसी परस्पराश्रय से अनेक काव्यों की रचना हुई है। किंतु कुछ ऐतिहासिक काव्य अपनी काव्य शक्ति का परिचय देने के लिये भी रचित हैं। तोमर राजा वीरम के सभ्यों के यह कहने पर कि उस समय पूर्व कवियों के समान कोई रचना नहीं कर सकता था, नयचंद्र सूरि ने हम्मीर महाकाव्य की रचना की। साथ ही साथ उसने अंत में यह प्रार्थना भी की–'युद्ध में विक्रमरसाविष्ट राजा प्रसन्नता से राज्य करें और उनके विक्रम का वर्णन करने के लिये कवि सदा समुद्यत हों। उनकी रसामृत से सिक्त वाणी सदा समुल्लसित होती रहे और रसास्वाद का आनंद लेनेवाले व्यक्ति उसका आस्वादन करते हुए पान किया करें।'

इस दृष्टिकोण से रचित ऐतिहासिक काव्यों में कुछ दोष और गुण अवश्यंभावी थे। ये रचनाएँ काव्य हैं, शुद्ध इतिहास नहीं। इनका उद्भव भी क्रौंच क्रौंची की सी हृदयस्पर्शिणी घटना से नहीं हुआ है। अतः इनमें पर्याप्त जोड़ तोड़ हो तो आश्चर्य ही क्या है? कवि को यह भी छूट रहती है कि वह वर्णन को सजीव बनाने के लिये नवीन घटनाओं की कल्पना करे। ऐसी अवस्था में यह मालूम करना कठिन होता है कि काव्य का कौन सा भाग कल्पित है और कौन सा सत्य। वाक्पति ने गौड़राज के वध का वर्णन करने के लिए अपने काव्य की रचना की; किंतु अपने संरक्षक यशोवर्मा को महत्त्व प्रदान करने के लिये झूठ मूठ की दिग्विजय का वर्णन कर डाला, और कवि महोदय इस कार्य में इतने व्यस्त हुए कि गौड़राज के विषय में दो शब्द लिखना भी भूल गए। इस

दिग्विजय के वर्णन पर कालिदास की दिग्विजय की स्पष्ट छाप है। सभी उसकी नकल है, या कुछ तथ्य भी है, यह गवेषणा का विषय बन चुका है। नवसाहसांकचरित में कवि पद्मगुप्त ने नवसाहसांक सिंधुराज की असली कथा कम और नकली बहुत कुछ दी है। हमें सिंधुराज की ऐतिहासिक सत्ता का ज्ञान न हो तो हम इस काव्य को अलिफलैला का किस्सा मात्र समझ सकते हैं। विक्रमांकदेवचरित में तथ्य की मात्रा कुछ विशेष है; किंतु यह भी निश्चित है कि उसकी अनेक घटनाएँ सर्वथा कल्पित हैं। हेमचंद्र के द्व्याश्रय महाकाव्य में एक और रोग है। उसका ध्येय केवल चौलुक्य वंश का वर्णन करना ही नहीं, विद्यार्थियों को संस्कृत और प्राकृत व्याकरण भी सिखाना है। फिर यह काव्य नीरसता दोष से किस तरह मुक्त रह सकता है। प्राचीन पद्धति का अनुसरण कर कल्पित स्वयंवर और दिग्विजयादि का वर्णन करना तो सामान्य सी बात है। पृथ्वीराजविजय काव्य अपूर्ण है, किंतु अवशिष्ट भाग से यह अनुमान किया जा सकता है कि कवि ने उसे काव्य का रूप देने का ही मुख्यतः प्रयत्न किया है। यही बात प्रायः अन्य ऐतिहासिक या अर्ध ऐतिहासिक संस्कृत काव्यों के विषय में कही जा सकती है।

यद्यपि इन काव्यों के विषय में शायद कवि यह सच्चा दावा नहीं कर सकते कि उन्होंने किसी नृपतिविशेष के गुणों से प्रमुदित होकर अपने काव्य की रचना की है, तो भी काव्य की दृष्टि से ये अधम नहीं हैं हम उनपर यह दोषारोप कर सकते हैं कि जलक्रीड़ा, वनक्रीड़ा, पुष्पचयन आदि का वर्णन कर उन्होंने कथासरित् के प्रवाह को प्रायः रुद्ध कर दिया है; किंतु हम कथा मात्र को ध्येय न मानें तो उनकी कथा का समुचित आस्वादन कर सकते हैं। गौडवहो में अनेक प्रकाशित दृश्यों का सुंदर वर्णन है नवसाहसाकं चरित के वर्णन भी कवित्वपूर्ण हैं। बिल्हण तो वास्तव में कवि है। विक्रमांक देवचरित के चतुर्थ सर्ग में आहवमल्ल की मृत्यु का वर्णन संस्कृत साहित्य में अतुल्य है। अंतिम सर्ग में कवि के वृत्त की तुलना भी हर्षचरित में बाण के आत्मचरित से की जा सकती है। कवि का स्वाभिमान और स्वदेशप्रेम भी दर्शनीय है। पृथ्वीराजविजय भी काव्यदृष्टि से सुंदर है। कवि में कल्पनाशक्ति है और संस्कृत शब्दावली पर पूर्ण अधिकार। यही बात कुछ कम या अधिक अंश में संस्कृत के अनेक वीरकाव्यकारों के संबंध में कही जा सकती है। केवल राजतरंगिणी में इतिहास तत्व को हम विशेषांश में प्राप्त करते हैं।

देश्यभाषा के कवियों को संस्कृत ऐतिहासिक काव्यों की यह पद्धति विरासत में मिली थी। इसके साथ ही देश्यभाषाओं में अपना भी निजी वीरकाव्य

साहित्य था। कवि पंप ने विक्रमार्जुनविजय में अरिकेसरी द्वितीय के युद्धों का ओजस्वी वर्णन किया है। अपभ्रंश के महान् कवि स्वयंभू ने हरिवंशपुराण, पउमचरिय आदि धार्मिक ग्रंथ लिखे। किंतु इनमें वीररस का भी यथासमय अच्छा निर्वाह हुआ है। कवि पुष्पदंत की भी निवृत्तिपरक कृतियाँ ही विशेष रूप से प्रसिद्ध हैं। किंतु उनके राजदरबार, देशविजय, युद्धादि के वर्णनों से यह भी निश्चित है कि उनमें वीरकाव्यग्रथन की पूर्ण क्षमता थी। वास्तव में अपना कविजीवन संभवतः उन्होंने ऐसे वीरकाव्यों द्वारा ही आरंभ किया था। निवृत्तिपरक ग्रंथों की बारी तो कुछ देर से आई। इस प्रसंग में आदिपुराण की निम्नलिखित पंक्तियाँ पठनीय हैं—

देवी सुएण कइ भणिउ ताम्
भो पुप्फयंत ! ससि लिहिय णाम।
णिय-सिरि-विलेस-णिज्जिय सुरिंदु। गिरि-धीर-वीरु भइरव णरिंदु।
पइं मण्णिउ वण्णिउ वीरराउ। उप्पणउ जो मिच्छत्त राउ।
पच्छित्त तासु जइ करहि अज्जु। ता घडइ तुज्झु परलोय कज्जु।।

जिस भैरव नरेंद्र की वीरता का गान पुष्पदंत ने किया था, उसके विषय में हमें कुछ ज्ञान नहीं है। किंतु यह गुणानुवाद इस परिमाण में और इतना सरस रहा होगा कि इससे लोगों को मिथ्यात्व में अनुराग उत्पन्न हुआ और इसके प्रायश्चित्त रूप में कवि को निवृत्तिपरक काव्य आदिपुराण की रचना करनी पड़ी। काश हमें कहीं यह काव्य प्राप्त होता ! णायकुमारचरिउ की निम्नलिखित पंक्तियाँ भी शायद पृथ्वीराजरासो की याद दिलाएँगी—

चरण-चार चालिय धरायलो। धाइयों भुया-तुलिउ-मयगलो।
ताकयंतेहि तेण दारुणं। परियलंत-वण-सहिण-सारुणं।
मलिय-दलिय-पडिखलिअ-संदणं। णिविउ गय-घढा-वीढ-भदणं।
अरिदमणु एधायउ साहिमाणु। 'हणु हणु' भणंतु कड्ढिवि किवाणु।

धनपाल, कनकामर, आमभर आदि ने भी शौर्य का अच्छा वर्णन किया है, और हेमचंद्र ने ऐसे अनेक पद्य उद्घृत किए हैं जिनसे अपभ्रंश में वीरकाव्य का अनुमान किया जा सकता है। मंत्री विद्याधर के जयचंद विषयक अनेक अपभ्रंश पद्य मिले हैं। शायद वे किसी वीरकाव्य के अंग हों। जज्जल रणथंभोर के राजा हम्मीर का प्रसिद्ध सेनापति था। उसके शौर्य का वर्णन करनेवाले पद्य शायद हम्मीर संबंधी किसी काव्य के भाग रहे हैं। ग्वालियर में एक अन्य राजपूत जाति के दरबार में रहते हुए भी नयचंद्र सूरि हम्मीर के जीवन का प्रामाणिक

वृत्त उपस्थित कर सके। यह भी इस बात का निर्देश करता है कि हम्मीर महाकाव्य से पूर्व हम्मीर के कुछ प्रामाणिक वृत्तांत लिखे जा चुके थे। प्राचीन काल से उद्‌भूत वीरकाव्य की धारा अनेक भाषा-स्रोतों से बहती हुई १२ वीं शताब्दी तक पहुँच चुकी थी।

हमें यह कल्पना करने की आवश्यकता नहीं है कि यह धारा देश के किसी भागविशेष में कुछ समय के लिये सूख गई थी या हमारे देश में यह नवीन काव्य रूप किसी अन्य देश से पहुँचा। वीरों के गुण गाने की प्रवृत्ति स्वाभाविक है, यह न भारतीय है और न ईरानी। कालिदास ने रघुवंश के गुणों से मुग्ध होकर उसका अनुकीर्तन किया। हरिषेण समुद्रगुप्त के अचिंत्य चरित से प्रभावित था। बाण ने हर्ष का चरित लिखना आरंभ किया। बाण की अनैतिहासिकता का आरोप करनेवाले यह भूल जाते हैं कि हर्षचरित अपूर्ण है। उसकी कथा केवल हर्ष के जीवन का ही नहीं, हर्ष कालीन समाज का भी संपूर्णांग चलचित्र है। कथा समाप्ति तक पहुँती तो हमें हर्षविषयक बातें और मिलतीं। खेद केवल इतना ही है कि परवर्ती कवियों ने बाण की बराबरी तक पहुँचने के प्रयास में इतिहास को बहुत कुछ छुट्टी दे दी है। बाण में यह दोष नहीं है। कथा के ऐतिहासिक भाग तक पहुँचने के बाद हर्षचरित प्रभाकरवर्धन और हर्षवर्धन कालीन युग का सजीव चित्र है।

राजस्थान और गुजरात में इस परंपरा के सजीव रहने के हमें अनेक प्रमाण प्राप्त हैं। मध्यदेश में भी यह परंपरा कुछ विशृंखल सी प्रतीत होती हुई भी बनी रही होगी। इसी प्रदेश में गौडवहो की रचना हुई। भोज की प्रशस्ति भी प्रायः इसी देश की है। प्रचंडपांडवादि के रचयिता राजशेखर से भी हमें ज्ञात है कि दसवीं शताब्दी के प्रायः मध्य तक मध्यदेशीय कवि सर्वभाषानिषण्ण थे। स्वयंभू मध्यदेशीय थे। भद्रपा को राहुल जी ने श्रावस्ती का माना है। तिलकमंजरी (संस्कृत), पाइलच्छीनाममाला (प्राकृत कोश), ऋषभपंचाशिका (प्राकृत) और सत्यपुरीय श्रीमहावीर उत्साह (अपभ्रंश) के रचयिता, राजा मुंज और भोज की सभा के भूषण धनपाल भी सांकाश्य के थे। संवत् १२३० में कवि श्रीधर ने चंदवाड़ में भविष्यदत्तचरित की अपभ्रंश में रचना की। जयचंद्र के मंत्री के अनेक अपभ्रंश पद्य प्राप्त हैं ही। फिर यह कहना किस प्रकार ठीक माना जा सकता है कि गाहड़वालों ने संस्कृत को संरक्षित अवश्य किया; किंतु यह मानना कि उन्होंने बाहरी जाति का होने के कारण देश्यभाषा की अवज्ञा की, संभवतः ठीक नहीं है। यह कुछ संशयास्पद है कि गाहड़वाल बाहर से आए, और यदि कुछ समय के लिये यह मान भी लिया जाय कि गाहड़वाल दक्षिणी राष्ट्रकूटों की एक

शाखा थे तो भी हम यह समझ नहीं पाते कि उन्होंने अपभ्रंश की इस कारण से अवज्ञा की। अपभ्रंश काव्य तो दक्षिणी राष्ट्रकूटों के संरक्षण में फला फूला था। जिस वंश के राजाओं का संबंध स्वयंभू और पुष्पदंत जैसे अपभ्रंश कवियों से रहा हो, उनके वंशजों से क्या यह आशा की जा सकती है कि उन्होंने जान बूझकर अपभ्रंश की अवज्ञा की होगी। दामोदर भट्ट के उक्तिव्यक्तिप्रकरण के आधार पर भी हमें यह अनुमान करना ठीक प्रतीत नहीं होता कि राजकुमारों को घर पर मध्यदेशीय भाषा से भिन्न कोई अन्य भाषा बोलने की आदत थी। यदि वास्तव में यह स्थिति होती तो उसी भाषा द्वारा राजकुमारों की बनारसी या कन्नौजी भाषा की शिक्षा देने का प्रयत्न किया जाता। किंतु वस्तुस्थिति तो कुछ और ही है।

इन बातों को ध्यान में रखते हुए यही मानना होगा कि काव्यधारा सर्वत्र गतिशील थी। यह भी संभव है कि अनेक वीरकाव्यों की इस समय प्रायः सर्वत्र रचना हुई, यद्यपि उनमें से अधिकांश अब नष्ट हो चुके हैं। उनके साथ ऐसी धार्मिक भावना नहीं जुड़ी थी जो उन्हें सुरक्षित रखे। पुष्पदंत विनिर्मित भैरवनरेंद्रचरित कालकवलित हो चुका है। उनके आदि पुराणादि ग्रंथ वर्तमान हैं। देश्यभाषा में रचित वीरकाव्य के बचने के लिये एक ही उपाय था। उसका जीवन न राजाओं के संरक्षण पर निर्भर था और न जनता की धर्मभीरुता या धर्मप्राणता पर। उसकी स्वयंभू सप्राणता, सरसता, एवं अमर वर की तरह नित्य नवीन रहने की शक्ति ही उसे बचा सकती थी।

इस स्वयंभू सप्राणता का सबसे अच्छा उदाहरण पृथ्वीराजरासो है। किंतु पृथ्वीराजरासो रासो काव्यरूप का प्रथम उदाहरण नहीं, यह तो इसका पूर्णतया पल्लवित, विविध-वर्ण-रंजित रूप है। रास शब्द, जिसका प्रथमांत अपभ्रंश रूप रासउ या रासो है, उस समय तक घिस घिसाकर अनेकार्थों में प्रयुक्त होने लगा था। रास का सबसे प्राचीन प्रयोग एक मंडलाकार नृत्यविशेष के लिये है। अब भी जब हम गुजरात के रास और गर्वा के विषय में बातचीत करते हैं तो यही रूप अधिकतर हमारे सामने रहता। जैसा हमने रिपुदारण रास को जनता के संमुख उपस्थित करते हुए लिखा था, 'जब आनंदातिरेक से जनसमूह नृत्य करता है तो अपने भावों की अभिव्यक्ति के लिये स्वभावतः वह गान और अभिनय का आश्रय लेता है उसकी उमंग के लिये सभी द्वार खुले हों तभी उसे संतोष होता है। उसे संपूर्णांग नृत्य चाहिए; केवल मूक नृत्य उसकी भावभिव्यक्ति के लिये पर्याप्त नहीं है। श्रीमद्भागवत पुराण का रास कुछ इसी तरह का है उसमें गान, नृत्य और काव्य का मधुर मिश्रण है। पश्चिमी भारत के अनेक रास चिरकाल

तक संभवतः इसी शैली के रहे। रिपुदारण रास (रचना संवत् ९६२ वि०) में रस को हम अभिनेय रूप में प्राप्त करते हैं। इसी अभिनेयांश ने शनैः शनैः बढ़कर रास को उपरूपक बना दिया। किंतु इसी तरह गेयांश भी जनप्रिय होता जा रहा था। उसमें भी जनता को प्रसन्न और आकृष्ट करने की शक्ति थी। उसमें भी वह सरस्वती शक्ति थी जो कवि को अमरत्व प्रदान करती है।'

रस के साथ गाई जानेवाली कृतियाँ आरंभ में लघुकाय रही होंगी। अंगविज्जा में निर्दिष्ट 'रासक' जाति नाचती और साथ में गाती भी होगी। छंद भी संभवतः प्रायः वही एक रहा होगा जिसे रास छंद कहते हैं। उसका ताल ही ऐसा है जो नर्तन के लिये सर्वथा उपयुक्त है। शनैः शनैः लोगों ने अडिल्ल, ढोसा, पद्धडिका आदि छंदों को भी प्रयुक्त करना आरंभ कर दिया। किंतु इससे उसकी नर्त्यता में कोई बाधा नहीं पड़ी। प्राचीन अपभ्रंश छंदों की रचना ताल और लय पर आश्रित है। इनका समुचित प्रयोग भी वही कर सकता है जिसका कान अच्छी तरह से सधा हो। हेमचंद्र ने तो सभी मात्रिक छंदों तक के लिये रासक शब्द प्रयुक्त करनेवाले विद्वानों का मत भी उद्धृत किया है।

रास के गेयांश के जनप्रिय होने पर उसका अनेक रूप से प्रयुक्त होना स्वाभाविक था। धार्मिक आचार्यों ने रास द्वारा अपना संदेश जनता तक पहुँचाने का प्रयत्न किया। रास नाचने के बहाने से मोहसक्त पाँच सौ चोरों को प्राकृत चर्चरी द्वारा प्रतिबोधित करने का उल्लेख 'उत्तराध्ययन सूत्र' (कपिलाध्ययन) में तथा 'प्राकृत कुवलयमाला' में मिलता है। उसी प्रकार वादी सूरि को सिद्ध सेन दिवाकर के साथ लाट भरुच के बाहर गवालों के समक्ष जो वाद करना पड़ा, उसमें रास की पद्धति से ताल देते हुए उन्होंने ये पद्य गाए थेः–

नवि मारियइ नवि चोरियइ, परदारह गमण निवारियइ।
धोवा थावें दाइयइ, सग्गि दुगु दुगु जाइयइ।।

अब भी अनेक जैन आचार्य अपभ्रंश में रचना करते हैं, और उन्हें उपयुक्त रागों में गाते भी हैं। तेरह पंथ के क्षेत्र में यह पद्धति बहुत जनप्रिय रही है। जनता में वीरत्व, देशभक्ति आदि के भावों को जागृत करने के लिए भी रास उपयुक्त था। अतः उस क्षेत्र में रास का प्रयोग भी शायद नवीं दसवीं शताब्दियों तक होने लगा हो।

इस प्रकार के काव्यों के विकास का मार्ग इससे पूर्व ही प्रशस्त हो चुका था। संस्कृति की प्रशस्तियाँ, संस्कृत के ऐतिहासिक काव्य और नाटक, अपभ्रंश की अनेक कृतियाँ जिनमें इतस्ततः छोटे मोटे वीर काव्य समाविष्ट हैं, रासो-वीर-काव्य के मार्ग प्रदर्शक रहे होंगे। उनमें जिन कृतियों को कराल काल

कवलित न कर सका है, हम उसका कुछ परिचय यहाँ दे रहे हैं:–

१. भरतेश्वर बाहुबलि घोरः–इसकी रचना संवत् १२२५ के लगभग वज्रसेन सूरि ने की। कथा प्रसिद्ध है। भरतेश्वर ने सर्वत्र दिग्विजय की। किंतु उसका छोटा भाई बाहुबली अपने को भरतेश्वर का अधीनस्थ राजा मानने के लिये तैयार न था। इसलिये चक्र दिग्विजय के बाद भी आयुधशाला में न घुसा। भरतेश्वर ने बाहुबलि पर आक्रमण किया; किंतु अंततः द्वंद्वयुद्ध में उससे हार गया। स्वगोत्री पर चक्र प्रहार नहीं करता, इसलिये चक्र भी बाहुबली का कुछ न बिगाड़ सका। विजय के पश्चात् बाहुबली को ज्ञान उत्पन्न हुआ और उसने स्वाभिमान का त्याग कर दिया। इस रास में सेना के प्रयाण आदि का वर्णन सामान्यतः ठीक है, किंतु उसमें कुछ विशेष नवीनता नहीं है। संभवतः जैन मंदिरों में गान और नर्तन के लिये इसकी रचना हुई हो।

२. भरतेश्वर बाहुबलि-रास (रचनाकाल, सं० १२४१)–इसके रचयिता शालिभद्र सूरि आचार्य श्री हेमचंद्र के समकालीन रहे होंगे। काव्य के सौष्ठव को देखते हुए यह मानना पड़ेगा कि तत्कालीन देशी भाषाओं में उस समय उत्कृष्ट काव्य लिखे जा रहे थे। दिग्विजय के लिये प्रस्थान करने से पूर्व भरतेश्वर ऋषभदेव को प्रणाम करने के लिये चला;–

चलीय गयवर चलीय गयवर गुहिर गज्जंत।
हुंकइ हसमस हणहणइ तरवरंत हय-घट्ट चल्लीय;
पायल पयभरि टलटलीय मेरु-सेस-सीस-मणि मउड डुल्लीय।
सिउं मरुदेविहिं संचरीय कुंजरि चडीयनरिंद
समोसरणि सुरसरि सहिय वंदिय एढमजिणंद।।१।। (कं० १६)

चक्र ने पहले पूर्व दिशा में प्रयाण किया। साथ में चतुरंग सेना थी। सर्वत्र भरतेश्वर की विजय हुई। किंतु अयोध्या वापस आने पर चक्र ने आयुधशाला में प्रवेश न किया। इस पर भरत ने एक दूत बाहुबली के पास भेजा। रास्ते में सर्वत्र अपशकुन हुए–

काजल काल विडाल, आवीय आढिइं ऊतरइए।
जिमणउ जम विकराल, खर खर खर-रव ऊछलीय।।१५।। (कं० ५७)

सूकीय बाउल-डालि, देवि बइठि य सुर करइ ए।
झंपी य झालम झालि, घूक पोकारइ दाहिणइ ए।।१६।। (कं० ५८)

बाहुबली की राजधानी पोषणपुर पहुँच कर दूत ने अनेक तरह समझाते हुए अंत में कहा–

सरवसु सुंपि मनाविन भाई ।
कहि कुणि कूडी कुमति बिलाई ?
मूंझि म मूरख ! मरि न गमार ?
पय पणमीय करि करि न समार ।।२१।। (कं० ११०)

किंतु बाहुबली ने उत्तर में कहा कि मनुष्य को उतना ही प्राप्त होता है जितना भाग्य में लिखा है—

नेसि निवेसि देसि धरि मंदिरि
जलि थलि शृंगलि गिरि सुह, कंदरि।
दिसि दिसि देसि देसि दीपंतरि
लहीउं लाभइ जुगि सचराचरि ।।९४।।

साथ ही दूत से यह भी कहा कि वह भरत से कम बली नहीं है। दूत अयोध्या पहुँचा, भरत की सेना पोषणपुर पहुँची। भयंकर युद्ध हुआ दोनों पक्ष के बहुत से योद्धा मारे गये। अंत में सुरेंद्र के कहने पर दोनों भाइयों का द्वंद्व युद्ध हुआ। भरत हारा; किंतु विजयोन्मत्त न होकर बाहुबली ने कहा—

तइं जीतऊं मइं हरिउं भाइ।
अम्ह सरणि रिसहेसर पाय।। (कं० १९१)

और मन में पश्चात्ताप करते हुए—

सिरि वरि ए लोच करेउ
का सगि रहेउ बाहु बले।
आसूंइ ऐ अंखि भरेव
तस पथ पणमए भरह भडो।। (१९५)

भाई को कायोत्सर्ग मुद्रा में स्थित देखकर भरत ने बार बार क्षमा माँगी। किंतु बाहुबली को केवल ज्ञान उत्पन्न हो चुका था। भरत अयोध्या आये, और चक्र ने आयुधशाला में प्रवेश किया।

दो सौ पाँच छंदों का यह छोटा सा काव्य भारतीय वीर गाथाओं में निजी स्थान रखता है। इसके कथानक के गायन में कहीं शिथिलता नहीं है। युद्ध, सेना-प्रयाण, दूतोक्ति, बाहुबली की मनस्विता आदि के चित्र सजीव हैं। शब्दों का चयन अर्थानुरूप है। उक्ति वैचित्र्य भी द्रष्टव्य है। भरतेश्वर के चक्रवर्तित्व की हँसी उड़ाता हुआ बाहुबली कहता है—

कहिरे भरहेसर कुण कहीइ।
मइ सिउं रणि सुरि असुरि न रहीइ।

चक्र धरइ चक्रवर्ति विचार।
तउ अह्म पुरि कुंमार अपार।। (११२)

भरतेश्वर ही केवल चक्री न था। बाहुबली के नगर में भी अनेक चक्रवर्ती, यानि, कुम्हार थे। बाहुबली का बल चक्रादि आयुधों पर आश्रित न था–

परह आस किणि कारणि कीजइ?
साहस सइंवर सिद्धि वरीजइ।
हीऊं अनइं हाथ हत्थीयार
एहजि वीर-तरणउ परिवार।।१०४।।

इस रास की भाषा की हम 'रास और रासान्वयी काव्य' में प्रकाशित आबूरास, रेवंतगिरि रास आदि की भाषा से तुलना कर सकते हैं। राजस्थानी और गुजराती भाषा के विद्वानों के लिये यह मानों अपनी निजी भाषा है। प्राचीन हिंदी के जानकारों के लिये भी यह सुज्ञेय है।

पृथ्वीराज रासो

'भारत बाहु बलिरास' के कुछ समय बाद हम पृथ्वीराज रासो को रख सकते हैं। यह निश्चित है कि इसकी रचना सोलहवीं शताब्दी तक हो चुकी थी। अकबर के समय में रचित 'सुर्जन चरित' 'आईने-अकबरी' आदि ग्रंथों से सिद्ध है कि तत्कालीन समाज चंद और उसके काव्य से भली भाँति परिचित था। इसलिये प्रश्न केवल इतना ही रहता है कि सोलहवीं शताब्दी के कितने समय पूर्व पृथ्वीराज रासो की रचना हुई होगी।

रचनाकाल की प्रथम कोटि निश्चित की जा सकती है। संयोगिता स्वयंवर और कइमास वध रासो के प्राचीनतम अंश है। स्वयंवर की तिथि अनिश्चित है। किंतु कइमास वध की तिथि निश्चित की जा सकती है। खरतरगच्छ पट्टावली के उल्लेख से सिद्ध है कि संवत् १२३६ तक मंडलेश्वर कइमास पृथ्वीराज के दरबार में अत्यंत प्रभावशाली था। 'पृथ्वीराजविजय' की रचना के समय भी उसका प्रभाव प्रायः वही था। हम अन्यत्र सिद्ध कर चुके हैं कि 'पृथ्वीराजविजय' की रचना सन् ११९१ और ११९२ के बीच में हुई होगी। उसके नाम से ही सिद्ध है कि वह पृथ्वीराज की महान् विजय का काव्य रूप में स्मारक है। यह विजय सन् ११९१ में हुई। एक वर्ष बाद यही विजय पराजय में परिणत हो चुकी। कइमास-वध को हम ऐतिहासिक घटना मानें, तो हमें इसे पृथ्वीराजविजय की रचना के बाद, अर्थात् सन् ११९२ के आरंभ में रखना होगा। पृथ्वीराजविजय की यह घटना अज्ञात है; रासो के कथानक का यह प्रमुख भाग है। इसी बात को

ध्यान में रखते हुए हम रासो की रचना की प्रथम कोटि को सन् ११९२ में रख सकते हैं।

निश्चित रूप से इससे अधिक कहना कठिन है। रासो के अपभ्रंशरूप वाले पद्य 'पुरातन प्रबंध संग्रह' की जिस प्रति में मिले हैं, उसका लिपिकाल संवत् १५२८ है। इसलिये जिस पुस्तक से ये पद्य लिये गए हैं यह निश्चित ही वि० १५२८ (सन् १४७१) से पूर्व बनी होगी किंतु इसी संग्रह में निम्नलिखित ये शब्द भी मिले हैं:—

> **सिरि वत्थु पाल मंतीसर जयतसिंहभणणत्थं।**
> **नागिंदगच्छमंडण उदयप्पह सूरि सी सेणं।।**
> **जिणभद्देण य विक्कमकालाड नवइ अहियबारसए।**
> **नाणा कहाणपहाणा एष पबंधावली रईआ।।**

इससे यह स्पष्ट है कि प्रबंधसंग्रह के अंतर्गत कुछ प्रबंध संवत् १२८९ से पूर्व के भी हैं। क्या पृथ्वीराज प्रबंध उन्हीं प्राचीन प्रबंधों में है ? कहना कुछ कठिन है। प्रबंध में एकाध बात वर्तमान है जो इतिहास की दृष्टि से ठीक नहीं। पृथ्वीराज ने सात बार सुल्तान को हराकर नहीं छोड़ा, न उसने कभी गजनी से कर उगाहा। किंतु साथ ही कुछ बातें ऐसी भी हैं जिन्हें कोई जानकार ही कह सकता था। हांसी से आगे जाकर मुसलमानों से युद्ध करना ऐसी ही एक घटना है। युद्ध के समय पृथ्वीराज का सोना भी वैसी ही तथ्यमयी दूसरी घटना है। पृथ्वीराज का बंदी होकर अंत में मारा जाना भी इसी प्रकार सत्य है। गुर्जर देश में रहनेवाला कोई व्यक्ति सपादलक्षाधिपति पृथ्वीराज के विषय में यदि इतनी बातें जानता हो तो उसका समय पृथ्वीराज से बहुत अधिक दूर न रहा होगा। पर 'पुरातन प्रबंध संग्रह' के छप्पयों की भाषा के आधार पर भी रासो के काल का कुछ विचार किया जा सकता है। छप्पय निम्नलिखित है:—

> **इक्कु बाणु पहुबीसु जु पइं कइंबासह मुक्कओं**
> **उर भिंतरि खउहड़िउ धीर कक्खंतरि चुक्कउ।**
> **वीअं करि संघीउं भंमइ सूमेरनंदण ?**
> **एह सु गडि दहिमओ खणइ खुद्दइ सइंभरि वणु।**
> **फुड छंड़ि न जाइ इह लुम्भिउ वारइ पलकड खल गुलह,**
> **न जाणउं चंदबलद्दिउ किं न वि न छुट्टइ इह फलह।।२७५।।**
> **अगहु म गहि दाहिमआं रिपुराय खयंकरु**
> **कूडु मंत्रु मम ठवओं एडु जं वूय मिलि जग्गरु।**
> **सह नामा सिक्खवडं जइ सिक्खिबिडं बुज्झइं,**

जंपइ चंदबलिद्दु मज्झ परमक्खर सुज्झइ।
पहु पहुविराय सइं-भरिधणी सयंभरि सउणइ संभरिसि,
कइंबास बिआस विसट्ठ विणु मच्छिबंधिबद्धओ मरिसि।।

भाषा स्पष्टतः अपभ्रंश है; किंतु सर्वथा टकसाली अपभ्रंश नहीं। जिस अपभ्रंश का वर्णन हमें 'हेम व्याकरण' में मिलता है, यह उससे कुछ अधिक विकसित और कुछ अधिक घिसी है। इस बात को ध्यान में रखते हुए डॉ॰ माताप्रसाद गुप्त ने मूल रासो की रचना को सन् १४०० के लगभग रखने का प्रयत्न किया है। किंतु भाषादि के विषय में 'भरतेश्वर बाहुबलि रास' का संपादन करते समय मुनि जिनविजयजी ने जो शब्द लिखे थे वे पठनीय हैं:– इकार उकार के ह्रस्व दीर्घ का निश्चित नियम अपनी भाषा के पुराने लेखक नहीं रखते।...इसके सिवाय शब्दों की वर्ण संयोजना के बारे में भी अपने पुराने लेखक एकरूपता नहीं रखते। अकेले 'हवे' शब्द को 'हिवं' 'हिवु'। वर्ण संयोजना की इस अवस्था के कारण कोई भी पुरानी देशभाषा के लेखक की रचना में हमें उसकी निजी निश्चित भाषाशैली और लोगों की उच्चारण पद्धति का निश्चित परिचय नहीं मिलता। कोई ऐसी पुरानी कृति परिमाण में विशेष लोकप्रिय बनी हो और उसका पठन पाठन में अधिक प्रचार हुआ हो, तो उसकी भाषा रचना में जुदा-जुदा जमानों के अनेक जाति, रूप और पाठभेद उत्पन्न होते हैं, और वह अत्यधिक अनवस्थित रूप धारण करती है। और उसी के साथ किसी भाषातत्वानभिज्ञ संशोधक विद्वान् के साथ यदि उसके शरीर का कायाकल्प हो जाय तो वह उसी दम नया रूप भी प्राप्त कर लेती है।' यदि इन्हीं शब्दों को हम वि॰सं॰ १५२८ में लिपि की हुई पुस्तक पर लागू करें तो रासो के उद्‌धृत छंदों की भाषा हमें रासो को लगभग सन् १४०० के लगभग रखने के लिये बाध्य नहीं करती। उसकी अपेक्षाकृत परवर्तिता भाषा उपर्युक्त अनेक कारणों से हो सकती है।

मूल अपभ्रंश रासो इस समय उपलब्ध नहीं है। किंतु उसके अनेक परवर्ती रूप अब प्राप्त हैं। आरंभ में केवल रासो के लगभग ४०,००० श्लोक परिणाम वाले बृहद रूप की ओर लोगों का ध्यान गया। श्यामसुंदरदास और मोहनलाल विष्णुलाल पंड्या आदि ने १९०४-१९१२ में नागरीप्रचारिणी सभा से इस रूपांतर को प्रकाशित किया, और कई वर्ष तक इसी के आधार पर रासो की ऐतिहासिकता के विषय में विचार और विमर्श चलता रहा। कुछ समय के बाद उसके अन्य रूपांतर भी सामने आए। किंतु विद्वान् उन्हें रासो के संक्षिप्त रूप मानते रहे। सन् १९३८ में मथुराप्रसाद जी दीक्षित ने असली पृथ्वीराज रासो के नाम से रासो के मध्यम रूपांतर के एक समय को लाहौर से प्रकाशित किया।

इस रूपांतर का परिमाण लगभग १०,००० श्लोक हैं। सन् १९३९ में हमने इसके तीसरे रूपांतर के विषय में 'पृथ्वीराजरासो एक प्राचीन प्रति और प्रामाणिकता' नाम का एक लेख नागरीप्रचारिणी पत्रिका, काशी, में प्रकाशित किया। इस रूपांतर का परिमाण लगभग ४,००० श्लोक हैं। इस रूपांतर की प्रेस-कॉपी भी हमने तैयारी की थी। किंतु हमारे सहयोगी प्रोफेसर मीनाराम रंगा का अकस्मात् देहावसान हो गया और उसके बाद उस प्रति का कुछ पता न लग सका। रासो के चौथे रूपांतर का अंशतः संपादन 'राजस्थान भारती' में श्रीनरोत्तमदास स्वामी ने किया है। कन्नौज समय का संपादन डॉ० नामवर सिंह ने किया है। इस रूपांतर का परिमाण लगभग १३०० श्लोक हैं।

पाठों की छानबीन करने पर यह निश्चित रूप से कहा जा सकता है कि छोटे रूपांतर बड़े रूपांतरों के संक्षिप्त संस्करण नहीं हैं। डॉ० माताप्रसाद गुप्त ने सपरिश्रम परीक्षण के बाद बतलाया है कि बृहद् तथा मध्यम रूपांतरों में ४९ स्थानों में से केवल १६ स्थानों पर बलाबल संबंधी समानता है, शेष स्थानों में विषमता है। मध्यम और लघु में ५१ स्थानों में से २४ में विषमता है। यदि छोटे रूपांतर वास्तव में दूसरों के संक्षेप होते तो ऐसी विषमता न होती।

यह विषमता स्पष्टतः परवर्ती कवियों की कृपा है। रासो की जनप्रियता ही उसकी ऐतिहासिकता की सबसे बड़ी शत्रु रही है। समय के प्रवाह के साथ ही अनेक काव्य-स्रोतस्विनी इसमें आ घुसी है, और अब उसमें इतनी घुल मिल गई कि मुख्य स्रोत को ढूँढना कठिन हो रहा है। अपभ्रंश-काल से लघुतम संस्करण तक पहुँचते-पहुँते इसमें पर्याप्त विकृति आ चुकी थी; किंतु तदनंतर यह विकृति शीघ्र गति से बढ़ी। चारों रूपांतरों में पाए जाने वाले खंड केवल सोलह हैं। मध्यम रूपांतर में २१ समय और अधिक हैं। तैतीस खंड केवल बृहद् रूपांतर में वर्तमान हैं; और इनमें से भी पाँच इस रूपांतर की प्राचीनतम प्रतियों में नहीं मिलते। लोहाना आजनबाह, नाहर रायकथा, मेवाती मूगल कथा, हुसेनखाँ चित्ररेखा पात्र, प्रिथा विवाह, देवगिरि युद्ध, सोमवध, मोरा राइ भीमंगवध आदि अनैतिहासिक प्रसंग छोटे रूपांतरों में वर्तमान ही नहीं हैं।

यह स्थूलकायता किस प्रकार आई उसका अनुमान भी कठिन नहीं है। केवल कनवज्ज समय में लघुतम रूपांतर की अपेक्षा बृहद् रूपांतर में २१०७ छंद अधिक और उसकी काया लघुतम से सतगुनी है। इधर-उधर की सामान्य वृद्धि के अतिरिक्त कन्नौज यात्रा के वर्णन में निम्नलिखित प्रसंग अधिक हैं:—

१. जमुना किनारे पड़ाव	२. अपशकुनों की लंबी सूची
३. सामंत-वर्णन	४. देवी, शिव, हनुमान आदि का प्रत्यक्ष

होकर आशीर्वाद प्रदान

५. नागा साधुओं की फौज ६. शंखध्वनि साधुओं का वर्णन

डॉ० नामवरसिंह ने ठीक ही लिखा है, यह विस्तार स्पष्ट रूप से अनावश्यक और अप्रासंगिक है। अपशकुनों की कल्पना केवल प्रमुख सामंतों की मृत्यु को पुष्ट करने के लिये बाद में की गई और पूर्व सूचना के रूप में जोड़ी गई प्रतीत होती है। अलौकिक और अतिमानवीय घटनाओं के लिये भी ऐसी ही व्याख्या प्रस्तुत की जा सकती है।' हमने भी इसी प्रकार की वृद्धि को ध्यान में रखते हुए कई वर्ष हुए लघुकाय रूपांतरों को ही अधिक प्रामाणिक मानने का विद्वानों से अनुरोध किया था।

रासो का परिवर्धन-क्रम

मूल रासो के ठीक रूप का अनुमान असंभव है। किंतु इसमें तीन कथानक अवश्य रहे होंगे। संयोगिता स्वयंवर की कथा रासो का मुख्य भाग रही है। यही इसकी मुख्य नायिका है। इसी से यह काव्य सप्राण है। अन्यत्र हमने संयोगिता स्वयंवर की भाषा के आपेक्षिक प्राचीनत्व का भी कुछ दिग्दर्शन किया है। कइमास-वध का वर्णन पृथ्वीराज प्रबंध के अपभ्रंश पद्यों में है। अतः उसका भी रासो का मूलभाग होना निश्चित है। इसी प्रकार मुहम्मद गोरी से युद्ध और पृथ्वीराज का उसका अंततः वध भी मूल रासो के भाग रहे होंगे। इस घटना का उपक्षेप ऊपर उद्धृत 'कइंबास विआस विसट्ठ विष्णु मच्छिबंधिबद्धओ मरिसि' पंक्ति में स्पष्टतः वर्तमान है।

लघुतम की धारणोज की प्रति संवत् १६६७ की है। लगभग चार सौ वर्ष तक भाटों की जबान पर चढ़े इस काव्य में स्वतः अनेक परिवर्तन हुए होंगे। पुरातन कवियों की रचना में संभवतः अधिक भेद नहीं हुआ है। व्यास, शुकदेव, श्रीहर्ष, कालिदास आदि प्राचीन कवि हैं। भोजदेशीय प्रवरसेन का सेतुबंध भी प्राचीन ग्रंथ है। दंडमाली के विषय में कुछ निश्चित रूप से कहना कठिन है? शायद दंडी को ही दंडमाली संज्ञा दी गई हो। वंशावली दीर्घकाय नहीं है। उत्पत्ति की कथा केवल इतना ही कह कर समाप्त कर दी गई है कि माणिक्यराज ब्रह्मा के यज्ञ से उत्पन्न हुआ। इसी के वंश में कामांधबीसल हुआ। उसकी मृत्यु के बाद ढुंढ दानव की उत्पत्ति का वर्णन है जिसके अत्याचार से सोमर की प्रजा में हाहाकार मच गया। आनल्ल का जन्म मातृगृह में हुआ। अंत में ढुंढ को प्रसन्न कर उसने राज्य प्राप्त किया। आनल्ल का पुत्र जयसिंह हुआ। जयसिंह के पुत्र आनंदमेव ने राज्य करने के बाद तप किया और राज्य अपने पुत्र सोम को दिया। सोमेश्वर के अनंगपाल तंवर की पुत्री से पृथ्वीराज ने जन्म लिया।

इसके बाद रासो के मुख्य छंद, कवित्त, जाति, साटक, गाथा दोहा आदि का निर्देश कर कवि ने रास का परिमाण 'सहस पंच' दिया है जिसका अर्थ '१००५' या '५०००' हो सकता है। इसके बाद मंगलाचरण का पुनः आरंभ है। पृथ्वीराज का वर्णन इसके बाद में शुरू होता है। एक कवित्त में सामान्य दिल्ली किल्ली कथा का भी निर्देश है। यह भविष्यवाणी भी इसमें वर्तमान है कि दिल्ली तंवरों के हाथ से चौहानों के हाथ में और फिर तुर्कों के अधीन होगी। तंवरों का एक बार यहाँ राज्य होगा और अंत में यह मेवाड़ के अधीन होगी।

इस रूपांतर के अनुसार अनंगपाल ने अपने दौहित्र को राज्य दिया और स्वयं तीर्थयात्रा के लिये निकल पड़ा। ११९५ वि० सं० में पृथ्वीराज ने राज्य की प्राप्ति की। कन्नौज के पंगराय (जयचंद) ने मंत्रियों की मंत्रणा के विरुद्ध राजसूय यज्ञ का आरंभ किया। पृथ्वीराज उसमें संमिलित न हुआ। जयचंद ने दिल्ली दूत भेजा। किंतु गोविंद राजा से उसे कोरा करारा जवाब मिला—

तुम जानहु छत्रिय है न कोइ, निरवीर पुहमि कबहू न होइ।
(हम) जंगलिह वास कालिंदि कूल, जानहिं न राज जैचंद सूल।।
जानहिं न देस जोगिनि पुरेसु, सुर इंदु वंस प्रिथिवी नरेसु।
तिहं वारि साहि बंधियौ जेन भंजियो भूप भिढि भीमसेन।।

जयचंद ने पृथ्वीराज की प्रतिमा द्वार पर लगाई और यज्ञ आरंभ कर दिया। इसके बाद संयोगिता के सौंदर्य क्रीड़ादि का और पृथ्वीराज द्वारा यज्ञ के विध्वंस का वर्णन है। संयोगिता ने भी कथा सुनी और वीर पृथ्वीराज को वरण करने का निश्चय किया। राजा ने और ही वर का निश्चय किया था और हुआ कुछ और ही। राजा ने पुत्री के पास दूती भेजी। उसने संयोगिता को बहुत मनाया; किंतु संयोगिता अपने निश्चय से न टली। राजा ने उसे गंगा के किनारे एक महल में रखा।

उधर अजमेर में अन्य घटनाएँ घट रही थीं ! पृथ्वीराज अजमेर से बाहर शिकार के लिये गया था। दुर्भाग्यवश कैमास इस समय पृथ्वीराज की कर्णाटी के प्रणय-पाश में फँस गया। पृथ्वीराज को भी सूचना मिली, और उसने रात्रि के समय लौटकर उसे बाण का लक्ष्य बनाया। लाश गाड़ दी गई। किंतु सिद्ध सारस्वत चंदबरदाई से यह बात न छिपी रही।

११९१ की चैत्र तृतीया के दिन सौ सामंत लेकर पृथ्वीराज ने कन्नौज के लिये यात्रा की। किंतु वे कहाँ जा रहे हैं यह पृथ्वीराज और जयचंद ही जानते थे। रास्ते में राजा ने गंगा का दृश्य देखा और कन्नौज नगरी को देखते हुए राजद्वार पर पहुँचे। चंद के आने की सूचना प्रतिहार ने जयचंद को दी। चंद ने जयचंद

की प्रशंसा में कुछ पद्य कहे, किंतु उनमें साथ ही पृथ्वीराज की प्रशंसा की पुट थी। दासी पान देने आई और पृथ्वीराज को देखते ही सिर ढक लिया। जयचंद उसके रहस्य को पूरी तरह न समझ पाया। किंतु प्रातःकाल जब चंद को द्रव्यादि देने के लिये पहुँचा तो पृथ्वीराज को उसकी राजोचित चेष्टाओं से पहचान गया। किंतु पृथ्वीराज भयभीत न हुआ। वह नगर देखने गया और गंगा के किनारे पहुँचा। वहीं संयोगिता ने उसे देखा। पृथ्वीराज संयोगिता का वरण करके दिल्ली के लिये रवाना हुआ। महान् युद्ध हुआ। पृथ्वीराज यथा-तथा दिल्ली पहुँचा और विलास में मग्न हो गया।

अंतिम भाग में शिहाबुद्दीन से संघर्ष का वर्णन है। मुसलमानी आक्रमण से स्थिति शनैः शनैः भयानक होती गई। सामंतों ने चामुण्ड राज को छुड़वाया। अंतिम युद्ध में बाकी सामंत मारे गये। पृथ्वीराज को पकड़ कर शिहाबुद्दीन गजनी ले गया और अंधा कर दिया। चंद यथा-तथा वहाँ पहुँचा। उसने राजा को उत्साहित किया, और शिहाबुद्दीन को मारने का उपाय निकाल लिया। शिहाबुद्दीन के आज्ञा देते ही शब्दवेधी पृथ्वीराज ने उसे मार डाला। चंद ने खंजर से आत्मघात किया।

लघु रूपांतर में कुछ परिवर्धन हुआ। मंगलाचरण के बाद दशावतार की स्तुति आवश्यक प्रतीत हुई। पुनः दिल्ली राज्याभिषेक कथा के बाद भी यह प्रसंग रखा गया। कैमास मंत्री द्वारा भीम की पराजय, सामंत सलख पंवार द्वारा 'गोरीसाहबदीन' का निगाह, द्रव्यलाभ, संयोगिता उत्पत्ति, द्विजद्विजी संवाद, गंधर्वी संवाद. चंदविरोध, आदि कुछ नए प्रसंग इस रूपांतर में आए हैं। इनसे रासो की ऐतिहासिक सामग्री नहीं बढ़ती। द्विज-द्विजी संवाद, गंधर्व गंधर्वी संवाद आदि तो स्पष्टतः ऊपर की जोड़तोड़ हैं। दो दशावतार स्तुतिओं में एक के लिये ग्रंथ में वास्तव में कोई स्थान नहीं है।

मध्यम रूपांतर की कथा लघु रूपांतर से द्विगुण या कुछ अधिक है। स्वभावतः उसकी परिवृद्धि भी तदनुरूप है। नाहर राज्य पराजय, मूगल पराजय, इंछिनी विवाह, आखेटक सोलंकी सारंगदेह स्तेन मूगल ग्रहण, भूमि सुपन सुगन कथा, समरसी प्रिथा कुमारी विवाह, ससिव्रता विवाह, रार्ठार निड्ढर डिल्ली आगमन, पीपजुद्ध विजय हंसावती विवाह, वरुण दूत सामंत उभयो युद्ध वर्णन, मोराराइ विजय युद्ध वर्णन, मोराराइ भीमंग दे वधन, संयोगिता पूर्व ज़न्म कथा, विजयपाल दिग्विजय, बालुकाराय वधन, पंगसामंत युद्ध, राजा पानी पंथ मृगया केदार संवाद, पाहार हस्तेन पाति साहिग्रहण, सपली गिधिनी संजोतिको सूर सामंत पराक्रम कथन आदि नव्य नव्य प्रसंगों के सृजन द्वारा रासो की

अनैतिहासिकता इसमें दशगुणित हो चुकी है। किंतु इससे रस के काव्य सौष्ठव में कमी नहीं होती। कुछ नवीन प्रसंग तो काव्य दृष्टि से पर्याप्त सुंदर है।

बृहद रूपांतर में बहुत अधिक पाठ वृद्धि है। कन्ह अंख पट्टी, आखेटक वीर वरदान, खट्टू आखेट, चित्ररेखा पूर्व जन्म, पुंडीर दाहिमों विवाह, देवगिरि युद्ध, रेवातट युद्ध अनंगपाल युद्ध, घर-घर की लड़ाई, करहेड़ा युद्ध, इंद्रावती विवाह, जैतराई पातिसाह साहब, कांगुरा विजय, पहाड़राइ पतिसाह साहब, पज्जूनक छवाहा, चंद द्वारका गमन, कैमास पातिसाहग्रहण, सुकवर्णन, हांसी के युद्ध, पज्जून महुबा युद्ध, जंगम सोफी कथा, राजा आखेटक चख-श्राप, रैनसी युद्ध आदि इसमें नवीन प्रसंग हैं। डॉ० नामवरसिंह के विश्लेषण से भी स्पष्ट है कि सबके बाद की जोड़ तोड़ में लोहाना आजानु बाहु पद्मावती विवाह, होली कथा दीपमाला कथा और प्रथिराज विवाह हैं। संभव है कि इनमें से कुछ स्वतंत्र काव्यों के रूप में वर्तमान रहे हों, और अठारहवीं शताब्दी में ही इनकी रासो में अंतर्भुक्ति हुई हो।

कुछ ऊहापोह

रूपांतरों के परिवर्धन क्रम के आधार पर रासो के विषय में कुछ ऊहापोह किया जा सकता है। रासो की मुख्य कथा पृथ्वीराज से संबंध रखती है। उसका आदि भाग, चाहे हम उसे आदि पर्व कहें या आदि प्रबंध, वास्तव में रासो की पूर्वपीठिका मात्र है। हम 'मुद्राराक्षस' दशकुमाचरितादि की पूर्वपीठिकाओं से परिचित हैं। इनमें सत्य का अंश अवश्य रहता है; किंतु कल्पना सत्य से कहीं अधिक मात्रा में रहती है। यही बात पृथ्वीराजरासो के आदि भाग की है। उसमें सब वीसल एक हैं, पृथ्वीराज भी एक बन चुका है। ढुंढा दानव की विचित्र कथा भी है, और उसके बाद आनल्ल की। वास्तव में आनल्ल के पिता के समय सपादलक्ष को बहुत कष्ट उठाना पड़ा था। शायद इसी सत्य की स्मृति ने ढुंढा को जन्म दिया हो। दिल्ली प्राप्ति इस भाग के रचयिता को ज्ञात थी। किंतु उस समय तक लोग किसी अंश तक यह भूल चुके थे कि यह प्राप्ति विजय से हुई थी। अनंगपाल ने खुशी खुशी दिल्ली चौहानों को न दी थी। धारणोज की प्रति में यह आदि भाग वर्तमान है। निश्चित रूप से इसलिये यही कहा जा सकता है कि आदि पर्व की रचना वि०सं० १६६७ में हो चुकी थी। इसकी तिथि तालिका कल्पित है, और उसी के आधार पर रासो के अवशिष्टांश में भी तिथियाँ भर दी गई हैं।

स्वल्पसी प्रस्तावना के बाद संभवतः रासो का आरंभ पंगयज्ञ विध्वंस से होता है। इसके बाद संयोगिता का पृथ्वीराज को वरण करने का निश्चय,

कैमासवध, कन्नौज प्रयाण, कन्नौज वर्णन, संयोगिता विवाह, पंग से युद्ध और दिल्ली आगमन आदि के प्रसंग रहे होंगे। इनमें यत्र तत्र परिवर्धन और परिवर्तन तो संभव ही है। पुरातन-प्रबंध-संग्रह में उद्धृत भविष्यवाणी से यह भी संभव है कि रासो में पृथ्वीराज के युद्ध और मृत्यु के भी प्रसंग रहे हों। किंतु उस अंतिम भाग का गठन अवश्य कुछ भिन्न रहा होगा। पृथ्वीराज का शब्दवेध द्वारा मुहम्मद गोरी को मारना किसी परतर कवि की सूझ है। मूल के शब्द 'मच्छिवंधिबंदूओ मरिसि' से तो अनुमान होता है कि पृथ्वीराज की मृत्यु कुछ गौरवपूर्ण न रही होगी। उत्तर पीठिका का बानवेध प्रसंग संभव है मूल रासो में न रहा हो।

इसके बाद भी जो जोड़ तोड़ चलती रही उसका ज्ञान हमें लघु रूपांतरों से चलता है। इस रूपांतर की एक प्रति का परिचय देते हुए हमने लिखा था कि इसमें अनेक प्रसंग अनैतिहासिक हैं। लघु और लघुतर रूपांतरों की तुलना से इसमें कुछ अनैतिहासिक प्रसंग आसानी से चुने जा सकते हैं।

मध्य और बृहत् रूपांतरों का सृजन संभवतः मेवाड़ प्रदेश में हुआ। इनमें मेवाड़ विषयक कथानक यत्र तत्र घुस गये हैं, और पृथ्वीराज के समय मेवाड़ को कुछ विशेष स्थान देने का प्रयत्न किया गया है। समरसिंह पृथ्वीराज का साला नहीं, बहनोई है मध्यरूपांतर में समरसिंह जयचंद से युद्ध करता है। बृहदरूपांतर में वह शिहाबुद्दीन के विरुद्ध भी दिल्ली की सहायता करता है। इस रूपांतर में कविकल्पना ने रासो के आकार की खूब वृद्धि की है। इस रूपांतर का सृजन न हुआ होता तो संभवतः न रासो को इतनी ख्याति ही प्राप्त होती और न उसकी ऐतिहासिकता पर ही इतने आक्षेप होते। पडिहार, मुगल, सोलंकी, पँवार, दहिया, यादव, कछवाहादि सभी राजपूत जातियों को इसमें स्थान मिला है। कथा-वार्ताओं की सभी रूढ़ियों का भट्टदेवों ने इसकी कथा को विस्तृत करने में उपयोग किया है। डॉ० हजारीप्रसाद द्विवेदी ने जिन कथानक रूढ़ियों का निर्देश किया है, उनमें कुछ ये हैं–

१. कहानी कहने वाला सुग्गा

२. (क) स्वप्न में प्रिय का दर्शन

(ख) चित्र में देखकर किसी पर मोहित हो जाना

(ग) भिक्षुओं या बंदियों से कीर्ति वर्णन सुनकर प्रेमासक्त होना इत्यादि

३. मुनि का शाप

४. रूप परिवर्तन

५. लिंग परिवर्तन

६. परकाय प्रवेश

७. आकाशवाणी
८. अभिज्ञान या सहिदानी
९. परिचारिका का राजा से प्रेम और अंत में उसका राजकन्या और रानी की बहन के रूप में अभिज्ञान
१०. नायक का औदार्य
११. षड्ऋतु और बारहमासा के माध्यम से विरहवेदना
१२. हंस कपोत आदि से संदेश भेजना

इनमें अनेक रूढ़ियाँ रासो के बृहद रूपांतर में सफलतापूर्वक प्रयुक्त हुई हैं। हमारा अनुमान है कि मूल रासो शृंगाररसानुप्राणित वीर काव्य था और उनमें इन रूढ़ियों के लिये विशेष स्थान न था। रासो में रूढ़ियों का आश्रय प्रायः इसी लक्ष्य से लिया गया है कि प्रायः आलक्षित रूप से नई कथाओं को प्रक्षिप्त किया जा सके। यही अनुमान लघुकाय रूपांतरों के अध्ययन से दृढ़ होता है। लघु और लघु रूपांतर में दिल्ली किल्ली की कथा का उल्लेख मात्र है। राज-स्वप्न की रूढ़ि द्वारा उसे मध्यम रूपांतर में विस्तृत कर दिया गया है। शुक और शुकी के वार्तालाप से इंछिनी और शशिव्रता के विवाह उपस्थित किये गये हैं। संभवतः यह किसी अच्छे कवि की कृति है। किंतु ये रासो में कुछ देर से पहुँची। संयोगिता की कथा राजसूय यज्ञ की तैयारी से हुई होगी। उसमें 'मदनवृद्धवंभनी गृहे' सकलकला पठनार्थ द्विज-द्विजी संवाद गंधर्व-गंधर्वी संवाद, और वृहदरूपांतर का शुकवर्णन प्रक्षेप मात्र हैं। शुक संदेश वाली पद्मावती की कथा शायद सतरहवीं शताब्दी से पूर्व वर्तमान रही हो। किंतु वृहद रूपांतर की प्राचीन प्रतियों में भी यह कथा नहीं मिलती है। इसलिये रासो में इस कथानक का प्रवेश पर्याप्त विलंब से हुआ है।

संयोगिता की कथा का आरंभ होते ही अन्य रस गौण हो जाते हैं। उसके विवाह से पूर्व बृहद् रूपांतर में 'हांसी पर प्रथम युद्ध पातिसाह पराजय' हांसीपुर द्वितीय युद्ध पातिसाह पराजय', 'पज्जून महुवायुद्ध पातिसाह पराजय' पज्जून कछवाहा पातिसाह ग्रहण, जैचंद समरसी युद्ध, दुर्गा केदार, जंगम सोफी कथा आदि प्रसंग स्पष्टतः असंगत हैं। इनसे न मुख्य रस की परिपुष्टि होती है और न कोई ऐसा कारण उत्पन्न होता है जिससे पृथ्वीराज कन्नौज जाने की तैयारी करे। इसके विपरीत कैमास वध प्रेरक और षट्ऋतु वर्णन विलंब के रूप में यहाँ संगत कहे जा सकते हैं।

इसी तरह जब बृहद् रूपांतर के ६३ खंड 'सुकविलास' पर पहुँचते हैं तो स्वभावतः यह भावना उत्पन्न होती है कि प्रक्षेप की फिर तैयारी की जा रही

है। राजा आखेटक चखश्राप, प्रथिराज विवाह, समरसी दिल्ली सहाई आदि इस प्रक्षेप के नमूने हैं। जिस प्रकार रासो में एक कल्पना प्रधान पूर्वपीठिका है, उसी तरह उसमें एक उत्तरपीठिका भी वर्तमान है। यह किस समय जुड़ी यह कहना कठिन है। कुछ अंश शीघ्र ही और कुछ पर्याप्त बिलंब से इसमें संमिलित किये गए हैं। रैनसी जुद्ध, जै चंद गंगासन आदि प्रसंग इसके मध्य रूपांतर में भी नहीं हैं।

भाषा

पृथ्वीराज प्रबंध के अंतर्गत रासो पद्यों के मिलने के बाद हमारी यह धारणा रही है कि मूल रासो अपभ्रंश में रहा होगा। अब उसका कोई भी रूपांतर यदि अपभ्रंश का ग्रंथ न कहा जा सके तो उसका कारण इतना ही है कि जनप्रिय अलिखित काव्यों की भाषा सदा एक सी नहीं रहती। उनमें पुरानेपन की झलक मिल सकती है, यत्र तत्र कुछ अपभ्रंश प्राय स्थल भी मिल सकते हैं। किंतु भाषा बहुत कुछ बदल चुकी है। साहित्यिक अपभ्रंश किसी समय मुख्यतः टक्क, भादानक, मरुस्थलादि की बोलचाल की भाषा थी, इसी तथ्य को ध्यान में रखते हुए हमने राजस्थान में रचित, राजस्थान-शौर्य-प्रख्यापक इस पृथ्वीराजरासो काव्य के मूलस्वरूप को तेरहवीं शताब्दी में प्रयुक्त राजस्थानी भाषा, अर्थात् अपभ्रंश का ग्रंथ माना था। इसे विकसित राजस्थानी या पश्चिमी राजस्थानी का ग्रंथ मानने की भूल हमने नहीं की है।

पृथ्वीराज प्रबंध में उद्धृत रासो के पद्यों में अपभ्रंश की उकार बहुलता है, जैसे इंक्कु, वाणुं, पहुर्वास, जु, चंदबलद्दिउ। कइंबासह, गुलह, पइं, जंपइ आदि भी अपभ्रंश की याद दिलाते हैं। क्तांत क्रियाओं के मुक्कओ, खंडहडिउ आदि भी द्रष्टव्य हैं।

लघुतम संस्करण की भाषा अपभ्रंश नहीं है। किंतु यह बृहद् और लघु रूपांतरों की भाषा से प्राचीन है। इसमें फारसी भाषा के शब्दों का वृहद् रूपांतरों से कम प्रयोग है। रेफ का विपर्यय (कर्म > कम्म, धर्म > धम्म) लघुतम रूपांतर में अधिक नहीं है। व्यंजनों का द्वित्व प्राकृत और अपभ्रंश की विशेषता है। लघुतम रूप में यह व्यंजनद्वित्व प्रायशः रक्षित है। अंत्य 'आइ' अभी 'ऐ' में परिवर्तित नहीं हुआ है 'ऋ' के लिये प्रायः 'रि' का प्रयोग है। कर्ताकारक में अपभ्रंश की तरह रूप प्रायः उकारांत है। संबंधकारक में अपभ्रंश के 'ह' का प्रयोग पर्याप्त है। पुरानी ब्रज के परसर्ग 'ने' का रासो में प्रायः अभाव है। ब्रज का 'कौ' इसमें नहीं मिलता। अन्य भी अनेक प्राचीन ब्रज के तत्त्व इसमें नहीं हैं। किंतु चौहानों का मूलस्थान मत्स्य प्रदेश था। पूर्वी राजस्थान में पृथ्वीराज के

वंशज सन् १३०१ तक राज्य करते रहे। अतः इन्हीं प्रदेशों में शायद रासो का आरंभ में विशेष प्रचार रहा हो। रासो के जिन भाषा तत्त्वों को हम व्रज का पूर्वस्वरूप मानते हैं वे संभवतः पूर्व राजस्थानी के रूप हैं जो हिंदी के पर्याप्त सन्निकट हैं।

लघुरूपांतर की भाषा यत्र-तत्र इससे अधिक विकसित है। इसके दशावतारवंदन में कंसवध पर्यंत कृष्णचरित संमिलित है। इसके प्रक्षिप्त होने का प्रमाण निम्नलिखित पद्यों की नवीन भाषा है–

सुनो तुम चंपक चंद चकोर, कहौ कहं स्याम सुनौ खग मोर।
कियो हम मान तज्यो उन संग, सह्यो नहीं गर्व रहयो नहीं रंग।।
सकल लोक ब्रजवासि जहँ, तहँ मिलि नंदकुमार।
दधि तंडुल मंजुल मुखहिं, किय बहु विद्धि अहार।।

किंतु इसके पुराने अंश की भाषा अपभ्रंश के पर्याप्त निकट है।

रासो

हम जंगलहं वास कालिन्दि कूल
जांनहि न राज जैचन्द मूल।
जानहिं तु एक जुग्गिनि नरेस
सुर इंद वंस पृथ्वी नरेस।।

अपभ्रंश

जंगलह वासि कालिन्दि-कूल, जाणइ ण रज्ज जइचंदमूल।
जाणइ तु इक्कु जोरणि-पेरेसु, सुरिंदवंसहिं पुहविणरेसु।।

मध्यम और बृहद् रूपांतरों में भाषा का विकास और स्पष्ट है। फारसी शब्दों का प्राचुर्य द्वित्व युक्त व्यंजनों का सरलीकरण, स्वरसंकोचन, 'ण' के स्थान पर 'न' का और 'आइ' के स्थान पर 'ए' का प्रयोग विशेष रूप से दर्शनीय है। भाषाविभेद, प्रसंग विभेद, प्रकरण संगति आदि को ठुकरा कर ही हम यह सिद्ध कर सकते हैं कि रासो में कोई रूपांतर नहीं है। बृहद् रूपांतर की प्राचीनतम प्रति संवत् १७६० की है। इसके संकलयिता ने इस बात का ध्यान रखा है कि उस समय की सभी प्रसिद्ध जातियाँ उसमें आ जायँ और हर एक के लिये कुछ न कुछ प्रशंसा के शब्द हों।

रासो में ऐतिहासिक तथ्य

रासो की कथाओं के ऐतिहासिक आधार का हमने कई वर्ष पूर्व विवेचन किया था। बृहद् रूपांतर में अनेक अनैतिहासिक कथाओं का समावेश स्पष्ट रूप

में वर्तमान है। उसके संवत् अशुद्ध हैं। वंशावली कल्पित है। प्रायः सभी वर्णन अतिरंजित हैं। सभी रूपांतरों के विशेष विचार एवं विमर्श के बाद हम तो इस निष्कर्ष पर पहुँचे हैं कि रासो का मूल भाग संभवतः पंग-यज्ञविध्वंस, संयोगिता नेम-आचरण, कैमास वध, षट्रितु वर्णन, कनवज्जकथा और बड़ी लड़ाई मात्र है। इसमें आदि पर्व, दिल्ली किल्ली दान और अनंगपाल दिल्ली दान पूर्व पीठिका के रूप में जोड़ दिये गये हैं। इस पीठिका में कुछ ऐतिहासिक तथ्य वर्तमान हैं, किंतु तीन पृथ्वीराजों के एक पृथ्वीराज और चार बीसलों के एक बीसल होने से पर्याप्त गड़बड़ हो गई है। अनल और बीसल के संबंध में भी अशुद्धि है। ढुंढा दानव की कल्पना यदि सत्याश्रित मानी जायँ तो उसे मुहम्मद बहलिम मानना उचित होगा। इसके हाथों अनल के पिता के समय सपादलक्ष देश को काफी कष्ट उठाना पड़ा था। बाणवेध मूल रासो की उत्तर पीठिका है। इसमें भी कल्पना मिश्रित कुछ सत्य है। पृथ्वीराज प्रबंध और ताज़ुल मासीर से स्पष्ट है कि पृथ्वीराज की मृत्यु युद्ध स्थल में नहीं हुई। कोई षड्यंत्र ही उसकी मृत्यु का कारण हुआ।

इतिहास की दृष्टि से रासो के वृहद् रूपांतर में दी हुई निम्नलिखित कथाएँ सर्वथा असत्य हैं–

१. लोहाना आजानबाहु–बृहत् रूपांतर के प्राचीन प्रतियों में यह खंड नहीं मिलता। भाषा देखिये–

तब तबीब तसलीम करि लै धरि आइ लुहान।।४।।
हज्जार पंच सेना समथ, करि जुहार भर चल्लयौ।।७।।

तबीब, तसलीम आदि विदेशी शब्द हैं। तंवर वंशी आजानुबाहु का कच्छ पर आक्रमण भी असंभव है। पृथ्वीराज के साम्राज्य का कोई भूभाग कच्छ से न लगता था।

२. नाइरराय कथा–पृथ्वीराज अपने पिता की मृत्यु के समय केवल १०-११ साल का था। सोमेश्वर के जीवन काल में मंडोर राज नाहरराय को हराना और उसी की कन्या से विवाह करना पृथ्वीराज के लिये असंभव था।

३. मेवाती मूगल कथा–सोमेश्वर के जीवन काल में पृथ्वीराज द्वारा मेवाती मूगल की पराजय भी इसी तरह असंभव है। कविराज मोहनसिंहजी ने मूगल शब्द को मेवाती सरदार का नाम माना है। किंतु उसके सपक्षीय वाजिंद खाँ पठान, खुरासान खान मगंद मरदान आदि के नामों से प्रतीत होता है कि इस प्रसंग के रचयिता ने मूगल को मुसलमान ही माना है। पृथ्वीराज के समय मुसलमानों के मेवात में न होने का ज्ञान उसे न था।

४. हुसेन कथा ५. आखेट चूक ६. पुंडीर दाहिमी विवाह ७. पृथा विवाह ८. ससिब्रता विवाह ९. हंसावती विवाह १०. इंद्रावती विवाह ११. कांगुरा युद्ध	इन सब में अनेक ऐतिहासिक असंगतियों के अतिरिक्त यह बात भी ध्यान देने के योग्य है कि यह सब घटनाएँ सोमेश्वर के जीवन काल में अर्थात् पृथ्वीराज का जन्म सं० १२२३ में हुआ और सोमेश्वर की मृत्यु सं० १२३४ में। पृथ्वीराज की आयु इतनी कम थी कि राजकाज कपूर देवी को संभालना पड़ा।

१२. खड्वन मध्ये कैमास-पातिसाह ग्रहण

१३. भीमरा वध

भीम वास्तव में पृथ्वीराज के बाद भी चिरकाल तक जीवित रहा।

१४. पृथ्वीराज के शिहाबुद्दीन से कुछ युद्ध–

युद्धों की संख्या शनैःशनैः बढ़ती गई है। कुछ इनमें से अवश्य कल्पित हैं।

१५. समरसी दिल्ली सहाय

१६. रैनसी युद्ध

समरसी को सामंतसिंह का विरुद मानकर ऐतिहासिक आपत्तियों को दूर करने का प्रयत्न किया गया है। किंतु सामंतसिंह स्वयं सं० १२३६ से पूर्व मेवाड़ का राज्य खो बैठा था। संवत् १२४२ के पूर्व वागड़ का राज्य भी उसके हाथ से निकल गया। इसलिये यह संभव नहीं है कि उसने सं० १२४८ के लगभग पृथ्वीराज की कुछ विशेष सहायता की हो। मेरा निजी विचार है कि परिवर्धित संस्करणों की उत्पत्ति मुख्यतः मेवाड़ जनपद में हुई है, और इसी कारण उनमें मेवाड़ के माहात्म्य को विशेष रूप से बढ़ाया चढ़ाया गया है।

परिवर्धित भाग सभी शायद अनैतिहासिक न रहा हो। पूर्व पीठिका, और उत्तरपीठिका की अर्ध-ऐतिहासिकता के विषय में हम कुछ कह चुके हैं, भीम चौलुक्य और पृथ्वीराज का वैमनस्य कुछ ऐतिहासिक आधार रखता है। यद्यपि न भीम ने सोमेश्वर को मारा और न स्वयं पृथ्वीराज के हाथों मारा गया। कन्ह, अखपट्टी, पद्मावती विवाह आदि में भी शायद कुछ सत्य का अंश हो। वास्तव में यह मानना असंगत न होगा कि वर्तमान रासो का बृहद् रूपांतर एक कवि की कृति नहीं है। बहुत संभव है कि पृथ्वीराज के विषय में अनेक कवियों की रचनाएँ वर्तमान रही हों। महाभारत-व्यास की तरह किसी रासो-व्यास ने इन्हें

एकत्रित करते समय सभी को चंदवरदाई की कृतियाँ बना दी हैं। शुक शुकी, द्विज द्विजी आदि की प्रचलित रूढ़ियों द्वारा इन कथाओं को रासो के अंतर्गत करना भी विशेष कठिन न रहा होगा। जब रासो ने कुछ विशेष प्रसिद्धि प्राप्त की, तो इसमें अन्य जातियों के नाम भी जोड़ दिये गए। पज्जून कछवाहा, नाहडराय पडिहार, धीरपुंडीर, संभव है कि ऐतिहासिक व्यक्ति रहे हों। किंतु उनका पृथ्वीराज से संबंध संदिग्ध है।

रासो के मूलभाग में संयोगिता स्वयंवर, कैमासवध और पृथ्वीराज शिहाबुद्दीन-संघर्ष-प्रसंग हैं। इन तीनों की ऐतिहासिकता सिद्ध की जा सकती है। केवल रंभामंजरी और हम्मीर महाकाव्य में संयोगिता का नाम न आने से संयोगिता की अनैतिहासिकता सिद्ध नहीं होती। रंभामंजरी प्रायः सर्वथा ऐतिहासिक तथ्यों से शून्य है। हम्मीर महाकाव्य में भी पृथ्वीराज के नागार्जुन भादानक जाति, चंदेलराज परमर्दिन्, चौलुक्य राज भीमदेव द्वितीय एवं परमारराज धारावर्षादि के साथ के युद्धों का वर्णन नहीं है। हम्मीरमहाकाव्य का पृथ्वीराज के जीवन की इन मुख्य घटनाओं के विषय में मौन यदि इन्हें अनैतिहासिक सिद्ध न कर सके तो संयोगिता के विषय में मौन ही उसे अनैतिहासिक सिद्ध करने की क्या विशेष क्षमता रखता है? पृथ्वीराज प्रबंध से जयचंद और पृथ्वीराज का वैमनस्य सिद्ध है। 'पृथ्वीराज-विजय' में भी गंगा के किनारे स्थित किसी राजकुमारी से पृथ्वीराज के प्रणय का निर्देश है। काव्य यही त्रुटित न हो जाता तो यह विवाद ही सदा के लिये शांत हो जाता। 'सुर्जन चरित' और 'आइने अकबरी' में संयोगिता की कथा अपने पूर्ण रूप में वर्तमान है। संयोगिता के विषय में अनेक वर्षों के बाद भी हम निम्नलिखित शब्द दोहराना अनुचित नहीं समझते—

"जो राजकुमारी 'रासो' की प्रधान नायिका है, जिसके विषय में अबुलफज्ल को भी पर्याप्त ज्ञान था, जिसकी रसमयी कथा चाहमानवंशाश्रित एवं चाहमान वंश के इतिहासकार चंद्रशेखर के 'सुर्जनचरित' में स्थान प्राप्त कर चुकी है, जिसे सोलहवीं शती में और उससे पूर्व भी पृथ्वीराज के वंशज अपनी पूर्वजा मानते थे; जिसका सामान्यतः निर्देश 'पृथ्वीराज विजय' महाकाव्य में भी मिलता है; जिसके पिता जयचंद और जयचंद का वैमनस्य इतिहासानुमोदित एवं तत्कालीन राजनीतिक स्थिति के अनुकूल है; जिसकी अपहरणकथा अभूतपूर्व एवं असंगत नहीं है; जिसकी सत्ता का निराकरण 'हम्मीर महाकाव्य' और 'रंभामंजरी' के मौन के आधार पर कदापि नहीं किया जा सकता; जिसकी ऐतिहासिकता के विरुद्ध सभी युक्तियाँ हेत्वाभास मात्र हैं, उस कांतिमती संयोगिता को हम पृथ्वीराज की परमप्रेयसी रानी मानें तो इसमें दोष ही क्या है? यह चंद्रमुखी भ्रम-राहु द्वारा अब

कितने समय तक और ग्रस्त रहेगी ?"

कैमास की ऐतिहासिकता भी इसी तरह सिद्ध है। पृथ्वीराजविजय में यह पृथ्वीराज के मंत्री के रूप में वर्तमान है। खरतरगच्छपट्टावली में इसे महामंडलेश्वर कहा गया है। और राजा की अनुपस्थिति में यह उसका प्रतिनिधित्व करता है। जिनप्रभसूरि के विविध तीर्थ कल्प में भी कैमास का जिन प्राकृत के शब्दों में उल्लेख है। उनका हिंदी अनुवाद निम्नलिखित है:–'जब विक्रम संवत्सर १२४७ में चौहानराज श्रीपृथ्वीराज नरेंद्र सुल्तान शिहाबुद्दीन के हाथों मारा गया, तो राज-प्रधान परमश्रावक श्रेष्ठी रामदेव ने श्रावक संघ के पास लेख भेजा कि तुर्कराज्य हो गया है। श्री महावीर की प्रतिमा को छिपा कर रखना। तब श्रावकों ने दाहिमाकुल मंडन कयंबास मंडलिक के नाम से अंकित कयंबास स्थल में बहुत सी बालुका ढेर में उसे दबा दिया।' रासो में भी कैमास को दाहिमा ही कहा गया है। कवि ने कथा को अंतिरंजित भी कर दिया हो तो भी मूलतः यह ठीक प्रतीत होती है।

शिहाबुद्दीन और पृथ्वीराज के युद्ध के विषय में हमें कुछ अधिक कहने की आवश्यकता नहीं है। यह सर्वसंमत ऐतिहासिक घटना है। इसके बाद की उत्तरपीठिका की अर्ध ऐतिहासिकता के विषय में हम ऊपर लिख चुके हैं।

काव्यसौष्ठव–

काव्यसौष्ठव की दृष्टि से रासो में स्वाभाविक विषमता है। जब सब रासो एक कवि की कृति ही नहीं है, तो उसमें एक सा काव्यसौष्ठव ढूँढ़ना व्यर्थ है। लघुतम रूपांतर में जाह्नवी का अच्छा वर्णन है। कन्नौज की सुंदरियों का भी यह वर्णन पढ़ें–

भरन्ति नीर सुन्दरी ति पान पत्त अंगुरी।
कनंक बक्क जज्जुरो ति लग्गि कड्ढि जे हरि।।
सहज शोभ पंडरी जु मीन चित्रहीं भरी।
सकोल लोज जंघ्या ति लीन कच्छ रंभया।।
करिब्ब सोभ सेसरी मनो जुवान केसरी।
अनेक छब्बि छत्तिया कहूँ तु चंद रत्तिया।।
दुराइ कुच्च उच्छरे मनो अनंग ही भरे।
हरंत हार सोहाए विचित्र चित्त मोह ए।।
अधर अद्ध रत्तए सुकील कीर वद्धए।
सोहंत देत आलभी कहंत वीय दालमी।।

जयचंद के यज्ञ का वर्णन, पृथ्वीराज के सामंतों का जयचंद को उत्तर, यज्ञ-विध्वंस आदि प्रकरण कवि की प्रतिभा से सजीव है। वसंत का वर्णन भी पढ़ें—

लुट्टति भमर सुभ गंध वास।
मिलि चंद कुंद फुल्ल्यउ अगास।।
वनि वग्ग मग्ग वहु अंव मौर।
सिरि ढरइ मनु मनमत्य चौर।।
चलि सीत मंद सुगंध वात।
पावक मनहु विरहिनि निपात।।
कुह-कुह करंति कलयंठि जोटि।
दल मिलहिं मनहुँ आनंग कोटि।।
तरु पल्लव फुल्लहिं रत्त नील।
हलि चलहि मनहु मनमथ्थ पील।।

मूल रासो का अंत भी ग्रंथ के उपयुक्त रहा होगा। यह काव्य वास्तव में दुःखांत है, उसे सुखांत बनाना या उसके निकट तक पहुँचाना संभवतः परवर्ती कवियों की सूझ है। शत्रुओं से घिर जाने पर भी पृथ्वीराज ने स्वाभिमान न छोड़ा।

दिन पलटु पलटु न मन भुज वाहत सब शस्त्र
अरि भिटि भिट्यो न कोइ लिख्यु विधाता पत्र।।

जिस क्षत्रिय वीर से सब मुसलमान सशंकित थे, जिसकी आज्ञा सर्वत्र शिरोधार्य थी उसी को मुसलमान पकड़कर गजनी ले गए।[१]

रासो के परिवर्धित कुछ अंश काव्य-सौष्ठवयुक्त हैं। किंतु उन्हें चंद के कवित्व के अंतर्गत नहीं, अपितु महारासो के काव्यत्व के अंतर्गत मानना उचित होगा। इच्छिनी और शशिव्रता के विवाहों का वर्णन कवित्वयुक्त है। चंद की परंपरा में भी अनेक अच्छे कवि रहे होंगे। वे चंद न सही, चंद-पुत्र कहाने के अवश्य अधिकारी हैं।

जल्ह

परंपरा से जल्ह चंद के पुत्र हैं। यह बात सत्य हो या असत्य, यह निश्चित है कि उनमें भी काव्य रचना की अच्छी शक्ति थी। 'पुरातनप्रबंध-संग्रह' में उद्धृत

---

१. इसके बाद में उत्तरपीठिका है, और उसका अवतरण एक प्रसिद्ध साहित्यिक रूढ़ि द्वारा हुआ है।

जयचंद विषयक पद्य जल्ह की रचना है। जल्ह और चंद के समय में अधिक अंतर न रहा होगा।

पश्चिमी प्रांतों में ऐतिहासिक काव्यधारा का प्रसार

भारत के पश्चिमी प्रांतों में यह ऐतिहासिक काव्यधारा अनेक रूप से प्रसृत हुई। गुजरातियों और राजस्थानियों ने मनभर कर धर्मवीरों, दानवीरों और युद्धवीरों की स्तुति की। कुमारपालचरित, नवसाहसांकचरित (संस्कृत) कीर्तिकौमुदी (संस्कृत), सुकृतसंकीर्तन (संस्कृत), वसंतविलास (संस्कृत), धर्माभ्युदय काव्य (संस्कृत), रेवंतगिरिरासु (गुजराती), जगड-चरितं (संस्कृत), पेथडरास (गुजराती) आदि इसी प्रवृत्ति के फल हैं। जैनियों में धार्मिक कृत्य, जैसे जीर्णोद्धार आदि करनेवालों का विशेष महत्व है। साथ ही ऐसा व्यक्ति राज्य में प्रभावशाली रहा हो तो तद्विपयक रास आदि बनने की अधिक संभावना रहती है।

संवत् १३६९ में अलाउद्दीन की सेना ने शत्रुञ्जय के तीर्थनाथ ऋषभदेव की मूर्ति को नष्ट कर दिया था। पारण के समरासाह ने अलफखाँ से मिलकर फरमान निकलवाया कि मूर्तियों को नष्ट न किया जाय। उसने शत्रुञ्जय में नवीन मूर्ति की स्थापना की और संवत् १३७२ में संघसहित शत्रुञ्जयादि तीर्थों की यात्रा की। इस धर्मवीरता के प्रख्यापन के लिये अम्बदेव सूरि ने सं० समरारास की रचना की। रास की भाषा सरस है। यात्रा के बीच में वसंतावतार हुआ–

रितु अवतरियउ तहिंजि वसंतो, सुरहि कुसुम परिमल पूरंतो
समरह वाजिय ढक्क।
सागु सेलु सल्लइ सच्छाया, के सूय कुडय कयंब निकाया
संघसेनु गिरिमाहइ वहए।
बालीय पूछइं तरुवरनाम, वाटइ आवइं नव नव गाम
नय नीझरण रमाउलइं।।

जब संघ पाटण वापस पहुँचा, उस समय का दृश्य भी दर्शनीय रहेगा।

मंत्रिपुत्रह भीरह मिलीय अनु ववहारिय सार।
संघपति संधु बधावियउ कंठिहि एकठिहि घालिय जयमाल।
तुरिय घाट त[illegible] य तहिं समरउ करइ प्रवेसु।
अणहिलपुरि बद्धामणउ ए अभिनव ए अभिनवु।
ए अभिनवु पुत्रनिवासो।।

यह [illegible] भाषा, साहित्य और इतिहास इन तीनों दृष्टियों से उपयोगी है। खिल्जी [illegible] भारतीय स्थिति का इतना सुंदर वर्णन अन्यत्र कम मिलता है।

कुमारपाल, वस्तुपाल, विमल आदि के विषय में अनेक रास ग्रंथों की रचना हुई। किंतु इनमें शुद्ध वीर काव्य का आनंद नहीं मिलता। न इनके काव्य में कुछ मौलिकता ही है और न रमणीयता।

इनसे भिन्न युद्ध वीर काव्यों की परंपरा है। चौदहवीं शताब्दी में किसी कवि ने संभवतः अपभ्रंश भाषा में रणथंभोर के राजा हठी हम्मीर का चरित लिखा है। नयचंद के संस्कृत में रचित 'हम्मीर महाकाव्य' को संभवतः इससे कुछ सामग्री मिली हो और 'प्राकृतपैंगलम्' में उद्धृत अपभ्रंश पद्य संभवतः इस देश्यकाव्य से हों। राहुलजी ने इसके रचयिता का नाम जजल दिया है जो ठीक नहीं है।[१] जयचंद के मंत्री विद्याधर के जो पद्य मिले हैं वे भी इसी तरह अपभ्रंश में रचित हैं।[२] वे किसी काव्य के अंश हो सकते हैं, किंतु उन्हें मुक्तक मानना ही शायद ठीक होगा।

हमने अखण्डित रूप में प्राप्त 'रणमल्ल काव्य' को इस संग्रह में स्थान दिया है। इसकी रचना सन् १३९८ के लगभग हुई होगी। श्रीधर ने इसमें ईडर के स्वामी राठौड वीर रणमल्ल के यश का गायन किया है। भाषा नपी तुली और विषयानुरूप है। प्राचीन देश्य वीरकाव्यों में इसका स्थान बहुत ऊँचा है। रणमल्ल ने गुजरात के सूबेदार मुफर्रह को कर देने से बिल्कुल इनकार कर दिया:–

जा अम्बर पुडतलि तरणि रमइ, ता कमधज्जकंध न धग्ड़ नमइ।
वरि वढवानल तण झाल शमइ, पुण मेच्छन चास आपूं किमइ।।३०।।
पुण रणरस जाण जरद्द जड़ी, गुण सींगणि खंचि खन्ति चड़ी।
छत्तीस कुलह बल करि सु घणूं, पय भग्गिसुरा हम्मीर तणू।।३१।।

मीर मुफर्रह और रणमल्ल की सेनाओं में भयंकर युद्ध हुआ। रणमल्ल ने खूब म्लेच्छों का संहार किया और अंत में उसकी विजय हुई:–

कडक्कि मूंछ भींछ मेच्छ मल्ल मोलि मुग्गरि।
चमक्कि चल्लि रणमल्ल भल्ल फेरि सिंगरि।
धग्गक्कि धार छोडि धान धाडि धग्गड़ा।
पडक्कि वारि पक्कडंत मारि मीर मक्कड़ा।।४५।।

सीचाणउ रा कमधज्ज निरग्गल झड़पइ चड़वड़ धगड़ चिड़ा।
भडहढ करि सत्तिरि सहस भडक्कइ कमधज्जभुज भयवाह झड़ा।

---

१. देखें हमारा Early Chauhan Dynasties पृष्ठ ११६

२. JBRS, १९४९, पृष्ठ १५५-१६० पर हमारा लेख देखें।

खत्तितणि खयंकरि खफ्फर खूंदिश्र खान मान खण्डन्त हुआ।
रणमल्ल भयंकर वीरविडारण टोडरमलि टोडर जड़िया ।।६१।।

जैसा हमने अन्यत्र लिखा है, साहित्य की दृष्टि से 'रणमल्ल छंद' उज्ज्वल रत्न है। पृथ्वीराजरासो के युद्ध-वर्णन से आकृष्ट और मुग्ध होनेवाले साहित्यिक उसी कोटि का वर्णन छंद में देख सकते हैं। वही शब्दाडंबर है, किंतु साथ ही वह अर्थानुरूपता जो रासो के युद्ध वर्णनों में है हमें उस अंश में नहीं मिलती। इस सत्तर पद्यों के काव्य में शिथिलता कहीं नाममात्र को नहीं दिखाई पड़ती। इसके कथावतार में गंगावतार के प्रबल प्रताप का वेश, गुज्जन और साथ ही अद्‌भुत सौंदर्य है।'

भाषा की दृष्टि से छंद में पर्याप्त अध्येय सामग्री है। पृथ्वीराजरासो में फारसी शब्दों से चकित होनेवाले विद्वान् ७० पद्यों के इस छोटे से पुराने काव्य में फारसी शब्दों की प्रचुरता से कुछ कम चकित न होंगे। सामान्यतः इस ग्रंथ की भाषा को पश्चिमी राजस्थानी कहा जा सकता है।[१]

पूर्वी प्रदेश में इस वीरकाव्य-धारा के अंतर्गत विद्यापति की कीर्तिलता मुख्यरूप से उल्लेख्य है। इसमें कवि ने केवल कीर्तिसिंह के युद्धादि का ही वर्णन नहीं किया। उस समय का सजीव चित्र भी प्रस्तुत किया है। इसकी भाषा को अनेक विद्वानों ने प्राचीन मैथिली माना है। किंतु उसे परवर्ती अपभ्रंश कहना अधिक उपयुक्त होगा। कीर्तिलता पर हम अन्यत्र कुछ विस्तार से अपने विचार प्रस्तुत कर रहे हैं। पुस्तक का रचनाकाल सन् १४०२ के आसपास रखा जा सकता है।

इससे लगभग पचास वर्ष बाद कवि पद्मनाम ने 'कान्हडदे प्रबंध' की रचना की। पुस्तक का विषय कान्हडदे का अलाउद्दीन से संघर्ष है, वीरव्रती धर्मप्राण कान्हडदे ने किस प्रकार सोमनाथ का उद्धार किया, किस प्रकार सिवाने के गढ़पति वीर सातलदेव ने खिल्जियों के दाँत खट्टे किए। और किस तरह कान्हडदे ने कई वर्ष तक खिल्जी सेना का सामना किया—इन सब बातों का कान्हडदे प्रबंध ने अत्यंत ओजस्वी भाषा में वर्णन किया है।[२] इतिहास की दृष्टि से पुस्तक बहुमूल्य है। भाषा विज्ञान की दृष्टि से इसका पर्याप्त महत्व है और इससे भी अधिक महत्व है इसके काव्यत्व का। पुस्तक चार खंडों में पूर्ण है। सेना के प्रयाण, नगर, प्रेम इन सबका इस काव्य में वर्णन है। किंतु इनसे कथा

१. छंद के ऐतिहासिक महत्व और सार के लिए संग्रह के अंतर्गत भूमिका देखें।

२. शोधपत्रिका, उदयपुर, भाग ३, अङ्क १ में कान्हडदं प्रबंध पर हमारा लेख देखें। कान्हडदे के जीवनवृत्त के लिये Early chauhan Dynasties पृष्ठ १५९-१७० पढ़ें।

की गति कहीं रुद्ध नहीं होती। वीररस प्रधान इस काव्य के प्रणेता पद्मनाम में वह शक्ति है जो अन्य सब रसों को, अन्य सब वर्णनों को, काव्य के मुख्यरस और विषय और विषय के परिपोषक बना सके। मुनि जिनविजय जी ने बहुत सुंदर शब्दों में इस काव्य के विषय में कहा है–'इस प्रबंध में, कुछ तो राजस्थान-गुजरात के गौरवमय स्वर्णयुग की समाप्ति का वह करुण इतिहास अंकित है जिस पद पर हम खिन्न होते हैं, उद्विग्न होते हैं और रुदन करते हैं; पर साथ ही में इसमें कराल कालयुग में देवांसी अवतार लेनेवाले ऐसे धीरोदात्त वीर पुरुषों का आदर्श जीवन चित्रित है जिसे पढ़कर हमें रोमांच होता है, गर्व होता, हर्षाश्रु आते हैं।' कान्हडदे प्रबंध का बहुत सुंदर संस्करण, राजस्थान पुरातत्व मंदिर ने प्रस्तुत किया है।

इन्हीं वीरचरितानुकीर्तनक काव्यों में राससंग्रह में प्रकाशित 'राउ जैतसीरो रासो' है। वीर जैतसी बीकानेर के राजा थे। जब हुमायूं बादशाह के भाई कामरान ने बीकानेर पर आक्रमण कर देवमंदिरों को नष्टभ्रष्ट करना शुरू किया तो जैतसी ने अपनी सेना एकत्रित की और रात्रि के समय अचानक मुगल सेना पर आक्रमण कर दिया। कामरान अपना बहुत सा फौजी सामान और तंबू आदि छोड़कर भाग खड़ा हुआ। इस विजय का कीर्तन अनेक ओजस्वी काव्यों में हुआ है। बीठू सूजा के 'छंद राउ जइतसीरो' को डा० तैसीतरी ने संपादित और प्रकाशित किया था। इसके मुगल सेना के वर्णन की तुलना अमीर खुसरो के मुगलों के वर्णन से की जा सकती है:–

जोड़ाल मिलइ जमदूत सोष, काइरा कपीमुक्खो सक्रोध।
कुवरत्त केविकाला किरिट्ठ, गड़दनी गोल गाँजा गिरिट्ठ।।
वेसे विचित्र सिन्दूर व्रन्न, कूंडी कपाल के छाज कन्न।

इसी विषय पर एक अज्ञात कविकृत एक अन्य काव्य भी अनूप-संस्कृत-पुस्तकालय में है। इस संग्रह में प्रकाशित रास भी समसामयिक कृति है। कवि ने जैतसी और कामरान के संग्राम को अवश्यंभावी माना है–

खंडहियां बांका भडां हुवै परसिथ्य।
राटौडां अर मुगालां नहु चूकै भारिथ्य।।

जैतसी ने कामरान को मरुदेस पर आक्रमण करने की चुनौती दी और कामरान ने सदलबल बीकानेर पर कूच किया। ऐसा मालूम हुआ मानों महोदधि ने अपनी सीमा छोड़ दी है। यह जानकर कि मुसलमान 'जौधधर' को जीतने जा रहे हैं। गिद्धनियों ने मंगलगान शुरू किया। जैतसी ने भी अपने तीन हजार योद्धाओं के साथ घोड़ों पर सवारी की। मुगल कामिनी ने मान किया था, मरुराज उसे प्रसन्न करने के लिये पहुँचा। युद्ध एक चौगान बन गया–

चढै रिणचंग सरीखा संग, बुटे हय तंग मचै चौरंग।
बिचै रिण ढाणि पडंतजुआण, बिढे निरवाणि वधै वाखाण।।

अंततः युद्धक्षेत्र में जैतसी ने मुगल को पछाड़ दिया—

अणभंग तूंग करतंग रहरह्यां बड़ो प्रव लौडियो।
जैतसी जुड़े वलि मल्ल ज्यूं मुगलां दल मचकौड़ियो।।

मांउड व्यास की कृति 'हम्मीरदेव चौपई' की भी हम वीरकाव्यों में गणना कर सकते हैं। 'चौपई' संवत् १५३८ की रचना है। काव्य की दृष्टि से इसका स्थान सामान्य है।

बीसलदेव-रासो को हम ऐतिहासिक रासों में सम्मिलित नहीं कर सके हैं। इसका नाममात्र बीसल से संबद्ध है। कथा अनैतिहासिक है। रचना भी संभवतः सोलवीं शताब्दी से पूर्व की नहीं है।[१]

इसी प्रकार आल्हा का रचनाकाल अनिश्चित है। किंतु संभव है कि पृथ्वीराजरासो की तरह यह भी किसी समय छोटा सा ग्रंथ रहा हो। इसके कर्ता जगनिक का नाम 'पृथ्वीराज विजय' के रचयिता जयानक की याद दिलाता है। जैसा हम अन्यत्र[२] लिख चुके हैं, कि चंदेलराज परमर्दिन् और चौहान राजा पृथ्वीराज तृतीय का संघर्ष सर्वथा ऐतिहासिक है। किंतु जिस रूप में यह अब प्राप्त है उसमें ऐतिहासिकता बहुत कम है। अपने रूप रूपांतरों में आल्हाः ऊदल की कथा अब भी बढ़ घट रही है। बाबू श्यामसुंदरदास द्वारा संपादित 'परमाल रासो' आल्हा का एक अर्वाचीन रूपांतर मात्र है।

खुम्माण रासो की रचना सं० १७३० से सं० १७६० के बीच में शांतिविजय के शिष्य दलपत (दलपत विजय) ने की। इसमें वप्पा रावल से लेकर महाराणा राजसिंह तक के मेवाड़ के शासकों का वर्णन है। खोम्माण वंश के वर्णन की वजह से शायद इसका नाम 'खुम्माण रासो' रख दिया गया है। इसे नवीं शताब्दी की रचना मानना भ्रांति है।

विजयपाल रासो भी इसी तरह अधिक पुरानी रचना नहीं है। इसका निर्माण काल पृथ्वीराजरासो के वृहद् रूपांतर की रचना के बाद हम रख सकते हैं। इतिहास की दृष्टि से पुस्तक निरर्थक है, किंतु काव्य की दृष्टि से यह बुरी नहीं है।

इसी प्रणाली से रचित 'कर्णसिंहजी रो छंद', 'राजकुमार अनोप सिंहजी री वेल', 'महाराज सुजान सिंघ जी रासो' आदि के विषय में दयालदासरीख्यात

---

१. देखें Earle Chauhan Dynasties, पृ० ३४२।

२. वही, पृ० ६३९।

की प्रस्तावना में कुछ शब्द लिखे हैं। शिवदास चारण रचित 'अचलदास खीची री वचनिका' संपादित है किंतु अब तक प्रकाशित नहीं हुई। कवि जान का 'क्याम खां रासो' नाहटा बंधुओं और हमारे संयुक्त संपादकत्व में राजस्थान पुरातत्व मंदिर, जयपुर से प्रकाशित हुआ है। इसमें फतेहपुर (शेखावटी) के कायम खानी वंश का वर्णन है। जान अच्छा कवि था। इसी ग्रंथ के परिशिष्ट रूप में अलिफ खां की पैड़ी प्रकाशित है। इतिहास की दृष्टि से भी 'क्याम खां रासो' अच्छा ग्रंथ है। इसकी समाप्ति वि०सं० १७१० (सन् १६५३ ई०) के आस पास हुई होगी। इसके कुछ पद्य देखियेः—

बांके बांकेहि बने, देखहु जियहि विचार।
जो बांकी करवार है तो बांको परवार।।
बांकै सौं सूधो मिलो तो नांहिन ठहराह।
ज्यों कमांन कवि जान कहि, बानहिं देत चलाइ।।

दिल्ली का वर्णन भी पठनीय हैः—

अनंत भतारहि भखि गइ, नैकु न आई लाज।
येक मरै दूजै घरै, यही दिली को काज।।
जातं गोत पूछत नहीं, जोई पकरत पान।
ताहि सौं हिलि मिलि चलै, पै भखि जार निदान।।

संवत् १७१५ के लगभग प्रणीत जग्गाजी का 'रतनरासो' भी उत्कृष्ट वीरकाव्य है। कवि वृंद सं० १७६२ में इसी शाहजहाँ के पुत्रों के संघर्ष में मारे गए। किशनगढ़ के महाराजा रूपसिंहजी की वीरता का ओजस्वी भाषा में वर्णन किया। है। सं० १७८५ में समाप्त जोधराज का 'हम्मीररासो' नांगरी प्रचारिणी सभा द्वारा प्रकाशित है। बांकीदास, सूरजमल मिश्रण, केसरीसिंह जी आदि होती हुई यह वीरगाथा धारा वर्तमान काल तक पहुँच गई है।

असाधारण वीरत्व में रोमांचित होकर आशुकाव्य द्वारा इस वीरत्व को अमर बनानेवाले कवि अब तक राजस्थान में वर्तमान हैं।

किंतु जैसा हम ऊपर कह चुके हैं, वीरत्व एक प्रकार का ही नहीं अनेक प्रकार का है। इसमें दानवीरत्व और धर्मवीरत्व का ख्यापन जैन कवियों ने बहुत सुंदर किया है। मुगल-सम्राट् अकबर ने सब धर्मों को प्रतिष्ठा दी। जैन साधुओं में से उसने विशेष रूप से तपागच्छ के श्रीहरिविजय सूरि और खरतरगच्छ के श्रीजितचंद्र सूरि को सम्मान दिया। इन दोनों प्रभावक आचार्यों ने धर्म की उन्नति के लिये जो कार्य किया वह जैन संप्रदाय के लिये गौरव की वस्तु है। 'रास और रासान्वयी काव्य' में संगृहीत 'अकबर-प्रतिबोधरास' में खरतराचार्य श्रीजितचंद्र के

अकबर से मिलने और उन्हें प्रतिबुद्ध करने का वर्णन है। रास का रचना काल 'वसु युग रस राशि वत्सर' दिया जिसका मतलब १६२८ या १६४८ हो सकता है। इसमें सं० १६४८ ठीक है। उस समय कर्मचंद बीकानेर छोड़ चुका था। श्रीजिनचंद्र अति लंबा मार्ग तय करके अकबर से लाहौर में मिले, और धर्म का उपदेश दिया। काव्यत्व की दृष्टि से रास सामान्य है।

श्रीजिनचंद्र के देहावसान के समय लिखित 'युग-प्रबंध' में उनके मुख्य कार्यों का वर्णन है। सलीम के जैन साधुओं पर क्रोध करते ही सर्वत्र खलबली मच गई। कई पहाड़ियों में जा घुसे कई जंगलों और गुफाओं में। इस कष्ट से श्री जिनचंद्र ने उन्हें बचाया। बादशाह ने सबको छोड़ दिया। किंतु आचार्य का वृद्ध शरीर यात्रा कष्ट से क्षीण हो चुका था और सं० १६५२ में उनका देहावसान हुआ।

'श्रीविजयतिलक सूरि रास' के विषय हम भूमिका और सामाजिक जीवन में कुछ लिख चुके हैं। जंबूद्वीप का वर्णन अच्छा है। जंबूद्वीप में सोरठ, सोरठ में गुर्जरदेश और गुर्जरदेश में सुंदर वीसलनगर था। उसके भवनों की तुलना देवताओं के विमान भी न कर सकते थे–

सपतभूमि सोहइ आवासि देखत अमरहूआ उदास।
अह्म विमान सोभी अछही भरी जाणो तिहांथी आणीहरी।

स्थान स्थान पर लोग नाटक देखते। कोई नाचता, कोई गाता, कोई कथा कह कर चित्त रिझाता। कहीं पञ्च शब्द का घोष था कहीं शहनाई का। कहीं मल्लयुद्ध होता, मेढों का युद्ध।

वाणादि की कृतियों को अनुसरण करते हुए अकबर के राज्य में कवि ने केवल ध्वजाओं में दंड, धोबी की शिला पर मार, शूर (बहादुर, सूर्य) का पर्व पर ग्रहण, पाप का विरह, बंधन केशों का, दुर्व्यसन को देश निकाला, और दोहती समय गायों का दमन देखा है।

इस बीसलनगर में साहु देव के रूपजी और रामजी नाम के पुत्र हुए। इन्हीं पुत्रों का नाम रतनविजय और रामविजय हुआ। स्वभावतः रासो के अग्रिम भाग में कुछ विशेष काव्य-सौष्ठव नहीं है।

धार्मिक रासों की, विशेषकर आचार्यों को दीक्षा, निर्वाण और जीवन से संबंध रखनेवाले रासों की, संख्या बहुत बड़ी है। इनके प्रकाशन से तत्कालीन समाज, भाषा, और इतिहास पर पर्यात प्रकाश पड़ सकता है। किंतु हमने प्रायः उन्हीं ऐतिहासिक रास काव्यों को स्थान दिया है जिनमें इतिहास के साथ कुछ काव्य-सौष्ठव भी हो और जो किसी समय-विशेष का प्रतिनिधित्व कर सकें।

गोरखनाथ की हिन्दी कविता का महत्व

—डॉ० रांगेय राघव

गोरखनाथ की कविता अधिक प्राप्त नहीं; जो प्राप्त है उस पर अधिकार से कुछ कहना तनिक कठिन है। तथ्य के दृष्टिकोण से वह विशेषतया साम्प्रदायिक रचना है। उसमें काव्य के दृष्टिकोण से अधिक महानता नहीं है। तब गोरखनाथ की हिन्दी कविता का क्या महत्व है?

जिस व्यक्ति के नाम पर संस्कृत के अनेक ग्रन्थ प्रचलित हैं, उसी के नाम के हिन्दी ग्रन्थ देखकर यह विचार उठता है कि इस व्यक्ति ने अपनी बात का जनसाधारण में प्रचार करने के उद्देश्य से ही हिन्दी का भी सहारा लिया था। किन्तु यह गुण केवल गोरखनाथ में ही हो, ऐसा कहना अनुचित होगा। अन्य सिद्धों, बौद्धों ने भी ऐसा किया है। तब प्रश्न उठता है कि मध्य युग के सन्धि काल में स्वयंभू आदि बड़े-बड़े कवियों के सामने गोरख का स्थान ही क्या है।

गोरखनाथ की कविता वास्तव में भारतीय इतिहास की एक बहुत बड़ी कड़ी है। इसके अनुसार हमारे हिन्दी साहित्य के इतिहास का काल-विभाजन पं० रामचन्द्र शुक्ल के अनुसार न करके इस प्रकार करना पड़ेगा:

१. अपभ्रंश-काल।

२. सन्धियुगीन नाथ-सम्प्रदायगत कविता।

३. हिन्दी युग।

अपभ्रंशकाल की भाषा तद्भव-प्रधान है। हिन्दी युग की भाषा तत्समप्रधान है। राहुलजी ने कहा है कि हिन्दी कविता १४वीं शताब्दी से तत्सम-प्रधान हो गई और उसने अपना रुख बदलकर भाषा का दूसरा रूप धारण कर लिया। इस्लाम के आगमन से भारतीय जनता ने जो अपने को संगठित किया, इसमें उसकी भाषा का भी संगठित स्वरूप दिखाई दिया, क्योंकि संस्कृत से तत्कालीन देशभाषाओं ने अपना पल्ला जोड़ लिया।

प्रश्न उठता है कि तद्भव-प्रधान भाषा को तत्सम-प्रधान होने में जो लगभग ५०० वर्ष बीत गए, इसमें किस प्रेरणा ने प्रधान कार्य किया ? गोरखनाथ निस्सन्देह सन्धियुग के सच्चे प्रतीक हैं क्योंकि इस प्रकार की भाषा का स्रोत

उन्हीं में पहले-पहल प्राप्त होता है। यही सन्धियुगीन नाथ सम्प्रदायगत कविता की भाषा है। यद्यपि इसका प्राप्त रूप केवल इस ओर इंगित-मात्र ही करता है।

आज वह तद्‌भव-प्रधान भाषा शीघ्र समझ में नहीं आती। तत्सम-प्रधान भाषा समझ में आती है। गोरखनाथ की भाषा के विषय में निम्नलिखित कारण हो सकते हैं:

१. गोरखनाथ की कोई रचना अब अपने मूल रूप में है ही नहीं।

२. पृथ्वीराज रासो की भांति उसका रूप भी बदल गया है।

ये दोनों तथ्य गम्भीर हैं और काफी सीमा तक अखंड दिखाई देते हैं। किन्तु फिर प्रश्न आता है कि भाषा का जब परिवर्तन हुआ, तो वह क्या आकस्मिक था ? मेरे विचार में तथ्य इस ओर इंगित करते हैं:

१. नाथ-सम्प्रदाय की संस्कृत से जानकारी थी।

२. गोरखनाथ स्वयं ब्राह्मण थे। उन्हें संस्कृत अच्छी तरह आती थी। सम्भवतः उनकी भाषा का अन्य सिद्धों की भाषा से कुछ वैसा ही भेद रहा हो जैसा तुलसी और जायसी का, अथवा कुछ सीमा तक जैसे आज सुमित्रानन्दन पंत और बच्चन की भाषा का।

३. उनमें ब्राह्मण प्रभाव शेष था। और बौद्ध-विरोध इसमें सहायक था।

४. उन्होंने उच्च और निम्न समाजों में अपना एक-सा प्रभाव रखने को संस्कृत और देश भाषा का साथ नहीं छोड़ा।

५. नाथ-पंथियों का सर्वेश्वरवाद इस्लाम के आने से अधिक से अधिक 'हिन्दू' वातावरण की ओर खिंचता गया और जब सब धर्म किसी न किसी रूप में वेद के नीचे आने लगे, तब यह सम्प्रदाय बहुत लाभकर सिद्ध हुआ और इसने संस्कृत को जनता तक पहुँचाया।

६. इसी समय गोरखनाथ की मूल कविता का तद्‌भव रूप तत्सम भाषा में मंजने लगा और तत्सम के लिए भूमि होने से वह तद्‌भव के स्थान पर चढ़ने लगा।

७. संतों की बानी में आते-आते हिन्दी इतनी सशक्त हो गई कि तत्कालीन तद्‌भव और तत्सम दोनों को पचाने की उसमें सामर्थ्य हो गई और देश भाषा भारत के प्राचीन ज्ञान-भंडार को सम्भालकर वहन करने के योग्य हो गई।

इस प्रकार हम देखते हैं कि भाषा के दृष्टिकोण से गोरखनाथ की कविता का एक ऐतिहासिक मूल्य है जिसे समझ लेना आवश्यक है। रामानुज और शंकर को यह महत्व नहीं दिया जा सकता, क्योंकि उन्होंने संस्कृत में अपनी रचनाएँ

की थीं। इसका कारण था कि वे ब्राह्मणवाद से घिरे हुए थे। गोरखनाथ को कोई ऐसे बंधन नहीं थे। गोरखनाथ के युग में अपभ्रंश का रूप अलग-अलग स्थानों में आज की भाँति बहुत अलग-अलग नहीं था। भाषा व्यस्त होती जा रही थी और भेद बढ़ते जा रहे थे। उस समय तद्भव के स्थान पर तत्सम का प्रयोग सम्भवतः गोरखनाथ का ऊपर दिए कारणों से पहला प्रयत्न था जिससे परवर्ती युग में लोगों को तिनके का सहारा मिल गया और भाषा अपने-आप दूसरा रूप पकड़ने लगी।

हिन्दी के आदि रूप, अर्थात् अपभ्रंश, की भी रचनाएँ अत्यंत कठिनता से बाहर आ सकती हैं। संभव है खोज होने पर नाथ सम्प्रदाय की रचनाएँ भी अपने-अपने वास्तविक स्वरूप में मिल सकें, यद्यपि इसकी आशा अभी तक बहुत कम है क्योंकिः

१. नाथ-सम्प्रदाय भारत के बाहर नहीं गया।

२. अपना रूप बदलता रहा

३. अन्य सम्प्रदायों के साथ संघर्ष करने में इसे बहुत कुछ लेने-देने में स्वरूप-परिवर्तन करना पड़ा, तथा

४. इसका सशक्त रूप सन्त परम्परा में अन्तर्भुक्त हो गया।

गोरखनाथ तथा नाथ-सम्प्रदाय के ग्रन्थ आज केवल इस ओर इंगित करते हैं कि उसका वास्तविक स्वरूप कुछ और था। वह अपभ्रंश और हिन्दी के बीच की भाषा थी, वह संस्कृत भाषा का परवर्ती रूप था। यह समय था जब तद्भव-प्रधान भाषा तत्सम-प्रधान होती जा रही थी। जाने और अनजाने ही नाथ-सम्प्रदाय की पुस्तकों की भाषा भी पीढ़ी-दर-पीढ़ी हाथों में चलकर अपना वास्तविक स्वरूप खोती जा रही थी। प्रचार बढ़ने के साथ-साथ उस पर अप्रान्तीय भेद भी अपना प्रभाव डालते जा रहे थे।

भाषा और तथ्य के दृष्टिकोण के अनन्तर यद्यपि अनेक नए विचार उसमें घुस गए, हमने ऊपर दिए अधिक से अधिक पुराने स्वरूप के विचारों को देखा। गोरखनाथ की कविता का कितना भाग हमारी हिन्दी तथा परवर्ती सन्त परम्परा में ज्यों का त्यों उतर आया है या परवर्ती विचार उसमें कितने घुस गए हैं, यह कहना कठिन है। फिर भी इसके पुराने होने से यही अधिक सम्भाव्य लगता है कि सम्भवतः इसके ही विचार आगे चलकर औरों ने अंगीकृत किए हों।

खालिकबारी और अमीर खुसरो

—पं० श्रीराम शर्मा

खालिकबारी के संबंध में बहुत-से आधुनिक और प्राचीन विद्वानों का विचार रहा है कि यह अमीर खुसरो की रचना है। इस संबंध में जब कभी सन्देह व्यक्त किया गया तो विद्वानों ने उसके निराकरण का प्रयत्न किया। उर्दू के एक विद्वान का कथन है—''खालिकबारी अरबी-फारसी-हिन्दी लुगात (शब्दों) में मुख्तलिफ बहरों (छन्दों) में है। ये पहले कई बड़ी-बड़ी जिल्दों में थी, आजकल जो आमतौर पर रायज है, ये असल किताब का बहुत मुख्तसिर (संक्षिप्त) सा इंतिखाब (संकलन) है। मशहूर है कि अमीर खुसरो ने इसको किसी भटयारी की फरमाइश पर उसके लड़के के वास्ते लिख दी थी। जब बिरज भाषा ने वसते अखलाक (उदारता) से अरबी-फारसी अलफाज़ के मेहमानों को जगह दी तो एक नई ज़बान पैदा होनी शुरू हुई, लेकिन वह मुद्दत तक दोहरों के रंग में ज़हूर (प्रकट) करती रही याने फारसी की बहरें (छन्द) और फारसी के खयालात उसमें न आते थे। सबसे अव्वल इसी खालिकबारी में फारसी बहरों (छन्दों) ने अपनी झलक दिखाई।''[१]

मुहम्मद अमीन अयागी ने खालिकबारी और खुसरो की अन्य रचनाओं का गंभीर अध्ययन करने के पश्चात् लिखा है—''किताब की कदामत (प्राचीनता) साफ ये पता बतलाती है कि ये किताब अहते हज़रत अमीर खुसरो के मुत्तसिल ज़माने (समकालीन) की तसनीफ (रचना) है, जैसे चीतल[२], कि हज़रत अमीर खुसरों के अहदे ज़िन्दगी तक में एक हिन्दी सिक्के का नाम था और हज़रत के करीब अहद (युग) में ये मतरूक (व्यक्त) हो चला था, यहाँ तक कि उनके बाद तारीख से उसका नाम भी नहीं आता, क्यों, सलाती ने हिन्द (भारत के शासक) की कदीम सादगी जिस तरह ऐश व दौलत के सामानों से आरास्ता

१. मुहम्मद सईद अहमदमार हरवी-हयाते खुसरो, आगरा (सन् मुद्रित नहीं) पृ० १२-२७

२. चीतल से संबन्धित खालिकबारी का पद इस प्रकार है—

जर बुवद सोना सीम चीतल नुक्तः रूपा
जामः कप्पड़ टा तप्पड़ दब्तः कूपा ११८१

हो गई थी, सिक्कों के सादा नाम भी अशरफी और अख़्तरे ज़र वगैरह तकल्लुफात से बदल गए थे। बहरहाल 'चीतल' का चलन अहदे खुसरवी से आगे नहीं पाया जाता, या मुहावराते कदीम जैसे में तुझ हिया (मैं ने तुझ से कहा), तू कित रहिया (तू कहाँ रहा), बाव उड़ानी (हवा चली,) आखना (देखना)[१], भाखना (कहना) चाव (शौक) वगैरह अलफाज़ की गवाही से खालिकबारी का जानए तसनीफ (रचनाकाल) अहदे खुसरो (खुसरो के युग) में कतई तौर पर मुकर्रर (निश्चित) ....हो सकता है।"[२]

"हिन्दी और संस्कृत की उन तरकीबों पर हज़रत अमीर खुसरो के सिवा और किसीके कलम को ये रवानी साबित नहीं। पर, इसमें शक करने की बहुत कम वजह (कारण) है कि खालिकबारी हज़रत अमीर खुसरो की तसनीफ (रचना) है।[३]

ऊपर जो तर्क दिए गए हैं, वे भाषाविज्ञान तथा इतिहास की दृष्टि से कोई महत्त्व नहीं रखते। इन उद्धरणों का तात्पर्य इतना ही है कि खालिकबारी के कर्ता के संबंध में कुछ विद्वान क्या विचार रखते हैं। मुहम्मद अमीन अब्बासी चिरिःयाकोटी ने खालिकबारी के उद्देश्य के संबध में लिखा है–"हम इस मुख्तसर (संक्षिप्त) को देखकर यही समझते हैं कि बच्चों को मुतरादिफ अलफाज़ याद कराने के लिए एक चीज़ है, लेकिन इस ज़खीम (मोटी) किताब की तदवीन (संकलन) से हज़रत अमीर खुसरो रहमतुल्लाह अले का मंश उससे कुछ ज़्यादा था। उन्होंने यह किताब ऐसे वक्त में लिखी थी जबकि मुसलमान जौक दर ज़ौक बरोह खैबर, बलख व बुखारा व ईरान व तूरान व तुर्किस्तान से मुगलों के हाथों तर्के वतन करके हिन्दुस्तान आ रहे थे और यहाँ पहुँचकर ज़बान न जानने का दुखारियों से शब-रोज (रात-दिन) उनका मुकाबिला था और अहले-हिन्द (भारतवासी) इन ताजा विलायत (विदेशी) मेहमानों का माफी उज़्ज़मीर (अन्तःकरण) समझने से आजिज़ व परेशान थे। इन अज़नबियों में बाहम तारुफ (परस्पर परिचय) कराने की गर्ज़ से हज़रत अमीर ने उन तमाम लुगात (शब्द) व अलफाज़ की जो एक-दूसरे की ज़बारों पर मौजूद और कार आमद थे, इस खुबसूरती के साथ मुंसलिक (संबंध) कर दिया और बेशक वह तमाम मजमुआ उन

१. आखना का अर्थ देखना नहीं कहना है–लेखक

२. मुहम्मद अमीन अब्बासी चिरियाकोटी-जवाहरे खुसरवी, सं. रशीद अहमद 'सालम' अलीगढ़ (१९१८ ई०), पृ० ६

३. वही, पृ० ६

कई बड़ी-बड़ी जिल्दों में तमाम हुआ होगा, जिनके न मिलने पर आज हमें हसरत है।"[१]

इस मंतव्य का समर्थन उर्दू के आलोचक मसऊद हुसेन रिज़वी ने किया है– "खालिकबारी ग़ालिबन (संभवतः) बच्चों के लिए नहीं लिखी गई थी। अमीर खुसरो के ज़माने में चंगेज़ियों की ताख्त व ताराज़ (आक्रमण) ने ईरान व तूरान को ज़ेर व ज़बर (परास्त) कर दिया था। उनकी जदाल व कताल (मारकाट) से तंग आकर हज़ारहा ईरानियों और तूरानियों ने हिन्दुस्तान में पनाह ली थी। इन लोगों को हिन्दुस्तानियों से बातचीत करने में बड़ी दिक्कत पड़ती थी। न वह इनकी बात समझते थे, न ये उनकी। कयास कहता है कि इसी दिक्कत को दूर करने के लिए अमीर खुसरो ने फारसी और हिन्दी के ज़रूरी हममानी (समानार्थी) यकजा करके नज़्म कर दिये होंगे।"[२]

उर्दू में आधुनिक आलोचना के प्रवर्तक मुहम्मद हुसेन आज़ाद ने लिखा है–"खालिकबारी जिसका इख्तिसार (संक्षिप्त रूप) आज तक बच्चों का वज़ीफा है, कई बड़ी-बड़ी जिल्दों में थी। इसमें फारसी की बहरों ने अव्वल असर किया और इसी से ये भी मालूम होता है कि उस वक्त कौन-कौन-से अलफाज़ मुस्तिमिल (प्रयुक्त) थे जो अब मतरूक (व्यक्त) हैं। इसके अलावा बहुत-सी पहेलियां अजीबो-गरीब (आश्चर्यजनक) लताफ़तों से अदा की हैं। जिनसे मालूम होता है कि फारसी के नमक ने हिन्दी के ज़ाइके में क्या लुत्फ पैदा किया है।"[३]

मुहम्मद हुसेन आज़ाद ने विस्तृत चर्चा के अन्त में लिखा है–"भटियारे के लड़के के लिए खालिकबारी लिख दी।"[४]

इस सम्बन्ध में एक प्राचीन और विश्वस्त प्रमाण भी प्राप्त है। औरंगज़ेब के शासनकाल में मीर अब्दुल वासेह हांसवी ने 'ग़रायब्बुल्लुगात' नामक कोश तैयार किया था। हिन्दी शब्दों के संबन्ध में इस कोश से बहुमूल्य जानकारी मिलती है। सिराजुद्दीन अलीखां (जो खान आरज़ू के नाम से प्रसिद्ध हैं) की मृत्यु १७५६ ई० में हुई। इन्होंने हांसवी के कोश में अनेक परिवर्द्धन और संशोधन किए। कुछ स्थलों पर खान आरज़ू ने हांसवी से मतभेद प्रकट किया है। हिन्दी

---

१. मुहम्मद अमीर अब्बासी चिरियाकोटी-जवाहरे खुसरवी, सं०-रशीर अहमद 'सालम', अलीगढ़ १९१८ ई. भूमिका, पृ० १०

२. मसऊद हुसेन रिज़वी–हिन्दुस्तानी पत्रिका, हिन्दुस्तानी एकेडमी, इलाहाबाद, जनवरो, १९३१

३. मुहम्मद हुसेन आजाद–आवेहयात, लाहौर, १४वाँ संस्करण, पृ० ७१

४. वही, पृ० ८६

के 'ऊनों' शब्द के संबन्ध में खान आरज़ू ने जो कुछ लिखा है, वह हमारे काम का है। खालिकबारी की प्रतियों में इस शब्द के पाँच रूप मिलते हैं—उनों, ऊनों, उन्नों, उनमन, आनमन। इस शब्द का वास्तविक रूप 'उन्मन' है। उन्मन के संबन्ध में जान प्लेट्स ने लिखा है—'उन्मन=(सं० उद् + मन) बादल, घटाएँ[१]। फैलन ने इस शब्द का अर्थ दिया है—अब्र, घटाएँ। फैलन ने एक उदाहरण भी दिया है—'उगमन कानी उन्मन उभरा पाणी मूलन बरसेगा।'[२]

फैलन ने अपने उदाहरण के सिलसले में इस बात का उल्लेख नहीं किया है कि इस पंक्ति का संबन्ध किस बोली से है। उद्धृत पंक्ति का 'कानी' (और) और 'बरसेगा' से प्रतीत होता है कि यह मेवाती और हरियाणी से संबन्धित है। खालिकबारी में इस शब्द का प्रयोग निम्न पद में हुआ है—

खंजरों शम्शीरो समसामस्त तेग।
हिंदवी खांडा कहावे उन्मन मेग।।९।।

खान आरज़ू ने अपने कथन की पुष्टि में इस पद की ओर संकेत किया है— "मौल्लिफ गोयद के ईं गल्तस्त चरा के 'उनों' दर हिन्दी अब्रे बुलंद शुदः रागोयंद के अब्र शवद हिंदियाँ गोयंद—'बादल उठे,' याने अब्र पैदा शुद बसबब गलत ईं अस्त के अमीर खुसरो बलईरहमता दर रिसालए खुद 'उनों' मेग गुफतः व दर लुगते फर्स मेग बमानी बुखार मजकूर आवुर्दः व हालां के मेग गुफतः व दर लुगते फर्स मेग बमानी बुखार मजकूर आवुर्दः व हालां के मेग बमानी अब्रनीज आमदः।

'ऊनों' की भाँति 'छुरे' शब्द के प्रसंग में भी खालिकबारी की चर्चा की गई है। खालिकबारी का संबन्धित पद इस प्रकार है—

जारोब सोहनी के सबदस्त टोकरा।
मिकराज कतरनी के बुवद उस्तरा छुरा।।२८।।

खान आरज़ू ने 'छुरा' के लिये लिखा है—"दर रिसालः मंजूमः अमीर खुसरो छुरा बमानी उस्तरः अस्त व मशहूर दर कसबात हिन्दुस्तान नीज हमीं अस्त।"

---

१. जान प्लेट्स-डिक्शनरी आफ उर्दू, क्लासिकल हिन्दी एंड इंग्लिश, प्र०—सैपस न लौ मार्स्टन एण्ड कंपनी, लन्दन, पब्लिशर टु द इंडिया आफिस, प्रथम संस्करण, १८८४ ई०

२. फैलन, एस० डब्लू—हिन्दुस्तानी-इंग्लिश डिक्शनरी। मुद्रक—द मेडिकल हाल प्रेस, बनारस, विक्रेता-ट्रबनर ऐंड कंपनी, लन्दन १८७९ ई०

खान आरजू से पहले भी लोगों का यह विश्वास था कि खालिकबारी अमीर खुसरो की रचना है। 'अल्लाह खुदाई' नामक पुस्तक की समाप्ति १६५० में हुई। इसके रचयिता तजल्ली ने पुस्तक की भूमिका में लिखा है–

शायद अज लुत्फेरहमत बारी।
रूहे खुसरो तमामीदम यारी।

इमें 'बारी' शब्द का तात्पर्य 'खालिकबारी' है।

उपर्युक्त प्रमाणों के विरुद्ध केवल स्वर्गीय महमूद शीराने ने यह सिद्ध करने का प्रयत्न किया है कि खालिकबारी अमीर खुसरो की रचना नहीं है। स्वर्गीय शीरानी अपनी विद्वत्ता के कारण जीवन-भर समादृत रहे, अतः एक वर्ग ने अमीर खुसरो के संबन्ध में उनकी बात मान ली। महमूद शीरानी ने खालिकबारी का रचयिता जियाउद्दीन खुसरो को माना है। शीरानी का मंतव्य मुख्य रूप से अंजुमन तरक्कीए उर्दू के पुस्तकालय में उपलब्ध खालिकबारी की पुरानी हस्तलिखित प्रति पर आधारित है। इस प्रति का लिपिकाल ११८७ हि. (१७७४ ई०) है। प्रति के आरंभ में छोटी-सी भूमिका है, जिसमें लेखक ने अपना नाम, पुस्तक का नाम और लेखन-तिथि का उल्लेख किया है। शीरानी ने इस भूमिका के तथ्यों को निम्नलिखित ढंग से सूचीबद्ध किया है–

१. बच्चों को फारसी सिखाने के लिए पुस्तक लिखी गई है।

२. दैनिक व्यवहार के शब्द इस कोश में दिए गए हैं। पुस्तक में अनेक छंदों का प्रयोग हुआ है। पुस्तक का नाम हिफ्जुल्लिसान है।

३. बाबा इसहाक हलवाई के कहने पर यह कोश प्रस्तुत किया गया।

४. लेखक का नाम खुसरो का लकब जियाउद्दीन है।

५. लेखनकाल १०३१ हि. (१६२२ ई०) पुस्तक के अंतिम पद से पता चलता है। अंतिम पद इस प्रकार है–

खालिकबारी भई तमाम
दोहूं जग रहिया खुसरो नाम।

इस हस्तलिखित प्रति के अतिरिक्त शीरानी के पास कोई दूसरा प्रमाण नहीं है। खालिकबारी में प्रयुक्त 'दाम' और 'दमड़ा' शब्द के आधार पर उन्होंने इसकी रचना जहाँगीरकालीन मानी है। शीरानी लिखते हैं–"यहाँ 'दाम' और दमड़ा', जिसका रिवाज अकबरी अहद में शुरू होता है, काबिले गौर है। अकबर के हाँ मालिया (राजस्व) की वसूली चांदी के रुपये के बजाय चांदी-तांबे के जदीजुल रायज़ (नवप्रचलित) सिक्के 'दाम' के ज़रिये से होती थी।...दाम का

वज़न एक तोला आठ माशे और सात रत्ती या पाँच टांक था। एक रुपये के चालीस दाम शुमार होते।"[१]

इसलिए शीरानी इस निर्णय पर पहुँते हैं—"बहरहाल दाम और दमड़ा अकबरी दौरे से कब्ल नामालूम थे। जब खालिकबारी में ये अलफ़ाज़ मौजूद हैं तो ज़ाहिर है कि अकबर के बाद इसकी तालीफ (रचना) अमल में आई होगी। इसलिए दीबाचे (भूमिका) का ये बयान १०३१ हि. में तालीफ (रचना) हुई। नजदीक काबिले कुबुल हैं।"[२]

ऐतिहासिक दृष्टि से शीरानी की यह बात उसी तरह प्रमाणित नहीं है, जिस प्रकार चिरियाकोटी की 'चीतल' या 'जैतल' वाली बात। कौड़ी अथवा दमड़ी का प्रचलन मुद्राओं में सबसे पुराना है। 'दाम' या 'दम' एक विदेशी मुद्रा थी, जिसका प्रचलन भारत में भी हुआ।

शीरानी ने इस बात पर बल दिया है कि खालिकबारी नवागत ईरानियों और तूरानियों के लिए नहीं लिखी गई। उन्होंने अपने कथन की पुष्टि में यह तर्क दिया है कि चंगेजखाँ के आक्रमण के कारण अल्तमश के कार्यकाल में अनेक तूरानी-ईरानी परिवार भारत आए। चंगेज़खां ६२४ हि. में मरा और खुसरो का जन्म ६५२ में हुआ। चंगेज़खां की मृत्यु से पहले ईरानी-तूरानी परिवार भारत आ चुके थे। इस स्थिति में नवागंतुकों को खालिकबारी से क्या लाभ हुआ? शीरानी असंदिग्ध रूप से कहते हैं—"इधर खालिकबारी के सरसरी मुतालै (अध्ययन) से वाज़े (स्पष्ट) होता है कि ये तालीफ (रचना) हिंदुस्तानी बच्चों को फारसी-अरबी अलफाज़ सिखाने के वास्ते लिखी गई हैं।"[३] इस प्रकार के सरसरी मुतालै के कारण ही शीरानी खालिकबारी को अधिक महत्त्व नहीं दे सके—"मेरा ख्याल है कि हमने खालिकबारी को ज़रूरत से ज़्यादा अहमियत दी है। तारीख (इतिहास) व अदब (साहित्य) में कहीं इसका ज़िक्र नहीं आता।"[४]

खालिकबारी के रचयिता के संबन्ध में शीरानी का विचार है—"जियाउद्दीन खुसरो अगरचे शाइरी का दम भरता है, वह किसी खास शोहरत का मालिक नहीं। न उसका जिक्र किसी तजकिरे में आता है।....खालिकबारी के मुतालै (अध्ययन) से ये बात कयास में आती है कि इसका मुसन्निफ (लेखक) बाकमाल (कुशल) और साहबे फज़ीलत (प्रतिष्ठाप्राप्त) शख्स नहीं।...बज़ाहिर

१. मुहम्मद शीरानी—हिफ्जुल् लिसान—अंजुमन तरक्कीए उर्दू, भूमिका, पृ० ५८
२. वही पृ० ५८
३. वही, पृ० १९
४. वही, पृ० २८

हालात एक मुअल्लम (अध्यापक) मालूम होता है।"[१] शीरानी ने यह बताने का प्रयत्न किया है कि खालिकबारी में कुछ पर्याय ठीक नहीं है, कहीं-कहीं छन्द की त्रुटियों को स्वीकार करते हुए भी शीरानी ने लिखा है-"फारसी ओज़ान व बहरों (लय और छन्द) का उस तरह यकायक हिन्दी में रिवाज पा जाना अमलन (व्यावहारिक रूप से) दुश्वार है।"[२]

खालिकबारी के रचयिता के सम्बन्ध में विरोधी तथ्यों के उल्लेख के पश्चात् यथार्थ के सम्बन्ध में गम्भीरता से विचार किया जा सकता है। शीरानी ने खालिकबारी को निकृष्ट कोटि की महत्त्वहीन पुस्तक और उसके रचयिता को एक सामान्य अध्यापक तथा अकुशल कवि घोषित किया है। इस प्रकार की घोषणा उन आलोचनात्मक ग्रन्थों के अनुरूप है जो हिन्दी और उर्दू में ३०-४० वर्ष पूर्व लिखे गए और जिनमें इधर या उधर निर्णय देने का आग्रह प्रबल दिखाई देता है। पर्याप्त सामग्री के अभाव में इस प्रकार की निर्णयात्मक आलोचना खतरनाक है। वास्तविकता यह है कि यदि खालिकबारी अमीर खुसरो की रचना न होकर जहाँगीरकालीन किसी खुसरो की रचना है, तब भी खड़ी बोली या उर्दू के लिए उसका महत्त्व अस्वीकार नहीं किया जा सकता। निस्सन्देह इस प्रकार की पुस्तकों का या बड़े-से-बड़े आधुनिक शब्दकोश का काव्यात्मक महत्त्व नहीं रहता, किन्तु आज से चार सौ वर्ष पहले या सात सौ वर्ष पहले तीन विभिन्न भाषाओं के पर्याय एकत्र करना सरल कार्य नहीं था। भाषाविज्ञान की दृष्टि से हिन्दी और उर्दू दोनों के लिए खालिकबारी का समान महत्त्व है। खड़ी बोली के संज्ञारूपों, विशेषणों और सर्वनाम के अतिरिक्त क्रिया के कालगत रूपों के सम्बन्ध में यह पुस्तक प्रामाणिक सामग्री प्रस्तुत करती है। यदि इस पुस्तक की रचना जहाँगीर के समय में किसी व्यक्ति ने की है, तब भी खड़ी बोली के विकासक्रम को जानने में इससे सहायता मिलती है और यदि अमीर खुसरो ने यह पुस्तक लिखी है तब तो इसका महत्त्व बहुत बढ़ जाता है।

छन्दों में कहीं-कहीं लयभंग दिखाई देता है, वह सम्भवतः इसलिए कि फारसी छन्दों में हिन्दी के शब्द ग्रहण करने की क्षमता नहीं है। प्रत्येक भाषा के अपने छन्द होते हैं। फिर इस दिशा में खालिकबारी पहला प्रयास था। तब भी अधिकांश पद छन्द की दृष्टि से निर्दोष हैं। बहुत-से छन्दों में जिस प्रकार का नाद-सौन्दर्य है, वह इस ग्रन्थ के रचयिता को कवि सिद्ध करता है। जिन शब्दों के पर्याय ठीक नहीं हैं, उनकी संख्या छह-सात से अधिक नहीं है।

---

१. मुहम्मद शीरानी-हिफ्जुल्लिसान, अंजुमन तरक्कीए उर्दू भूमिका पृ० १२

२. वही पृ० १२

लगभग छह सौ शब्दों में यह त्रुटि नगण्य है। क्या त्रुटियों के कारण लेखक प्रशंसा का पात्र नहीं रहता ?

सर्वप्रथम हमें इस बात पर विचार करना चाहिए कि खालिकबारी किस भाषा में लिखी गई है। इस पुस्तक में बहुत-से पद फारसी में हैं। कुछ पद ही हिन्दी में हैं। अधिकांश पदों को फारसी में देखकर सम्भावना की जा सकती है। कि मूल पुस्तक फारसी में रहो होगी, जब इस पुस्तक का प्रचलन भारतीय बालकों में हुआ तो कुछ पद्यों की कठिन फारसी को हिन्दी में बदला गया। यह बात उल्लेखनीय है कि जो पद फारसी में हैं, वे सभी प्रतियों में अपरिवर्तित मिलते हैं। उनमें पाठभेद बहुत कम हुआ है। हिन्दी के पदों में पाठभेद अधिक है और उनमें से कुछ सभी प्रतियों में उपलब्ध नहीं होते। यह भी सम्भव है कि हिन्दी के पद प्रक्षिप्त हों। प्रश्न यह है कि यदि यह पुस्तक भारतीय बालकों को फारसी सीखने के लिए लिखी गई है तो वह यह सम्भव है कि अक्षरबोध होते ही कोई बालक इसकी भाषा को समझ सकता था? वास्तविकता यह है कि खालिकबारी का लेखक सर्वत्र फारसी शब्द के लिए हिन्दी का पर्याय खोजता है वह हिन्दी के लिए फारसी पर्याय नहीं खोजता। निम्नलिखित पद उदाहरण के लिए प्रस्तुत किया जाता है–

> **वले बिनौला बेदां चूं बहिंदी अंदाजी।।५६।।**
> **दरख्तो शजर रा तुम रूख भाखो।।६९।।**
> **बहिंदी जबां खानः हम बैत घर है।।७१।।**
> **नहारो दिगर यौम रोजस्त जानो**
> **बहिंदी जबां दिवस दिन रा पछानो।।७७।।**
> **हिमार ऊगर तुरा पुरसंद चीस्त खरस्त**
> **बहिंदवी बुवद गधा के बारबरस्त ।।१०१।।**

इस बात का महत्त्व भी कम नहीं है कि हम खालिकबारी में प्रयुक्त शब्दों की सूची पर ध्यान दें। ये शब्द किन विषयों से सम्बन्धित हैं ? एक भारतीय बालक फारसी क्यों पढ़ता था ? अधिकांश लोग राज-काज के लिए फारसी पढ़ते थे। कुछ लोग फारसी के साहित्य से प्रेम करते थे। क्या खालिकबारी में प्रयुक्त फारसी शब्द इस उद्देश्य को पूरा करते हैं ? भारतीय बालक अरबी से क्यों परिचित होना चाहता था ? धार्मिक ग्रन्थों से परिचय पाने के लिए। खालिकबारी इन आवश्यकताओं को पूरा नहीं करती। उसके अधिकांश शब्द गृहोद्योगों, पशुओं और खेती-बाड़ी से सम्बन्धित हैं। एक भारतीय विद्यार्थी चर्खा, कपास, बिनौला, तकला, सूत आदि के लिए फारसी-अरबी पर्यायों को याद

करके उनका प्रयोग कहाँ कर सकता था? खालिकबारी में प्रारम्भिक पद को छोड़कर अरबी का एक भी शब्द धर्म से सम्बन्धित नहीं है। फारसी का एक शब्द भी साहित्य से सम्बन्धित नहीं। जुलाहे और किसान तो यहाँ अरब और ईरान से आए न थे, जिनसे भारतीय लोगों को काम पड़ता।

यह बात अधिक तर्क-संगत है कि जो ईरानी, अरब अथवा तुर्क भारत में आए थे, उनमें से कुछ को उद्योग-धंधों में लगे किसानों और व्यवसायियों से सम्बन्ध जोड़ना था। इसलिए किसानी और व्यवसायों से सम्बन्धित फारसी-अरबी के हिन्दी पर्याय दिये गये।

खालिकबारी में प्रयुक्त हिन्दी शब्द दिल्ली और उसके आसपास बोली जाने वाली बोलियों से लिए गए हैं। आकारान्त संज्ञाएं ही नहीं, आकारान्त विशेषण भी प्रयुक्त हुए हैं, जो खड़ी बोली की विशेषता है। क्रिया के वर्तमान और भूतकालीन रूप भी आकारान्त हैं। खालिकबारी के कुछ शब्द पंजाबी से प्रभावित हैं तो कुछ शब्दों की स्वरदीर्घता राजस्थानी के प्रभाव को सूचित करती है। खड़ी बोली में धीरे-धीरे इस प्रवृत्ति का ह्रास होता गया। यह पवृत्ति क्षतिपूर्ति के कारण भी है—

कांकर—कंकर
ढांकना—ढकना
पाथर—पत्थर
मुंडा—बालक
कुकड़ी—मुर्गी

कुछ शब्द पूर्वी भाषाओं के प्रभाव को व्यक्त करते हैं—ईठ, तोर, मनुस, दुवार।

इस विवेचन से यह बात स्पष्ट होती है कि खालिकबारी का रचयिता हिन्दी की विविध शैलियों से परिचित था। उस समय हिन्दी का परिनिष्ठित रूप स्थिर होने जा रहा था।

शीरानी ने जहाँगीरकालीन जिस खुसरो की चर्चा की है, क्या उसे अरबी, फारसी, तुर्की के अतिरिक्त हिन्दी का इतना अच्छा ज्ञान था कि वह इनके ठीक-ठीक पर्याय (तीन या चार को छोड़कर) निर्धारित कर सके जिनसे हिन्दी की विभिन्न बोलियों का ज्ञान हो? यदि ये सब बातें उस आदमी में थीं तो फिर इस पुस्तक के अतिरिक्त उसकी अन्य रचनाएँ उपलब्ध क्यों नहीं हैं ? जहाँगीरकालीन किसी खुसरो का ज्ञान साहित्य को नहीं है। जहाँगीरकालीन खुसरो का उल्लेख केवल अंजुमन तरक्कीए उर्दू की एक हस्तलिखित प्रति में

मिलता है जबकि जनश्रुति और अन्य प्रमाण अमीर खुसरो को खालिकबारी का रचयिता सिद्ध करते हैं। औरंगज़ेब के शासनकाल में भी खालिकबारी अमीर खुसरो की रचना मानी जाती थी। जहाँगीर और औरंगज़ेब के बीच केवल एक पीढ़ी बीती थी। क्या इतनी जल्दी उस काल के खुसरो को भुला दिया गया? कम से कम जनश्रुति इस बात की पुष्टि करती है कि अमीर खुसरो हिन्दी से सम्बन्धित बोलियों और लोकसाहित्य में रुचि रखते थे। एटा ज़िले का पटियाली गाँव खड़ी बोली के क्षेत्र में कुछ दूर पड़ता है। वहाँ की कुछ पूर्वीपन ली हुई हिन्दी खुसरो की मातृभाषा थी। दिल्ली में उनका जीवन बीता। कुछ समय वे मुल्तान में रहे। अवध में दो वर्ष तक रह चुके थे। इन सभी क्षेत्रों का प्रभाव खालिकबारी की हिन्दी या हिन्दवी पर विद्यमान है। फिर खुसरो कुछ समय के लिए दौलताबाद भी आए जहाँ मराठी के सम्पर्क में खड़ी बोली की एक शाखा– दक्खिनी विकसित हो रही थी। खालिकबारी में हेड़ा (मांस) शब्द का प्रयोग हुआ है, जो दक्खिनी का बहुप्रचलित शब्द है। यह सम्भव है कि खालिकबारी में समय के साथ अनेक परिवर्तन हुए, किन्तु यह बात युक्तियुक्त प्रतीत होती है कि इसके अधिकांश पद बहुभाषाविद् अमीर खुसरो के रचे हुए हैं। शीरानी ने पुस्तक के अन्त का जो पद उद्धृत किया है, वह अधिकांश प्रतियों में इस प्रकार है–

मौलवी साहब सरन पनाह।
गदा भिकारी खुसरो शाह।।१९४।।

खालिकबारी में मुख्य रूप से फारसी और हिन्दी के पर्यायवाची शब्द दिए गए हैं। कहीं-कहीं अरबी पर्याय हैं। केवल दो पर्याय तुर्की में हैं। शब्दों की संख्या इस प्रकार हैं–

अरबी–२३७
तुर्की–२
फारसी–४८२
हिन्दी–४७५

कुछ शब्द एक से अधिक बार आए हैं। कुछ पर्याय शब्द न होकर वाक्यखंड हैं। केवल फारसी के वाक्य-खंडों को हिन्दी के वाक्य खंडों में परिवर्तित किया गया है। फारसी धातुओं और क्रिया पदों के हिन्दी पर्याय हैं, किन्तु अरबी की किसी धातु, क्रियापद अथवा सर्वनाम का उल्लेख नहीं है। इससे स्पष्ट होता है कि लेखक का ध्यान मुख्य रूप से फारसी और हिन्दी पर केन्द्रित था। प्रसंगवश कहीं-कहीं अरबी के पर्याय दिए गए हैं। शब्द का चयन अंत्यानुप्रास को ध्यान में रखकर हुआ है। कहीं-कहीं तीनों भाषाओं के पर्याय

क्रम से मिलते हैं। निम्नलिखित उदाहरणों से यह बात स्पष्ट होती है—

अरबी	**तुर्की**	**फारसी**	**हिन्दी**
खंजर	×	शम्शीर	
समसाम	×	तेग	खांडा
×	×	मेग	उन्मन
×	कज़गीन	×	कडाही
रायत	×	नौजः	×
लिवा	×	×	×
×	×	×	मूसल

पर्याय देते समय एक ही भाषा को आधार नहीं बनाया गया। कहीं मुख्य शब्द फारसी का है, कहीं हिन्दी का। कहीं पर्यायों का क्रम है—अरबी, फारसी, हिन्दी तो कहीं फारसी, अरबी, हिन्दी और कहीं हिन्दी, फारसी, अरबी।

प्रायः एक भाषा के लिए दूसरी भाषा का पर्याय दिया गया है। दो-तीन स्थलों पर हिन्दी पर्याय न देकर हिन्दी में शब्दार्थ लिखा गया है अथवा समासित शब्दों का उपयोग हुआ है। वाक्यांश के स्थान पर वाक्यांश लिखा गया है—

अरबी	**फारसी**	**हिन्दी**
×	किर्मे शबताब	कीडा चमकनां
×	बुरीदः	कटा हुआ
×	बेनिशी मादर	बैठ री माई
×	कुजा बेमांदी	तू कित रहिया

खालिकबारी में प्रयुक्त छन्दों का अध्ययन अपने-आपमें स्वतंत्र विषय है। खुसरो संगीतज्ञ भी थे। उन्होंने फारसी शब्दों में हिन्दी शब्दों का सफलता से प्रयोग किया है। कुछ छन्दों की गीतात्मकता मुग्ध कर देती है। कुछ छन्द लम्बे हैं, कुछ छोटे।

रोमाञ्चक आख्यान : उद्भव और विकास

–प्रो० नित्यानंद तिवारी

विद्वानों ने रोमांचक आख्यानों के उद्भव का कोई सैद्धान्तिक विवचेन अभी तक नहीं किया है। प्रेम एक सहज मानवीय वृत्ति है और वही इनकी उत्पत्ति का कारण है, इससे अधिक उपयुक्त कारण अभी तक नहीं बताया जा सका है। सबसे पहले तो रोमांचक आख्यान को वे प्रेमाख्यान मात्र समझते हैं जब कि धार्मिक और शौर्य सम्बन्धी रोमांचक आख्यानों की कमी नहीं। हिन्दी के आदिकालीन धार्मिक आख्यानों को तो प्रायः प्रेमाख्यान के भीतर ले लिया गया है, लेकिन शौर्य आख्यानों को वीर काव्य की संज्ञा दी गयी है। किन्तु, इससे एक भ्रम उत्पन्न होता है। मध्ययुग और वीर युग (Heroic Age) की वीरता के आदर्शों में बहुत अन्तर है। यहाँ इतना ही बता देना पर्याप्त है कि मध्ययुग का शौर्य (chivalry) अपने अस्तित्व में रोमांटिक है और आप अपना लक्ष्य है, जब कि प्राचीनकालीन वीरता माध्यम है किसी बड़े उद्देश्य के लिए।

संस्कृत क्लैसिक भाषा थी और उसका साहित्य क्लैसिक प्रकृति को अभिव्यक्त करता था। प्राकृत साधारण अशिक्षितों की भाषा थी जिसके साहित्य में संगठित व्यक्तित्व या उच्चस्तरीय संस्कृति की उदात्त आत्मा की अभिव्यक्ति सहज सम्भव नहीं थी। फलतः प्राकृत भाषा का जन्म एक पृथक् बोध (sensibility) को अभिव्यक्त करने के लिए हुआ। रामायण, महाभारत के जैसा ही महत्वपूर्ण ग्रन्थ 'बड्डकहा' बाद के साहित्य (चाहे वह संस्कृत हो या प्राकृत) के रूप और स्वभाव को निर्मित करने में बहुत अधिक सहायक हुआ। प्राकृत रोमांचक थी फलतः मध्ययुगीन रोमांचक आख्यानों को समझने के लिए प्राकृत हमारे लिए अधिक सहायक है।

रोमांचक आख्यानों के उद्भव में भाषा प्रधान और प्रत्यक्ष कारण है। इस सन्दर्भ में जैसा कि अनेक विद्वानों का विचार है धर्म और सन्तों का जीवनचरित इनके उद्भव का कारण है, यह बहुत अधिक संगत नहीं जान पड़ता।[१] पहले

१. Encyclopaedia Britanica Vol. 19, p. 424

तो वड्डकहा जिस समय लिखी गयी[१] धर्म के सम्बन्ध में उस प्रकार की उत्तेजक मनोवृत्ति विकसित ही नहीं हो पायी थी मध्ययुग में जिसका व्यापक प्रचार दिखाई पड़ता है। दूसरे, धर्म को केन्द्र मानकर जैसे यूरोप में ईसाई और तुर्कों की लड़ाई होती थी और शूर (Knight) अपना शौर्य दिखाने का अवसर प्राप्त करता था, यह लगभग बहुत बाद का विकास है (यद्यपि हमारे यहाँ इस प्रकार Crusades के धर्मयुद्ध कभी प्रबल नहीं रहे)। शूर अपने राज्य, अपनी आन, अभिमान या किसी भी बात की रक्षा के लिए लड़ पड़ते थे। एक बात यहाँ ध्यान रखने की है कि यूरोप के चाहे क्रूसेड्स के युद्ध हों या भारतीय सामन्तों के, इस बात ने रोमाञ्चक आख्यान के विभावन (Concept) में एक विकसित तत्व दिया और १२ वीं-१३ वीं शती के आसपास धर्म के साथ शौर्य (Chivalry) रोमांस का एक प्रमुख तत्व बन गया। किन्तु प्रारम्भ में केवल एक प्रकार की रहस्यात्मकता और अतिकल्पनात्मकता ही रोमांस के तत्व थे। बृहत्कथा से इस बात को हम आसानी से अनुमित कर सकते हैं। उसमें भी युद्ध के वर्णन और उल्लेख हैं, किन्तु युद्ध का व्यापक प्रभाव धर्म के प्रति उत्तेजनात्मक संसक्ति बाद में ही परिलक्षित होती है। धर्म-प्रचार एक अर्थ में इस भाषा के प्रसार और विकास में अवश्य सहायक हुआ। बौद्ध और जैन धर्म लोक-भाषाओं में अपने को अभिव्यक्त कर सके। ये लोक-भाषाएँ साधारण स्त्रियाँ, अर्द्धशिक्षित, असभ्य और तथाकथित हीन कहे जाने वाले लोग बोलते थे, किन्तु उनमें धर्म-प्रचार होने से सहज ही उन भाषाओं को एक गौरव मिल गया। हूणों और अन्य विदेशी जातियों के आक्रमण और देश में उनके प्रवेश से भी—जो संस्कृत नहीं बोल सकते थे—इन देशी भाषाओं के प्रसार में कदाचित् बल मिला होगा और साथ ही क्लैसिक प्रवृत्ति को खण्डित करने में सहायता भी।

प्राकृत सामान्य जन की भाषा थी। णाणपंचमी कहा (ज्ञान पंचमी कथा १०५१ ई० से पूर्व) में महेश्वर सूरि का कथन है "अल्पबुद्धि जन जो संस्कृत नहीं समझ सकते, उनके लिए प्राकृत काव्य की रचना की जाती है। गूढ़ार्थ और देशी शब्दों से रहित तथा सुललित पदों से ग्रथित और रम्य, प्राकृत काव्य किसको आनन्द प्रदान नहीं करता[२]।" ११वीं शती तक यद्यपि प्राकृत साहित्यिक भाषा हो

---

१. ६०० ईसा पू० गुणाढ्य ने एक रोमांचक ग्रन्थ लिखा था, संस्कृत साहित्य का इतिहास, A. B. Keath. अनु० मंगलदेव शास्त्री।

२. सक्कयकब्बस्सत्थं जेण न जाणन्ति मन्दबुद्धीया।
सव्वाण वि सुहबोहं तेण इमं पाइयं रइयं।।
गूढ़त्थदेसिरहियं सुललियवन्नेहिं गंथियं रम्मं।
पाइयकव्वं लोए कस्स न हिययं सुहावेइ।। – प्राकृत साहित्य का इतिहास' के पृष्ठ ४४० पर उद्धत।

गई थी, किंतु संस्कृत का पाण्डित्य और क्लैसिक प्रवृत्ति उसमें नहीं आ सकी। प्राकृत का स्वभाव ही भिन्न था। नेमिसाधु ने (रुद्रट के काव्यालंकार की टीका में) प्राकृत और संस्कृत का निम्न लक्षण बताया है, "व्याकरण आदि के संस्कार से विहीन जगत् के स्वाभाविक वचन व्यापार को प्रकृति कहते हैं, उसे ही प्राकृत कहा जाता है। बालक, महिला आदि की समझ में यह सरलता से आ सकती है और समस्त भाषाओं की यह कारणभूत है। मेघधारा के समान एक रूप देश विशेष के कारण या संस्कार के कारण जिसने विशेषता प्राप्त की है और जिसके सत् संस्कृत आदि उत्तर विभेद हैं उसे संस्कृत कहते हैं।"[१] इसमें निम्नलिखित बातें हैं–

१. प्राकृत व्याकरण आदि के संस्कार से विहीन भाषा है।

२. प्राणियों के स्वाभाविक वचन व्यापार की भाषा प्राकृत है।

३. संस्कार के कारण विशेषता प्राप्त भाषा संस्कृत है।

व्याकरण के संस्कार से विहीन प्राकृत ने अपने स्वभाव को भी एक संस्कार दिया और वह था एक प्रकार की स्वतंत्र संस्कारहीन और सामान्य जीवन की अभिव्यक्ति और इस बात से प्राकृत और संस्कृत साहित्य के वातावरण, स्वभाव और विशेष 'टोन' के द्वारा उनकी आत्मा में अन्तर आ गया। यदि भाषा प्रयोग में थोड़ी छूट ली जाय तो कहा जा सकता है कि संस्कृत क्लैसिक प्रवृत्ति की भाषा है और प्राकृत रोमांचक प्रवृत्ति की जो "न तो संस्कृत की जैसी पवित्रता की भावना ही रखती थी और न उसकी जैसी रचना की स्पष्टता या रूप का सौन्दर्य।"[२]

यूरोप में भी लैटिन के बाद जिन भाषाओं का विकास हो रहा था उन्हें 'रोमांस लैंग्वेज', कहा गया। पांचवीं शताब्दी के आस-पास सामान्य जन के अलिखित साहित्य को रोमांस की संज्ञा दी गई।[३] डब्ल्यू॰पी॰ कर ने अपनी प्रसिद्ध पुस्तक "दी डार्क एजेज" में इस बदलती हुई प्रवृत्ति का एक प्रधान कारण भाषा का परिवर्तन बताया है।[४] लैटिन के बहुत अधिक पाण्डित्यपूर्ण होने

---

१. प्राकृत साहित्य का इतिहास, पृ॰ ७-८।

२. संस्कृत साहित्य का इतिहासः ए॰ वी॰ कीथ; पृ॰ ३९, अनु॰ मंगलदेव शास्त्री, मोतीलाल बनारसीदास, वाराणसी।

३. But the close of the 5th century making the final collapse of tha Roman empire in the west may be taken as the time when the use of the term "Romance" begins to e apposite with reference to the unrecorded utterence of the people"—The Romance Languages By W.D. Elcock p. 212.

४. One chief agent in this change is not religious doctrine nor politics but the new Languages :–The Dark Ages, p. 6.

के कारण वह साधारण समझ से परे की वस्तु हो गयी थी और इस कारण पापुलर लैटिन का विकास हुआ। इस सम्बन्ध में एक ईसाई पादरी के विचार महत्वपूर्ण हैं, "हम स्कूल मास्टरों की बेतों की परवाह नहीं करते जब कि हम स्वयं एक निश्चित और महत्वपूर्ण सत्य तक पहुँच सकते हैं। जनता द्वारा समझे न जाने से यह अच्छा होगा कि हम उपेक्षित ही रहें।"[१] इससे धर्म 'पापुलर' लैटिन के विकास का एक प्रमुख कारण लगता है। इस 'पापुलर लैटिन' को वल्गर कहा गया था और निश्चय ही लैटिन की क्लैसिक प्रवृत्ति से इसकी भावभूमि भिन्न थी जहाँ से रोमांचक प्रवृत्ति विकसित होती है।

रोमाञ्चक आख्यानः स्रोत, प्रवृत्तिगत विकास

साधारणतः रोमाञ्चक आख्यान की परम्परा को वैदिक साहित्य, रामायण, महाभारत, अभिज्ञानशाकुन्तल, कुमारसम्भव और कादम्बरी, हर्षचरित, प्राकृत, अपभ्रंश और हिन्दी साहित्य में एक अविच्छिन्न धारा के रूप में विद्वानों ने बताया है। उर्वशी, पुरुरवा (ऋग्वेद १०/९५) यम यमी (ऋ०१०/१०) श्यावाश्य (ऋ० ५/६१) के आख्यानों से इसकी परम्परा का प्रारम्भ माना जाता है लेकिन इन आख्यानों में प्रेम या यौन भावना की मूल प्रवृत्तियों की अभिव्यक्ति हुई है और इन तत्वों से पृथक् हो पाना कभी सहज नहीं। वैदिक साहित्य और वीर महाकाव्यों में रहस्य-चमत्कार और रोमाञ्चक तत्व भी पर्याप्त मात्रा में मिलते हैं किन्तु ये रोमाञ्चक आख्यान के तत्व हैं जो बीच रूप में मिलते हैं। इनसे रोमाञ्चक आख्यान के स्रोत की खोज की जा सकती है; सम्भवतः परम्परा की नहीं, क्योंकि रोमांस एक प्रवृत्ति है (इंस्टिक्ट नहीं) जिसका विकास क्लैसिक प्रवृत्ति के विरोध में हुआ लगता है। इनके तत्व रामायण, महाभारत या कालिदास के काव्य में ढूँढे जा सकते हैं, किन्तु एक व्यापक प्रवृत्ति के रूप में रोमांस संस्कृत से भिन्न प्राकृत भाषाओं की साहित्य-परम्परा में लक्षित होता है। वहाँ से साहित्य का एक विशेष 'टोन' और स्वभाव विकसित होता है जो एक सन्तुलित वास्तविक और उदात्त दृष्टिकोण के स्थान पर अतिकल्पना, रहस्य और उत्तेजनात्मक विभावनाओं को जन्म देता है और इसका बहुत कुछ सम्बन्ध सामान्य लोकमानस से होता है। इस विकसित प्रवृत्ति ने बाद में संस्कृत भाषा को भी प्रभावित किया और छठी शती के आसपास से संस्कृत के मौलिक साहित्य की प्रकृति क्लैसिक न होकर रोमाञ्चक दिखायी पड़ती है।

---

१. S. Augustin Enarrtiones in Psalmas 138, 20 quoted ncychlopaedia Britanica, p. 424.

वैदिक, पौराणिक-साहित्य या रामायण, महाभारत में पाए जाने वाले ये आख्यान[१] प्रसंगवश हैं। इन रचनाओं का स्वभाव भिन्न है। महाभारत और रामायण 'वीरकाव्य हैं, जिनका प्रभाव राष्ट्रीय एकान्विति और वीरत्व में है, जिनका उद्देश्य जीवन के बड़े लक्ष्य हैं। किन्तु पौराणिक साहित्य की रचना के युग में ही उधर एक अन्य प्रकार के साहित्य का भी निर्माण होता जा रहा था जिसके विषय में ऐसा नहीं कहा जा सकता और जो, इसी कारण बहुधा कथा साहित्य के नाम से उससे पृथक् गिना जाता है। यह साहित्य बौद्ध जातकों, जैन धर्म कथाओं तथा, गुणाढ्य, क्षेमेन्द्र, सोमदेव जैसे कई कथाभिज्ञों की विविध रचनाओं के संग्रहों में उपलब्ध है।[२] निश्चय ही इस साहित्य का वातावरण सामान्य जीवन और चमत्कारप्रियता से भरापूरा है। इन ग्रन्थों में एक केन्द्रीय कथानक का अभाव, कथा के विकास की अपेक्षा कहते जाने का तत्व, अति मानवीय घटनाओं की बहुलता, प्रेम और कामुकता, साहसिक कृत्य (फैशन के रूप में), नायक-नायिका का संकट में पड़ना और देवी देवता या किसी अमानवीय शक्ति द्वारा सहायता, जादूटोने का प्रभाव आदि की अधिकता ऐसी चीजें हैं, जो इस साहित्य को पिछली धारा से भिन्न कर देती हैं, जहाँ से रोमाञ्चक आख्यान की परम्परा आरम्भ होती है। यह जीवन के प्रति विकसित एक रोमांस-बोध था जो इस साहित्य में अभिव्यक्त हुआ। सम्भवतः जब मनुष्य को अपनी शक्ति पर विश्वास कम होता गया और दुर्बलता का बोध बढ़ता गया, तब उसकी मनोवृत्ति खण्डित और ह्रासोन्मुख होने लगी। जादूमन्त्र, देवी-देवता की सहायता आदि तत्व इसके प्रमाण हैं। रहस्य, चमत्कार और अतिकल्पना के कारण असन्तुलित मानवीय परिस्थितियाँ उभर आईं और जीवन, दर्शन, धर्म, प्रेम आदि के प्रति प्रेरणा की अपेक्षा उत्तेजना और भावोद्वेग ने स्थान ले लिया। जीवनगत इस विशिष्ट बोध का प्रभाव साहित्यिक शिल्प पर एक दूसरी तरह से हुआ और रोमाञ्चक आख्यान साहित्य का एक प्रमुख लक्षण कथा का व्यवस्थित विकास न होकर घटना का विवरणात्मक अव्यवस्थित बढ़ाव है। सामान्य लोगों की भाषा, सामान्य अभिव्यक्ति के स्रोत और शैली, सामान्य जन का जीवन, तात्विक बातों को उसकी महानता में न समझ पाने के कारण रहस्य

---

१. इन आख्यानों की कथा और परंपरा आचार्य परशुराम चतुर्वेदी (भारतीय प्रेमाख्यानों की परंपरा), डॉ० कमल कुलश्रेष्ठ (हिन्दी प्रेमाख्यान काव्य) डॉ० हरिकान्त श्रीवास्तव फलतः उसे दुहराना अनावश्यक प्रतीत होता है। यहाँ प्रवृत्तिगत विकास देने का प्रयत्न किया गया है।

२. भारतीय प्रेमाख्यान की परंपरा, पृ० २५ (द्वितीय संस्करण)।

चमत्कार से उसकी पूर्ति तथा विदेशियों के आक्रमण और आगमन से तत्कालीन समाज का अव्यवस्थित होना,[१] इन तत्वों ने 'क्लैसिक बोध' को खण्डित करना प्रारम्भ कर दिया था। इस खण्डित बोध की अभिव्यक्ति सबसे पहले लोकभाषा में कथा साहित्य के माध्यम से हुई। फलतः प्रारम्भ में इसकी विशेषता कथा में रहस्य, चमत्कार और कहते जाने का तत्व प्रमुख था। बाद में नैतिकता और धर्म इसके प्रमुख उद्देश्य बन गए और लगभग पाली और प्राकृत का सारा साहित्य, धर्म और नैतिकता के प्रचार से भरा पड़ा है।[२] जैन मुनियों ने महापुरुषों तीर्थकरों और जैन धर्म के उन्नायकों के चरित्र लिखे, शृंगार कथा के बहाने धर्म का उपदेश दिया और जनता के सामने आदर्श रखने का प्रयत्न किया। वसुदेवहिंडी के एक उल्लेख से इसे अच्छी तरह जाना जा सकता है–

---

१. "ब्राह्मणों की वर्णव्यवस्था के कारण ये म्लेच्छ शासक बहुत ही उपेक्षा और घृणा की दृष्टि से देखे जाते थे जिससे उन म्लेच्छों को बहुत बुरा लगता था और इसलिए उस सामाजिक व्यवस्था के नाश के लिए वे लोग अनेक प्रकार से उपाय करते थे, जो उन्हें बहिष्कृत रखती थीं।"–भारतवर्ष का अंधकारयुगीन इतिहास : डॉ० काशीप्रसाद जायसवाल (द्वि० संस्क०), पृ० ८० और भी–

अलबेरूनी ने सन् ७८ ई० में शक शासन के बारे में लिखा है:–"यहाँ जिस शक का उल्लेख है उसने आर्यावर्त में अपने राज्य के मध्य में अपनी राजधानी बनाकर सिंधु से समुद्र तक के प्रवेश पर अत्याचार किया था। उसने हिन्दुओं को आज्ञा दे दी थी कि वे अपने आपको शक ही समझें और शक ही कहें, इसके अतिरिक्त अपने आपको और कुछ न समझें न कुछ कहें। (२, ६)"

गर्गसंहिता में भी प्रायः इसी प्रकार की बात कही गई है।

"शकों का राजा बहुत ही लोभी, शक्तिशाली और पापी था।..........इन भीषण और असंख्य शकों ने प्रजा का स्वरूप नष्ट कर दिया था और उन्हें आचरण भ्रष्ट कर दिया था–(J. B. O. R. S. खंड १४, पृष्ठ ४०४ और ४०८)।

गुणाढ्य ने भी ईसवी पहली शताब्दी में उन म्लेच्छों और विदेशियों के कार्यों का वर्णन किया है जो विक्रमादित्य शालिवाहन द्वारा परास्त हुए थे। –(J. B. O. R. S. खंड १६, पृष्ठ २१३)

"ये म्लेच्छ लोग ब्राह्मणों की हत्या करते हैं और उनके यज्ञों तथा धार्मिक कृत्यों में बाधा डालते हैं। ये आश्रमों की कन्याओं को उठा ले जाते हैं। भला ऐसा कौन अपराध है जो ये दुष्ट नहीं करते।" कथासरित्सागर, १८–भारतवर्ष का अंधकार युगीन, इतिहास, पृ० ८४ पर उद्धृत।

२. प्राकृत का कथा साहित्य, चरित औपदेशिक कथा साहित्यः तरंगवइकहा, वसुदेवहिंडी, समराइच्च कहा, धुत्तक्खाण, कुवलयमाला, निर्वाण लीलावती कथा, णाणपंचमी कहा, आख्यानमणि कोश, उवएस माला, भुवन सुन्दरी, विवेकमंजरी, पउमचरिउ, हरिवंस चरिउ, जम्बु चरिउ आदि की कथाएँ इस बात को पुष्ट करती हैं। देखिए, 'प्राकृत साहित्य का इतिहास।'

"धर्म और काम से ही सुख की प्राप्ति होती है तथा धर्म, अर्थ और काम का मूल है और इसमें लोग मन्दतर रहते हैं। अमृत औषधि पीने की इच्छा करने वाले किसी रोगी को जैसे कोई वैद्य मनोभिलषित वस्तु देने के बहाने उसे अपनी औषधि भी दे देता है उसी प्रकार जिन लोगों का हृदय काम-कथा के श्रवण में संलग्न है उन्हें शृंगार कथा के बहाने मैं अपनी इस धर्म कथा का श्रवण कराता हूँ।[१] बुराई को अच्छाई में परिवर्तित करने के लिए बहुत-सा आख्यान साहित्य सृजित किया गया।[२]

इस प्रकार धर्म और नैतिकता के तत्व ने-जो स्पष्ट रूप से शौर्य (Chivalry) के पहले रोमांस का तत्व बना—रोमाञ्चक आख्यानों के विकास और प्रगति का एक प्रमुख हेतु रहा। कन्याओं का कौमार्य और स्त्रियों की सतीत्व रक्षा भी एक तत्व है जिसके लिए अनेक कथाओं की रचना की गयी।[३]

यूरोप में भी सन्तों की जीवनियाँ लिखी गईं और यहाँ तक कि इन्हें 'रोमांस' का उद्‌गम स्रोत तक मान लिया गया। चूँकि ये स्तुतिपरक 'सन्तचरित' किसी प्रकार की आलोचना से स्वतन्त्र थे इसलिए इनमें लोकवार्ता, आश्चर्य-तत्व अलंकरण और सन्दर्भ कथाएँ आदि मिश्रित कर दी गयीं, जिससे क्लैसिक साहित्य की सौम्यता पर प्रहार हुआ। बाद में निस्सन्देह 'सन्त चरित' की प्रतिक्रिया में उच्छृंखल रोमांस उत्पन्न हो गए। लेकिन इस बात में बहुत कम सन्देह किया जा सकता है कि रोमांस यदि सन्तचरित से नहीं उत्पन्न हुए तो भी इस तत्व से उन्हें बहुत बल और प्रेरणा मिली।[४]

आगे चल कर ११वीं १२वीं शती के आसपास शौर्य का तत्व भी मिल गया, इस प्रकार रोमांचक आख्यान के विभाजन को पूर्णता मिली।[५] किसी भी

---

१. "धम्मत्थकामकलियाणि य सुहाणि धम्मत्थ कामाण य मूलं धम्मो, तम्मि य मंदतरो जणो, तं जह णाम कोई वेज्जो आउरं अमयउसहपाणपरंमुहं ओसढमितिउव्विलयं मणोभिल-सियपाणववएसेण उसहं तं पज्जेति। काम कहा रतहितयस्स जणस्य सिंगरकहावसेण धम्मं चेव परिकहेमि। वसुदेवहिंडी, भाग २ मुनि जिनविजय जी के वसंत महीत्सव संवत् १९४८ में कुवलय माला लेख से उद्धृत। प्रा०सा० का इति०, पृ० ३६४

२. Woman, p. Butler, p. 233-234.

३. Ibid, p 234.

४. Encychlopaedia Britanica, Vol. 19 p. 424-25.

५. But two things were still wanting which were to be all powerful in the Romances—chivalry and religion. They could not yet be included for chivalry could not exist and such religion as did exist lent itself but ill to the purpose except by providing myths for and perhaps pattern.—Encychlopaedia Britanica, Vol. 19. p. 424.

बहाने 'युद्ध' उस युग की एक बहुत बड़ी विशेषता थी। इस प्रकार वह राष्ट्रीय भावना से प्रेरित न होकर खाली समय बिताने की असंतुलित उत्तेजना मात्र थी जिसने उस समय अनेक शौर्य प्रधान रोमांचक आख्यानों की सृष्टि में योग दिया। पृथ्वीराज रासो और आल्हाखण्ड इसके ज्वलन्त उदाहरण हैं।[१]

महाकाव्य और रोमांचक आख्यान

संस्कृत के बाद प्राकृत और अपभ्रंश में महाकाव्य का स्वरूप खण्डित हो चुका था और उसके स्थान पर कथा-काव्य का स्वरूप विकसित हो गया था, क्योंकि महाकाव्यों के लिए जिस उदात्त सांस्कृतिक चेतना की आवश्यकता होती है, वह पुनः १५वीं शती के बाद उभरती है और तब हिन्दी में फिर महाकाव्य का स्वरूप दिखाई पड़ता है जिसका प्रारूप प्राकृत-अपभ्रंश के काव्यों से बहुत हद तक निर्मित हुआ था।

प्राकृत और अपभ्रंश को संस्कृत के समान कभी आदर नहीं मिला। विद्वानों की दृष्टि में वह उच्च और उदात्त साहित्यिक कृति या चिंतन के लिए अनुपयुक्त ठहराई गई थी, यहाँ तक कि प्राकृत की सामर्थ्य और उसमें श्रेष्ठ साहित्य सृजित हो सकने की क्षमता के पक्षधरों ने भी संस्कृत में लिखना आवश्यक समझा था। प्राकृत अज्ञजनों को सद्बोध प्रदान करने वाली भाषा ही समझी जाती रही, उत्कृष्ट दार्शनिक या साहित्यिक चिन्तन की नहीं।[२] किन्तु यह भी सच है कि प्राकृत ही सारे जनसामान्य की भाषा थी, संस्कृत तो कुछ उच्च पण्डितों तक ही सीमित थी इसलिए तत्कालीन सांस्कृतिक जीवन का प्रतिफलन प्राकृत अपभ्रंश में सहज संभव था और प्राकृत अपभ्रंश के लेखकों के सामने राष्ट्रीय एकान्विति या उदात्त सांस्कृतिक समस्यायें या उच्चस्तरीय सौन्दर्य-बोध

---

१. पृथ्वीराज रासो को 'वीरकाव्य' की संज्ञा के साथ ही साथ महाकाव्य भी कहा गया है (हिन्दी महाकाव्य का स्वरूप विक़ास)। लेकिन उसकी वीरता, शौर्य है जो अपने आप में रोमांटिक है। फिर उसकी कथाशैली वातावरण इत्यादि उसे महाकाव्य न रहने देकर शौर्यप्रधान रोमांचक आख्यान बना देते हैं।

२. प्राकृत की अपेक्षा संस्कृत रचनाओं को मुख्य बताते हुए सिद्धर्षि ने लिखा है–

संस्कृता प्राकृता चेति भाषे प्राधान्यमर्हतः।
तत्रापि संस्कृता तावत् दूर्विदग्धहृदिस्थिता।।
बालानामपि सद्बोधकारिणी कर्णपेशला।
तत्रापि प्राकृता भाषा न तेषामपि भाषते।।
उपाये सति कर्तव्यं सर्वेषां चित्तरञ्जनम्।
अतस्तदनुरोधेन संस्कृतेयं करिष्यते।।

–१.५१-५२, प्रा० सा० का इति० के पृ० ३७५ पर उद्धृत

के दृष्टिकोण के प्रति सचेतता अधिक थी नहीं। प्राकृत-अपभ्रंश में रचित साहित्य इस बात का प्रमाण है कि उनके सामने सम्प्रदायवादी धार्मिक या ह्रासोन्मुख रुचि की सन्तुष्टि या शौर्य कार्यों के आदर्श प्रधान रहे हैं जिसने समाज में प्रेरणा की अपेक्षा उत्तेजना का कार्य अधिक किया और इस प्रकार उस युग का साहित्य या तो धार्मिक रोमांचक आख्यान या लौकिक प्रेम परक रोमांचक आख्यान या शौर्य प्रधान रोमांचक आख्यान है जिसमें सौन्दर्यानुभूति की व्यापकता और उदात्तता की अपेक्षा तात्कालिक उद्देश्य सिद्धि (धर्म मनोरंजन या शौर्य) का तत्व अधिक मुखर हो गया लगता है। फलतः अपने तात्कालिक उद्देश्यसिद्धि की सार्थकता से अधिक का स्तर या महत्व शायद ये नहीं प्राप्त कर सके। ऐसे वातावरण में महाकाव्य की प्रकृति साधारणतया विकसित नहीं हो सकी।

डॉ० शम्भूनाथ सिंह ने महाकाव्यों के स्वरूप विकास पर विचार करते हुए प्राकृत और अपभ्रंश के (तथाकथित) महाकाव्यों पर भी विस्तार से विचार किया है। उन्होंने कई महाकाव्यों के नाम गिनाए हैं, किन्तु अपनी सुविधा के लिए पउमचरिउ, भविसयत्तकहा और पृथ्वीराज रासो को मैंने विश्लेषण के लिए चुना है जो वास्तव में महाकाव्य न होकर रोमाञ्चक आख्यान साहित्य हैं।

११८ पर्वों के पउमचरिउ में राजा श्रेणिक के प्रश्न पूछने पर गौतम गणधर द्वारा कही गई राम कथा का वर्णन विमल सूरि ने किया है। पहले उद्देशक में विश्व की स्थिति, लवकुश की उत्पत्ति, निर्वाण, दूसरे पद्मचरित के सम्बन्ध में राजा श्रेणिक द्वारा शंका करना, राजगृह, राजा श्रेणिक, महावीर और अनेक उपदेशों का वर्णन है। रावण के मांसभक्षी होने का खण्डन, ऋषभदेवचरित का वर्णन, विद्याधरों की उत्पत्ति आदि तीसरे उद्देशक के विषय हैं। चौथे उद्देशक में भगवान् ऋषभ के उपदेश, बाहुबलि की दीक्षा, ब्राह्मणों की उत्पत्ति, पाँचवें में इक्ष्वाकु, सोम, विद्याधर हरिवंश इन चार महावंशों की उत्पत्ति, अजितनाथ का चरित वर्णन, छठे में राक्षस और वानरों का प्रवज्या धारण, वानरों को विद्याधर की जाति का बताया जाना और सातवें उद्देशक में रावण का जन्म, इन्द्र लोकपाल इन्द्रश्रवा की कथा आदि का वर्णन है। आठवें उद्देशक में कुम्भकर्ण, विभीषण, रावण मन्दोदरी का विवाह, नवें में बालि सुग्रीव वृत्तान्त, दशवें में रावण की द्विग्विजय, ग्यारहवें में रावण को जितेन्द्र का भक्त बताना और जिन मन्दिर के निर्माण का वर्णन है।

इसके बाद तापसों की उत्पत्ति, मनोरमा (रावण की पुत्री) का विवाह,

रावण का नल कुबेर और इन्द्र से युद्ध, मेरु पर्वत पर रावण का चैत्यगृहों की वन्दना करना, अनन्तवीर्य द्वारा धर्म का उपदेश, श्रमण और श्रावक धर्म का निरूपण, पवनंजय और अंजना सुन्दरी का भोग, चक्रवर्ती और बलदेव के भवों का वर्णन, मुनि सुव्रत तीर्थंकर का वृत्तान्त तथा २०वें उद्देशक के बाद पहली बार जनक और दशरथ की चर्चा की गई है। फिर दशरथ का विवाह, पद्म (राम) लक्ष्मण का, भरत, शत्रुघ्न आदि का वर्णन, मिथिला में सीता स्वयंवर, दशरथ के प्रवज्या ग्रहण का निश्चय, राम वनगमन, भरत को राज्य, सीताहरण, लक्ष्मण के द्वारा रावण का वध, अयोध्या पुनरागमन, भरत कैकयी का दीक्षा ग्रहण, राम का राज्याभिषेक, सीता की जिन पूजा का दोहद और उनके सम्बन्ध में प्रवाद, पुनः सीता वनवास, बाद में सीता की अग्निपरीक्षा, उनका जैन दीक्षा स्वीकार करना, राम का तपस्या करके निर्वाण प्राप्त करना और लक्ष्मण का नर्क में जाना आदि वर्णित है। इसके अतिरिक्त बीच बीच में बहुत-सी कथाएँ और जैन धर्म का निरूपण आदि मिलता है।

इस ग्रन्थ में सबसे पहले कोई केन्द्रीय वस्तुतत्व नहीं, मात्र, जटिल घटनाओं का जोड़ और उसका बढ़ाव है। 'काव्य सौष्ठव की अपेक्षा आख्यायिका के गुण अधिक हैं, ऐसा लगता है जैसे कोई आख्यान सुनाया जा रहा है।"[१] कोई केन्द्रीय चरित्र उभर कर नहीं आता न उसका चरित्र चित्रण ही प्रमुख हो पाया। साम्प्रदायिक धर्म के प्रचार के अतिरिक्त किसी सांस्कृतिक समस्या या शुद्ध साहित्कि दृष्टिकोण का नितान्त अभाव है। इसके लिखने का उद्देश्य कदाचित यह बताना भी रहा है कि वाल्मीकि रामायण अविश्वसनीय घटनाओं से भरा हुआ है, उसमें रावण को मांसभक्षी कहा गया है जो उचित नहीं। इसको महाकाव्य मानने के सम्बन्ध में डॉ० सिंह का मत बड़ा मनोरंजक लगता है ".......कुल मिलाकर यह पुराण से अधिक महाकाव्य ही है, क्योंकि सर्ग, प्रतिसर्ग, मन्वन्तर आदि का वर्णन इसमें नहीं है। इसके विपरीत इसके प्रारंभ में ही तीर्थकरों की वन्दना, देश-वर्णन, संवाद रूप में कथा का वस्तु निर्देश और पहले अध्याय में ही सभी अध्याओं का सार संक्षेप में दिया गया है। इस प्रकार यह वाल्मीकि रामायण के ढंग का उसी शैली में लिखा प्राकृत महाकाव्य है।"[२] चरित्रों का नाटकीय संयोजन, उदात्त सांस्कृतिक भावभूमि और उत्कृष्ट सौन्दर्यबोध के अभाव में भी उपर्युक्त गुणों के कारण किसी ग्रन्थ को महाकाव्य कहा जाना, शायद उसके विशालकाय होने के कारण या महाकाव्य के कुछ बाह्य तत्वों के

---

१. हिन्दी महाकाव्य का स्वरूप विकास, पृ० १६५

२. हिन्दी महाकाव्य का स्वरूप विकास, पृ० १६६

मिल जाने के कारण ही सम्भव हो सकता है। चरित्रों को संघर्षात्मक मानवीय परिस्थितियों में रख कर निर्णय लेने देने की स्वतंत्रता कहीं नहीं दी गई है, फलतः किसी का व्यक्तित्व नहीं उभरता। लेखक अपना उद्देश्य उन पर थोपता जाता है। फलतः वस्तु का विकास न होकर 'कहते जाना' (Prolongation) का तत्व प्रधान है, जिससे इसका शिल्प संगठित महाकाव्य का न होकर धार्मिक रोमाञ्चक आख्यान का हो गया है।

प्राकृत में यह नया काव्य रूप विकसित हुआ था जिसे महाकाव्य कहना तथ्य की उपेक्षा करना होगा। स्वयं ग्रन्थकारों ने भी अपने ग्रन्थों को कथा-काव्य ही कहा है। डॉ० सिंह भी स्वीकार करते हैं कि प्राकृत में महाकाव्य और कथा का भेद मिट गया था[१] और यह स्वयं इस बात का प्रमाण है कि वह एक नवीन साहित्य रूप रहा है जिसे महाकाव्य के लक्षणों से पूरी तरह नहीं समझा जा सकता। यह नया साहित्य रूप जनता के लिए पहले के महाकाव्यों की अपेक्षा अपनी ताज़गी के कारण अधिक रुचिकर था। धार्मिक आख्यानकारों ने बराबर लौकिक प्रेमपरक अख्यानों के प्रति जनता की बढ़ती रुचि का संकेत किया है।[२] किन्तु उनकी शैली और अभिव्यक्ति कला से अधिक फैशन है और फैशन का महत्व तात्कालिक से अधिक कुछ नहीं होता।[३]

प्राकृत ग्रन्थों के बाद डा० सिंह ने अपभ्रंश के प्रायः सभी चरित ग्रन्थों और कथा-काव्यों को महाकाव्यों की सूची में गिना दिया।[४] भविसयत्तकहा (धनपाल) जो शुद्ध धार्मिक रोमांचक आख्यान है, उसके महाकाव्यत्त्व के सम्बन्ध में लेखक का मत है "इनमें से 'भविसयत्तकहा' ही ऐसा ग्रन्थ है जिसे निश्चित रूप में महाकाव्य कहा जा सकता है।"[५] किन्तु 'भविसयत्तकहा' में लेखक जिनके उच्च गुणों का वर्णन करके अपने तथाकथित महान महाकाव्योचित (?) उद्देश्य का वर्णन करता है वह यह है कि मैं "सुयपंचमी का वर्णन करने जा रहा हूँ।"[६] वस्तु का विकास तो भविसयत्त कहा में है ही नहीं, घटनाओं का वर्णन बहुत असम्बद्ध रूप में बढ़ाया गया है। उसका पहला भाग अपने में सम्पूर्ण

१. प्राकृत साहित्य का इतिहास, पृ० ३६४
२. प्रा०सा० का इ०, पृ० ३६४
३. The Waning of the Middle Ages : J Huizinga (Penguin Books). p. 54.
४. हिन्दी महाकाव्य का स्वरूप विकास, पृ० १७७
५. वही, पृ० १८६
६. भविसयत्त कहा, पठमो संधि का प्रथम छंद, पृ० १ : संपादक सी० डी० दलाल और पी० डी० गुणे।

है जिसमें कमलसिरी का विवाह पुत्रोत्पत्ति, पति की उदासीनता, बन्धुदत्त और भविसयत्त की यात्रा, भविसयत्त का तिलकद्वीप में छोड़ दिया जाना, उजाड़ नगर, राक्षस और सुन्दरी का मिलना, फिर वहाँ सुख से रहना, बन्धुदत्त का लौटना और भविसयत्त का भी पहुँचना और भण्डाफोड़ होना आदि है। फिर सुवक्क दुवक्क की कथा, तिलकद्वीप में जाकर जिन पूजा करना और वहाँ ज्योतिषियों द्वारा पूर्वभवों का वर्णन आदि अपने में बहुत कुछ स्वतंत्र हैं और इस प्रकार कथा को केन्द्रीयता तो मिल ही नहीं पाती, महाकाव्यों की गरिमा का तो प्रश्न ही नहीं उठता। जगह-जगह पर जिन महत्व, जैन विश्वास और 'सुयपंचमी' के महत्व को थोपा गया है। चरित्रों के नाटकीय संयोजन का भी इसमें प्रश्न नहीं उठा, क्योंकि लेखक का उद्देश्य कथा वर्णन के माध्यम से सुयपंचमी का माहात्म्यवर्णन करना है। अद्भुत और चमत्कारपूर्ण कार्यों से यह ग्रन्थ भरा पड़ा है और इसे महाकाव्य तभी कहा जा सकता है जब कथासरित्सागर को भी महाकाव्य मान लिया जाय। वैसे 'हिन्दी महाकाब्य का स्वरूप विकास' के लेखक ने कथारित्सागर को भी महाकाव्य मान लिया है।

तीसरा और सबसे विवादास्पद ग्रन्थ पृथ्वीराज रासो है। इस सम्बन्ध में केवल तीन बातों का विश्लेषण—१. रासो का वातावरण-प्रकृति २. नायक और नाटकीय चरित्र संयोजन तथा ३. कथा संयोजना की चर्चा की जायेगी।

सामने मूंछ ऐंठ लेने पर कण्ह द्वारा भीमदेव चालुक्य के एक भाई का वध किया जाना, पृथ्वीराज और भीम देव में शत्रुता और युद्ध, शशिव्रता का हरण, कैमास की दासी अनुरक्ति, पृथ्वीराज द्वारा उसका वध किया जाना, सामन्तों शुभचिन्तकों के मना करने पर भी संयोगिता के लिए कन्नौज जाना और रनिवास से आज्ञा लेने के बहाने छहों ऋतुओं का वर्णन, संयोगिता के आने पर विलास में लीन होना, गोरी से युद्ध और दुःखद अन्त, ये सारी घटनाएँ पृथ्वीराज रासो को एक "नाइट" (Knigth) के आसपास का वातावरण दे देती हैं। इस कथानक (Plot) को वस्तु का रूप देकर कवि का उद्देश्य उदात्त सांस्कृतिक स्तर या उदात्त चरित्र का आदर्श अभिव्यञ्जित करना नहीं रहा है जितना पृथ्वीराज का शौर्य (Chivalry) प्रदर्शन और विलास वर्णन। इन सारी घटनाओं का कारण तत्कालीन उत्तेजना लगती है कोई महत्प्रेरणा नहीं और यह 'उत्तेजना' रासो के स्वभाव और प्रकृति को महाकाव्य की 'क्लैसिक' गरिमा न देकर शौर्य प्रधान रोमांचक आख्यान' (Chivalrous Romance) की हासोन्मुख और ओढ़ी हुई वीर भावना का वातावरण दे देती है।

पात्रों के चरित्र की नाटकीय संयोजना भी रासो में नहीं हुई है, जिसके

बिना काव्य केवल इतिहास या रोमांचक आख्यान मात्र रह जाता है।[१] विविध मानवीय परिस्थितियों को उत्पन्न करके कवि ने चरित्रों को सन्तुलित ढंग से विचार करके निर्णय लेने देने का अवसर कहीं भी शायद नहीं दिया है। लगभग सारे मुख्यपात्र (स्वयं नायक भी) तात्कालिक उत्तेजनावश ही कार्य करता है। मंत्रियों के मना करते रहने पर भी संयोगिता का रूप-मोह वह नहीं छोड़ पाता, अपनी रानियों से आज्ञा लेने में ही उनकी आज्ञा पालन में ही उसके चरित्र की तथाकथित दृढ़ता निर्मित होती है। छिपकर कैमास का वध कर देना फिर उसके लिए पश्चात्ताप करना उसकी अदूरदर्शिता का ज्वलन्त प्रतीक है। रासो का सबसे महत्वपूर्ण प्रसंग गोरी से युद्ध और पृथ्वीराज की हार का महत्व एक घटना से अधिक और क्या है? पृथ्वीराज का उससे लड़ना अनिवार्य था, अन्यथा उसके शौर्य को धक्का लगता, इसलिए लड़ता है। वहाँ उद्देश्य राष्ट्रीय एकान्विति– जो उस समय खण्डित हो चुकी थी–न होकर शौर्य पर आँच न आने देने की बात शायद अधिक संभव थी, क्योंकि राष्ट्रीय एकान्विति की भावना रहने पर उसके सारे चरित्र का संगठन ही प्रेरणा पर निर्भर रहता, उत्तेजना पर नहीं।[२]

संगठित कथा-प्रवाह की कुछ सीमाएँ होती हैं जो एक परिमित दूरी तक ही किसी घटना-वर्णन को समाहित कर सकती हैं। संयोगिता के लिए पृथ्वीराज को कन्नौज प्रस्थान करना है, मन्त्री मना करते हैं, किन्तु कवि रानियों से (पृथ्वीराज) आज्ञा अवश्य मंगवाता है, इसलिए कि उसे छहों ऋतुओं का वर्णन (उस काल का एक अभिप्राय) अवश्य करना था और इससे इतना यह भी सही के कारण कथा का विकास की अपेक्षा कहते जाने (Prolongation rather than the evolution of story) का तत्व विकसित हो गया जो कथा की अन्विति को खण्डित करता है। पृथ्वीराज के मारे जाने के बाद दिल्ली और कन्नौज पर मुसलमानी अधिकार की कथा भी दी गयी है, यद्यपि उसके मरने के बाद एक प्रकार से कथा समाप्त हो जाती है। इस प्रकार भरती का बहुत कुछ रखा जाने के कारण इसका कथाशिल्प और उसका व्यवहार भी रोमांचक आख्यान का हो गया है।[३] आख्यानों में कथा तत्व अधिक उभरा हुआ होता

१. Epic & Romance : W.P. Ker P. 19

२. स्वयं डॉ० सिंह रासो के पात्रों के बुद्धिहीनतापूर्ण कार्य और झूठी शान प्रदर्शन से सहमत हैं–हिन्दी महाकाव्य का स्वरूप विकास, पृ० २८

३. इसके विरुद्ध महाभारत की बात की जा सकती है। उसमें भी बहुत सी कथाएँ और भरती के वर्ण हैं किन्तु महाभारत में नाटकीय चरित्र संयोजन और वीरोचित कार्य, राष्ट्रीय एकान्विति सांस्कृतिक संकट और क्लैसिक भावभूमि उसे महाकाव्य का गौरव दे देते हैं। विस्तार के लिए देखिए–Heroic Age of India : N.K. Siddhant.

है और यह तत्व रासो में कम नहीं है जिससे रासो की काव्य-शैली अपेक्षाकृत दब सी गई है और "भट्टभणन्त" की मात्रा अधिक लगने लगती है।[१] पृथ्वीराज रासो को प्रेमाख्यान काव्य कहा भी गया है।[२] इस तरह पृथ्वीराज रासो को महाकाव्य की अपेक्षा शौर्य प्रधान रोमांचक आख्यान कहना अधिक उपयुक्त होगा।

प्रेम या कामुकता

मध्ययुग में प्रेम और कामुकता में प्रायः अन्तर नहीं रह गया था। स्त्री अर्द्धांगिनी और धर्मविहित जीवनयापन में सहायिका न होकर केवल कामाचार का साधन मात्र रह गई थी। उवएस (उपदेश पद) में हरिभद्र सूरि ने जैन धर्म के उपदेशों को लौकिक कथाओं के रूप में लिखा है, उसमें मित्र की सहायता को बताने के लिए मूलदेव और कंडरीक नामक धूर्तों की कथा दी गई है। एक बार यात्रा में उन्होंने युवा पत्नी के साथ जाते हुए एक पुरुष को देखा। डरीक उसकी पत्नी को देखकर मुग्ध हो गया। फिर मूलदेव ने उसे एक झाड़ी में छिपा दिया और उस पुरुष के पास जाकर कहा "देखो मेरी पत्नी झाड़ी में लेटी हुई है, वह प्रसव काल में है इसलिए जरा देर के लिए अपनी पत्नी को वहाँ भेज दो। पुरुष ने मूलदेव की प्रार्थना स्वीकार कर ली। कुछ समय बाद कंडरीक के साथ क्रीड़ा समाप्त हो चुकने पर वह मूलदेव के समक्ष उपस्थित हो हंसती हुई कहने लगी "हे प्रिय तुम्हें पुत्र उत्पन्न हुआ है।" फिर अपने पति को सम्बोधित करते हुए कहा–

खडि गड्डी वइल्ल तुंहु, बेटा जाया ताँइ
रणिणव हुँति मिलावणा मित सहाया जांइ

(तुम्हारी गाड़ी बैल खड़े हुए हैं, उसके बेटा हुआ है। जिसके मित्र सहायक होते हैं उसका अरण्य में भी मिलाप हो जाता है।)[३]

कथा प्रकरण में भी एक कथा है जिसमें किसी एक स्त्री का पति प्रदेश गया हुआ है और वह अपने महल की ऊपरी मंजिल पर केश संवार रही थी। रास्ते में जाते हुए एक राजकुमार ने उसे देखा। राजकुमार ने एक सुभाषित पढ़ा फिर उस स्त्री ने उत्तर दिया–

---

१. हिन्दी साहित्य का आदिकालः हजारीप्रसाद द्विवेदी, पृ० ६३
२. हिन्दी के विकास में अपभ्रंश का योग : नामवर सिंह, (प्रथम संस्करण), पृ० १८८
३. प्रा० सा० का० इति पृ० ४९४

"पुण्यहीन पुरुष लक्ष्मी का उपभोग करना नहीं जानता। साहसी पुरुष ही पराई लक्ष्मी का उपभोग कर सकते हैं"[१]

और वह कई दिन तक उस स्त्री के साथ अपने साहस के बल पर कामक्रीड़ाएँ करता रहा।

इस प्रकार मित्र की सहायता और पुरुष का साहस इन दो मानवीय तत्वों को इतने निचले स्तर पर उतार कर कामुक भावनाओं की तृप्ति की गई है। स्पष्ट ही स्त्री के प्रति संतुलन की दृष्टि रखने वाला व्यक्ति ऐसी कथाओं के सृजन की बात नहीं सोच सकता। रोमांचक आख्यानों के नायक एक के बाद दूसरी, दूसरी के बाद तीसरी और चौथी, पाँचवीं शादियाँ करते जाते हैं। इसलिए कि उनके सामने प्रेम का संतुलित और प्रेरित स्वरूप खंडित हो चुका था तथा उत्तेजित कामुकता का रूप प्रधान हो गया था। इसीलिए स्त्रियों को सभी अनर्थों और बुराइयों का जड़ कहा गया।[२] दूसरी ओर सती स्त्रियों का भी बहुत महत्व बताया गया। सतपरक प्रेमाख्यानों की रचनाएँ और उनकी लोकप्रियता इसका प्रमाण है।[३] ऐसे भी बहुत से नायक (पंवारों में) मिल जायेंगे जो एक ही स्त्री के प्रति आसक्त हैं, उसकी रक्षा अपना कर्त्तव्य समझते हैं और उसकी प्राप्ति में अपनी सार्थकता किन्तु उनका "ट्रीटमेंट" ऐसे वातावरण को प्रस्तुत कर देता है जो बहुत कुछ पागलपन की सीमा को व्यक्त करने लगता है। ऐसे ही अवसरों पर नायक और नायिका को अनेक कष्टों और विपत्तियों में फँसा हुआ स्वांग की तरह का दुःखान्त रूप चित्रित किया जाता है जो कठिनाइयों में फँसे हुए मनुष्य का उस पर विजय और मानवीय पौरुष की अपेक्षा विवशता और करुणा की अपेक्षा दया का वातावरण प्रस्तुत करता है जो अपेक्षाकृत हीनतर मानवीय भावनाएँ हैं।

मध्ययुगीन शूरों का एक प्रधान कर्त्तव्य रहा है निर्बलों की रक्षा। स्त्रियाँ निर्बल थीं इसलिए किसी विपत्ति में उनका पड़ना और नायक द्वारा उसकी रक्षा रोमांचक आख्यानों की एक प्रधान प्रवृत्ति रही है और यह यहाँ तक बढ़ गया था कि वास्तविकता से उसका लगाव ही प्रायः टूट चुका था।[४] पियर्स बटलर के अनुसार मध्युगीन प्रेम केवल लगातार प्रेम का बहाना मात्र था।[५] प्रेम एक

१. प्राकृत साहित्य का इतिहास पृ० ४३३
२. Women, p. 249
३. Ibid, p, 234.
४. Women p. 231.
५. Women p. 250.

दिखावटी और उद्धत ढर्रा बन चुका था। यह एक सामाजिक आवश्यकता थी क्योंकि तत्कालीन जीवन, आवेगों की क्रूरता और भयंकरता से इतना भरा हुआ था कि उसमें सन्तुलित प्रेम का उदय सहज संभव नहीं था।[१] फलतः प्रेम होने के कुछ फार्मूले बन चुके थे। मन्दिर या धर्म यात्राओं में, विपत्ति से बचाने में और अटारी पर किसी राजकुमार से आँख मिल जाने से प्रेम प्रारम्भ हो जाता है और फिर कुछ अभिप्रायों के सहारे पूरी कथा निर्मित हो जाती है। इस तथ्य ने रोमांचक आख्यानों में अतिकल्पना और कामुकता के वातावरण के विस्तार में बड़ा योग दिया।

शौर्य (Chivalry)

सामन्त कालीन शौर्य का विभावन किसी सन्तुलित उद्देश्य के उपयोग पर अपेक्षाकृत आधारित न होकर, प्रदर्शन पर हो गया था जिससे एक प्रतियोगितापरक वातावरण विकसित हुआ। यह शौर्य प्रदर्शन अपने आप में रोमांटिक था। इसके विपरीत वीर युग (Heroic Age) का नायक अनिवार्य होने पर ही युद्ध करता था। वीर युग का राष्ट्रीय युद्ध शौर्य काल में गृहयुद्ध और झगड़ों का रूप ले चुका था।[२] उसकी वीरता यथार्थपरक थी जबकि मध्ययुगीन सामन्त की वीरता प्रदर्शन, कल्पना और आवेगों पर आधारित थी, जिससे सामन्ती आदर्शों का विकास हुआ जो सामन्ती प्रतिज्ञाओं में देखे जा सकते हैं और उनका रूप बहुत कुछ धार्मिक था। इन प्रतिज्ञाओं में बाह्य रूप से एक नैतिक आदर्श का रूप दिखाई देता है किन्तु वस्तुतः वह नैतिकता के प्रति एक उत्तेजित और अतिवादी दृष्टिकोण था जिसका स्तर मनोरंजन और हँसी-ठठोली से अधिक नहीं था।[३] उस क्रूर और आवेग के युग में उन प्रतिज्ञाओं और इस तरह के आदर्शों ने तत्कालीन समाज को बहुत बल दिया, जो उनके लिए एक आवश्यकता थी।

सामन्त एक प्रकार से पूर्ण और एकदम स्वतन्त्र था—भले ही उसके पास अपने जीवन के अलावा और कुछ भी न हो—और वह प्रत्येक समय जरूरत पड़ने पर अपने जीवन को साहसिक कार्यों में डाल देता था। नायक इस तरह के अवसरों को ढूँढ़ा करता था, जहाँ वह अपने आदर्श दिखा सके, फलतः आदर्श का रूप जीवन से पृथक् और अति काल्पनिक होता गया।[४] लोरिक और

---

१. The Waning of the Middle Ages.

२. An Introduction to Medieval Romance, p. 10

३. The Waning of the Middle Ages. p. 109.

४. The Waning of the Middle Ages. p. 89.

आल्हा ऊदल के साहसिक युद्ध, पृथ्वीराज रासो के अनेक पात्रों के घमण्डी दुस्साहस इस दिखावटी आदर्श के नमूने कहे जा सकते हैं।

स्त्री, नायकों के शौर्य प्रदर्शन का एक विशेष अभिप्राय बन गई थी। फलतः शौर्य-प्रधान रोमांचक आख्यानों, पृथ्वीराज रासो, आल्हखण्ड या लोरिकी में विवाह और उस अवसर पर युद्ध आदि के अत्यधिक वर्णन मिलते हैं।

रोमाञ्चकता और अलौकिकता

रोमाञ्चक-आख्यान-साहित्य का, संभवतः इसे केन्द्रीय तत्त्व कहा जा सकता है। ए०बी० टेलर ने 'रोमांस' और 'रियलिटी' इन दो शब्दों के द्वारा इसे स्पष्ट करने की चेष्टा की है। "रियलिटी" से जीवन के वास्तविक और जीवन्त तथ्यों का बोध होता है जब कि रोमांस से अतिकल्पना और जीवन से पृथकत्त्व का।[१] अतिकल्पना का यह तत्व मध्यकालीन जीवन दृष्टि के कारण बहुत अधिक उभर आया था। उस समय अनेक कारणों से धर्म, शौर्य, और स्वयं जीवन के बीच उन तत्त्वों को केन्द्रीयता प्राप्त हो गई थी जो प्रेरणाप्रद न होकर उत्तेजनाप्रद थे। ये अलौकिकता और अतिकल्पना के तत्त्व सार्वकालिक मानवस्वभाव के अंग हैं किन्तु जहाँ क्लैसिकल साहित्य में संयम, संतुलन, पवित्रता और सहजता की भावना मुख्य रूप से उभरती थी वहाँ 'रोमांस साहित्य' में, रोमाञ्चकता अतिकल्पना, रहस्य और चमत्कार की प्रधानता थी।

राष्ट्रीय एकान्विति की भावना सामन्ती युद्धों के बीच उभर ही नहीं सकती थी, फलतः आख्यानकारों ने वीरों के क्षणिक आवेशों और ईर्ष्या आदि को महत्व देकर उन्हें श्रोताओं के मनोरंजन का साधन बनाया।[२] दूसरी ओर धर्म को जादू और रहस्य मात्र समझ कर उसे आदर दिया जाने लगा। कला और विवेक जो आवेग नहीं, मानसिक संतुलन की अपेक्षा रखते हैं, गौण पड़ गए।[३] तीसरी तरफ विषयवासनाओं को छोड़कर कठिन वैराग्य या फिर नितांत कामुकता को प्रश्रय मिला। मतलब कि मध्ययुग अतियों (Extremes) में ही जीवित रह सका और जीवन से पृथक् रोमाञ्चक और चमत्कारपूर्ण कल्पनाओं का सृजन करता रहा। जिसका क्षेत्र जीवन के यथार्थ से संकुचित था और यही एक बहुत बड़ा कारण था जिससे रोमाञ्चक आख्यान साहित्य में कथानक रूढ़ियाँ और ढर्रे विकसित हो गए और ताजे तथा जीवन के उन्मेष से भरी

---

१. An Introduction to medieval Romance., p. 210

२. Ibid p. 212.

३. An Introduction to medieval Romance., p. 213

कृतियाँ प्रायः नहीं आ सकीं क्योंकि यह यथार्थ और वास्तविकता को महत्त्व देने पर संभव हो सकता था जिसमें जीवन की अनंत संभावनाओं की गुंजाइश रहती है।

वर्गीकरण

प्रेमाख्यानों के वर्गीकरण का तो प्रयत्न प्रायः हुआ है किन्तु रोमाञ्चक आख्यान के वर्गीकरण की ओर लोगों का ध्यान नहीं गया। नायक और नायिका के प्रेम की कथा को ही प्रेमाख्यान माना गया किन्तु प्रेम रोमाञ्चक आख्यान का एक प्रमुख तत्त्व होते हुए भी केन्द्रीय नहीं है। ऐसे बहुत से आख्यान हैं जिन में प्रेम प्रसंग गौण है और शौर्य या धर्म के उपदेश आदि प्रधान हो गए हैं या मात्र रहस्य चमत्कार उत्पन्न किया गया है। रोमाञ्चक आख्यान का, केन्द्रीय तत्त्व प्रेम न होकर उत्तेजना, रोमाञ्च रहस्य और चमत्कार हैं। प्रेमाख्यान से सूफी दर्शनपरक और असूफियों में सतपरक आख्यानों को प्रायः समझा गया है।[१] किन्तु यह बहुत कुछ प्रेमाख्यान शब्द की सीमा के कारण हुआ लगता है। डॉ० पाण्डेय ने सूफियों के अतिरिक्त असूफी प्रेमाख्यानों को ४ वर्गों में विभाजित किया है। (१) दाम्पत्यपरक प्रेमाख्यान, (२) कामपरक, (३) सतपरक और (४) अध्यात्मपरक। आचार्य परशुराम चतुर्वेदी ने प्रेमाख्यानों के ऐतिहासिक विकास को ध्यान में रखते हुए इनका निम्न प्रकार से वर्गीकरण किया है। (१) प्रसंगवश वैदिक पौराणिक साहित्य में आए हुए प्रेमाख्यान, (२) मनोरंजन प्रधान तथा (३) धर्म और उपदेश प्रधान।

डॉ० पाण्डेय के वर्गीकरण में विषयगत स्थूलता दिखाई पड़ती है एक दूसरे की विभाजक रेखा परस्पर मिल जाती है। जैसे सत्परक प्रेमाख्यानों का उद्देश्य सतीत्वरक्षा या दाम्पत्य प्रेम की पवित्रता होगी, जो एक प्रकार से नैतिक, उद्देश्य को प्रकट करना है, वे धर्म और उपदेशपरक प्रेमाख्यानों के भीतर लिए जा सकते हैं। तथाकथित दाम्पत्यपरक प्रेमाख्यान 'ढोला मारूरा दूहा' का नायक बचपन में ही मारवणी से विवाहित है किन्तु दोनों में किसी को यह ज्ञात नहीं है। युवती होने पर स्वप्न में वह ढोला को देखती है और अनुरक्त हो जाती है। बाद में सखियों से पता चलता है कि वही ढोला उसका पति है। फलतः अनुरक्त होने के समय मारवणी को अपने पति का भान नहीं है। दूसरी ओर कामपरक प्रेमाख्यान सारंगा सदाबृज में सारंगा और सदाबृज पूर्व जन्म में पति-पत्नी (हंस-हंसिनी) थे और मनुष्य जीवन में भी उनका प्रेम होता है। फलतः दोनों

१. मध्ययुगीन प्रेमाख्यान, पृ० ५४

प्रेमख्यानों में एक सामाजिक संगति बैठाई जा सकती है। इस आधार पर कामपरक, सत्परक और दाम्पत्यपरक प्रेमाख्यानों का विभाजन बहुत उचित प्रतीत नहीं होता। ढोला मारूरा दूहा में दाम्पत्य प्रेम की महिमा नहीं बताई गई है। वह भी अन्य प्रेमाख्यानों की भाँति ही कामुक अभिव्यक्तियों से भरा हुआ है। इन दोनों प्रकार के आख्यानों का उद्देश्य कहानी कहना मात्र है, जो मनोरंजन प्रधान हैं और ये लौकिक प्रेमपरक रोमांचक आख्यानों के भीतर लिए जा सकते हैं।

आचार्य चतुर्वेदी के वर्गीकरण में ऐतिहासिक दृष्टि को अपनाया गया है डॉ० हरिकांत श्रीवास्तव के वर्गीकरण में शुद्ध प्रेमाख्यान, अन्यापदेशिक काव्य तथा नीतिप्रधान प्रेम काव्य उपदेश और नीतिपरक प्रेमाख्यान को पृथक् वर्ग में रखने का औचित्य सिद्ध नहीं होता। किन्तु शौर्यप्रधान रोमांचक आख्यानों को इन तीनों प्रकार के वर्गीकरणों में स्थान नहीं मिल सका है जो कदाचित प्रेमाग्ख्यानों के सन्दर्भ के कारण है।

इन विद्वानों के सम्मुख वस्तुतः प्रेमाख्यान शब्द की सीमा बहुत बड़ा व्यवधान रही है जिसके कारण शौर्य या शुद्ध चमत्कारप्रधान रोमांचक आख्यानों की ओर इनका ध्यान नहीं गया। प्राकृत और अपभ्रंश का प्रायः समस्त साहित्य रोमांचक आख्यान है, शायद यह बात उनके ध्यान में नहीं रही।[१] क्लैसिक प्रवृत्ति के विरुद्ध रोमांस वृत्ति (जीवन के प्रति यह दृष्टिकोण था) उभर आई थी। जिसकी प्राकृत और अपभ्रंश में अभिव्यक्ति हुई। १५वीं शती के बाद पुनः जब अनेक कारणों से क्लैसिक प्रवृत्ति उभरी तब फिर महाकाव्य और श्रेष्ठतर साहित्य की रचना हुई। महाकाव्यों में विषयवस्तु की अपेक्षा उसका संगठित शिल्प बहुत महत्व का होता है, प्राकृत अपभ्रंश के महाकाव्य कहे जाने वाले ग्रंथों में यह शिल्प भी दृष्टिगत नहीं होता। सेतुबंध अवश्य एक अपवाद है और इसमें महाकाव्यों की गरिमा, चरित्र-चित्रण और शिल्प के संगठित तत्त्वों का संयोग हुआ है। किन्तु यह आकस्मिक-सा लगता है। ऊपर बताया जा चुका है कि प्राकृत को अज्ञजनों को सद्बोध प्रदान करने वाली भाषा कहा गया है, फलतः उपदेश और कथा-कहानी की प्रवृत्ति ही उसकी अपनी हो सकी। शुद्ध साहित्यिक दृष्टि से प्राकृत और अपभ्रंश में बहुत कम लिखा गया लगता है। साहित्यिक पंडितों ने जिस भाषा को अपनाया वह थी संस्कृत और जैन साधुओं और अन्य धर्म प्रचारकों ने जब लोकभाषा को अपनाया तो उनका धार्मिक दृष्टिकोण उस

१. प्राकृत और अपभ्रंश के तथाकथित महाकाव्यों के सम्बन्ध में पिछले पृष्ठों में बताया जा चुका है।

पर लद गया (उनका उद्देश्य साहित्य न होकर धर्म प्रचार ही था) और जब सामान्य जन कवि ने साहित्य लिखा तो न तो उनका साहित्यिक संस्कार उतना था और न जीवन के प्रति उदात्त दृष्टिकोण विकसित कर सकने की सामर्थ्य; फलतः वे सामयिक मनोरंजन और कामुक अभिव्यक्तियों के अतिरिक्त शाश्वत मूल्य का साहित्य प्रायः नहीं सृजन कर पाए। इस बात को इस तथ्य से और बल मिलता है कि प्राकृत और अपभ्रंश में उत्कृष्ट मौलिक प्रबंध कल्पनाएँ या शिल्पगत नवीनता नहीं मिलती, बने-बनाए ढर्रे पर प्रायः काव्य-कथाएँ निर्मित होती रहीं जिनमें रहस्य चमत्कार से जनरुचि को आकर्षित किया जाता रहा। फलतः उसका वातावरण रोमांचक हो गया और सारा साहित्य रोमांचक आख्यान बनकर रह गया। इस संपूर्ण रोमांचक आख्यान साहित्य को प्रेमाख्यान शब्द प्रकट कर सकने में अपर्याप्त लगता है।

धर्म-उपदेश, प्रेम, कामुकता और मनोरंजन तथा शौर्य (chivalry) इन तत्वों के प्रदर्शन के लिए जो साहित्य लिखा गया उसके लिए रोमांचक आख्यान शब्द अधिक उपयुक्त है। इस संपूर्ण साहित्य को प्रधानतया तीन वर्गों में विभाजित किया जा सकता है (१) धर्म-उपदेश प्रधान रोमांचक आख्यान, (२) प्रेम-कामुकता और मनोरंजन प्रधान रोमांचक आख्यान और (३) शौर्य प्रधान रोमांचक आख्यान। पहले और दूसरे वर्ग के उदाहरणों की कमी नहीं तीसरे वर्ग में पृथ्वीराज रासो, आल्हखंड और लोरिकी को लिया जा सकता है।

रोमांचक आख्यान और मौखिक परंपरा

सामूहिक उत्सवों में नृत्य-गान से साहित्य प्रकारों के उद्‌भव का तथ्य साधारणतया स्वीकार किया जाता है। प्रारम्भिक युग के कबीले अपने पूर्व पुरुषों की यश गाथा सामूहिक रूप में नृत्य के साथ गाते थे[१]। इनमें युद्ध की गाथाएँ अधिक लोक प्रिय रही हैं। ऋग्वेद (७-१८) में १० शत्रुओं पर सुदास की विजय का गान किया गया है। वैदिक गाथाओं और **"नराशंसी"** पर विचार करते हुए प्रो० सिद्धान्त ने क्ली एण्ड्रोन (Klea Andron:) का समानार्थी बताया है जो एक्लिस द्वारा इलियड (९-१८९) में गाए गए हैं। और उन्होंने निस्संदेह नराशंसी को वीरगाथाएँ सिद्ध किया है।[२] किन्तु सर्वप्रथम शतपथ ब्राह्मण में वीरकाव्य की सूचना मिलती है[३]। अश्वमेध यज्ञ के अवसर पर ब्राह्मण दिन में तथा राजन्य

१. A hand book of Poetry : F. B. Gummere, p. 9.

२. Heroic Age of India : N. K. Siddhant, p. 55.

३. शतपथ ब्राह्मण १३, १, ५ ६; १३, ४, ३, ५।

रात्रि में गान करते थे। ब्राह्मण दान स्तुति तथा राजन्य राजकुमारों के युद्धों का गान करता था। एक के बाद दूसरे यज्ञकर्त्ता को बढ़ा चढ़ा कर गाया जाता था। पहले पहल यहाँ अतिशयोक्तिपूर्ण गान के तत्व का उल्लेख हुआ है जो मौखिक गायकों के व्यवसाय का आधार भूत तथ्य है। ऐतरेय ब्राह्मण में **"आख्यानविद्"** का उल्लेख व्यावसायिक रूप में आख्यान गाने वाले किसी वर्ग की ओर संकेत करता है।

महाभारत में वर्णनात्मक काव्य की मौखिक परंपरा का स्पष्ट संकेत मिलता है। नैमिषारण्य के आश्रम में पधारे हुए उग्रश्रवा को चित्रविचित्र कथाएँ सुनाने के लिए वहाँ के तपस्वियों ने घेर लिया था[१]। सूतपुत्र (यह निश्चय ही चारणों की जाति विशेष रही है) उग्रश्रवा जी कहते हैं 'क्या सुनाऊं' पुराणों की कथाएँ अथवा ऋषियों के इतिहास"[२]। शांतिपर्व में मौखिक परंपरा में एक के बाद दूसरे द्वारा कथा के गाते चले आते रहने का स्पष्ट कथन हुआ है। भीष्म युधिष्ठिर से कहते हैं "इंछ वृत्ति से सम्बन्ध रखने वाली इस कथा को ब्राह्मण ने च्यवन ऋषि से कहा च्यवन ने जनक के दरबार में नारद से, नारद ने इन्द्र से इन्द्र ने प्राचीन समय में ब्राह्मणों से इस कथा को कहा तथा जब परशुराम जी से मेरा भयंकर युद्ध हुआ था उस समय वसुओं ने मुझे यह कथा सुनाई[३]। महाभारत के प्रारम्भ में ही इस महागाथा के गाए जाने का उल्लेख हुआ है[४]। अर्जुन और कृष्ण स्वयं प्राचीन समय के गौरवपूर्ण कृत्यों, का गान करते हैं। एक स्थान पर दुर्योधन के भी इस कला के जानने का संकेत है। कृष्ण और अर्जुन ने एक दूसरे से युद्ध की गाथाएँ और उसकी कठिनाइयों को इन्द्रप्रस्थ में गाया है। देवों का इतिहास गाने वाले लोग १२ वर्ष के गुप्त बनवास में अर्जुन के साथ थे। द्रौपदी के स्वयंवर में भी पुराण गायकों का स्पष्ट उल्लेख है। सम्भव है ये प्रसंग वर्णनात्मक गद्य में रहे हों और "गद्याख्यानों के परंपरागत रूप में कहते चले आते रहने की संभावना स्वीकार की जा सकती है[५]।" फलतः ब्राह्मण, राजन्य (क्षत्रिय) और सूत, वसु मागध, गायकों के इन तीन वर्गों का पता चलता है। सूत मागध, दरबारी भाट-चारण थे, साहित्य में जिनका बराबर उल्लेख मिल जाता है।

---

१. महाभारत (आदि पर्व श्लोक ३) गीता प्रेस।

२. पुराण संहिता पुण्याकथा धमार्थ संश्रिता।
इतिवृत्तं नरेन्द्राणामृषीणाम् च महात्मनाम्।। वही, आ०प०श्लो० १६

३. महाभारत शांतिपर्व ३६५ वां अध्याय श्लोक १-६।

४. आदि पर्व श्लोक ९६-९८।

५. Heroic Age of India, P. 58.

आदि पर्व में श्लोक १५० से २१४वें तक में अंतिम पंक्ति 'तदा नाशंसे विजयाय संजय" को बराबर दुहराया गया है। यह दुहराव काव्य के गाए जाने के उद्देश्य को संकेतित करता है और यह मुख्यतः पंवारों की प्रवृत्ति है जो लोक कंठ में पीढ़ी दर पीढ़ी गाए जाते रहे हैं[१]।

महाभारत वीरकाव्य है और उस वीरकाव्य के मौखिक परंपरा में गाए जाते रहने के प्रमाण के साथ अनेक कथाओं और पुराण आख्यान के भी मौखिक परंपरा में चलते रहने के प्रमाण हैं किन्तु "रोमांचक आख्यान" शब्द का प्रयोग जिसके लिए सबसे पहले किया जा सकता है वह है प्राकृत की बड्ड कहा। शिव ने पार्वती को इस कथा को सुनाया, छिपकर सुने पुष्पदंत ने अपनी पत्नी जया को, जया ने पार्वती को, फिर पार्वती का रुष्ट हो कर शाप देना, माल्यवान द्वारा पुष्पदंत का पक्ष ग्रहण करने पर उसको भी शाप और वररुचि तथा गुणाढ्य के रूप में इनका जन्म तथा शापित यक्ष जो पिशाच हो गया था उससे उन दोनों का इस कथा को सुनना और शापमुक्त होना—ये बातें मौखिक परंपरा का ही संकेत देती हैं। मेघदूत के २०वें श्लोक में उज्जयिनी में उदयनकथा कहने वाले वृद्धों का उल्लेख हुआ है[२]।

वसुदेव हिंडी में नरवाहनदत्त आदि लौकिक काम कथाओं के मौखिक रूप से कहे जाने का वर्णन आया है[३]। **"भविसयत्त कहा"** की कथा की विशृंखलता पर विचार करते हुए सम्पादकों ने युद्ध वाले प्रसंग के सम्बन्ध में लोकप्रिय अवदानकी संभावना की है[४]। उसका स्वरूप बहुत कुछ लोक में गाए जाने वाले पंवारों का सा प्रतीत होता है जो मौखिक परंपरा से चला आता रहा होगा। 'संदेशरासक' में भी **"सदयवच्छ"** आदि कथाओं के कहे जाने का उल्लेख हुआ है[५]। मध्युग में भाट और चारण, वीर गाथाएँ युद्धों में गाते थे और सैनिकों का उत्साहवर्धन करते थे। डॉ० दशरथ शर्मा के अनुसार 'रासो' एक

१. Ibid, p. 60.

२. प्राप्यावनतीनुदयनकथाकोविदग्रामवृद्धान्।
पूर्वोद्दिष्टामनुसर पुरीं श्रीविशालां विशालाम्।।

३. प्राकृत साहित्य का इतिहास, पृ० ३६४।

४. भविसयतकहाः धनपाल, संपादन, दलाल और गुणे भूमिका पृ० ५।

५. कहव ठाइ सुदयवच्छ कत्थव नल चरिय
कत्थव विविहि विणोइहि मारहु उच्चारिउ।।

—संदेशरासक, अद्दहमाण पृ० १९ सं० श्री मुनि—
जिनविजय तथा हरिवल्लभ भयाणी सं० २००१।

जनप्रिय श्रव्य काव्य रहा है[१]। राजस्थान में चारण भाट ढाढ़ी आदि गाँव-गाँव में लोगों को वीरगाथायें गा गा कर सुनाया करते थे जिससे छत्तीसों जातियों को प्रोत्साहन मिलता था[२]। आल्हखंड के गाए जाने का प्रमाण अबतक लोक में सुरक्षित है और मौखिक परंपरा के अतिरिक्त उसके सम्बन्ध में जानने का संभवतः और कोई सीधा रास्ता नहीं। लोरिकी या चनैनी वस्तुतः आल्हा की भाँति ही एक पंवारा है और वह भी मौखिक परंपरा में अहीरों या गड़ेरियों द्वारा चला आ रहा है। लोरिकी का गायक सेवकराम यादव गाने के बीच-बीच में बराबर यह कहता था कि "रहलीं त ना ए बाबू सुनीं ले जे" यह परंपरागत मौखिक परंपरा का स्पष्ट संकेत है।

---

१. पृथ्वीराज रासो की भाषा-ले० डॉ० दशरथ शर्मा और प्रो० मीना राम रंभा-राजस्थान भारती, भाग १, अंक ४, पृ० ४९, सन् १९४७।

२. दे० राजस्थान में हिन्दी के हस्तलिखित ग्रंथों की खोज (प्रथम भाग) ले० मोतीलाल मेनारिया (दिवान बहादुर हरिविलास शारदा की अंग्रेजी भूमिका) प्रथम संस्करण पृ० २।

संदेश-रासक में प्रकृति-वर्णन

—डॉ० विश्वनाथ त्रिपाठी

काव्य में प्रकृति-वर्णन दो रूपों में पाया जाता है। प्रकृति का स्वतंत्र, आलंबन रूप में और नायक-नायिका के भावों के उत्तेजक उद्दीपन रूप में। बाह्य प्रकृति का प्रभाव हमारी अंतःप्रकृति पर अपने आप पड़ता है। संस्कृत साहित्य में स्वच्छंद प्रकृति-वर्णन की महती परंपरा है। आदिकवि वाल्मीकि और कालिदास ने अपने महाकाव्यों में प्रकृति के नाना रूपों का वर्णन जिस सूक्ष्म दृष्टि से किया है वह अन्यत्र दुर्लभ है। इन कवियों ने प्रकृति के केवल भव्य रूपों का ही अंकन नहीं किया है बल्कि साधारण से साधारण वस्तु के भी मनोहर पक्ष का उद्घाटन अपनी सर्वग्राही रसात्मकता के बल पर किया है। वाल्मीकि ने केवल तुषाराच्छादित पर्वत-श्रेणियों, कल-कल-निनादमुखर निर्झरों, शुभ्रराकामंडित शरद् रजनी तथा सर्ज कदंब-पुष्पों से व्यामिश्र पर्वत सानु ताम्र सरिताओं का ही वर्णन नहीं किया है, बल्कि पाला गिरने से गीली घासों पर पड़ती हुई धूप की शोभा, अति शीतल हेमंतकालीन जलस्पर्श से वन्य द्विरद का वितुण्डसंकोचन तथा जीर्ण होकर झड़े हुए पत्तों वाले, टूटी छितरी केसरकर्णिक वाले पाले से ध्वस्त नालमात्र शेष कमलों का भी वर्णन किया है।[१]

इसी प्रकार कालिदास ने जहाँ एक ओर हिमालय का अद्वितीय वर्णन किया वहाँ वर्षाकाल में मेघगर्जन से समुत्पन्न कुकुरमुत्तों की भी उपेक्षा नहीं की।[२] वे मेघ के साथ आकाश में रत्नच्छायाव्यतिकर इंद्रधनुष की शोभा में नहीं निमग्न रहे। उन्हें भ्रूविलासानभिज्ञ जनपदवधुओं की निरीह भावनाओं का भी आदर करना था। अलका के अलौकिक पुष्पोद्यान को तो उन्होंने सराहा ही, किंतु शीघ्र ही जोते हुए खेतों की सोंधी-सोंधी गंध में भी उनका कविहृदय थोड़ी

१. वाल्मीकि रामायण अरण्यकांड। १६।२०, २१, २६।

२. पूर्वमेघ १०।

देर के लिए विलम गया।[१]

किन्तु हिंदी काव्य के उदय काल में प्रकृति के इस स्वच्छंद वर्णन की प्रणाली समाप्त प्राय हो चुकी थी। मध्यकालीन संस्कृत कवियों ने साहित्य के प्रत्येक क्षेत्र की भाँति प्रकृति-वर्णन में भी बँधी-बँधाई परिपाटी का ही अनुसरण किया है। आरंभिक हिंदी कविता के लिए अपने समकालीन संस्कृत साहित्य से प्रभावित होना अनिवार्य था। फलतः तत्कालीन हिंदी कविता में भी स्वतंत्र प्रकृति-वर्णन का अभाव है। इन कवियों की कल्पना प्राकृतिक दृश्यों के चित्रण में वाल्मीकि, कालिदास, भवभूति आदि की भाँति ऐसे रूपों की योजना करने में नहीं प्रवृत्त होती थी जिनसे किसी दृश्य का पूर्ण चित्र आँखों के सामने उपस्थित हो और जो चित्र स्वतंत्र रूप से स्वयं पाठक, या श्रोता के भाव के आलंबन हों।

परवर्ती कवियों में स्वतंत्र प्रकृति-वर्णन का क्रमशः लोप हो गया। माघ आदि धुरंधर पंडित कवियों में वाल्मीकि, कालिदास और भवभूति का शुद्ध प्रकृति-प्रेम नहीं मिलता।

आचार्य रामचंद्र शुक्ल का अनुमान है कि 'कालिदास के समय से, या उसके कुछ पहले ही से दृश्य-वर्णन के संबंध में कवियों ने दो मार्ग निकाले। स्थल-वर्णन में तो वस्तु-वर्णन की सूक्ष्मता बहुत दिनों तक बनी रही, पर ऋतु-वर्णन में चित्रण उतना आवश्यक नहीं समझा गया जितना कुछ इनी-गिनी वस्तुओं का कथनमात्र करके भावों के उद्दीपन का वर्णन'[२]। शुक्लजी ने आगे लिखा है कि 'जान पड़ता है ऋतु-वर्णन वैसे ही फुटकर पद्यों के रूप में पढ़ा जाने लगा जैसा बारहमासा पढ़ा जाता है। अतः उनमें अनुप्रास और शब्दों के माधुर्य आदि का ध्यान अधिक रहने लगा।' संस्कृत साहित्य में ऋतु-वर्णन सबसे पहले शायद 'ऋतुसंहार' में ही मिलता है। उसमें कालिदास ने इतर स्थलों की भाँति शुद्ध प्रकृति-वर्णन नहीं किया है अपितु विविध वस्तुओं में प्रकृति का उद्दीपन रूप चित्रित किया है और उसे मनुष्यों के केलिविलास के ही संदर्भ में देखा है। 'मेघदूत' के प्रकृति-चित्रण और ऋतुसंहार के प्रकृति-चित्रण में उद्देश्यभिन्नता स्पष्ट है। इसे दोनों की तुलना करके भलीभाँति देखा जा सकता है।

कभी-कभी कवियों ने एक साथ ही सभी ऋतुओं का वर्णन विशिष्ट

१. वही, १६।

२. काव्य में प्राकृतिक दृश्य, पृ० २१, चिंतामणि, प्रथम भाग।

पद्धति में न करके यथावसर पात्रों के मुँह से ऋतुसौंदर्य का उद्‌घाटन करवाया है। कहीं-कहीं इस प्रकार के वर्णन इतने सुन्दर और स्वाभाविक हैं कि वे स्वतंत्र प्रकृति-वर्णन से कम अच्छे नहीं ठहराए जा सकते। राजशेखर की कर्पूरमंजरी में इस प्रकार के कई सुंदर प्राकृत श्लोक मिलते हैं।[१]

हम पहले देख चुके हैं कि परवर्ती काव्य में प्रकृति-चित्रण मुख्यतः उद्दीपन के रूप में ही होने लगा। महाकाव्यों में तो अधिक अवकाश होने और लक्षण-पालन के लिए स्वतंत्र प्रकृति-वर्णन के लिए थोड़ा-बहुत बहाना मिल भी जाता था, किंतु लघुतर काव्यों में इसका अभाव हो गया। शृंगारी काव्यों में षड्ऋतु-वर्णन जैसी परंपरा के कारण कवियों को प्रकृति की ओर झाँकने का यत्किंचित् अवसर मिल जाता था। षड्ऋतु का वर्णन काव्य में संयोगसुख या विरहदुःख को तीव्रतर दिखाने के लिए किया जाता था। संदेश-रासक में प्रकृति-वर्णन इसी रूप में अर्थात् षड्ऋतुवर्णन के अन्तर्गत ही आया है। इतने छोटे काव्य में हमें विस्तृत प्रकृति-वर्णन की आशा भी नहीं करनी चाहिए। संदेश-रासक के कवि को षड्ऋतुवर्णन करना था इसलिए उसे बाह्य प्रकृति की सहायता लेनी पड़ी।

संदेश-रासक में षड्ऋतुवर्णन ग्रीष्म से प्रारम्भ होता है। नायिका पथिक को बताती है कि उसने अपने प्रिय के बिना ग्रीष्म कैसे बिताया। ग्रीष्म होता भी कितना दुस्सह है। उस ऋतु में मदनार्त्ताओं के लिए मलय समीरण कितना कष्टकर हो जाता है। सूर्य की प्रचंड किरणों के विषम ताप से भूमि-तल वन-तृण जलने लगते हैं। धरित्री कठिन ताप न सह सकने के कारण तड़-तड़-तड़ शब्द करके फटने लगती है। व्योम में अति उष्ण प्रभंजन चलता है। तप्त वायु विरहिणियों के अंगों का स्पर्श करके उन्हें जलाती है। उस समय नव घन की उत्कंठा से चातक 'प्रिय प्रिय' शब्द करने लगता है। नदियों में थोड़ा और स्वच्छ जल रह जाता है। फलभार से नमित सुंदर सहकार-वन और सुंदर लगने लगते हैं।

जमजीहह णं चंचलु णहयलु लहलहइ,
तडतडयड धर तिडइण तेयह भरु सहइ।

---

१. लंकातोरणमालिआतरलिणो कुंभुब्भवस्सागमे,
मंदादोलिअचंदणद्दुमलदाकप्पूरसंपक्किणो।
कंकोलीकुलकंपिणो फणिलदाणिप्पंद णेहावआ
चंडं चुंविदतंबपण्णिसलिला बाअंति चेतानिला।
—कर्पूरमंजरी १।७

अइउन्हउ वोमयलि पहंजणु जं वहइ,
तं झंखरु विरहिणिहि अंगु फरिसिउ दहइ।।[१]
पिउ चावइहि भणिज्जइ नवघणकंखिरिहिं।
सलिलनिबहुतुच्छच्छउ सरइ तरंगिणिहिं।।
फलहारिण उन्नमियउ अइसच्छयइ सुहि।[२] **इत्यादि**

इतना वर्णन करने के पश्चात् कवि प्रकृति की ओर से अपना ध्यान नायिका के विरह की ओर आकृष्ट करता है।

ग्रीष्म के पश्चात् नायिका वर्षाकालीन विरहदुःख को बताने कि लिए वर्षा का वर्णन प्रारंभ करती है।

वर्षा में प्रकृति कितनी समृद्ध हो जाती है! विरही प्रेमी-प्रेमिकाओं के लिए इससे बढ़कर दुरंत-काल की कल्पना नहीं की जा सकती। कालिदास के यक्ष ने विरह के और दिन काट लिये थे। किंतु वर्षा में कंठलग्न प्रणयी जनों का भी चित्त और हो जाता है तब विरही प्रेमियों का क्या पूछना! संदेश-रासककार ने भी वर्षाकालीन प्रकृति का वर्णन जरा जम के किया है।

वर्षा में चारों ओर घोर अंधकार छा जाता है। जल से परिपूर्ण बादल आकाश में मानों सरोष गर्जन करते हैं। भयभीत विद्युत् के चमकने पर ही पगडंडियाँ दिखायी पड़ती हैं। पपीहे संतुष्ट होकर मनोहर शब्द करने लगते हैं। नवघनमाला में उड़ती हुई वकपंक्ति शोभित होती है। ग्रीष्मकालीन प्रचंड सूर्य की किरणों के ताप से पुष्कर मेघ इतनी वर्षा कर रहे हैं कि जल पोखरों में नहीं समाता। प्रवास गमन करने वाले पथिकों को जलाधिक्य के कारण जूते हाथ में लेकर चलना पड़ रहा है। पग-पग पर आकाश में विद्युत् के प्रकाश से पगडंडी दिखाई पड़ रही है।[३]

वर्षा ऋतु में बगुले तालाब छोड़कर वृक्षों पर चले गये हैं। पर्वतशिखरों पर नृत्य करते हुए मयूर केकाध्वनि कर रहे हैं। जल में मेंढक शब्द कर रहे हैं। आम्रवृक्षों के शिखरों पर बैठकर कोयलें मनोरम स्वर से दिशाओं को पूरित कर रही हैं। विषधर नागों के आधिक्य से मार्ग अवरुद्ध हो गये हैं। जल की अधिकता से पाटलदल छिन्न-भिन्न हो गये हैं। हंस पर्वतशिखरों पर करुण स्वर से रो रहे हैं।[४]

---

१. संदेश-रासक, ३।१३२।
२. वही, ३। १३३।
३. संदेश-रासक, १३९-१४१।
४. वही, ३। १४४, १४५।

विरहिणी और आगे भी वर्षा का वर्णन करती है, किन्तु उसका अभिप्राय प्रकृति का वर्णन न करके अपनी विरहदशा का वर्णन करना है। वर्षा के पश्चात् नायिका शरद् में अनुभूत विरहदुःख को व्यक्त करने के लिए पहले शरद्कालीन प्रकृति की स्वच्छ सुषमा चित्रित करती है–

आकाश में बादल फट गये हैं। रात्रि में सुंदर तारे दिखायी पड़ते हैं। सर्प पाताल में चले गये हैं। चंद्रमा की ज्योति निर्मल हो गयी है : सरोवरों का जल शतपत्रों से सुशोभित हो रहा है। नदियों के विविध प्रवाह सुंदर रीति से प्रवाहित होने लगे। जलाशयों की जिस शोभा को ग्रीष्म ने हर लिया था, शरद् ने उसे फिर ला दिया। हंस कमल-नालों का रस उत्कंठापूर्वक पीकर सुंदर शब्द कर रहे हैं। सकल भुवन शतपत्रों से भर गया है। तीर्थस्थानों पर जल अपने स्थान पहुँच गया। उज्ज्वल शब्दों से जलाशयों के तटप्रदेश अत्यंत मनोहर हो गये। नदियों के तटों पर बैठी हुई विहंगम पंक्तियाँ बड़ी अच्छी लगती हैं। कर्दमयुक्त जल में प्रतिबिंब स्पष्ट दिखायी पड़ता है।[१] आदि

शरद्कालीन प्रकृति सौंदर्य का इस प्रकार चित्र खींचने के पश्चात् कवि उस शोभा की पृष्ठभूमि में नायिका का विरह-वर्णन करता है।

हेमंत और शिशिरवर्णन में कवि को प्रकृति का बहुत कम ध्यान रहता है। इन ऋतुओं का वर्णन करते समय उसका ध्यान मानव-व्यापारों पर ही अधिक केंद्रित रहता है।

वसंत का वर्णन करते समय भी अद्दहमाण का ध्यान प्रकृति में उतना नहीं रमता जितना कि सुखी प्रेमियों के विलास-केलि और नायिका के विरह दुःख वर्णन में। वसंत में प्रकृति की शोभा अवश्य बढ़ जाती है किंतु विरही जनों की विरहाग्नि भी उसी मात्रा में अधिक तापकारी हो जाती है। इसके अतिरिक्त संदेश-रासक की नायिका के विरह की चरम सीमा भी कवि को वसंत में ही दिखानी थी। इसके बाद तो उससे प्रियतम की भेंट ही हो जाने वाली है। बसंत में नायिका की यह स्थिति हो गयी है कि वह प्रकृति के किसी दृश्य या व्यापार को अपने विरह से अलग करके नहीं देख पाती है। वसंत में कुसुमित पलाश को देखकर वह कहती है कि किंशुक का रंग घने काले और रक्तवर्ण का हो गया है। मानो पलाश प्रत्यक्ष पलास (मांसभक्षक) हो गया है। प्रचंड वायु सभी के लिए दुस्सह हो गयी है। सुहंजन (=सहिजन, सुखांजन) से भी सभी को असुख ही मिलता है।

---

१. वही, ३। १६०–१६४।

किंसुयइ कसिण घण रत्तवास,
पच्चक्ख पलासइ धुय पलास।
सवि दुस्सह हूय पहजेणण,
संजणिउ असुहु वि सुहंजणेण।।[१]

संदेश-रासक के प्रकृति-वर्णन को देखने से पता चलता है कि वह मेघदूत की अपेक्षा ऋतुसंहार के निकट है। यद्यपि मेघदूत और संदेश-रासक दोनों विरहकाव्य हैं जब कि ऋतुसंहार संयोगकालीन ऋतुवर्णन, फिर भी संदेश-रासक का प्रकृति-वर्णन मेघदूत की भाँति स्वच्छंद नहीं है। इसमें प्रकृति की झाँकी ऋतु-वर्णन के अंतर्गत दिखायी गयी है। यहाँ परिवर्तित ऋतुओं में प्रकृति विरहजन्य दुःख की विविध छायाओं का अनुभव कराती है। प्रकृतिकी भूमिका पर नाना ऋतुओं में विरह का चित्र खींचना ही कवि को अभीष्ट है। मेघदूत में प्रकृति का वर्णन मेघ को पथ बताने के ब्याज से किया गया है। वहाँ प्रकृति विरह-वर्णन का माध्यम बनकर नहीं आयी है। यही कारण है कि 'मेघदूत' में प्रकृति-वर्णन पहले आता है और यक्षप्रिया की विरहावस्था का चित्रण बाद में होता है।

प्रकृति-वर्णन की पद्धति की दृष्टि से संदेश-रासक की तुलना 'पृथ्वीराजरासो', 'ढोला मारू रा दोहा' और 'पद्मावत' से की जा सकती है। संदेश-रासक की ही भाँति इन तीनों काव्यों में भी ऋतु-वर्णन के अंतर्गत प्रकृति-वर्णन किया गया है।

'पृथ्वीराजरासो' में कनवज्ज प्रयाण के समय जब पृथ्वीराज अपनी रानियों से विदा माँगने जाते हैं तो प्रत्येक रानी उन्हें एक-एक्र ऋतुभर उस ऋतु का वर्णन करके रोक लेती है। सबसे पहले पृथ्वीराज वसंत के समय बड़ी रानी इंछिनी के पास विदा माँगने जाते हैं। इंछिनी उन्हें जाने की आज्ञा देने के स्थान पर वसंत का मनोरम वर्णन करके उन्हें अपने पास रोक लेती है।[२] इसी प्रकार पृथ्वीराज एक-एक रानी के पास आज्ञा माँगने जाते हैं और चन्द को एक-एक ऋतु के वर्णन का अवसर मिल जाता है।

---

१. संदेश-रासक, ३।२०९।

२. मवरि अब फुल्लिग कदंब रयनी दिघ दीसं
भँवर भाव भुल्लै भ्रमंत मकरंद वरीसं।
बहत बात उज्जलति मौर अति विरह अगिनि किय,
कुह कुहंत कलकंठ पत्र शाषा अति अग्गिय।

'ढोला मारू रा दोहा' में ढोला द्वारा मारवणी से मिलने की अभिलाषा प्रकट करने पर मारवणी क्षुब्ध होकर ढोला को रोकने के लिए उस ऋतु की भयंकरता बताती है। ग्रीष्म का वर्णन करते हुए वह कहती है कि इस ऋतु में भूमि तपी हुई है, लू सामने चल रही है। पथ में तुम जल जाओगे। मेरा कहना मानो और घर में बैठ रहो।

थल लता लू साँमुही दाझोला पहियाह।
म्हाकउ कहियउ जउ करउ घरि बइठा रहियाह।।[१]

इसी प्रकार प्रत्येक ऋतु में ढोला मारवणी के पास जाने की इच्छा प्रकट करता है और मारवणी उसे रोकने के लिए उस ऋतु की भयंकरता का चित्र खींचा करती है। कवि को भी ऋतुवर्णन का पूरा अवसर मिलता रहता है।

पद्मावत में ऋतु-वर्णन के लिए किसी अन्तःकथा की योजना नहीं की गयी है। जायसी ने 'षड्ऋतुवर्णन खण्ड' में रतनसेन और पद्मावती के सुख-विलास का वर्णन किया है और 'नागमती वियोग खण्ड' में बारहमासे के रूप में नागमती का विरह-वर्णन किया है।

'षड्ऋतुवर्णन खण्ड' बसंत से प्रारंभ होता है—

प्रथम नवल बसंत रितु आई।
सुरितु चैत बैसाख सुहाई।।
चंदन चीर पहिरि धनि अंगा।
सेंदुर दीन्ह बिहँसि भरि मंगा।।[२] **इत्यादि**

पद्मावत के 'षड्ऋतुवर्णन खंड' में प्रकृति-वर्णन नाममात्र को ही है। संपूर्ण वर्णन में रतनसेन और पद्मावती के मिलन-सुख को ही नाना रीतियों से दर्शाया गया है।

'नागमती वियोग खंड' का प्रकृति-चित्रण अत्यंत स्पष्ट और विशद है—

चढ़ा असाढ़ गगन घन गाजा।
साजा बिरह दुंद दल बाजा।।

पय लग्गि प्रानपति बीनवौं नाह नेह मुझ चित्त धरहु
दिन-दिन अवद्धि जुब्बन घटय कंत बसंत न गम करहु।
—पृथ्वीराजरासो, कनवज्ज समय

१. ढोला मारू रा दोहा, २४१।

२. पद्मावत 'षटऋतुवर्णन खंड'।

धूम साम धौरें घन धाए।
सेत धजा बग पाँति देखाए।।
खड़ग बीजु चमकै चहुँ ओरा।
बुन्द-बान बरसहि घनघोरा।।[१] इत्यादि

वस्तुतः संदेश-रासक, पृथ्वीराजरासो, ढोला, पद्मावत जैसे काव्यों में प्रकृति-वर्णन उद्दीपन के रूप में ही आया है। जहाँ तक संदेश-रासक का संबंध है यह अवश्य कहा जा सकता है कि प्रकृति का वर्णन उद्दीपन के लिए करने पर भी अद्दहमाण ने केवल नियम पालन के लिए नीरस तालिका नहीं जुटायी है प्रत्युत पूरे मनोयोग के साथ प्राकृतिक वस्तुओं, व्यापारों की अकृत्रिम झाँकियाँ दिखाकर नायिका के हृदयस्थित विरह की व्यंजना की है।

द्वितीय प्रक्रम में 'सामोरु' नगर का वर्णन करते समय कवि ने नगर की वनस्पतियों की लंबी सूची प्रस्तुत की है। उसमें केवल वनस्पतियों की नीरस नामावली भर मिलती है। अतएव उसे प्रकृति-वर्णन के अंतर्गत नहीं समझना चाहिए।

विरह-वर्णन और ऋतु-वर्णन

विरह-वर्णन संदेश-रासक का मुख्य विषय है। यह विरह-वर्णन नायिका द्वारा पथिक के माध्यम से संदेशप्रेषण के रूप में किया गया है। विरहिणी पथिक द्वारा अपने दारुण विरह-विवरण को पति के पास पहुँचाना चाहती है जिससे द्रवित होकर वह परदेश से शीघ्र ही घर लौट आये। आवागमन के साधनों से संपन्न आज हमें चाहे परदेशी प्रिय के पास अन्य व्यक्ति के माध्यम से विरह-संदेश भिजवाने का महत्त्व समझने में कठिनाई हो, किंतु मध्ययुगीन भारत में प्रवास से सकुशल लौट आना एक असाधारण बात समझी जाती रही होगी। उस समय प्रोषित-पतिकाओं के हृदय में आशंका, अनिश्चय और संदेह के अंधड़ चलते रहे होंगे। ऐसी स्थिति में यदि आशाबंधकुसुमसदृशा प्रेमातुरा विरहिणियाँ पागल हो जाती रही हों, निश्चित अवधि तक पति के न आने पर अभिलाषा, चिंता, स्मृति, गुणकथन, उद्वेग, प्रलाप उन्माद-व्याधि और जड़ता की अवस्थाओं में क्रमशः पहुँचती हुई अंत में मर जाती रही हों तो कौन आश्चर्य ![२] इसी विरह दशा में यदि उन्हें कोई पथिक वहीं जाता हुआ मिल

१. पद्मावत 'नागमती वियोग' खंड ४।

२. साहित्यदर्पण ३।२१४।

जाय जहाँ उनका प्रियतम गया है, तो क्या वे उस क्षण के लिए लोक-लाज छोड़कर उस पथिक से अपनी दुस्सह विरहदशा का संदेश प्रिय के पास पहुँचाने के लिए आतुर न हो उठेंगी। हमें इन संदेशों और विरह-वर्णनों की मार्मिकता तक पहुँचने के लिए अपने देशकाल को क्षण भर भूलकर मध्ययुग में जाना पड़ेगा। अस्तु।

भारतीय साहित्य में, विरहिणी नायिका का किसी अन्य के द्वारा प्रवासी प्रिय के पास संदेश-प्रेषण एक ऐसी महत्त्वपूर्ण और व्यापक काव्यरूढ़ि रही है कि इसका उपयोग प्रेमकाव्य के रचयिताओं ने जी खोलकर किया है। यही नहीं, कल्पना प्रवण भारतीय कवियों ने संदेश ले जाने के लिए हंस, शुक, भ्रमर, मेघ आदि मानवेतर जीवों और अचेतन वस्तुओं को भी इस कार्य में नियोजित किया है। प्रेम की भूमिका पर जड़ चेतन के एकत्व का यह विधान भारतीय कवि हृदय की महत्त्वपूर्ण विशेषता है।

मध्यकालीन भारतीय प्रेम-काव्यों की एक दूसरी विशेषता यह है कि उन्होंने मन लगाकर स्त्रियों के ही विरह का वर्णन किया है। संस्कृत के महाकाव्यों में पुरुष पात्रों की भी विरहावस्था का विशद वर्णन किया गया है। आदि कवि वाल्मीकि ने शरद् की निर्मल रजनी में कामशोकाभिपीड़ित राम को विलाप करते हुए दिखाया है।[१] कालिदास के 'मेघदूत' की रचना का आधार यक्ष की ही विरह-वेदना है। 'रघुवंश' में इंदुमती की अकाल मृत्यु पर अज का हृदयद्रावक विलाप तो भारतीय साहित्य में अप्रतिम है।[२] कालिदास के परवर्ती कवियों में से भवभूति ने उत्तररामचरित में सीता-विरही राम के हृदय में चलते रहने वाले द्वंद्व का जो चित्र खींचा है वह हमारे साहित्य की समृद्धि का परिचायक है। दमयंती-मिलन के लिए प्रेमातुर नल का नैषधकार ने सुंदर चित्र खींचा है।[३] इसी प्रकार जयदेव के 'गीत-गोविन्द' में कृष्ण को राधा के विरह में संतप्त दिखाया गया है।[४]

किंतु हिंदी के कवियों का चित्त पुरुषों के विरह-वर्णन में नहीं लगा है। हिंदी में नायक का विरह-वर्णन बिल्कुल नहीं मिलता, ऐसा नहीं कहा जा सकता। 'पृथ्वीराजरासो' में पृथ्वीराज के और 'पद्मावत' में रतनसेन के पूर्वानुराग

---

१. वाल्मीकि रामायण किष्किन्धाकाण्ड ३०।५।

२. रघुवंश ८।५३।

३. नैषधीय चरितम् ३।११४

४. गीतगोविन्द अध्याय ३।

का यथाविधि वर्णन है।[१] विद्यापति की 'पदावली' में 'कृष्णविरह' पर भी गीत हैं तथा सूर, तुलसी ने भी राधा और सीता के प्रति अपने-अपने आराध्यों की व्याकुलता दिखायी है। फिर भी इसे अस्वीकार नहीं किया जा सकता कि हिंदी में विरह-वर्णन का अर्थ नायिका का ही विरह समझा जाता है। हिंदी कवियों की इसी प्रवृत्ति को लक्ष्य करके आचार्य रामचंद्र शुक्ल ने कहा है कि 'ध्यान देने की बात यह है कि विरह की व्याकुलता और असह्य वेदना स्त्रियों के मत्थे अधिक मढ़ी गयी है। प्रेम के वेग की मात्रा स्त्रियों में अधिक दिखाई गयी है। नायक के दिन-दिन क्षीण होने, विरहताप में भस्म होने, सूखकर ठठरी होने के वर्णन में कवियों का जी उतना नहीं लगा है।'[२] इसका कारण बताते हुए शुक्लजी आगे लिखते हैं, 'बात यह है कि स्त्रियों की शृंगारचेष्टा वर्णन करने में पुरुषों को जो आनंद आता है वह पुरुष की दशा वर्णन करने में नहीं, इसी से स्त्रियों का विरह-वर्णन हिंदी काव्य का एक प्रधान अंग ही बन गया। ऋतु-वर्णन तो केवल इसी की बदौलत रह गया।'[३]

ऊपर संस्कृत कवियों द्वारा पुरुषों के विरह-वर्णन का उल्लेख किया गया है। अतएव यह कैसे मान लिया जाय कि हिंदी कवियों ने स्त्रियों का विरह-वर्णन केवल इसीलिए किया कि वे पुरुष थे और स्त्रियों की ही शृंगार चेष्टाओं में उनकी वृत्ति रमती थी, पुरुषों की विरह चेष्टाओं में नहीं। संस्कृत के कवि भी तो पुरुष ही थे। तब यह निश्चित है कि इस परवर्ती परिपाटी के लिए अन्य बात जिम्मेदार हैं। कारण कुछ भी रहे हों, हिंदी में नायिकाओं के ही विरह-वर्णन की परंपरा चली। सूफी कवियों ने अलबत्ता फारसी प्रेम-पद्धति पर नायक की भी विरह-वेदना को स्थान दिया, किंतु उन्होंने भी अंत तक नायिका को उसके प्रेम में समान अनुरक्त दिखाकर भारतीय और फारसी प्रेम-पद्धतियों का समन्वय कर दिया।

संदेश-रासक में नायिका के ही विरहपक्ष का चित्रण किया गया है। वह प्रोषितपतिका है। प्रिय ने परदेश से कदाचित् कोई संदेश भी नहीं भेजा था। कवि ने प्रारंभ में रूप वर्णन द्वारा ही व्याकुलता और विरहकातरता व्यंजित कर दी है। वह दीनानना आँखों से जलधार बहाती हुई अपने पति की बाट जोह रही है। विरहाग्नि से उसके शरीर की हेम आभा श्यामल हो गयी है। मानों चंद्रमा को राहु ने पूर्णरूप से ग्रस्त कर लिया हो। वह दुःखार्ता रोती है और आँखों

---

१. पृथ्वीराजरासो, शशिव्रता विवाह खंड और पद्मावत–प्रेमखंड।

२. जायसी ग्रंथावली–भूमिका।

३. वही।

को पोंछती जाती है। उसका जूड़ा खुला हुआ है, उसे जँभाइयाँ आ रही हैं, वह अंगों को पीड़ा के कारण मोड़ती है, विरहानल से संतप्त वह लंबी साँसें ले रही है और अपनी उँगलियों को तोड़ रही है।[१]

इस प्रकार विलाप करती हुई उस वर नायिका ने नगर के बीच का मुख्य रास्ता छोड़कर किनारे जाते हुए एक पथिक को देखा। डूबते को तिनके का सहारा होता है। उस पथिक को देखकर विरहिणी के हृदय में एक साथ ही न जाने कितने भाव उमड़ पड़े होंगे। उसका पति इसी तरह एक दिन पथिक बनकर घर से निकल पड़ा था। यह पथिक भी उसी की तरह विरहाग्नि में जलने के लिए एक स्त्री को अपने घर में छोड़ आया होगा। हो न हो, यह पथिक भी वहीं जा रहा है। जहाँ उसका पति गया है, इत्यादि इत्यादि। वह उस पथिक का परिचय पाने के लिए आतुर हो उठी। प्रिय के पास तक संदेश ले जाने वाले पथिक भी तो सौभाग्य से ही मिलते हैं। कहीं वह पथिक निकल न जाय। नायिका की इन भावपूर्ण चेष्टाओं का वर्णन अद्दहमाण ने इतनी सजीव स्वाभाविकता से किया है कि यह स्थल केवल संदेश-रासक के ही उत्कृष्ट अंशों में से नहीं है, अन्यत्र भी ऐसे हृदयस्पर्शी वर्णन विरल ही होंगे।

उस पथिक को देखकर पति के पास संदेश भेजने की उत्कंठा से वह मंथर गति को सरल करके उतावली से चल पड़ी। शीघ्रता के कारण उसके मनोहर चंचल नितंबों से करधनी खिसककर गिर पड़ी, जिससे उसकी किंकिणियों का स्वर फैल गया। उस सुंदरी ने जैसे-तैसे अपनी मेखला को स्थिर किया ही था कि स्थूल मुक्ताओं की हार लता टूट गयी। बेचारी ने किसी तरह जल्दी में कुछ मुक्ताएँ वैसे ही पड़ी रहने दीं, कुछ उठायीं, तब तक चरणों की दुर्बलता के कारण नूपुर ही निकल गया।[२]

इसमें नायिका के भावों को कहकर नहीं प्रत्युत भावविकल चेष्टाओं का सुस्पष्ट और संवेदन-स्पंदित चित्र खींचकर व्यंजित किया गया है। सजीवता, स्वाभाविकता और छंदगति तीनों की अनुरूपता के कारण इस वर्णन में अपूर्व गत्वर चित्रात्मकता आ गयी है। इसे संदेश-रासक के विरह-वर्णन की भूमिका समझनी चाहिए।

किसी तरह विरहिणी पथिक के पास पहुँची। उसने करुणाविलसित भाव से उस पथिक से प्रार्थना की कि हे पथिक ! क्षणार्द्ध के लिए सुस्थिर होकर

---

१. संदेश-रासक २।२४, २५।

२. संदेश-रासक २।२६, २७।

जो कहती हूँ उसे सुन लो। जरा तुम्हारा हृदय पसीजे।[१]

पथिक भी मनुष्य था। वह ठहर गया। कुछ देर तो वह उस विरहिणी नायिका की अपूर्व शोभा को सराहता और निहारता रहा। वह लज्जाशीला रमणी अपना मस्तक नीचा किये चरण के अँगूठे से धरती खोदती रही। कुछ देर बाद उसने पथिक से पूछा कि हे पथिक, तुम कहाँ जाओगे और कहाँ से आ रहे हो? उस विरहिणी को 'कहाँ जाओगे' का उत्तर पाने की जल्दी थी, किंतु पथिक ने अपने नगर का नाम पहले बताया और यदि नायिका को नहीं तो पाठक को तो अवश्यक ही उबा देने वाला नगर वर्णन प्रस्तुत किया। वर्णन के अंत में पथिक ने आखिर बताया ही कि यह मूलस्थान से एक लेख लिये हुए प्रभु की आज्ञा से खंभात जा रहा है।[२]

खंभात का नाम सुनना था कि वह दीर्घोच्छ्वास लेने लगी। उँगलियाँ तोड़ने लगी। उसका कंठ गद्‌गद् हो गया। वह बड़ी देर तक वाताहता कदली-तरु की भाँति हहराती रही।[३]

यहाँ पर फिर कवि ने अपने तरफ से कुछ न कहकर केवल विरहिणी की चेष्टाओं को दिखाकर ही उसके हृदय की विकलता को व्यक्त किया है। प्रिय जिस स्थान पर गया है उस स्थान के प्रति हमारे हृदय में न जाने कितने प्रकार के भाव स्थापित हो जाते हैं। उससे संबंध रखने वाली प्रत्येक बात हमारे हृदय-सागर को विक्षुब्ध कर देने में समर्थ होती है। खंभात के नाम से उस विरहिणी को हिला दिया। वह कुछ देर तो केवल रोती रही। फिर आँखें पोंछकर बोली कि हे पथिक ! खंभात का नाम सुनकर ही मेरा शरीर जर्जर हो गया है। इस कराल विरहाग्नि को लगाकर मेरा पति भी तो वहीं गया है। कितने अधिक दिन हो गये उसे गये, किंतु वह निर्दय अभी तक नहीं लौटा। यदि तुम दया कर कुछ देर के लिए अपने पैर मोड़ करके बैठो तो मैं तुमसे अपने प्रिय के लिए छोटा-सा संदेश कह दूँ ![४]

अद्दहमाण ने संदेश प्रेषण के माध्यम से विरहिणी के हृदय की अनुभूतियों को सहज भाव से व्यक्त किया है। उन्हें वे काव्य की बारीक कारीगरी से दुर्वह या बोझिल बनाकर चमत्कार लाने के मोह में नहीं पड़े हैं। नायिका संदेश देने लिए तत्पर तो होती है किंतु सोचती है कि क्या प्रिय को संदेश भेजने के

१. वही, २।३०।
२. वही, २।६५!
३. सन्देश-रासक २।६५।
४. वही, २।६७, ६८।

लिए उसे बच रहना चाहिए था। जो प्रिय के चले जाते ही विरह की दावाग्नि से जलकर रेणुसात् नहीं हो गया उस निष्ठुर मन से संदेश कैसे दिया जाय।[१]

फिर वह पथिक से कहती है कि जिसके प्रवास करते समय मैं भी साथ नहीं चली गयी या जिसके वियोग में मैं मर नहीं गयी, उस प्रिय को संदेश देते हुए मुझे लज्जा आती है।[२]

यहाँ से मुख्य विरह-वर्णन प्रारंभ होता है। अर्थात् विरहिणी स्वयं अपने मुख से अपनी विरहदशा बताने लगती है। जैसा कि पहले संकेत किया जा चुका है, संदेश-रासक के विरह-वर्णन में अत्युक्तियों का सहारा न लेकर बात को सीधे और मार्मिक ढंग से कहा गया है। इसमें कल्पना की वह कोरी उड़ान और ऊहात्मकता नहीं मिलती जो परवर्ती हिंदी कविता में विरह-वर्णन की एक विशेषता बन गयी। विरहिणी की उक्तियों में भंगिमा उसकी सहज भाव-तीव्रता के कारण है, उसमें प्रेषणीयता व्यापक और प्रगाढ़ संवेदना के कारण है, अलंकार-योजना और नीरस उत्प्रेक्षाओं के कारण नहीं। अपभ्रंश साहित्य की ताजगी, मस्ती और लोक-जीवन की अकृत्रिमता संदेश-रासक के विरह-वर्णन में सुरक्षित है।

प्रारंभिक कुछ दोहों मे विरहिणी जहाँ एक ओर प्रिय के प्रति अपनी विह्वल प्रेमातुरता प्रकट करती है वहाँ उसके पौरुष को ललकार अपने प्रति उसके उत्तरदायित्व का भी स्मरण दिलाती है। एक ओर तो उसे पति का इतना ध्यान है कि वह प्रिय को छोड़कर विरह-दुःख से मुक्त होने के लिए मरकर स्वर्ग भी जाना उचित नहीं समझती[३], दूसरी ओर वह अपने पति को उसके मान, पौरुष और संरक्षण कर्तव्य का ध्यान दिलाती हुई कहती है कि प्रिय, तुम मेरे हृदय में स्थित हो और तुम्हारे रहते हुए भी विरह मुझे कष्ट देता है। यह तुम्हारे लिए कितनी लज्जा की बात है। सत्पुरुषों के लिए पराभव का संताप तो मरण से भी अधिक दुःखदायी होता है।[४] अंत में अपने पति के पौरुष-पराक्रम को

---

१. जसु णिग्गमि रेणुक्करडि, कीअ ण विरहदवेण।
किम दिज्जइ संदेसडउं, तसु णिट्ठुरइ मणेन।। वही २।६९

२. जसु पवसंत ण पवसिआ, मुइअ विओइ ण जासु।
लज्जिज्जउ संदेसडउ, दिंती पहिय पियासु।। वही २।७०

३. पिअविहानलसंतविअ, जइ वच्चउ सुरलोइ।
तुम छड्डिवि हियअट्ठियह, तं परिवाडि ण होइ।। वही, २।७५

४. कंत जु तइ हिअयट्ठियह, विरह विडंबइ काउ।
सप्पुरिसह महणाअहिउ, परपरिहव सन्ताउ।। वही, २।७६

ललकारती हुई वह ताना मारती है कि क्या मैं तुम्हारे जैसे पौरुषवान् पति के रहते हुए भी यह गुरुतर पराभव नहीं सहती हूँ? मेरे जिन अंगों के साथ तुमने विलास किया था उन्हें अब विरह ने जला डाला है—

'गरुअउ परिहवु किन सहउ, पइ पोरिस निलए ण।
जिहि अंगिहि तूँ बिलसियउ, ते दद्धा विरहेण।।[१]

इसके पश्चात् वह विरह की कठोरता, अपनी असमर्थता और प्रिय के प्रति अपने प्रेम की एकोन्मुखता प्रकट करते हुए बताती है कि मेरे विरह दुःख को केवल मेरा पति ही दूर कर सकता है। मैं तो विरह के संमुख असमर्थ हूँ अतएव विलाप करते रहने के अतिरिक्त और कर ही क्या सकती हूँ। गोपालिकाओं का तो केवल रुदन ही प्रमाण है।[२]

फिर वह प्रिय के विरह से उत्पन्न मानसिक संताप के कारण अपनी शारीरिक दुर्बलता की ओर ध्यान दिलाती हुई कहती है कि पथिक, तुमसे मैं कितना संदेश कहूँ। संदेश कहने को तो बहुत अधिक है किंतु मैं उसे कहाँ तक कह पाऊँगी? प्रिय से यही कहना कि दुर्बलता के कारण अब एक ही वलय में मेरे दोनों हाथ समा जाते हैं। मेरी कनिष्ठिका उँगली की अँगूठी बाँह में आ जाती है।[३]

संदेश-रासक में व्यवस्थित ढंग से दस दशाओं के आधार पर विरह का वर्णन नहीं किया गया है। इसमें अभिलाषा, चिंता, स्मृति, गुणकथन, उद्वेग, प्रलाप, उन्माद, जड़ता आदि अवस्थाओं का वर्णन विभाजन करके क्रमबद्ध पद्धति पर नहीं किया गया है। ढूँढ़ने पर संदेश-रासक में ये सभी अवस्थाएँ मिलेंगी भी नहीं।

किंतु अद्दहमाण ने विरह-वर्णन में तीव्रता लाने के लिए तथा बीच-बीच में नवीनता उत्पन्न करने के लिए एक अन्य कौशल से काम लिया है। कुछ देर तक नायिका के संदेश कहते रहने पर बीच-बीच में पथिक कह देता है 'अब संदेश जरा शीघ्रता से कहो। मुझे बड़ी दूर जाना है। अब मुझे आज्ञा दो। मेरा पथ बड़ा दुर्गम है' इत्यादि। किंतु नायिका उसे 'पाँच दोहे और तीन गाथाएँ और। ये और दो पद्धड़िया मेरे प्रिय से कृपापूर्वक कह देना' आदि कहकर रोक लिया करती है और उसका संदेश फिर उसी क्रम में चलने लगता है। ध्यानपूर्वक

१. वही, २।७७।
२. संदेश-रासक २।७९।
३. वही, २।८०,८१।

देखने से ज्ञात होता है कि पथिक के टोकने के पश्चात् विरह-वर्णन एक नया मोड़ लेता है और उसमें नवीनता पैदा हो जाती है। ऐसे स्थलों पर कुछ देर रुककर कवि विरहिणी की उद्विग्नताजन्य शरीर चेष्टाओं का वर्णन स्वयं कर देता है और इसके बाद नायिका नये स्वर से संदेश कथन प्रारंभ करती है। निस्संदेह नायिका का विरह कठोर से कठोरतम और प्रगाढ़ से प्रगाढ़तर होता जाता है। विरहिणी पथिक से यह कह रही थी कि संदेश इतना विस्तृत है कि वह पूरा कहा नहीं जा सकता कि पथिक ने टोका कि हे विचक्षणे ! अब जो कहना हो वह शीघ्रतापूर्वक कह डालो। मुझे अत्यंत दुर्गम मार्ग पर जाना है।

कहसु अह अहिउ जं किंपि जंपिव्वअउ।
मग्गु अह दुग्गु मइ मुंधि जइव्वअउ।।[१]

अब वह बेचारी क्या कहे। इतने दिनों के बाद प्रिय के पास संदेश ले जाने वाला कोई मिला भी तो उसे इतनी जल्दी है कि उससे जी भर कर संदेश भी नहीं दिया जा सकता। पथिक की बात सुनकर वह कामदेव के बाणों से उसी प्रकार व्याकुल हो गयी जैसे मृग को बाण लगने पर मृगी उत्त्रस्त हो उठती है। वह दीर्घोच्छ्वास लेने लगी। उसके नेत्रों से अश्रुधारा प्रवाहित होने लगी और उसने एक गाहा पढ़ी।[२] किंतु एक ही गाहा पढ़कर वह संतुष्ट होने वाली नहीं थी। उसने कहा कि 'हे पथिक, मेरे आशा-सुख में विघ्न डालने वाले निर्दय प्रिय से कहना कि उसके स्मरण समाधि में मैं मोहस्थित रहती हूँ। वाम कर पर स्थित अपने कपाल को ज़रा भी इधर-उधर नहीं हटाती हूँ। शय्या ही मेरा आसन रह गयी है। मैं पलंग कभी नहीं छोड़ती। उस कापालिक के विरह ने मुझे कापालिनी बना दिया। मेरे शरीर का तेज समाप्त हो गया है। अंग सूख गये हैं। बालों के लट इधर-उधर छितरे रहते हैं। मेरे मुख का रंग फीका पड़ गया है। मैं दुर्बलता के कारण चलने में डगमगाती हूँ। मेरी गति विपरीत हो गयी है। कुंकुम और स्वर्ण के समान मेरी शरीर-कांति अब साँवली पड़ गयी है। उस निशाचर के विरह में मैं निशाचरी हो गयी हूँ।[३]

दो चतुष्पदिकाओं में वर्णित यह विरह निवेदन पहले की अपेक्षा कुछ अधिक प्रगाढ़ ज्ञात होता है। पहले की अपेक्षा इसमें विरहजन्य क्लेश भी अधिक बढ़ गया है। इसमें नायिका खीझकर पति को कापालिक और निशाचर

---

१. संदेश-रासक २।८२।

२. वही, २।८३।

३. संदेश-रासक २।८६,८७।

कहती है और विरह के कारण स्वयं को कापालिनी और निशाचरी हो जाना बताती है।

इसी प्रकार विरहिणी अपने विरह का वर्णन कर ही रही थी कि पथिक को फिर जल्दी सूझी। उसने कहा हे चंद्रवदनी ! अब मुझे छुट्टी दो अथवा जो कुछ कहना हो शीघ्रतापूर्वक कह डालो। विरहिणी ने जाने की आज्ञा देने के स्थान पर उससे कहा कि हे पथिक, मैं क्या कहूँ और क्या न कहूँ, जिस निर्मोही ने मेरी यह अवस्था कर डाली है उससे कहने से क्या होने वाला है? वह मुझे विरह के कुहर में अकेले छोड़कर अर्थलोभ के कारण परदेश चला गया है। संदेश मेरा सविस्तार है और तुम अधिक उतावले हो। फिर भी वह गाहा वत्थु और डोमिलइ कह देना।[१]

इन पंक्तियों में पति की निष्ठुरता की भर्त्सना करते हुए विरहिणी ने पति पर अर्थलोभ के कारण अकेले छोड़ जाने का आरोप लगाते हुए अत्यंत मार्मिक बात कही है। अर्थ का उसे इतना अधिक लोभ न होता तो वह अपने नगर में थोड़े धन से ही संतुष्ट होकर रह सकता था या परदेश में जाकर कुछ उपार्जन करके लौट आता। स्वाभिमानिनी गृहिणी की भाँति यह सोचकर नायिका का क्षुब्ध होना स्वाभाविक है कि प्रिय उसकी अपेक्षा धन की अधिक चिंता करता है।

धीरे-धीरे संदेश में विरहव्यथा की अनुभूति गहरी होती जाती है। किंतु उसकी गति इतनी स्वाभाविक है कि पाठक को यह विचारने का अवसर ही नहीं मिलता कि वह क्रमशः विरह सागर की अधिक गहराइयों में उतरता जा रहा है। विरहिणी की वेदना के साथ सहृदय पाठक की एकसूत्रता स्थापित हो जाती है।

ज्यों-ज्यों विरह-वर्णन का रंग गाढ़ा होता जाता है और विरहजन्य पीड़ा की अनुभूति बढ़ती जाती है, नायिका पति के लिए कापालिक, निशाचर, निर्दय जैसे विशेषणों का प्रयोग भी अधिक करती है। प्रिय के लिए प्रयुक्त ये विशेषण विरह के संदर्भ में उसके प्रति नायिका के अतुल प्रेम को ही प्रकट करते हैं। जिन्होंने ग्राम वधुओं को अपने पतियों से झगड़ते या उनको कोसते देखा है उन्हें यह समझने में कठिनाई नहीं होगी कि साधारणतः ये निंदार्थक विशेषण जब उच्छल प्रेम रस से परिपूर्ण होकर व्यवहृत होते हैं तो उनमें कितनी मधुरिमा

१. सं० २।९१,९२।

और भावव्यंजकता निहित रहती है। संदेश-रासक में आये हुए ये प्रयोग, अद्दहमाण के लोक-परिचय और उनकी सरस अंतर्वृत्ति का परिचय देते हैं।

संदेश-रासक में यद्यपि विरह के अंतर्गत शारीरिक दशाओं का ही वर्णन अधिक हुआ है, किंतु कवि ने उसे इतने मार्मिक ढंग से प्रस्तुत किया है कि वह हृदय में बहुत दूर जाकर गहरी संवेदना को जगाता है। बाह्य व्यापारों को चित्रित करने में भी संदेश-रासक की पदावली अत्यंत प्रभावशालिनी है। कवि की भाव-प्रेरित अनुभूति-स्पंदित वाणी सीधे अंतस्तल तक पहुँचे बिना बीच में रुकना नहीं चाहती। कारण यह है कि अद्दहमाण ने सदैव स्वाभाविकता और मार्मिकता का ध्यान रखा। साधारण कवियों की भाँति वे चमत्कार के लोभ में नहीं पड़े हैं।

कहीं-कहीं कवि ने किसी विशेष भाव का चित्र रूपक के माध्यम से बड़ी सफाई के साथ खींचा है। सुनार आभूषण गढ़ते समय धातु को लंबा, पतला या गोल करने के लिए उसे पहले अग्नि में तपाता है और फिर जल में भिगोता है। कवि ने विरहिणी के हृदय में उठती हुई उत्कंठा, निराशा और आशा की क्रमिक भावनाओं को इसी प्रकार क्रिया व्यापार के रूप में खींचा है। विरहिणी कहती है कि मेरा हृदय स्वर्णकार की भाँति है। पहले वह उत्कंठा उत्पन्न करके मुझे विरह की अग्नि में जलाता है तत्पश्चात्, आशा के जल से सींचता है–

'सुन्नारह जिम मह हियउ, पिय उक्किंकख करेइ।
विरहहुयासि दहेवि करि, आसाजलि सिंचेइ।।[१]

किंतु अद्दहमाण इतने विरह-वर्णन करके ही बस कर देने वाले नहीं थे। विरह वर्णन करते समय ऋतु-वर्णन की परंपरा का लोभ वे नहीं छोड़ पाये।

अद्दहमाण ने ऋतु-वर्णन का बहाना बड़े कौशल से निकाला है। संदेश-रासक का ऋतु-वर्णन पहले से चले आते हुए विरह-वर्णन का स्वाभाविक विकास लगता है, केवल परंपरा पालन के निमित्त ऊपर से लादा हुआ नहीं।

विरहिणी नायिका का संदेश सुनते-सुनते ऊबकर पथिक अंत में कहता है कि हे कनकांगि ! तुमने जो कुछ कहा है वह और उसके अतिरिक्त जो कुछ मैंने देखा है, उसे भी अपनी ओर से मैं तुम्हारे प्रिय से कह दूँगा। मेरा

---

१. संदेश-रासक २।१०८।

पथ दुर्गम है। देखो, पूर्व दिशा में अंधकार छा गया। रात्रि होने को आयी। हे कमलनयने, अब तुम अपने घर जाओ और मेरा गमन न रोको।[१]

पथिक की बात सुनकर उस प्रेम-वियोगिनी क्षामोदरा ने दीर्घोष्ण उच्छ्वास लिया। उस समय वह रो रही थी। उसके कपोलों पर अश्रुकण ऐसे शोभित हो रहे थे जैसे विद्रुमपुंज पर मुक्ता शोभित होते हैं। प्रिय के प्रवास से दुखी और रोती-कलपती हुई उस नायिका ने पथिक से दो और स्कंध पति से कहने के लिए कहा।

उन दो स्कंधकों में कुछ ऐसी बात थी कि उन्हें सुनते ही पथिक का हृदय द्रवीभूत हो गया। कहाँ तो वह जाने की इतनी शीघ्रता कर रहा था और कहाँ उसे रोमांच हो आया। उसने विरहिणी से पूछा कि हे मृगनयनी ! जो कुछ मैं कहता हूँ उसे धैर्यपूर्वक सुनो और सही-सही बताओ कि नवघन रेखा विनिर्गत शरद रजनी के निर्मल अमृतस्रावी चंद्रमा को जीतने वाले, प्रिय को संजीवन सुख देने वाले तुम्हारे सुख को विरहाग्नि धूप कब से श्यामल कर रहा है। हे तरलाक्षि! इस विरह-दुःख को तुमने अपनाया है और यह दुःसह विरह करपत्र (आरा) कितने दिनों से तुम्हारे अंगों पर चल रहा है। हे सुंदरी, यह बताओ कि कामदेव कब से तुम्हें अपने बाणों से घायल कर रहा है। तुम्हारे पति को तुम्हें छोड़कर गये कितने दिन हो गये?

अब क्या था ! नायिका को (और अद्दहमाण को भी) अपनी विरहगाथा कहने का पूरा अवसर मिल गया। विरहिणी का पति ग्रीष्म में गया था। अतः उसने ग्रीष्म से क्रमशः वर्षा, शरद्, हेमंत, शिशिर और बसंत में अनुभूत अपने विरह का वर्णन किया।

संस्कृत साहित्य में ऋतु-वर्णन की परंपरा विद्यमान है। वाल्मीकि ने यद्यपि प्रसंगवश ऋतुओं का वर्णन किया है किंतु एक साथ सभी ऋतुओं का 'ऋतु-वर्णन', काव्य रूप में किया हुआ चित्रण सर्वप्रथम कालिदास के 'ऋतुसंहार' में ही मिलता है। 'संदेश-रासक' में 'ऋतुवर्णन' मिलने से यह प्रकट है कि यह परंपरा अविच्छिन्न रूप से हिंदी में चली आयी है। १४वीं शताब्दी की पुस्तक 'वर्णरत्नाकर' में छहों ऋतुओं के वर्णन का भी नुस्खा दिया हुआ है।[२] उसमें

---

१. संदेश-रासक, २। १२३, १२४।

२. अथ वसन्त वर्णना। वृक्षक नूतनता। पल्लवक उद्गम। कुमुदक सम्भार। मलयानिलवेग। कोकिला कलरव। भ्रमरक झाँकर। कन्दर्पक प्रभाव। विरहिनीक उत्कंठा। नायकक हरष, नायिकाक अभिलाष। दिनकरक रम्यता। शिशि (र) क अपगम। मधु (फ) रक समृद्धि। पुष्पक सौरभ। पवनक आकांक्षा। एवम्बि (ध) गुण विशिष्ट बसन्त देषु॥

—वर्णरत्नाकर—चतुर्थ कल्लोल, पृ० १८-१९

प्रत्येक ऋतु की वे मुख्य-मुख्य विशेषताएँ दे दी गयी हैं जिन्हें उस ऋतु का वर्णन करते समय कवियों को नहीं भूलना चाहिए। जब वसंत-वर्णन में वृक्ष की नवीनता, पल्लव का उद्गम, कुमुद का संभार, मलयानिल का वेग, कोकिल का कलरव, भ्रमर की झंकार, कामदेव का प्रभाव, विरहिणी की उत्कंठा, नायक का हर्ष, नायिका की अभिलाषा इत्यादि के वर्णन की विधि दी हुई है।

हिंदी में 'षड्ऋतु वर्णन' के अतिरिक्त 'बारहमासा' भी मिलता है। जायसी के 'पद्मावत' में 'षड्ऋतु वर्णन खंड' में रतनसेन और पद्मावती के संयोगसुख का वर्णन है और बारहमासे का व्यवहार नागमती के वियोग का वर्णन करते समय किया गया है। बारहमासा बहुत प्राचीन काव्यों में नहीं मिलता। डॉ० श्रीकृष्णलाल का विचार है कि हिंदी साहित्य का 'बारहमासा' फारसी काव्य-पद्धति से मिलता है। वह यहाँ सूफियों की रचनाओं के माध्यम से आया है। फारसी साहित्य में क्रम-पद्धति पर कविता करने की कई प्रणालियाँ प्रचलित थीं जैसे अरबी वर्णक्रम के आधार पर 'अलिफनामा' जिसका भारतीयकरण 'अखरावट' और 'ककहरा' के रूप में मिलता है।

ऋतुसंहार, 'संदेश-रासक' और ढोला में ऋतुओं का वर्णन ग्रीष्म से प्रारंभ होता है। किंतु रासो[१] और पद्मावत में षड्ऋतु वर्णन बसंत से प्रारंभ होता है।[२] यहीं नहीं, पद्मावत में ही 'बारहमासा' आषाढ़ से प्रारंभ होता है।[३] इससे प्रतीत होता है कि ऋतु-वर्णन कहाँ से प्रारंभ किया जाय, इस प्रश्न पर कोई सर्वमान्य परंपरा नहीं थी। यह अवश्य ध्यान रखा जाता था कि किसी उद्दीपक ऋतु से ही इसका प्रारंभ हो। यह ऋतु-वर्णन मिलनजन्य आनंद और विरहजन्य दुःख दोनों में उद्दीपन-संचार के लिए किया जाता था। इससे काव्य में मिलनसुख और

---

१. मवरि अब फुल्लिग। कदंब रयनी दिध दीसं
भवर भाव भुल्ले। भ्रमंत मकरंदं रीरंसं।
बहत बात उज्जलति। भौर अति विरह अगिन किय।
कुह कुहंत कलकंठ। पत्र राषस रति अग्गिय। आदि
पय लग्गि प्रान पति बीनवों नाह नेह मुझ चित्त धरहु।
दिन दिन अवद्धि जुब्बन घटिय कंत बसंत न गम करहु।

—रासो कनवज्ज समय।

२. प्रथम बसंत नवल रितु आई। रितु चैत बैसाख सुहाई।

—षड्ऋतु वर्णन खंड ५

३. चढ़ा असाढ़ गगन घन गाजा, साजा विरह दुंद दल बाजा।

—नागमती वियोग खंड ४

विरहःदुख दोनों का रंग गाढ़ा हो जाता था। कवियों का अतिसंवेदनशील व्यक्तित्व मनुष्य के सुख-दुःख प्रतिबिंब प्रकृति में भी देखता है। अपनी चिरसहचरी प्रकृति के विशाल परिदृश्य में मनुष्य के व्यक्तिगत सुख-दुःख उसकी अपनी आशा-निराशा अलौकिक प्रभाव उत्पन्न करती है। लेकिन इस विषय में यह स्मरणीय है कि इस प्रकार के वर्णनों में प्रकृति केवल उद्दीपन का ही काम करती है अर्थात् वह मनुष्य के सुख-दुःख की आश्रिता होकर ही काव्य में दिखायी पड़ती है।

संदेश-रासक के कवि ने भी ऋतुवर्णन की परंपरा का उपयोग नायिका के विरह को अधिक प्रगाढ़ बनाने के लिए किया है।

विरहिणी के पति ने घर से ग्रीष्म में प्रयाण किया था। अतएव पथिक के यह पूछने पर कि तुम कितने दिनों से विरहाग्नि में जल रही हो, वह सबसे उस ग्रीष्म की खबर लेती है जिसमें उसके पति ने प्रयाण किया था। ठीक ग्रामीण स्त्रियों की भाँति वह ग्रीष्मानल को जल जाने और मलय पवन को सूख जाने का शाप देकर ग्रीष्म वर्णन प्रारंभ करती है।[१]

यद्यपि संदेश-रासक में ऋतु-वर्णन का मूल उद्देश्य विरहिणी के अपार विरह-दुःख को व्यंजित करना है, किंतु उसके लिए बाह्य प्रकृति का सहारा यथेष्ट मात्रा में लिया गया है। यही कारण है कि ऋतु-वर्णन के अंतर्गत कवि को प्रकृति-वर्णन का भी अवकाश मिल गया है। कवि प्रत्येक ऋतु के वर्णन में पहले प्रकृति का उद्दीपन रूप भलीभाँति चित्रित कर देता है और फिर विरहिणी की विरहज्वाला की पीड़ा व्यक्त करता है, फलतः सम्पूर्ण प्रकृति व्यापार नायिका की विरह-वेदना की पृष्ठभूमि का कार्य करता है। जैसे ग्रीष्म-ऋतु का तो रूप यह है कि आकाशतल यमराज की जिह्वा के समान लहलहाता है और धरा धूप-ताप के कारण तड़-तड़ कर रही है। ऊपर से विरहिणी को इस प्रकार जला रही है कि यदि वह रात्रि में सुखद कमलदल की शय्या पर लेटती है तो भी उसका उद्वेग द्विगुणित हो जाता है और वह रातभर गद्‌गद कंठ से विरह-परक गान पढ़ा करती है।[२]

इसी प्रकार वर्षा ऋतु में चारों ओर घोर अंधकार छा जाता है। बादल सरोष गर्जन करने लगते हैं। सूचीभेद्य अंधकार में पगडंडियाँ, बिजली के चमकने पर रह-रहकर दिखायी पड़ती हैं। दसों दिशाओं में बादलों के छा जाने से अंध-

१. संदेश-रासक २।१२९।

२. वही, २।१३६।

कार छा गया है। उन्नमित कृष्ण मेघ घनघोर गर्जन कर रहे हैं। नभ में चंचल विद्युल्लता तड़क रही है, मेंढकों का कठोर रव किसी से सहा नहीं जाता है। धारासार वर्षा एक क्षण के लिए भी नहीं रुकती। विरहिणी कातर भाव से पूछती है कि हे पथिक, तुम्हीं कहो कि आम्रतरु शिखरासीन कोकिल की मनोहर ध्वनि इस ऋतु में मैं कैसे सहूँ।[१]

वर्षा के बाद शरद ऋतु आ गयी है। फिर भी विरहिणी का पति नहीं लौटा, शरद के आते ही आकाश स्वच्छ हो गया। जलाशयों में कमल खिल गये। अपने दुःख में दूसरों का सुख और अधिक वेदना पहुँचाता है। विरहिणी भी जब देखती है कि जिनके पति साथ हैं वे अपने पति के साथ अनेक प्रकार की क्रीड़ाएँ करके और चित्रविचित्र वस्त्र धारण करके सुखी होती हैं,[२] तो उसकी अवस्था और भी बुरी हो जाती है। उसे रात्रि को अर्ध प्रहर के लिए भी नींद नहीं आती। प्रिय की कथा स्मरण करती हुई वह रातभर जागती रहती है। अन्त में वह निराश होकर सोचती है कि क्या प्रिय को मेरी याद नहीं आती है? क्या जिस देश में वह गया है वहाँ रात्रि में चंद्रमा नहीं उदित होता? क्या वहाँ हंस कमलरस कषायित कंठों से सुंदर शब्द नहीं करते ? क्या वहाँ कोई सुरम्य प्राकृत गान सुंदर राग से कोई नहीं पढ़ता? क्या वहाँ कोयल पंचम नाद नहीं करती? अथवा उस देश में सूर्योदयकाल में विकसित पुष्पों का गंधसंभार सुगंधि नहीं फैलाता ? अथवा मेरा प्रिय ही अरसिक हो गया, नहीं तो क्या वह शरद काल में भी घर नहीं लौटता? शरद्-वर्णन के पश्चात् बाह्य प्रकृति का वर्णन अपेक्षाकृत कम और विरहिणी की विरहवेदना का वर्णन अधिक हो गया है। इसका कारण यही ज्ञात होता है कि ज्यों-ज्यों विरह-वेदना गंभीर होती जाती है त्यों-त्यों कवि का ध्यान प्रकृति से हटकर विरहिणी की विरहपीड़ा में अधिक केंद्रित होता गया है।

शरद के पश्चात् हेमंत भी आ गया, किंतु पति नहीं लौटा अन्य लोग शरीर को अगरु से धूपित करते हैं, कुंकुम लगाते हैं और प्रगाढ़ आलिंगन से अपने अंगों को सुख देते हैं। हेमंत के दिन अन्य ऋतुओं के दिनों की अपेक्षा अत्यंत छोटे होते हैं। उस विरहिणी के लिए एक-एक दिन ब्रह्मा का एक-एक युग है।[३]

---

१. वही, २।१४८।

२. संदेश-रासक २।१४८।

३. वही, २।१८९।

उस नायिका ने किसी तरह अत्यंत कष्टपूर्वक हेमंत काटा। शिशिर ऋतु आ गयी, फिर भी धूर्त प्रिय नहीं लौटा। लोग इस ऋतु में भाँति-भाँति के उत्सव मनाने लगे। विविध गंध मिला करके ईख का रस भरपेट पीते हैं। सौभाग्यवती स्त्रियाँ कुंद चतुर्थी का उत्सव करके अपनी-अपनी शय्या पर प्रसन्नतापूर्वक लेटी रहती हैं।

कुछ स्त्रियाँ वसंत जन्मोत्सव में दान करती हैं, अपने पतियों के साथ आनंद मनाती हैं। इसी समय अकेली विरहिणी ने अपने पति के पास मनरूपी दूत भेजा। उसने समझा था कि यह मनरूपी दूत प्रिय को उसके पास ला देगा और उसे संतोष देगा। मैं नहीं जानती थी कि वह दुष्ट धूर्त भी मुझे छोड़ देगा। प्रिय नहीं आया और वह मन भी उसके पास से नहीं लौटा। उसका हृदय दुःखभार के आधिक्य से पूरित हो गया।[१]

अंत में वियोगियों की मदनाग्नि को प्रज्वलित करता हुआ बसंत आ पहुँचा। इस ऋतु में दसों दिशाएँ हँसने लगती हैं। नव कुसुमपत्र धारण करके प्रकृति असंख्य रूपों में निरंतर अपने को सजाती रहती है। सखियाँ मिलकर विविध रागों से अनेक प्रकार के सुंदर गीत गाने लगीं। विरहिणी पथिक से कहती है कि मैंने पति का स्मरण करते-करते अति दुस्सह ग्रीष्म बिता दिया, वर्षा बिता दी; शरद, हेमंत और शिशिर भी किसी प्रकार काट दिए, किंतु मेरा पति बसंत में भी आता नहीं दिखायी देता। एक ओर बसंत का यह प्रभाव है कि भ्रमर काँटों की चिंता न करके मधुपान में मत्त हैं। उनके शरीर में काँटे गड़ जाते हैं किंतु वे पीड़ा नहीं गिनते। रसलोभी रस के लिए शरीर तक दे देते हैं और पाप-पुण्य की परवाह नहीं करते, इधर मैं तीव्र विरह-ज्वाला से जलकर आकुल हो रही हूँ। कामदेव गर्जन कर रहा है। मैं दुस्तर और दुस्सह विरह समुद्र में सभय पड़ी हूँ किंतु मेरे पति को मेरी कोई चिंता नहीं है और वह खंभात में अपने व्यापार में संलग्न है।[२]

बसंत के पश्चात् ऋतुचक्र पूर्ण हो जाता है और पथिक को जाने की आज्ञा भी मिल जाती है। पथिक के जाते ही विरहिणी का पति भी समुपस्थित हो जाता है। पीछे 'वर्णरत्नाकर' में से वसंत वर्णन का उद्धरण दिया गया है। देखने से ज्ञात होगा कि लगभग प्रत्येक ऋतु का वर्णन उस पुस्तक में गिनाई हुई वस्तुओं पर ही आश्रित है। इसका अर्थ यह समझना नहीं उचित होगा कि अद्दहमाण ने वर्णरत्नाकर जैसी कोई पुस्तक सामने रखकर ही ऋतु-वर्णन किया

१. संदेश-रासक २।१९७।

२. वही, २।२०८।

होगा। तात्पर्य केवल यह है कि उन दिनों कवि के मस्तिष्क में काव्यरूढ़ियों के विषय में निश्चित बँधी-बँधाई धारणा रहती थी और वह उन्हीं के अनुसार काव्य में उनका प्रयोग करता था। यही कारण है कि सभी कवियों के ऋतु-वर्णन में एकरसता मिलती है।

किंतु जैसा कि अद्दहमाण के विषय में पहले कहा जा चुका है कि वे प्रतिभा संपन्न सहृदय कवि थे, विरह-वर्णन और ऋतु-वर्णन में भी उन्होंने अपनी संवेदना का पूरा परिचय दिया है। इस विषय में आचार्य हजारीप्रसाद द्विवेदी के निम्नलिखित उद्धृत वाक्य संदेश-रासक के ऋतु-वर्णन की विशेषता का सम्यक् परिचय देते हैं–

'संदेश-रासक में कवि ने जिस बाह्य प्रकृति के व्यापारों का वर्णन किया है वह रासो के समान ही कवि प्रथा के अनुसार है। उन दिनों ऋतु-वर्णन के प्रसंग में वर्ण्य वस्तुओं की सूची बन गयी थी।....अद्दहमाण के सादृश्यमूलक अलंकार और बाह्य वस्तुनिरूपक वर्णन बाह्य वस्तु की ओर पाठक का ध्यान न ले जाकर विरह-कातर मनुष्य के (चाहे वह स्त्री हो या पुरुष) मर्मस्थल की पीड़ा को अधिक व्यक्त करता है। रासो में यह बात इस मात्रा में नहीं मिलती। संदेश-रासक का पद्य बाह्य वस्तुओं की संपूर्ण चित्र-योजना इस कौशल से करता है कि उससे विरहिणी के व्यथा-कातर सहानुभूति संपन्न कोमल हृदय की मर्म-वेदना ही मुखर हो उठती है।'[१]

उपसंहार

संदेश-रासक शृंगारप्रधान रासक काव्यों का प्रतिनिधि ग्रंथ है। प्रतिनिधि ग्रंथ इसलिए है कि जिन शृंगारपरक रासक काव्यों के लिखे जाने की इस देश में परंपरा थी उनमें से अभी तक केवल संदेश-रासक ही प्राप्त हो सका है। अतएव संदेश-रासक का महत्त्व हम इसी बात से आँक सकते हैं कि अब तक प्रकाश में आने वाले सभी रास काव्यों में केवल यह ही ऐसा काव्य है जिसे पूर्ण लौकिक काव्य कहा जा सकता है। इस काव्य में उत्कृष्ट काव्य-कौशल और निश्छल लोकतत्त्वों का मणिकांचन संयोग है। फलतः संदेश-रासक एक ओर जहाँ अपने काल की भारतीय काव्यगरिमा का परिचायक है वहाँ दूसरी ओर वह जनजीवन की अकृत्रिम झाँकियाँ भी प्रस्तुत करता है। यद्यपि इस छोटे से काव्य में अद्दहमाण को एक साथ बहुत बातें कहने का उतना अवकाश नहीं था फिर

---

१. हिन्दी-साहित्य का आदिकाल, पृष्ठ ८४।

भी वे नगर-वर्णन और ऋतु-वर्णन के स्थलों पर तत्कालीन पश्चिमोत्तर भारत का खासा परिचय दे गये हैं।

संदेश-रासक के प्रकाशन के पूर्व अमीर खुसरो (मृ० १३२५ ई०) प्रथम भारतीय मुसलमान कवि माना जाता था किंतु इस ग्रंथ के प्रकाशन से यह उद्घाटित हुआ कि भारतीय साहित्य को मुसलमानों का सक्रिय सहयोग और पहले से प्राप्त है। भारतीय साहित्य परंपरा से अद्दहमाण का इतना प्रगाढ़ परिचय है कि आश्चर्यचकित रह जाना पड़ता है।

भाषा की दृष्टि से यद्यपि यह नहीं कहा जा सकता कि संदेश-रासक की भाषा प्रत्यक्षतः हिंदी की पूर्ववर्ती अपभ्रंश है फिर भी हिंदी के बहुत से रूपों की पूर्वावस्था का आभास हमें इसमें मिल जाता है। विशेष रूप से परसर्गों, सर्वनामों और वाक्य गठन की कई विशेषताओं, कई कारकों के लिए षष्ठी के व्यवहार तथा संयुक्त पूर्वकालिक प्रयोग में संदेश-रासक की भाषा और हिंदी का संबंध अत्यंत निकट का ज्ञात होता है। समास के प्रयोग में पूर्व नियमों की अवहेलना का बीज भी संदेश-रासक में दिखायी पड़ता है। कवियों के रियायती अधिकारों के विषय में हिंदी और संदेश-रासक की भाषा से घनिष्ठ संबंध ज्ञात होता है। छंद सौंदर्य के लिए शब्दों को तोड़ने-मरोड़ने की प्रवृत्ति, जिसका परवर्ती काल में बहुत उपयोग या दुरुपयोग किया गया, संदेश-रासक की भाषा में पूर्ण रूप से विद्यमान है।

परवर्ती हिंदी में प्रयोग होने वाले कई छंद संदेश-रासक में ज्यों-के-त्यों मिल जाते हैं, उनका ढंग भी बिल्कुल वही है। परवर्ती काल में केशव आदि हिंदी कवियों में पग-पग पर छंद बदलने की जो प्रवृत्ति दिखायी पड़ती है वह संदेश-रासक जैसे काव्यों की परंपरा का विकास या अनुकरण ज्ञात होता है। रासक काव्यरूप विवेचन के समय हम देख आए हैं कि रासक काव्यों में रासक नामक छंद प्रमुख होता था और उसके साथ उसमें कई छंद प्रयुक्त होते थे। इसके अतिरिक्त वे काव्य मसृणोद्धत होते थे अतएव प्रसंगानुसार उपयुक्त छंदों के द्वारा झनकार उत्पन्न करने का अवसर कवि नहीं चूकते थे। बल्कि वे काव्य की गेयता बढ़ाने के लिए भावानुसारी छंदों का प्रयोग अत्यंत निपुणता के साथ जान-बूझकर करते थे। पृथ्वीराज रासो के छंदों को देखने से यह बात अत्यंत स्पष्ट हो जाती है। पृथ्वीराज रासो युद्धप्रधान काव्य है। इसलिए उसमें युद्धोचित गड़गड़ाहट उत्पन्न करने में समर्थ छप्पय छंदों का प्रचुर प्रयोग है। और इसीलिए चंद 'छप्पयों के राजा' भी हैं।

विरह-प्रधान काव्य होने के कारण संदेश-रासक में विरह-वर्णन की प्रधानता है। इस विषय में रूप-वर्णन, प्रकृति-वर्णन, विरह-वर्णन और ऋतु-वर्णन सब में हमने देखा कि अद्दहमाण ने काव्य परंपरा का पालन किया है। मध्यकालीन अधिकांश कवियों की भाँति उन्होंने भी प्रायः बहु-व्यवहृत उपमानों और काव्य-रूढ़ियों का उपयोग अपने काव्य में किया है। किंतु इन परिपाटी-विहित वर्णनों में कवित्व की आत्मा विद्यमान है। नगर-वर्णन के अंतर्गत 'वनस्पति नामानि सूची' को छोड़कर कहीं भी केवल नाम गिनाने की प्रवृत्ति नहीं पायी जाती। कवि ने सभी वस्तुओं का वर्णन उनमें अपनी आत्मा का रस घोल के किया है। चाहे रूप-वर्णन हो या प्रकृति-वर्णन, कवि पाठक को बिंब ग्रहण कराने में सर्वत्र समर्थ दिखायी पड़ता है। अद्दहमाण को इस दृष्टि से मध्यकालीन कवियों में एक विशिष्ट स्थान का अधिकारी समझा जाना चाहिए, किंतु संदेश-रासक की सबसे बड़ी विशेषता उसकी सर्वजन-सुलभता है। ग्रंथ की प्रस्तावना करते समय ही कवि पंडितम्मन्य लोगों के प्रति उपेक्षा दिखाकर अपना लोकवादी पक्ष प्रकट कर देता है। उसने संदेश-रासक की रचना साधारणजनों के लिए की, पंडितों और मूर्खों के लिए नहीं।

'कीर्तिलता': अंतर्वस्तु और महत्व

– डॉ०अनिल राय

'कीर्तिलता' विद्यापति की बहुत महत्त्वपूर्ण रचना है। चार पल्लवों (या अध्यायों) में रचित इस रचना में न केवल महाराज कीर्ति सिंह की यश-गाथा है, अपितु उसमें कवि ने जीवन और जगत के नाना रूपों का चित्रण किया है। इस रचना से यह पता चलता है कि विद्यापति असाधारण प्रतिभा के कवि थे।

भाषा, छन्द और अंतर्वस्तु तीनों ही दृष्टियों से यह रचना अपने समय की साहित्यिक रचनाओं में अपना विशेष महत्व रखती है।

जैसाकि ऊपर संकेत किया गया है, उसकी अंतर्वस्तु में इतना वैविध्य है कि उसे देखकर सहसा आश्चर्य होता है कि इस छोटी-सी रचना में कवि ने अपने जीवन का बहुमूल्य अनुभव भर दिया है। काव्यारम्भ बहुत पारम्परिक ढंग से मंगलाचरण से होता है। सबसे पहले विद्यापति कल्याण के देवता शंकर की वंदना करते हैं। यह मंगलाचरण मध्ययुगीन रचनाओं की रुढ़ि बन गई थी। फिर सज्जन-दुर्जन प्रशंसा-निंदा, फिर भृंगी-भृंग संवाद का 'मोटिफ'। उसके बाद काव्योद्देश्य और काव्य-औचित्य। विद्यापति ने अपनी रचना की तुलना बाल-चन्द्रमा से की है। जिस प्रकार बालचन्द्रमा की कोई निंदा नहीं करता, उसी प्रकार विद्यापति की कविता की भी नहीं करता। इसका कारण यह है कि चन्द्रमा परमेश्वर (शिव) के माथे पर विराजमान होता है और विद्यापति की कविता निश्चित तौर पर नागर (रसिक) के मन को मोह लेती है।[१] विद्यापति की इन पंक्तियों को पढ़ते समय तुलसीदास का ध्यान आना स्वाभाविक है। तुलसीदास ने नाना पुराण निगमागम सम्मत यद् रामायणे निगदितं, क्वचित्न्यतीऽपि इत्यादि जो लिखा है वह यूँ ही नहीं है। 'कीर्तिलता' और 'रामचरितमानस' का तुलनात्मक अध्ययन किया जाय तो पता चलेगा कि मानस और कीर्तिलता के वस्तु-वर्णन में अनेक तरह की समानताएँ हैं। विद्यापति महापंडित थे, चाहते तो केवल

---

१. बालचंद विज्जावइ भासा, दुहु नहि लग्गइ दुज्जनहासा।
ओ परमेसर सेहर सोहइ, ई णिच्चइ णाअर मन मोहइ।।
–कीर्तिलता/वासुदेवशरण अग्रवाल /१/१० पृ० १०.

संस्कृत में रचना कर सकते थे। संस्कृत से वे महापंडित तो हो जाते, किंतु लोक चेतना सम्पन्न कवि नहीं बन पाते। इसलिए उन्होंने अवहट्ट, मैथिली और संस्कृत तीनों भाषाओं में रचनाएँ की। लेकिन विद्यापति का महत्व पांडित्य की वज़ह से नहीं 'मैथिल कोकिल' होने में है। वे लोकप्रिय हुए 'पदावली' और 'कीर्तिलता' जैसी लोकप्रचलित–देशभाषा में रचित रचनाओं के कारण। 'शैव सर्वस्वसार,' 'लिखनावली', 'गयापत्तलक' आदि की तो लोग चर्चा भी नहीं करते।

सौन्दर्य के पारखी विद्यापति की सौन्दर्य चेतना 'कीर्तिलता' के नगर-वर्णन, वेश्याओं के चित्रण और हाट-बाजार एवं मार्मिक स्थलों पर दिखलाई पड़ती है। 'कीर्तिलता' के चौथे अनुष्टुप में ही कला के अवमूल्यन के बारे में जो विद्यापति ने लिखा है वह उनके समय की कला-चेतना पर महत्त्वपूर्ण टिप्पणी है। कवि की मानसिक पीड़ा उस समय द्विगुणित हो जाती है जब वह यह कहता है कि कविता घर-घर में होती है, उसके श्रोता घर-घर में हैं, देश-देश में उसका आस्वाद लेने वाले हैं पर कविता से रीझकर दान देने वाले दुर्लभ हैं।[१] 'कविता' पर रीझकर रुपये-पैसे लुटाने वाले राजा और सामंत तो बहुत थे किंतु वैसी कविता पर धन खर्च करने वाले दुर्लभ ही थे जो स्वांतः सुखाय लिखी गई हो या जातीय अस्मिता को लेकर लिखी गई हो।

'कीर्तिलता' केवल कीर्ति सिंह तक सीमित नहीं है उसमें तिरहुत के जन-मन की आकांक्षा है, अतः वह तिरहुत की जातीय अस्मिता का काव्य है। समूचे मिथिला में विद्यापति लोक कंठ के हार बने हुए हैं। बिदापत गीत की एक विधा हो गई है। आज भी मिथिला और बिहार के अनेक क्षेत्रों में विवाह के अवसर पर विद्यापति के गीत गाए जाते हैं।

कीर्तिलता का आरंभ बड़े ही नाटकीय ढंग से होता है। शुक-शुकी संवाद की तद्युगीन काव्यरुढ़ि को भृंगी-भृंग संवाद के रूप में परिणत कर विद्यापति जीवन के 'सार' के बारे में प्रश्न करते हैं और उसका उत्तर भी प्रस्तुत करते हैं–'सम्मान सहित जीवन यापन और पौरुष।[२] पौरुषत्व से कीर्ति की प्राप्ति की कथा ही 'कीर्तिलता' का मूल कथ्य रहा है। यह कथा का मूल आधार तो है किंतु इसके आनुषंग में कवि ने जिन अन्य विषयों का वर्णन किया है वह अन्यतम है। जीवन के छोटे से छोटे अनुभव को भी बड़े अकुण्ठ भाव से विद्यापति ने व्यक्त किया है।

---

१. कीर्तिलता/ वा. श. अग्रवाल /१-४/ पृ० ४

२. वही/ १-१४/ पृ०-१६

कविता का आनंद उसका रसज्ञ पाठक ही ले सकता है। काव्य के शब्दार्थ का महत्व वही जान सकता है जिसमें रसात्मक चेतना हो। विद्यापति के अनुसार उनकी कविता का आनंद कोई रसज्ञ ही ले सकता है–'महुअर-बुज्झइ कुसुम रस, कव्वह साबुछइल्ल।[१] राजा गणेश्वर के वध के उपरान्त तिरहुत की दीनदशा के आनुषंग में कवि विद्यापति ने कला की दुर्दशा का जो चित्रण किया है वह बड़ा ही मार्मिक है–

अक्खर बुज्झनिहार नहि कइकुल भमि भिक्खारिउँ।
तिरहुत्ति तिरोहित सब्ब गुणे रागणेस जबे सग्ग गउँ।।[२]

विद्यापति के इस वर्णन में अतिरंजना हो सकती है किन्तु तिरहुत नरेश गणेश के स्वर्गवास के बाद किस प्रकार की राजनीतिक और सामाजिक अस्थिरता उत्पन्न हुई थी यह सर्वविदित है। कला की दुर्दशा हो, यह एक कलाकार को कैसे सहन हो? उक्त छन्द में विद्यापति की आंतरिक पीड़ा भी है और राजा गणेश की लोकप्रियता भी व्यक्त हुई है। असलान द्वारा गणेश्वर के वध पर तिरहुत में कैसा कोहराम मचा होगा, इसकी सहज व्यंजना 'कीर्तिलता' के इस छन्द में है। दूसरी तरफ महाराज कीर्तिसिंह का गौरव दीप्त व्यक्तित्व है जो असलान द्वारा आत्मग्लानि के उपरान्त राज्य लौटाने पर उसे स्वीकार नहीं करता। उनका मानना है कि मान विहीन भोजन, शत्रु के दिए हुए राज्य का उपभोग और शरणागत होकर जीना–ये तीनों ही कायर के काम हैं :

मान बिहूना भोअना, सत्तुक देअेल राज।
शरण पइट्ठे जीअना, तीनू काअर काज।।३

इस छन्द में सम्मान के साथ ही कर्म-सौन्दर्य की व्यंजना है। जहाँ कर्म का सौन्दर्य नहीं होता वहाँ पर सब मानविहीन होता है। व्यक्तित्त्व का तेज ही कर्मण्यता में है। भीख में मिली वस्तु का वही महत्व नहीं होता जो परिश्रम के परिणामस्वरूप मिली वस्तु में होता है। इसीलिए कीर्ति सिंह जौनपुर के सुलतान इब्राहीमशाह की सहायता से असलान का अंत कर अपना खोया हुआ स्वत्व पाते हैं।

सौन्दर्य के उपासक विद्यापति ने उसका रूपायन विविध रूपों में किया है। इस दृष्टि से 'पदावली' तो महत्वपूर्ण है ही, कीर्तिलता में भी उन्होंने सौन्दर्य

---

१. कीर्तिलता/वा.२१. अग्रवाल/१-१२/पृ०१२.

२. वही/२-३/पृ०४१

३. वही/२-९/पृ०४६-४७

के विभिन्न आयामों का निदर्शन कराया है। सौन्दर्य केवल रूपगत नहीं होता। रूपगत सौन्दर्य की बनिस्बत आभ्यंतर सौन्दर्य अधिक सान्द्र होता है। 'कीर्तिलता' में सौन्दर्य की यही सान्द्रता उसे अवहट्ठ की अग्रिम पंक्ति में खड़ी करती है।

जौनपुर नगर में बाजार का जो वर्णन विद्यापति ने किया है वह अपने आप में अनूठा है। बाजार में जो विशाल जन-समुदाय है वह ऐसा लग रहा था मानों वह नगर नहीं, मनुष्यों का समुद्र हो–

आवर्त विवर्त रोलहो, नअर नहि समुद्रओ।[१]

कल्पना कीजिए कि समुद्र पानी का नहीं, मनुष्यों का हो तो उसका कैसा बिंब होगा। विद्यापति बाजार की चहल-पहल में मनुष्यों की भूमिका को रेखांकित करना चाहते हैं। अपार जन समूह की वज़ह से बाजार का जो चित्र हमारे सामने आता है वह उसके वैभव को दर्शाता है। इसके अतिरिक्त बाजार वह स्थान है जहाँ कोई भी संस्कृति अपनी समग्रता में होती है। इस सांस्कृतिक समग्रता और सामासिकता को इंगित करना भी संभवतः विद्यापति का लक्ष्य रहा हो।

वेश्याओं की सांस्कृतिक झलक दिखाने में विद्यापति का मन खूब रमा है। नगर-बाजार में वेश्याएँ होती थीं जो अपनी कलात्मकता और अप्रतिम सौन्दर्य के लिए विख्यात होती थीं। विद्यापति का वह बाजार वर्णन विचित्र है जिसमें वेश्याएँ निर्द्वन्द्व होकर घूमती-टहलती हैं और उनके उन्नत वक्ष भीड़भाड़ में टकराकर यती के मन में भी काम-वासना पैदा कर रहे हैं–

वेश्यान्हि करो पयोधर जती के हृदय चूर।[२]

जो लोग विद्यापति को भक्त कवि सिद्ध करना चाहते है उन्हें 'कीर्तिलता' के इस प्रकार के वर्णनों को देखना चाहिए जहाँ सघन ऐन्द्रिकता और शरीर यष्टि का सहज वर्णन है। वैसे यह बलाबल का भेद है, जरूरी नहीं कि जो श्रृंगारी है–रसिक है-भक्त नहीं हो सकता।

नारी-सौन्दर्य को विविध रूपों में चित्रित करने में विद्यापति सिद्धहस्त हैं। उन्होंने चौराहों और मुख्य मार्गों में विराजमान कमलनयनी, गजगामिनी स्त्रियों के कटाक्षपात का जो वर्णन किया है वह बड़ा ही मनोरम है–

थल कमलपत्त पमान नेत्तहिं मत्त कुंजर गामिनी।
चौहट्ट वट्ट पलट्टि हेरहिं सथ्थ सथ्थहिं कामिनी।।[३]

---

१. कीर्तिलता/वा.श. अग्रवाल/२-११२/ पृ० ७७.

२. कीर्तिलता/वा.श. अग्रवाल/ पृ० ७६-७७.

३. वही/ पृ० ६३.

ध्यान देने की बात है कि विद्यापति ने ऐसी स्त्रियों के लिए 'कामिनी' शब्द का प्रयोग किया है–अर्थात् ये स्त्रियाँ सौन्दर्य की प्रतिमान बेशक न हों किन्तु अपनी चेष्टाओं से साक्षात् काम की देवी बनी हुई हैं।

नगर-वर्णन के सन्दर्भ में विद्यापति ने स्त्रियों की काम-चेष्टाओं का अकुण्ठ चित्रण किया है। स्त्रियाँ तो अकुण्ठ रहती थीं किन्तु पुरुष इस कुण्ठा से परेशान रहते थे कि कहीं उनका यह प्रेम परिवार और समाज में प्रकट न हो जाय–

सब्बउँ केरा रिज नयन तरुणी हेरहिं बंक।
चोरी पेम पिआरिओ अपने दोस ससंक।।[१]

वेश्याओं के वर्णन में विद्यापति ने यह दिखलाया है कि ये वेश्याएँ परम रूपवती होती थीं और नागरजन उनसे बतरस के लिए लालायित रहते थे। उनसे बात करने के लिए लोग बहाने ढूँढ़ते थे। इस सुख की प्राप्ति के लिए या तो वे स्वयं उन पर मुग्ध हो जाते थे या कुछ ऐसा करते थे कि वे (औरतें) ही उन पर मुग्ध हो जाएँ, किन्तु सारे प्रयास के बावजूद उन्हें दृष्टि-प्रसन्नता मात्र का ही लाभ मिल पाता था–

सम्भाषण किछु बेआजइ तासओ काहिनी सब्ब कह।
विक्कणइ बेसाहइ अप्पसुखे डीठि कुतुहल लाभ रह।।[२]

वेश्याओं के वर्णन में विद्यापति ने विशेष रुचि ली है, फिर भी सामान्य स्त्रियों के सौन्दर्य-निरूपण में भी कम रुचि नहीं दिखलाई है। नगर-सौन्दर्य के वर्णन के आनुषंग में उन्होंने प्रसन्न वदना स्त्रियों का जो चित्रांकन किया है उसमें उनकी सूक्ष्म कलात्मक दृष्टि और औपम्य-विधान का सानी नहीं। सब घरों की देहली पर स्त्रियाँ इस प्रकार प्रसन्न थीं जैसे मानो 'घर-घर में' चाँद उगा हो–

'तसु केरा मुख मंडलहिं घरे घरे उग्गिय चन्द।[३]

'घर-घर में चाँद उगना' पर विशेष ध्यान देने की बात है। विद्यापति के इस वर्णन में स्त्री का वह सामंती रूप नहीं दिखाई देता जहाँ वह चारदीवारी में बन्द होकर कुहिल रही हो–बिहारी की नायिका की तरह सूख रही हो। (पंजरगत मंजार ढिंग त्यों त्यों सूखी जात)। विद्यापति के यहाँ भी स्त्री का दुःख

---

१. वही/ पृ० ७९-८०

२. वही/ पृ० ७८-७९

३. कीर्तिलता/ ९१. २१. अग्रवाल/ पृ० ८१.

है और वह उनके नचारी वाले गीतों में विशेष रूप से परिलक्षित होता है। आज के स्त्री-दलित विमर्श के मद्देनजर विद्यापति के ये पद महत्वपूर्ण हैं। बेमेल और बाल-विवाह पर विद्यापति का ध्यान गया है। पति का उम्र में छोटा होना पत्नी के लिए कितना व्यथापूर्ण हो सकता है, इसका अंदाज विद्यापति के इस पद से लगाया जा सकता है–

पिआ मोर बालक हम तरुनी,
कौन तप चूकि भेलहुँ जननी।[१]

बेटी बाप से तो पूछ नहीं सकती कि मेरी तपस्या में कौन सी भूल हो गई जिसके चलते मुझ जैसी जवान (बेटी) के लिए 'बालक' खोज लाए। लाचार बेटी माँ को नजदीक जानकर उसी से पूछती है, आखिर मैंने क्या गुनाह किया था? माँ तुम तो मेरी 'जाति' की हो! तुम तो मेरा दर्द समझ सकती हो! लेकिन माँ भी लाचार-पराधीन। पितृसत्तात्मक समाज में औरत को यह अधिकार ही कहाँ है? आज भी इस व्यवस्था का शिकार हो रही हैं लड़कियाँ और दहेज लोभी लोगों के सामने दस बार अपनी काया का प्रदर्शन करने के बाद भी ठुकरा दी जाती हैं।

एक तरफ बाल विवाह और दूसरी ओर जवान बेटी के लिए बूढ़ा दामाद ! पार्वती के माध्यम से विद्यापति स्त्री का प्रतिरोध प्रकट करते हैं। पार्वती अपनी माँ से शंकर के अधेड़-बूढ़े होने की शिकायत करती हैं–

हम नहिं आजु रहब एहि आँगन,
जैं बूढ़ होएत जमाए, गे माइ।
एक तँ बइरि भेल बीध बिधाता
दोसर धिआ केर बाप।[२]

पार्वती तो प्रतीक हैं। विद्यापति उनके माध्यम से नारी-पराधीनता की उस व्यवस्था के प्रति विरोध दर्ज करना चाहते हैं जहाँ विरोध के बाबजूद वे जूँटे से बाँध दी जाती हैं। जहाँ उनका हर्ष-उल्लास, यहाँ तक कि उनकी आवाज हमेशा-हमेशा के लिए दब जाती है। वहाँ 'स्त्री भाषा' का तो सवाल ही नहीं उठता।

स्त्री का ऐसा प्रतिरोधी तेवर आदिकालीन साहित्य में 'बीसलदेवरास' में

---

१. विद्यापति की पदावली/रामवृक्षबेनी पुरी/ पृ० ३८१.

२. विद्यपति की पदावली/बेनीपुरी/पृ०३५६

दिखाई देता है। बीसलदेव की पत्नी (रानी) राजमती विवाह के बाद पहली रात को जब बीसलदेव से वार्तालाप करती है तो अपने पति की इस बात से बेहद नाराज होती है कि वह उस मधुर मिलन के समय प्रेम की बातें न कर अपनी सत्ता और संपत्ति की बातें करता है, डींग मारता है। उसकी गर्वोक्ति से खीझकर राजमती जवाब देती है कि तुम सत्ता और संपत्ति में बेशक महान हो, किन्तु तुम्हारे जैसे और भी राजा हैं जिनके राज्य में नमक की झील की जगह हीरे और पन्ने की खदानें हैं। ऐसा एक राजा उड़ीसा का ही है–

जिउं थारइ संइभरि उग्रहइ।
तिउं आंघरि उग्रहइ हीरा कइ षांणि।[१]

सामंती चेतना सम्पन्न राजा का अहंकार साँप की तरह फुँफकारने लगता है और उसे राजमती के चरित्र पर शक होने लगता है। कहाँ सामंती चेतना सम्पन्न राजा बीसलदेव और कहाँ आधुनिक भावबोध सम्पन्न राजमती! वास्तव में राजमती बीसलदेव से बराबरी के स्तर पर मिलना चाहती है–स्त्री और पुरुष के रूप में, न कि एक राजा और रानी के रूप में। वह जिद्दी और मूर्ख पति को समझाना चाहती है, सामान्य मनोभूमि पर उतरकर। लेकिन उसका कांतासम्मित उपदेश निष्फल होता है और जड़ बीसलदेव हीरे-पन्ने लेने उड़ीसा चला जाता है। चाहे जो भी हो, पुरुषवादी वर्चस्व को झटका देने वाली यह संभवतः आदिकालीन साहित्य की पहली रचना है, भले ही उसका अंत किसी अन्य रूप में होता है।

विद्यापति ने जौनपुर के शाहीमहल का जो वर्णन किया है उसमें भी उनकी सूक्ष्म निरीक्षण कला का परिचय मिलता है। साथ ही नगर में नाना प्रकार के हाटों का वर्णन भी अद्वितीय है। सैंकड़ों बाजार, घुमावदार रास्ते, शाखा नगर, चौराहे, अखाड़े, द्वार, बकहटी (सर्राफा), मंडपिका, वीथी, अटारी, ओवरी, रहट, नदियों के तट पर बनी हुई सीढ़ियाँ और चबूतरे (घाट) किले की दीवार पर बने कंगूरे और परकोटे से सुशोभित जौनपुरी नगरी मानों दूसरी इन्द्रपुरी हो–

शत संख्य हाटवाट भमन्ते, शाखानगर शृंगाटक आक्रीड़न्ते।
जनि दोसरी अमरावती का अवतार भा।।[२]

शाखानगर के वर्णन में विद्यापति ने संस्कृत तत्सम शब्दों का प्रयोग किया है जो इस बात का संकेत है कि उस समय देश भाषा में संस्कृत तत्सम

---

१. बीसलदेवरास/मा.प्र.गुप्त/ पृ०११०

२. कीर्तिलता/वा.श.अग्रवाल/ पृ०६६-७१

शब्दों का प्रयोग बहुतायत में होने लगा था। डॉ० वासुदेवशरण अग्रवाल का मत है कि वह अपभ्रंश की प्रतिक्रिया का प्रतिफल है और चौदहवीं शताब्दी से यह प्रतिक्रिया प्रारंभ हो गई थी।[१]

भाषा की दृष्टि से भी कीर्तिलता का बहुत महत्व है। अवहट्ठ का प्रयोग तो विद्यापति से पूर्व भी हो रहा था किंतु विद्यापति की अवहट्ठ में पूरबीपन की जो मिठास है वह मिथिलांचल की निजता का परिचायक है। दूसरी तरफ विद्यापति ने वस्तु के अनुरूप ही भाषा के रूप और शैली में परिवर्तन लाने का प्रयास किया है। मुसलमानों के रहन-सहन और उनकी आदतों का वर्णन करने में विद्यापति की भाषा में एकदम परिवर्तन हो जाता है—उसमें अरबी और फारसी के शब्दों का खुलकर प्रयोग होता है—

तजान भीति वात जीति चामरेहि मंडिआ।[२]

'तजान' फारसी का शब्द है जिसका मतलब होता है चाबुक। विद्यापति के अनन्तर जायसी ने भी इस शब्द का प्रयोग किया है—पदमावत में। सुलतान के अधिकारियों के पदों का उल्लेख विद्यापति ने इस प्रकार किया है—

देमान अरदगर गद्दवर कुरुवक वैसल अदप कइ।[३]

एक स्थान पर विद्यापति ने संकेत किया है कि हिन्दू और तुर्क पास-पास रहते थे, किंतु उनमें आपस में कोई सौमनस्य नहीं था। कहीं रोजा रखते थे, तो कहीं वेद पाठ होता और एक दूसरे का धर्म एक-दूसरे के लिए उपहास का कारण बनता—

हिन्दू तुरके मिलल वास।
एकक धम्मे अओका उपहास।
कतहुँ बाँग कतहुँ वेद।।[४]

क़ाजी (खुन्दकारी) के हुक्म से भी लोग परेशान रहते थे। उसके उटपटांग न्याय से अपनी स्त्री भी परायी हो जाती थी—

षुन्दकारी हुकुम कहओ का अपनो जोए परारिहो।[५]

---

१. कीर्तिलता/ पृ० ६७.
२. वही/ पृ०२२६
३. वही/ पृ०१६५
४. कीर्तिलता/ वा. श. अग्रवाल पृ०१११.
५. वही/ पृ०११०.

'खुन्दकारी' (काजी) और हुक्म दोनों ही अरबी के शब्द हैं। इसी प्रकार तुरुकिनी, मखदूम, मिसिमिल (बिस्मिल), महल, मसीद (मस्जिद), वारिगह (दरबारी शामियाना), फरमान, फौद (फौज), दरबार, षोरमगह (खुर्रमगाह) मतलब सुख-मंदिर, षोजा (ख़्वाजा) आदि अनेक अरबी-फारसी शब्दों का प्रयोग कीर्तिलता में हुआ है। जैसा कि हम ऊपर कह आए हैं, भाषा की दृष्टि से भी कीर्तिलता बहुत महत्वपूर्ण रचना है। इसका सबसे पहला कारण तो यह है कि मध्ययुगीन और आधुनिक आर्य भाषाओं के अंतः सम्बन्ध को रेखांकित करने वाली यह महत्वपूर्ण रचना है। डॉ० शिवप्रसाद सिंह का यह कथन बिल्कुल ठीक प्रतीत होता है कि 'कीर्तिलता परवर्ती अपभ्रंश के स्वरूप को स्पष्ट करने का सर्वोत्तम आधार है। इसके भाषा-विवेचन से बहुत से ऐसे तथ्य उपलब्ध हो सकते हैं जो आधुनिक आर्यभाषाओं के विकास सम्बन्धी गुत्थियों को सुलझा सकते हैं।[१]

काव्य रूप की दृष्टि से भी 'कीर्तिलता' का विशेष महत्व है। यद्यपि यह चरितकाव्य-परम्परानुसारी है किन्तु चरितकाव्य की सभी विशेषताएँ इस रचना में नहीं मिलतीं। ऐतिहासिक परिघटना पर आधारित यह एक खंडकाव्य है जिसमें महाराजा कीर्ति सिंह के दीप्त चरित्र का आख्यान ही इस काव्य का मूल उद्देश्य है।

चरितकाव्यों में कथानक रूढ़ियों का समावेश एक महत्वपूर्ण प्रवृत्ति है। 'कीर्तिलता' में विद्यापति ने इस रूढ़ि का सर्जनात्मक उपयोग किया है। पूरी रचना ही भृंगी-भृंग संवाद पर आधारित है। यह कुछ ऐसा ही है जैसा 'रासो' का शुक-शुकी संवाद। किंतु रासोकार की अपेक्षा कीर्तिलताकार अस्वाभाविकता की सीमा का संस्पर्श नहीं करता। ऐतिहासिक घटनाओं और तथ्यों की मौलिकता की भरसक रक्षा करते हुए विद्यापति ने कल्पना का सहारा भी एक सीमा तक ही लिया है। कीर्तिलता कल्पना और यथार्थ के सामंजस्य का काव्य है।

काव्यरूपों में छन्दों का अपना महत्व होता है। विद्यापति ने अपने समय में प्रचलित प्रायः सभी छन्द रूपों का उपयोग किया है। छन्द-वैविध्य की दृष्टि से भी 'कीर्तिलता' का अपना महत्व है। उसमें लगभग पन्द्रह प्रकार के छन्दों का प्रयोग हुआ है।

कीर्तिलता की अंतर्वस्तु में एक महत्व उसमें चित्रित सांस्कृतिक वैविध्य भी है। हिन्दू और तुर्क समाज और उनकी संस्कृति का जैसा वैविध्य पूर्ण चित्रण इस काव्य में मिलता है वह उसके साहित्यिक और सांस्कृतिक महत्व को

---

१. कीर्तिलता और अवहट्ठ भाषा/ पृ० १०५.

रेखांकित करने के लिए पर्याप्त है। उसमें एक तरफ तिरहुत का वैभव है तो दूसरी तरफ जौनपुर की सांस्कृतिक झलक। एक तरफ हिन्दुओं के रहन-सहन का चित्रण है तो दूसरी तरफ तुर्कों के फूहड़ व्यवहार का भी चित्रण है। एक बात और, जिस 'वर्ण-व्यवस्था' को लेकर तुलसीदास चिंतित थे उसका संकेत 'कीर्तिलता' में भी है। किंतु विद्यापति उसे लेकर बहुत चिंतित नजर नहीं आते। संभवतः वह कीर्तिलता का वर्ण्य-विषय नहीं है। यह चर्चा आनुषंग या तरंग में हुई है।

कीर्तिलता सांस्कृतिक अस्मिता का काव्य है। उसमें तिरहुत की जातीय अस्मिता का बहुआयामी चित्रण है। भाषा, भाव, इतिहास, कल्पना, बिंब, छन्द, सूक्ष्म और स्वच्छन्द वर्णन-शैली–अनेक दृष्टियों से यह रचना अपनी समकालीन रचनाधर्मिता में विशेष स्थान बना पाती है। डॉ० शिवप्रसाद सिंह ने ठीक लिखा है–'एक ओर जहाँ विद्यापति पदावली में शृंगार के विविध रूपों का इतना सूक्ष्म और मंजुल चित्रण उपस्थित करते हैं वहीं वे प्रशस्तिकाव्यों की चमत्कारपूर्ण, टंकाराभरी ओजस्वी पिंगल भाषा पर भी असामान्य अधिकार रखते हैं। इन्हीं कारणों से कीर्तिलता मध्यकालीन सांस्कृतिक जीवन का नखदर्पण बन गई है।[१] कुल मिलाकर यह कहा जा सकता है कि कीर्तिलता कथ्य और शिल्प दोनों ही दृष्टियों से बेजोड़ रचना है और आदिकालीन हिन्दी साहित्य के परिप्रेक्ष्य में उसका अध्ययन सर्वथा प्रासंगिक भी।

---

१. कीर्तिलता और अवहट्ठ भाषा/ पृ० २२४.